신약교회 사관에 의한
현대 교회사

| 정수영 지음 |

쿰란출판사

신 약 교 회 사 관 만 세 송

신앙생활 기쁘게 잘하려면 성경 진리 바르게 깨닫고

약속된 천국 진리 소망 삼아 인내하며 살아갈 때

교회를 이룬 성도들 통해 세상의 빛의 역할 하게 되리라

회개하고 거듭난 성도들이 죄인들보다 많아지고

사악한 죄악 세상이 주님의 나라로 변화되는 때

관계된 세상 모든 곳들에 하나님 영광 드러나리라

만국이 주님의 무릎 앞에서 부복하고

만민이 천국 시민 부러워하며 찬송하게 되는 때

세상에서 성도로 살아간 보람을 실감하게 되리라

머리말

하나님의 크고 무한하신 은총에 감사드린다.

2010년 교회사 시리즈 여덟 권을 구상했다. 그래서 2012년 《초대교회사》와 《종교개혁사》를 발행했다. 그 후 2014년에 《교부시대사》, 2015년에 《중세교회사 I》(교황들의 역사), 2017년에 《중세교회사 II》를 발행했고, 2022년에 《근세 교회사》를 발행했다. 그리고 이번 2023년에 마지막으로 《현대 교회사》를 발행하게 되었다.

처음에 계획한 "한국교회사"는 접기로 했다. "한국교회사"는 이미 수많은 종류로 출판된 다른 전문가들의 출판된 책들이 많기 때문이다.

필자의 교회사 시리즈는 시작한 때부터 무려 13년이라는 오랜 기간 노력해 만든 열매들이다. 그동안 겪었던 수많은 일들이 큰 감격과 감사로 떠오른다. 모든 영광을 하나님 아버지께 돌려 드린다.

이번 《현대 교회사》에 특별히 노력한 것 몇 가지가 있다.

첫째, 현대 교회사는 교회 역사만 다루지 않고 세상사도 함께 다루었다. 이 같은 시도는 이미 앞서 《근세 교회사》에서부터 시작한 필자의 독특한 역사관에서 비롯되었다. 종교개혁 이전에는 가톨릭교회가 세상의 정치, 경제, 군사, 문화 등 모든 영역을 지배했었다. 그러나 종교개혁 후 종교는 점차 변방으로 물러나고 있다. 종교개혁 후 세상은 이성 중심의 철학이 세상을 지배하고, 근세사 이후에는 군사력이 세상을 지배하고, 현대는 물질이 세상을 지배해 가고 있다. 이 같은 현대에 교회사만의 역사로는 세상 이해에 대한 한계를 느낀다. 필자는 그 같은 변화의 흐름을 현대 교회사로 그려 보았다.

둘째, 역사 속에서 교회에 막강한 영향을 끼쳤던 자유주의 신학 계보와 그에 대한 반발로서의 근본주의 역사를 정리했다.

근본주의 안에는 '개혁주의'와 '세대주의'가 있다. 그런데 다 같은 근본주의자들 중 개혁주의자들은 '세대주의'에 대한 편견과 오해로 세대주의를 매도해 오고 있다.

이것은 매우 좋지 못한 잘못된 역사의 편견의 부산물이다. 이 내용을 역사적 안목으로 정리를 했다. 개혁주의가 지닌 단점과 세대주의가 지닌 장점을 분별할 수 있기를 바란다.

셋째, 우리가 살아가고 있는 현대의 혼란스러운 아우성들을 요약 정리했다.

종교다원주의로 인해 종교의 특징이 희석되어 가고 포스트모더니즘으로 인해 모든 세상 학문과 종교가 혼합되어서 기독교만의 특징을 상실해 가고 있다.

그래서 복음주의자들이 중도적, 합리적, 포괄적이라는 데 인기를 얻는 것 같다. 복음주의자들을 보면 신정통주의라는 바르트의 성경관을 따른다. 바르트는 성경에는 진리와 함께 오류적 부분도 있다고 믿는 자유주의자다. 이 같은 자유주의 입장을 따르는 중도파라는 복음주의가 맞는 말인가? 참으로 혼란을 더 부추기는 사조 같다.

이상의 《현대 교회사》가 과거와 현대와 미래를 식별해 내는 좋은 참고서가 될 것으로 믿는다. 필자를 비롯해서 모든 분들에게 세상과 교회를 동시에 이해할 수 있는 꼭 필요한 양서가 되기를 바란다.

끝으로 고마운 분들을 기억한다.
문서 선교의 가치를 많이 이해해 주는 구리시 새삶침례교회 강효민 목사님과 성도들께서 본 교회의 긴요함을 알면서도 정성으로 후원해 주셨음에 큰 감사를 드린다.
또 10여 년을 매월 정기적으로 문서 선교를 후원하는 후원자 여러

분께도 진심으로 감사드린다.

 또 필자의 육필 원고를 컴퓨터 워드 작업으로 정리해 주는 아내 귀영 자매에게 감사드리고, 출판사 대표 이형규 장로님과 편집진 여러분께 감사드린다.

2023년 6월 23일
평촌에서 정수영

목차

머리말 ·4

현대 교회사(1800~2020)

제1부 | 전기(1800~1900) 세상과 교회

제1편 전기 유럽 세상과 교회

제1장 **전기 유럽 세상**   22
  1. 프랑스   23
    1) 나폴레옹 통치(1799~1815)   23
    2) 스탕달(1783~1842)   24
    3) 플로베르(1821~1880)   24
    4) 위고(1802~1885)   25
    5) 르낭(1823~1892)   26
    6) 모파상(1850~1893)   27
    7) 드레퓌스(1859~1935) 사건   28
    8) 정교 분리법(1905)   29

  2. 독일   30
    1) 괴테(1749~1832)   31
    2) 헤겔(1770~1831)   32
    3) 쇼펜하우어(1788~1860)   35
    4) 마르크스(1818~1883)와 엥겔스(1820~1895)   37
    5) 독일 제국의 성립(1871~1918)   41
    6) 니체(1844~1900)   44
    7) 헤세(1877~1962)   47

3. 영국   50
- 1) 맬서스(1766~1834)   50
- 2) 다윈(1809~1882)   52
- 3) 영국과 미국 전쟁(1812~1814)   57
- 4) 크림 전쟁(1853~1856)   58
- 5) 보어 전쟁(1899~1902)   61

4. 러시아   64
- 1) 나폴레옹의 모스크바 원정(1812)   64
- 2) 도스토예프스키(1821~1881)   65
- 3) 톨스토이(1828~1910)   68
- 4) 러일전쟁과 소비에트 연방 성립(1905)   73

5. 네덜란드   76
- 1) 네덜란드가 독립되기까지(BC 56~AD 1648)   76
- 2) 네덜란드 왕국 출현(1806)   78
- 3) 만국 평화회의(1907)와 헤이그 밀사 사건   78

6. 에스파냐(스페인)   80
- 1) 에스파냐의 독립 이전의 역사   80
- 2) 리에고 혁명(1820~1823)   81
- 3) 카를로스파 전쟁(1833~1839, 1872~1876)   81
- 4) 미국과 스페인 전쟁(1898)   81
- 5) 제1차 세계 대전(1914~1919)   81

제2장   전기 유럽 교회   82

1. 독일의 프로테스탄트 교회들   82
- 1) 레싱(1729~1781)   83
- 2) 슐라이어마허(1768~1834)   86
- 3) 리츨(1822~1889)   90

2. 영국 앵글리칸 교회와 자유교회 … 92
1) 옥스퍼드 운동 … 92
2) 스펄전(1834~1892) … 98

3. 기타의 유럽 교회 … 104
1) 로마 가톨릭의 신학적 자유주의 … 104
① 제255대 교황 비오 9세(1846~1878) … 104
② 제256대 교황 레오 13세(1878~1903) … 106
③ 제257대 교황 비오 10세(1903~1914) … 107
2) 19세기 동방정교회 … 110
(1) 동방정교회 출생 이전의 기원 … 110
(2) 고대 동방교회 시대(330~1054) … 110
(3) 근대 동방정교회(1453~1917) … 112
(4) 현대 동방정교회(1917~1991) … 113
(5) 공산주의 아래 러시아 정교회 … 116

제2편 전기 북미 세상과 교회

제1장 전기 북미 세상 … 118
1. 미국 … 118
1) 워싱턴시가 수도가 됨(1800) … 120
2) 제퍼슨 3대 대통령(1743~1826) … 120
3) 플로리다주 매입(1819) … 124
4) 멕시코와의 전쟁(1846~1848) … 124
5) 링컨(1809~65)과 남북전쟁(1861~1865) … 126
6) 존 듀이(1859~1952) … 129
7) 러시아로부터 알래스카주 매입(1867) … 133

2. 캐나다		134
1) 캐나다 역사		134
2) 캐나다 주민과 종교		135

제2장 전기 북미 교회   137

1. 신학교들의 성립   137

   1) 제1차 대각성 운동(1725~1760)   138
      ① 테넌트(1703~1764)   138
      ② 에드워즈(1703~1758)   139
      ③ 휫필드(1714~1770)   139
   2) 제2차 대각성 운동(1790~1835)   140
      ① 드와이트(1752~1817)   141
      ② 맥그리디(1758~1817)   141
      ③ 스톤(1772~1844)   141

2. 모르몬교의 창립(1830)   142

   1) 모르몬교의 창시자 스미스(1805~1844)   143
   2) 후계자 브리함 영(1801~1877)   145
   3) 모르몬교의 교리   146
   4) 모르몬교의 한국 진출   148
   5) 이들에 대한 평가   148

3. 제7일안식일예수재림교회(1863)   149

   1) 창시자 밀러(1782~1849)   149
   2) 안식교의 특징   150
   3) 안식교의 국내 현황   152

4. 남북전쟁(1861~1865)과 교파 분열   152

   1) 남북전쟁의 원인   152
   2) 남북전쟁의 경과   153

3) 남북전쟁의 결과　　　　　　　　　　　　　155
　　4) 남북전쟁과 교회들의 남북 분열　　　　　　155

5. 무디의 부흥 운동　　　　　　　　　　　　159
　　1) 무디의 출생과 사역의 기초　　　　　　　　159
　　2) 무디의 일리노이 스트리트 교회　　　　　　160
　　3) 무디의 전도자로서 성공　　　　　　　　　162

6. 나이아가라 사경회(1883)　　　　　　　　　163
　　1) 회의 시작 동기와 준비 단계　　　　　　　　163
　　2) 나이아가라 대회의 내용과 결과　　　　　　165
　　3) 미국 신학자들의 근본주의　　　　　　　　165

7. 계약신학　　　　　　　　　　　　　　　　169
　　1) 계약신학의 역사　　　　　　　　　　　　　169
　　2) 계약신학의 내용　　　　　　　　　　　　　172
　　3) 계약신학의 문제점과 실제적 사실　　　　　173

8. 세대주의　　　　　　　　　　　　　　　　176
　　1) 세대주의에 대한 성서적 근거　　　　　　　176
　　2) 세대주의의 발전 과정　　　　　　　　　　177
　　　(1) 초기 유아기　　　　　　　　　　　　　178
　　　(2) 중세 이후 근대시대(1600~1800)　　　　178
　　　(3) 존 넬슨 다비(1800~1882)　　　　　　　179
　　　(4) 스코필드(1843~1921)　　　　　　　　　180
　　　(5) 오늘날의 세대주의　　　　　　　　　　181
　　3) 세대주의 장점　　　　　　　　　　　　　　182

제3편 전기 동남아 세상과 교회

제1장 전기 동남아 세상 185
1. 인도 186
1) 영국과 인도 마이소르(Mysore) 전쟁 186
2) 영국과 인도 마라타(Maratha) 전쟁 187
3) 영국과 인도 시크(Sikk) 전쟁 187
4) 영국 무굴제국 멸망(1858) 188
5) 인도의 독립 투쟁 188

2. 중국 189
1) 포르투갈의 마카오 지배(1680) 190
2) 영국과 중국의 아편전쟁 191
3) 청(淸)나라 전 국토를 침식한 외국 세력들 194
4) 의화단 사건과 8개 연합국의 진압 195
5) 청 왕조 멸망(1912) 후 중화민국 때 공산당의 항쟁으로 중국 공산당 국가가 되다 197

3. 일본 198
1) 끊임없는 침략 전쟁의 일본 199
　① 대만 출병(1874) 199
　② 조선 출병(1877~1881) 199
　③ 청일전쟁(1894~1895) 199
　④ 중국 의화단 사건(1900) 200
　⑤ 러일전쟁(1904~1905) 200
　⑥ 제1차 세계 대전(1914~1918) 200
　⑦ 만주사변(1931) 201
　⑧ 중일전쟁(1937) 201
　⑨ 제2차 세계 대전(1939~1945) 201
2) 일본의 선견지명 201

4. 조선왕조

1) 오가작통법(1801) … 202
2) 홍경래의 난(1811) … 203
3) 최제우의 동학 창시(1860)와 동학 농민 운동(1894) … 204
4) 고종(1863~1907) 즉위와 대원군의 경복궁, 근정전, 경회루 재건축 … 207
5) 태극기를 국기로 정함(1883) … 208
6) 조선 최초의 병원과 학교와 교회 … 210
7) 조선 최초의 전차(1898) … 216
8) 대한제국(1897) … 216
9) 조선 땅에서 치러진 청일전쟁(1894~1895) … 216
10) 러일전쟁과 한일병합(1910) … 217

제2장 전기 동남아 교회 … 219

1. 인도 … 219

1) 전승 시대 … 219
2) 선교 시대 … 221
3) 현지인 시대 … 223

2. 중국 … 227

1) 선교 시대 … 227
　(1) 네스토리안 선교 시대 … 227
　(2) 프란체스코 수도사 선교 시대 … 228
　(3) 예수회 수도사 선교 시대 … 229
2) 현대 개신교 선교 시대 … 230
　(1) 모리슨(1782~1834) … 230
　(2) 존 네비우스(1829~1893) … 231
　(3) 허드슨 테일러(1832~1905) … 232
3) 공산화 이후 지하교회 시대 … 234

3. 일본   235
1) 선교 시대   235
(1) 중세기 때   235
(2) 근세 이후 시대   236
ㄱ. 장로교 계열   236
ㄴ. 가톨릭 계열   237
ㄷ. 침례교 계열   237
ㄹ. 정교회 계열   237
ㅁ. 개신교 선교사들에 의한 기독교 단체들   238
(3) 일본인 기독교 지도자   239
① 우치무라 간조(1861~1930)   239
② 니지마 조(1843~1890)   239
③ 가가와 도요히코(1888~1960)   240
2) 현대 일본 교회   241

4. 조선   242
1) 조선 천주교 약사   242
2) 조선 개신교 약사   243
3) 외국 선교사들의 선교 정책과 한일병합(1910) 후의 시련   243
4) 해방과 민족 분열과 교파 분열   244
5) 한국전쟁과 교단의 분열   244

5. 필리핀   244
1) 필리핀 역사와 국민 구성   245
2) 필리핀의 선교 역사와 정치화의 연속   245
3) 오늘날의 필리핀 현실   247

제1편 전기(1800~1900) 세상과 교회를 마치며   249

제2부 | 후기(1900~2020) 세상과 교회

제1편 후기 유럽 세상과 교회

제1장 후기 유럽 세상의 정치, 군사, 외교   252

  1. 제1차 세계 대전(1914~1918)   252

  2. 밸푸어 선언   253

  3. 바티칸 시국(市國)으로 개편(1929)   256

    1) 거짓 문서로 시작된 광대한 교황령   256
    2) 이탈리아 국가와 교황청과의 투쟁기   257
    3) 바티칸 시국의 상태   258

  4. 제2차 세계 대전(1939~1945)   260

    1) 전쟁의 양상   260
    2) 전쟁 중의 큰 사건   261
      (1) 서방 측 세계   261
      (2) 동양 측 세계   263
    3) 제2차 세계 대전의 집단 살육과 인권과 정의   265

  5. 국제통화기금(IMF)과 국제연합(UN) 성립   266

    1) 국제통화기금(IMF)   266
    2) 국제연합(UN, 1945)   267
    3) 국제올림픽위원회(IOC, 1894)   269

  6. 유럽 공동체(EC)   270

  7. 북대서양동맹(NATO, 1948년 8월)   270

  8. 동·서독의 분리(1949)와 통일(1990)   271

제2편 1945년 이후 현재까지 세계화 시대

    (1) 1945년 이후   274
    (2) 1950년대   274
    (3) 1960년대   274
    (4) 1970년대   274
    (5) 1980년대   275
    (6) 1990년대   275
    (7) 2000년대   275
    (8) 2010년대   276
    (9) 2020년대   277

제1장   세계화 시대의 철학, 문학, 사상   278
    1. 클라우제비츠(1780~1831)   278
    2. 키에르케고르(1813~1854)   283
    3. 프로이트(1856~1939)   291
    4. 존 듀이(1859~1952)   296
    5. 막스 베버(1864~1920)   301
    6. 야스퍼스(1883~1969)   307
    7. 하이데거(1889~1976)   312
    8. 사르트르(1905~1986)   314
    9. 에리히 프롬(1900~1980)   316
    10. 오웰(1903~1950)   321
    11. 리스먼(1909~2002)   326
    12. 알베르 카뮈(1913~1960)   330

제2장   세계화 시대의 가톨릭 자유주의   338
    1. 존 헨리 뉴먼(1801~1890)   338
    2. 모리스 블롱델(1861~1949)   340
    3. 프리드리히 폰 휘겔(1852~1952)   342

4. 르와지(1857~1940)   343
   5. 티럴(1861~1909)   345
   6. 칼 라너(1904~1984)   347
   7. 한스 큉(1928~2021)   350

제3장 **세계화 시대의 개신교 자유주의**   357
   1. 부슈넬(1802~1876)   358
   2. 리츨(1822~1889)   361
   3. 교회사가 하르낙(1851~1930)   363
   4. 사회복음의 라우션부시(1861~1918)   366
   5. 양식 비평의 궁켈(1862~1932)   367
   6. 종교철학자 트뢸치(1865~1923)   368
   7. 독일 복음교회 설립자 디벨리우스(1880~1967)   373
   8. 비신화화 불트만(1884~1976)   375
   9. 변증법적 신학 칼 바르트(1886~1968)   380
   10. 문화의 신학 폴 틸리히(1886~1965)   391
   11. 기독교 윤리 라인홀드 니버(1893~1971)   396
   12. 세속화 신학의 원조 본회퍼(1906~1944)   403
   13. 세속화 신학 하비 콕스(1929~현)   415
   14. 신 죽음의 신학 알타이저와 해밀턴   419
   15. 과정의 신학 알프레드 화이트헤드와 슈베르트 오그덴   422
   16. 희망의 신학 위르겐 몰트만   431
   17. 구티에레츠(1928~현)의 해방신학   438
   18. 서남동과 안병무의 민중신학   447
   19. 흑인신학 제임스 콘   451
   20. 류터의 여성신학   455
   21. 로마 가톨릭과 개신교의 종교다원주의   460
   22. 포스트모더니즘과 포스트모던 신학   466

제4장	세계화 시대의 근본주의 신학	476
	1. 하지(Hodge) 부자	476
	2. 체퍼(1871~1952)	477
	3. 메이첸(1881~1937)	479
	4. 밥 존스(183~1968)	479
	5. 알바 맥클레인(1888~1968)	480
	6. 근본주의 총서	481
	7. 원숭이 재판	482
	8. 제리 폴웰(1933~2007)	484
제5장	복음주의 신학	486
	1. 복음주의 저술가들	487
	1) C.S. 루이스(1898~1963)	487
	2) 존 스토트(1921~2100)	488
	3) 찰스 콜슨(1931~2012)	489
	2. 복음주의 신학자들	490
	1) 칼 헨리(1913~2003)	491
	2) 버나드 램(1916~1992)	493
	3) 스탠리 그렌츠(1950~2005)	495

현대 교회사 결론   500

● 색인 ・504

제1부
전기(1800~1900)
세상과 교회

제1편 전기 유럽 세상과 교회

제1장 전기 유럽 세상

 유럽(Europe)을 이해한다는 것은 쉬운 일이 아니다. 유럽은 해안선들에 인접한 반도 형태의 나라와 섬으로 이루어진 나라 등으로 각기 지형이 다르다. 이들 각 나라들은 성립 역사도 다르고 주체 세력 장악도 다르고 종교도 다르다. 20세기의 유럽은 또 다르다. 과거 역사를 보면 ① 5~6세기부터 8~9세기까지 로마제국을 중심으로 한 고대세계가 있었다.

 ② 800년경 서쪽은 카를 대제가 이끄는 가톨릭으로, 동쪽은 비잔틴 제국의 그리스 정교회로 분리되어 1453년까지 양대 세력으로 분열되어 있었다.

 ③ 15~16세기 이탈리아에서 시작된 르네상스는 독일의 종교개혁과 콜럼버스의 아메리카 대륙 발견, 영국의 청교도 혁명, 프랑스 혁명으로 이어진 후 아시아, 아프리카의 식민지화로 발전되었다.

 ④ 제2차 세계 대전 이후 세계는 미국과 소련이 자본주의와 사회주의로 양분되었다.

⑤ 이에 유럽 18개국들은 유럽 경제 공동체(European Economic Community: EEC)로 결속되었다.

유럽 공동체 국가들은 유럽 국제 특급 열차의 운행으로 100개의 도시, 유럽 내 모든 국가가 한 나라 생활권을 이루고 있다. 이렇게 변모된 유럽 세상을 이해하는 것은 결코 쉬운 일이 아니다. 현재는 EC가 3억 2천만의 거대한 대형국가 형태를 갖고 있다.

그러나 EC가 현재에 이르기까지 과거에 수많은 변혁 속에서도 이들을 하나로 결속시킬 수 있는 원천이 있었다. 그것은 유럽의 모든 나라가 그리스도교를 공통으로 믿는 기본적 힘이 있었다. 여기서는 현대 유럽을 이해하기 위해 과거의 유럽 세상과 교회를 대략적으로 살펴보도록 하겠다.

1. 프랑스(French)

프랑스는 현재 5천 6백만 명의 인구를 가진 가톨릭 국가이다. 1799년 나폴레옹의 군사 쿠데타 이후에 1804년 나폴레옹이 황제가 되었고, 그 후 1815년 나폴레옹이 몰락하고, 19세기 내내 계속적인 정치적 혼란을 거듭했다. 이 같은 19세기 내 프랑스에서 기억될 만한 몇 가지를 지적해 보겠다.

1) 나폴레옹 통치(1799~1815)

이 기간 중 나폴레옹 법전(1804), 모스크바 원정(1812), 엘바섬 유배(1814), 워털루 전쟁(1815. 6. 18) 등이 기억되는 역사다.

2) 스탕달(Stendhal, 1783~1842)

스탕달은 나폴레옹 통치 때 군인(소위) 군속으로 모스크바 원정에 참여했다. 나폴레옹 실각 후에 왕정복고 때 많은 고난을 겪은 후 뒤늦게 관리가 된다. 그는 평생을 여인들과 수많은 연애를 하며 살아갔다. 그의 여러 작품 중 47세 때 완성한 《적과 흑》이 있다(1830).[1]

소설의 내용은 주인공 줄리앙 소렐이 가정교사로 들어간 집의 레날 부인과 정을 통한다. 그 후 신학교에 진학한 후 파리의 라몰 후작의 비서가 되어 후작의 딸과 애정 문제를 일으킨다.

두 사람의 결혼이 성사되기 직전 레날 부인의 과거사 폭로로 꿈이 무산된다. 그는 레날 부인을 살해하려고 결심했으나 부인의 진실한 사랑에 눈을 뜨고 단두대에 오른다.

하류계층의 출신 청년이 야심에 불타서 성공과 좌절을 겪는다는 이 소설은 프랑스 왕정복고 시대의 암흑 시대상을 묘사해 준다.

3) 플로베르(G. Flaubert, 1821~1880)

플로베르는 시립병원 외과 과장의 아들로 태어나 파리대학의 법학부에 진학했으나 간질 비슷한 신경병으로 인해 꿈을 이루지 못하고 문학에 전념한다.

그가 저술한 대표작이 《보바리 부인》(1857)이다.[2]

---

1) 스탕달, 적과 흑, 서경철 역, 동서문화사, 2016.
2) 플로베르, 보바리 부인, 민희식 역, 동서문화사, 2017.

소설 내용을 보면, 엠마는 수도원에서 교육받은 뒤 순박한 시골 의사 보바리와 결혼한다. 몽상적이며 사치스러운 보바리 부인은 남편과의 단조로운 생활을 견디지 못한다. 그래서 시골 귀족 르돌프의 정부(情婦)가 되나 그에게 버림받는다. 다시 공증인 젊은 서기 레옹과 정교(情交)를 맺으나 또 실망한다.

결국 남편 모르게 진 엄청난 빚에 몰려 비소(砒素)를 먹고 자살한다. 그는 이 책을 출판한 후 사회 윤리와 종교를 더럽힌 악덕 소설로 재판을 받는다. 그런데 그의 작품이 1세기가 지난 지금에는 인간 내면을 탁월하게 분석한 작품으로 읽히고 있다.

4) 위고(V. M. Hugo, 1802~1885)

위고는 나폴레옹 휘하 장교의 아들로 태어났다. 아버지가 대령으로 스페인 근무 중 장군과 총독이 된다. 어머니는 아버지와 이혼을 요구하고 파리에 돌아와 자녀들 교육에 전념한다. 부모의 별거 상태에서 파리에서 문학에 열중한 위고는 모친의 영향으로 왕당파로 시작했다가 점차 좌경화된다.

1830년 혁명 때 위고는 젊은 혁명의 영웅들을 예찬한다. 1845년 상원의원, 1848년 공화정 의원으로 루이 나폴레옹의 대통령 취임을 돕는다.

그 후 1851년 루이 나폴레옹에 대한 민중 저항으로 71명의 민중 대표에게 추방령을 당한다.

그 후 19년 동안 망명 생활을 계속한다. 그 침묵 기간 중《레미제라블》(1862년)을 완성한다.³⁾ 83세(1885)에 폐렴으로 숨지자 그의 장례를 국장으로 치르고 그는 '빵데옹'에 묻혔다. 그의 삶은 19세기 프랑스 역사를 그대로 반영한다. 그러나 《레미제라블》은 시대를 반영하면서도 시대를 초월하여 약한 사람, 고독한 사람, 슬픔에 잠긴 사람, 의지 없는 사람들에게 살뜰한 벗으로 위로를 준다.

오늘날까지 우리 곁에서 생생히 살아 숨 쉬는 장발장, 코제트, 자베르 경감 등은 인간의 존엄, 감정을 외면하는 사회를 잘 표현하고 있고 미리엘 주교의 자비심은 온 인류에게 감동을 주고 있다.

필자는 10대 중고등학생 때 《장발장》을 읽었다. 그때 미리엘 주교로 인한 감동이 목사가 되는 데 있어서 커다란 자극을 주었다.

《레미제라블》은 모든 인류에게 한결같은 감동을 주고 있다. 그와 같은 위대한 작품이 국외로 추방되어 19년의 망명 생활 중에 만들어졌다. 위대한 작품의 탄생은 그만큼 많은 산고를 겪어야만 하는 것 같다.

5) 르낭(J. E. Renan, 1823~1892)

르낭은 성직을 희망하여 신학교에 입학했으나 헤겔과 헤르더 등의 독일 철학에 영향을 받고 과학자로 방향을 바꾼다. 그는 그리스도교 기원을 연구하려고 유대교적 환경과 이스라엘의 사회적, 감정적 산물로 《그리스도교의 기원사》(1863~1881)를 완성했다. 이 책의 제1권이 《예

---

3) 위고, 레미제라블, 송면 역, 동서문화사, 2016.

수전》이다. 그는 예수 그리스도의 신성(神性)을 인정하지 않고 인간 예수의 생애를 실증적으로 설명했다. 그가 쓴 《예수의 생애》(Vie de Jesus)는 대중적 상상력을 통해 신화적으로 설명하고 있다(1863).

그는 예수를 향한 자신의 깊은 사랑이 있음을 밝히면서도 예수는 신의 아들이 아닌 인간 예수에 불과하다고 단언한다. 그는 절대 신앙은 역사학과 양립할 수 없다고 역사적 사실을 주장한다. 그는 예수를 단지 인간으로만 주장하므로 현대 자유주의 신학의 길을 열어 놓는 선구자가 된다. 필자는 《근세 교회사》에서 종교개혁 후 가톨릭과 개신교 간의 양보 없는 전쟁사에 낙심천만한 유럽 지성인들이 '계시'나 '종교'의 우월성을 거부하고 인간의 '경험'과 '이성'을 신앙의 자리로 올려 좋았음을 설명했다.

르낭은 그와 같은 이성의 시각으로 예수의 신성을 부정한다. 그는 이성이 신의 자리로 옮겨지는 과정의 다리 역할을 하였다.

6) 모파상(G. de Maupassant, 1850~1893)

모파상은 프랑스 북서부 노르망디에 출생하여 1870년 프로이센, 프랑스 전쟁에 종군한 후 해군성에 취직했다. 플로베르에게 문학을 지도받았다. 그는 보수성 일간지 〈르 골루아〉, 〈질 블라스〉 등에 단편 소설과 시사평론문을 기고했다. 《여자의 일생》(1883)을 장편 소설로 연재했다.[4] 또 《벨아미》(1885)도 연재했다.

《여자의 일생》에서 행복을 꿈꾸는 청순한 처녀 잔느는 결혼한 뒤

---

4) G. 모파상, 여자의 일생, 이춘복 역, 동서문화사, 2017.

남편과 아들로부터 차례로 환멸과 실망만 겪는다. 이 가련한 《여자의 일생》은 한 개인의 이야기가 아니라 모든 여자들의 이야기로 확장된다.

《벨아미》는 수단과 방법을 가리지 않고 자신의 욕망을 이루어가는 한 청년의 삶을 그렸다. 빼어나게 잘생긴 외모와 우아함을 갖춘 남자는 '벨아미'라는 별명을 얻는다. 그는 귀부인들에게 접근하며 원하는 부와 쾌락과 명예를 얻는다. 그는 자기 욕망을 채워줄 수 있는 여자라면 누구든지 유혹하고 버리기를 거듭한다.

이와 같은 소설은 그가 살아간 19세 파리의 타락한 정치, 사회, 문화를 사실적으로 묘사하고, 선과 악의 경계가 허물어진 사회를 날카롭게 비탄한다. 그는 병과 탈모 증세로 인해 온갖 치료를 하다가 결국 정신 이상에 이른다. 모파상의 병은 선천성 혹은 후천성 매독으로 보고 있다. 그는 자살을 기도하여 42세 젊은 나이로 세상을 떠났다.

7) 드레퓌스(A. Dreyfus, 1859~1935) 사건

드레퓌스는 프랑스의 육군 장교로 포병 대위였다. 그가 참모본부에 근무 중에 1894년 4월에 군사정보를 독일에 팔았다는 혐의로 체포되어 군법회의에서 무기징역 언도를 받고 1895년에 악마도로 유형을 가게 되었다. 그 후 친근자들의 재심 청원과 참모본부 정보국장 피카르에 의한 새로운 증거와 진범이 나타나면서 군법회의의 재판 절차의 비합리성 등이 폭로되었다.

이때 《목로주점》(1877)으로 유명해진 작가 E. 졸라(E. Zola, 1840~1902)가 《나는 규탄한다》라는 제목으로 대통령에게 보내는 공개장을 신문에 발표했다.

이에 다시 재심한 결과 에스테르아지 소령의 날조 음모였음이 밝혀졌다. 이때 드레퓌스 사건을 놓고 국론이 드레퓌스를 옹호하는 공화(共和) 정치파와 국방부를 두둔하는 국수파(國粹波)로 분열되었다.

드레퓌스 사건은 정치 문제로 비약이 되어 유죄로 선고되었다가 특사로 풀려났다. 그러나 이 사건이 프랑스의 민주 공화 정치인 양당 간의 대립과 대화라는 민주 정치의 기초를 만들어 주는 계기가 되었다. 드레퓌스는 1894년부터 1899년까지 유형생활을 했다. 그러나 그는 졸라의 공개장으로 국론을 일으켰고 또 양당 정치가 민주정치의 기초를 만드는 촉매 역할을 하게 되었다.

8) 정교 분리법(政敎分離法, 1905)

개인의 신앙의 자유가 종교개혁 이전에는 확립되지 않았다. 중세기 천 년간 유럽 세계는 정치와 종교가 서로 다른 권능을 가지고 있으면서도 국가는 오직 신적 사명 수행에 협력해야만 한다는 논리로 가톨릭 종교만이 존재해 왔다. 그러나 종교개혁 후 계몽주의적 정치 이론에 의해 종교적 관용주의가 생겨나면서 시민의 권리 보호를 국가의 목적으로 해야 한다는 사상이 등장한다. 이에 따라 유럽 각국에서 정교 분리법 제도가 보급되었다.

미국에서는 개신교파들이 우세한 가운데 가톨릭은 백안시되었다. 그러나 연방 헌법 6장에서 종교가 공직자 자격 심사의 대상에서 제외되고 수정 헌법 제1조에서 국교를 배제하고 종교의 자유가 규정된다. 이에 따라 1830년까지 각 주의 헌법이 종교의 자유로 수정된다.

한편 가톨릭이 우세한 프랑스에서는 19세기 말 이래 공화정에 적의를 품은 가톨릭 보수 세력에 대해 급진파들이 반 교권주의를 표방한다. 이에 따라 수도원 결사 규제법, 수도회 교육 금지법, 정교 분리법 등이 차례대로 제정되어 정교 분리를 완수한다(1905년).

한국은 과거 신라시대, 고려시대의 불교와 조선 왕조 때 유교가 국권과 결합되어 타 종교가 허용되지 않았다. 그러나 대한민국 수립 후 (1948) 헌법 제20조에서 모든 국민은 종교의 자유가 있고, 국교가 인정되지 않음을 규정하고 있다. 그러나 프랑스 헌법에 종교는 가톨릭으로 정해져 있으므로 여전히 가톨릭 국가이다.

2. 독일(Deutschland: Germany)

독일과 프랑스는 중세기 1000년 동안을 계속 싸우며 지냈다. 처음에 카를 대제가 시작한 프랑크 왕국이 800년경 유럽을 지배하기 시작했다. 그다음에 독일의 오토 대제가 951년경 신성 로마제국을 수립한 후 1806년 나폴레옹에 의해 신성로마제국이 해체될 때까지 1000여 년을 독일과 프랑스는 투쟁 속에 살아왔다.

그 후 독일이 근대 국가로서 정치적 통일을 이룬 것은 1871년으로, 영국이나 프랑스에 비하여 훨씬 늦다. 그러나 문화면에서는 철학을 비롯하여 음악, 문학 등의 예술 분야에서 뛰어난 업적을 낳았다.

여기서 전기 유럽의 독일에서 철학, 문학 분야에서 공헌한 이들을 살펴보도록 하겠다. 후기 유럽의 독일에서는 20세기에 일어난 제1차 대전(1914~1919)의 패전으로 거액의 배상금을 치르고 경제적 공황을 겪었고 제2차 세계 대전(1939~1945) 패전으로 서독과 동독이 분리되어 체제가 다른 국가로 45년을 지속했다.

그 후 1990년 10월에 동독과 서독의 통일을 이루어 오늘에 이르고 있다. 여기서는 1800~1900년경의 전기 유럽시대에 독일에서 이루어진 기억될 만한 문화적 내용 몇 가지를 살펴보겠다.

1) 괴테(J. W. Von Goethe, 1749~1832)

요한 볼프 강 폰 괴테(Johann Wolfgang Von Goethe)가 그의 본명이다. 괴테는 프랑크푸르트에서 제실 평의원(帝室 評議員)의 아들로 출생했다. 그는 슈트라스부르크대학에 들어가 J. G 헤르더(1744~1803) 교수를 만나 민족 문화에 대해 눈 뜨게 된다. 이 무렵 목사의 딸인 프리데리케 브리온과 사랑에 빠진다.  25세 때(1774) 《젊은 베르테르의 슬픔》을 간행한다. 이 작품은 사랑의 열병을 앓는 전 세계 젊은이들의 영혼을 울리는 작품으로 사랑받고 있고, 젊은 괴테의 생생한 사랑의 체험에서 솟아 나오는 순수한 사랑의 열정이 순수하면서 섬세하게 묘사되고 있다.

또 그는 20대에 《파우스트》(Faust) 초고를 시작해서 40대에 단편을, 59세 때 제1부를, 죽기 1년 전인 82세 때 제2부를 완성한다.[5] 《파우스트》에는 천사 라파엘, 가브리엘과 함께 악마인 메피스토펠레스가 가장 매력적인 인물로 묘사된다.

파우스트와 메피스토펠레스는 한 인간 안에서 선과 악을 각각 다르게 해석하는 두 개의 얼굴을 드러낸다. 두 상반된 성향을 가진 한 인간의 상반된 이미지를 우리에게 밝혀준다. 결국 인간은 보잘것없는 존재인데도 인간들은 작은 것들에 쉽게 상처받고 마음의 비애를 만들어가며 살아간다. 《파우스트》 안에는 한 사람이 혈기왕성한 청년 때 성향과 성숙한 장년과 노년의 지혜가 다 담겨 있다.

《파우스트》는 80여 년을 살아간 괴테의 일평생의 역작이다.

---

5) 괴테, 파우스트, 곽복록 역, 동서문화사, 2016.

2) 헤겔(G. W. F. Hegel, 1770~1831)

헤겔은 독일 남부의 슈투트가르트에서 중급 관리의 아들로 태어났다. 1788년 18세 때 튀빙겐신학교에 입학하여 목사가 되려고 했다. 그러나 질후 질환 때문에 목소리가 나빠지자 목사가 되려던 희망을 단념한다. 졸업 후 스위스에 가서 가정교사로 일하며 독자적인 인생철학에 바탕을 두고 기독교를 비판하는 글을 쓰기 시작했다. 그는 1799년 29세 때 예나대학 강사가 되었다. 1806년 나폴레옹 군이 독일을 침입했을 때 《정신 현상학》이라는 최초의 저서를 완성한다.

그동안에 하숙집 여주인과의 관계를 유지하며 서자 루드비히를 낳는다. 대학이 폐쇄당하자 뉘른베르크 김나지움 교장으로 부임한다. 1811년 41세에 20세인 마리와 결혼한다. 이듬해 두 번째 저서 《논리학》을 출판한다. 1816년 46세 때 하이델베르크대학의 교수가 되어 제3의 주 저서인 《철학 세계》를 간행했다.

1818년 48세 때 베를린대학 교수로 옮겨 1831년 61세로 사망할 때까지 베를린대학 교수로 활동하다가 콜레라로 급사한다.

그는 베를린대학 교수 때 학문과 정치와의 알력에 말려든다. 궁정에는 보수파들이 버티고 있었으나 헤겔은 개혁파를 지지했다. 그런 와중 속에서 제4의 주 저서인 《법철학》을 간행한다. 헤겔의 저작 중 가장 많이 읽혀지는 《역사철학》, 《종교철학》, 《미학》 등은 모두가 헤겔이 1831년 사망한 후에 제자들이 편찬한 강의록이다. 여기서는 헤

겔의 대표작으로 알려진 《역사철학》 내용을 살펴보겠다.[6]

헤겔 철학의 원점은 일원론(一元論)이다. 르네상스 시대나 독일의 신비주의 속에 흐르는 공통된 사상은 모든 생명의 존재 기원이 하나님에게서 시작되었다는 일원론을 기본 바탕으로 하고 있다. 그와 같이 신이 모든 존재의 근원이면서 또 자기를 계시한다는 것은 둘로 분열시켜서 분열이라는 형태로 본질을 현상(現象)시켰다. 이렇게 분열 현상에서 자기 인식을 달성하므로 결국 분열에서 자기를 되찾게 된다.

인식론이란 주관과 객관이라는 대립 구조를 설명해야만 한다. 과거의 칸트나 피히테는 절대자를 영원한 피안(彼岸)에 두어 놓고 있는 인식론은 주관과 객관의 대립 구조 자체를 인정하는 조잡한 관념론이라고 본다. 헤겔은 주관과 객관이 대립을 이루고 있다는 이원론이 존재하는 한 대립은 항상 존재한다고 본다. 따라서 대립을 진전으로 초월하려면 그럴싸한 가상(假象)을 밝히고 그 프레임을 부정해야만 한다. 그것이 곧 '무한성'(無限性)의 형식을 수용하는 것이라고 했다. 헤겔은 자아 내부에 있는 '자기의식'이라는 것은 그 구조가 '보는 자기'와 '보여지는 자기'라는 것이 구별되면서 동시에 동일성을 갖고 있다고 보았다. 이렇게 "구별이 아니면서 구별되는 것"을 모순이 내포되는 것을 전제로 그의 철학이 출발한다.

이 같은 논리로 근원일자(根元 一者)라는 자기 존재론과 대립하는 규정의 동일성이라는 논리학과 주관과 객관의 대립의 극복이라는 인식론이 모두 융합되어서 헤겔 철학을 형성하고 있다. 헤겔은 인류 역사 전체를 더듬으면서 역사 속에 이성을 발견하려고 하지 않았다. 그

---

6) 헤겔, 역사철학 강의, 권기철 역, 동서문화사, 2016.

가 조명한 역사라는 것은 유럽의 근대 역사를 대표하는 역사적 사건으로 종교개혁, 계몽사상, 프랑스 혁명을 설명했다.

헤겔은 이 사건들이야말로 자유와 이성의 태동이라고 보았고 그것이 세계사의 본질이라고 인식했다. 그가 살아가는 시대에는 개인의 자유와 인권을 확립하고 이상적인 국가를 건설하는 것이 유럽 근대사의 과제라고 믿었다. 그리고 역사를 지배하는 것은 이성이며, 역사의 흐름은 자유의 발전 과정이었다. 헤겔의 이와 같은 "역사철학"은 유럽 근대사를 당당하게 마주 대하며 강한 자신감으로 근대 이전의 역사를 거슬러 올라간다.

헤겔은《법철학》(1821)에서 최고의 존재는 국가라고 한다. 인간 개인이나 역사 속의 이성도 최고의 존재가 아니다. 역사는 이성적인 관조(觀照)의 대상에 지나지 않는다. 개인은 시민사회에서 자기 이익의 자유로운 추구를 즐기는 일이 허용된 시민이다. 그러나 그와 같은 시민이 동시에 국가의 일원이며 국민이기도 하다. 그와 같은 국민이 국가를 위해 자기의 생명이나 재산을 희생하는 것은 국가라는 영속하는 실체에 자기를 동화하는 최고의 삶이라고 예찬했다.

헤겔 철학은 "역사를 최고의 실체이며, 동적으로 변화하는 이성체"라고 간주하는 역사철학을 설명했다. 이와 같은 헤겔 철학은 과거 근세 시대 이성 중심의 계몽주의적 역사관에서 진보의 내재적인 필연성이라는 실증주의적 역사관으로 전환되는 길을 예비해 주었다고 할 수 있다.

필자는 헤겔의 '인식론'을 통해 그가 튀빙겐신학교에서 삼위일체라는 기독교의 기본적 진리조차도 이해하지 못한 비그리스도인이었음으로 보인다. 그의 "역사철학" 역시 인류 전체 역사를 이해하지 못하고 종교개혁과 계몽사상 때와 프랑스 혁명 이해가 기조를 이루는 매우 편협한 역사관이다. 또 그의 "법철학" 역시 국가를 최고의 존재로 믿는 제한된 이론이다.

성경의 역사는 하나님의 절대적 섭리에 의한 초월적 역사관이고, 법이란 인간과 국가를 초월한 우주적 법을 중요시하는 영구불변의 법이라야만 한다. 헤겔의 단편적 "역사철학"이 다음의 마르크스의 "실증주의"적 역사관으로 발전한다.

3) 쇼펜하우어(A. Schopenhauer, 1788~1860)

독일과 폴란드 사이인 단치히(Danzig)에서 출생한 쇼펜하우어의 조상은 네덜란드 사람이었다고 한다. 아들을 끔찍이 사랑한 아버지는 가족들과 함께 2년 동안 유럽 5개 나라들을 여행하면서 세계를 보는 안목과 언어 훈련을 시켰다. 그 같은 아버지가 17세 때 세상을 떠나자 어머니와 뜻이 맞지 않아 쇼펜하우어는 21세 때 아버지 유산의 3분의 1을 분배받고 괴팅겐대학 의학대학에 진학한다. 그러나 대학 공부 중 철학에 관심을 갖게 된다. 그래서 베를린대학으로 옮겨 플라톤, 칸트, 인도의 베단타 철학을 배우게 된다.

그 후 25세 때(1813) 예나대학에서 박사학위를 받는다. 이때 괴테와 매우 깊은 친교를 맺고 그의 영향을 받는다. 그리고 동양학자 마이어와 교제하면서 인도철학에 눈을 뜬다. 29세 때(1817) 《의지와 표상으로서의 세계》라는 제4권의 저술을 시작해 1818년에 간행했다. 그것을 《쇼펜하우어 철학적 인생론》으로 출판했다. 여기서는 《쇼펜하우

어 철학적 인생론》을 살펴보겠다.[7]

그 내용에 따르면 존재하는 세계는 보이는 표상 세계에 불과하다. 그것을 인식하는 주관은 의지이다. 표상으로서의 현상 세계를 낳게 하는 원인이 되는 사물 자체가 곧 의지의 표출이라고 주장했다. 우리가 살아가는 직접적 목적은 괴로움이며 그 외에는 살아가는 이유를 찾을 수 없다고 주장하므로 염세적 철학자라는 평가를 받게 된다.

그의 저서는 그 당시 높은 평가를 받지 못했다. 그러나 그의 저서 《아르투어 쇼펜하우어》로 인해 베를린대학의 강사가 되었다. 당시 인기 절정의 헤겔과 대결을 했으나 좋은 결과는 얻지 못했다.

쇼펜하우어는 평생 72세(1860)까지 독신으로 살아가면서 인간의 본질과 정체를 탐구하며 살아갔다. 그에게 인간이 살아가야 할 이 세상은 불행으로 가득 찬 공간으로만 보였다.

그러므로 삶의 고통에서 벗어나려고 하면 의지의 부정에 의한 무사(無私) 행위로서 범아일여(梵我一如) 즉 우주의 중심 생명의 범(梵)과 개인의 중심 생명인 아(我)가 궁극적으로 동일하다는 인도 사상과 열반(涅槃)의 경지에 이른다고 하는 윤리의 차원만이 추구해야 되는 것이라고 했다.

쇼펜하우어의 염세주의는 인도철학에 비롯된 것이다. 그의 철학 사상이 인도철학 사상에 생소한 유럽 세상에서 반짝 인기를 얻게 되었고 또 지금도 염세주의로 영향을 주고 있다. 이렇게 세상과 인간을 비극적, 부정적으로 보게 만드는 염세철학은 불교의 기초를 이루고 있는 사상과 같은 사상이다.

인도의 불교철학이 한국에서 신라의 화랑도 정신이나 임진왜란 때

---

7) 쇼펜하우어, 철학적 인생론. 권기철 역, 동서문화사, 2016.

승병군으로 기여한 과거사들이 있다. 그러나 인도의 불교철학의 근간은 역시 염세철학이다. 쇼펜하우어가 인도의 염세철학을 서양에 보급하는 기여를 했으나 염세철학 자체는 인생에 절망하고 세상을 덧없이 여기며 모든 것을 부정적으로 보도록 하여 세상에 암흑을 가져다주게 한다. 결코 바람직한 철학이 아니며 퇴치해야 할 사탄과 같은 속임수다.

4) 마르크스(K. H. Marx, 1818~1883)와 엥겔스(F. Engels, 1820~1895)

마르크스는 독일 라인주 트리어에서 유대인 그리스도교 가정의 7남매 중에서 셋째 아들로 태어났다. 아버지는 부유한 변호사로 자유사상을 지닌 계몽주의파 인물이었고, 어머니는 네덜란드의 귀족 집안 출신이었다. 엥겔스는 마르크스보다 2년 늦게 라인주(州) 북부에 있는 공업 도시 발멘에서 섬유공장을 경영하는 가족 기업가의 가정에서 8형제의 맏아들로 태어난다.

마르크스는 17세 때 본대학(법학부)에 입학하여 인문학 강의를 듣다가 18세 때 베를린대학으로 옮겨 법률, 역사, 철학을 공부한다. 당시 신학 강사였던 브루노 바우어(B. Bauer, 1809~1882)의 "그리스도와 로마황제"라는 강의를 듣고 무신론 사상으로 기울어지며 헤겔 철학을 배운 후에는 헤겔파가 된다.

참으로 가공스러운 것은 한 시대에 유명한 철학 강의가 젊은 마르크스로 하여금 인간 헤겔을 그리스도 진리보다 더 추앙하는 비참함을 가져온 사실이다. 당시 베를린대학의 신학 교수인 포이어바흐(L.

A. Feuerbach, 1804~1872)가 그리스도교를 이기적이고 비인간적인 종교라고 비판하여 당국의 반감으로 교수직을 잃었는데 마르크스는 그의 사상의 영향을 받는다.

마르크스는 헤겔에게서 편파적인 철학을 배우고 포이어바흐에게서 왜곡된 기독교를 배운다. 마르크스는 베를린대학에서 헤겔학파에 물들고 예나대학에서 에피쿠로스 철학 연구로 박사학위를 얻는다(23세, 1841).

마르크스는 대학교수가 되려던 꿈을 가졌으나 친교를 나누던 바우어가 교직으로부터 추방당하는 학풍을 보고 교수가 되려는 꿈을 단념한다. 그리고 급진적 반정부 신문인 〈라인 신문〉 기고를 계기로 24세에 편집 주임이 된다. 이 시기에 엥겔스(F. Engels, 1820~1895)를 만난다.

엥겔스는 마르크스가 태어난 독일 라인주(州) 북부 공업도시 발멘의 섬유공장을 경영하는 공동 출자자의 가정에서 8형제의 맏아들로 태어났다. 그는 아버지의 사업을 돕다가 틈틈이 평론과 시를 써서 필명으로 신문 등에 발표하였다. 그는 군 복무 중 베를린대학의 철학 강의를 청강 중에 헤겔 좌파 그룹에 가담한다. 제대 후 영국 맨체스터에 아버지가 공동 경영자로 있는 방직 공장에 관계하면서 노동자들의 실정을 관찰한다. 이때 노동운동과 사회주의 운동에 간여하면서 공산주의자로 입장을 굳히게 된다.

1844년 마르크스가 독일, 프랑스 연지(年誌)에 발표한 《국민 경제학 비판대강》을 읽고 마르크스를 신뢰하며 결국 마르크스를 파리에서 만난다.

그 후 엥겔스는 일평생을 마르크스의 친구이며 과학적 사회주

공동 창시자가 된다. 그가 영국 맨체스터의 상회에서 일하면서 겪은 견문과 연구를 기초한 〈영국에 있어서의 노동자 계급의 상태〉를 작성했다. 엥겔스는 이 논문을 근거로 브뤼셀로 가서 마르크스와 함께 《독일 이데올로기》를 공동 집필하여 새로운 역사 파악 방법으로 "유물사관"(唯物史觀)을 제시했다. 이것이 마르크스와 엥겔스가 합동으로 작성한 〈공산당 선언〉(1847)을 이룬다.

그 후 엥겔스는 1849년 마르크스를 따라 영국으로 망명한다. 20여 년간 아버지 회사의 지배인으로 근무하면서 마르크스 가족들의 경제적 후원자로 돕는 일을 한다. 엥겔스는 박식한 지식인이었다. 그래서 경제학은 기본이고 철학, 문학, 신학, 언어학, 자연사, 화학, 식물학, 물리학 등을 두루 섭렵한 지식인이었고 또 외국어는 20개 국어를 더듬거리면서 말할 수 있었다고 한다.

마르크스는 1842년 초 라인 지방의 급진파 〈라인 신문〉의 주필이 되어 라인주의 정치, 경제 문제를 비판하는 글들을 연재했다. 이때 엥겔스를 만났다. 그리고 1843년 25세 때 예니와 결혼을 한다. 〈라인 신문〉이 경찰에 의해 폐간당하자 파리로 이주한다. 파리에서 루게와 함께 〈독일, 프랑스 연보〉를 발행한다. 마르크스는 27세(1845) 때 파리에서 추방당해 브뤼셀로 갔다가 1847년 런던에서 공산주의자 동맹, 1848년 파리의 혁명 등에 엥겔스와 함께 참여했으나 두 사람은 계속 추방령을 당한다.

1850년 32세 때 영국 런던으로 망명하여 정신적, 경제적 빈궁 속에서 대영 박물관 자료들로 경제학 연구를 계속한다. 33세 때 미국 뉴욕의 〈트리뷴〉지의 유럽 통신원으로 활동하면서 생계를 꾸려나간다. 41세 때(1859) 그의 최초 경제학 저서 《경제학 비판》을 간행한다.

49세 때(1867) 그의 대표작인 《자본론》 제1권을 출판한다. 마르크스는 예니와 결혼하여 딸 넷과 아들 둘을 낳는다. 그런데 이들이 어려서 대부분 죽고 넷째 딸은 부모 사후에 자살한다. 마르크스는 63세(1883)로 세상을 떠난다. 마르크스 사후에 엥겔스가 마르크스의 유고를 정리하여 《자본론》 2권(1885)과 3권(1894)을 발행한다.

여기서는 마르크스의 경제학, 철학, 자본론 등을 살펴보겠다.[8]

우선 마르크스의 사상의 기초가 무엇인가? 이에 대해서 전 세계의 모든 학자들이 공통으로 인정하는 세 가지 요소가 융합되어 있음을 알 수 있다.

마르크스의 철학적 요소는 독일의 헤겔 철학이 지대한 영향을 미쳤다고 보는 것이 일반적 견해이다. 헤겔의 철학 중에 앞서 설명한 《역사철학》은 마르크스에 의해 《실증주의 철학》에 반영되었고 또 《법철학》은 마르크스에 의해 시민사회 비판에 반영되었다. 그렇기 때문에 마르크스가 시민사회를 부르주아라고 통렬히 비판하는 비판의식은 헤겔의 영향을 받은 것이다.

두 번째로 마르크스의 경제 이론은 영국의 경제학자 리카도(D. Ricardo, 1772~1823)가 저술한 《경제학 및 과세의 원리》(1817)에서 노동가치설의 영향을 받았다.

그리고 세 번째로 마르크스의 사상적 영향은 프랑스의 혁명을 정당시하는 여러 프랑스 사회주의 이론들의 영향을 받았다.

프랑스 혁명을 정당시하는 사회주의 이론에는 ① 유물론적 사회

---

8) 칼 마르크스, 경제학, 철학초고, 자본론, 김문현 역, 동서문화사, 2016.

주의 ② 공상적 사회주의 ③ 혁명적 사회주의 등이 있다.

이 같은 프랑스 혁명 사상들 중 마르크스는 이것저것을 혼합한 사상을 만들어낸다.

마르크스 사상에는 철학적, 경제적, 혁명적인 여러 요소들이 그의 편리대로 혼합되어 있다.

그에게 혼합된 사상들을 구별해 본다면 다음과 같다.

① 자연과 사회 안에 있는 모든 것은 끊임없이 운동을 계속하며 변화한다는 변증법적 사고를 인간 사회에도 적용시켰다.
② 인간 사회의 역사적 발전 이론에 있어서는 유물사관에 근거한 공산주의에 의한 자신의 주장을 경제학을 통해 《자본주의적 생산 양식의 필연적 붕괴》라는 논리를 만들었다.
③ 그는 노동 가치설을 설명 원리로 《잉여 가치론》의 분석 장치로 삼아 자본주의의 경제적 원칙은 필연적으로 멸망한다는 것을 증명하려는 데 평생을 투신했다.

그렇게 주장하며 공산주의 이론을 만든 유물사관이 러시아 혁명이나 후진국형의 모택동주의, 김일성주의, 이탈리아 공산당, 쿠바 공산당에 기여를 했다.

마르크스가 일생 동안 온갖 고난을 겪으며 만들어낸 공산주의가 전 세계인들에게 위험천만한 폭탄과 같은 경계대상이 된 것은 그가 철저하게 헛살았음을 증명한다.

5) 독일 제국의 성립(1871~1918)

독일은 길고도 오랜 역사를 계승해 왔다. 그러나 오랜 역사 속에서 독일이라는 독립된 국가 체제를 확립하지 못하고 다양한 혼합 정부 체제를 유지해 왔다. 그러다가 제대로 된 독립 형태는 1871년에 시작되어 제1차 대전 때 패망한 1918년까지 계속되었다. 그러다가 제2차 세계 대전 때(1939~1945) 또 망한다. 그 후에 동독과 서독으로 분리되었다가 1990년에 다시 통일된다.

여기서는 독일의 과거 역사를 크게 정리해 보겠다.
① 고대 게르만 사회(BC 3세기~AD 911)
주전 3세기경 게르만인들이 남하하여 켈트인을 쫓아내고 게르마니아 대지를 점거한다.

주전 58년 로마의 카이사르가 갈리아 원정으로 게르마니아인들과 다툰다. 게르마니아 고트족의 민족 대이동으로 유럽 대륙 각 종족들(앵글로족, 프랑크족, 고트족)이 유럽 국가들의 기초를 닦는다. 그중에 카를 대제(768~781)가 30년간 유럽 제국을 지배하는 프랑크 시대를 거쳐 오토 1세(936~976)에 의해 신성로마제국 시대가 된다.

② 신성로마제국 시대(962~1806)
이 시기에 프라하, 오스트리아, 보헤미아, 룩셈부르크, 에스파냐(스페인), 네덜란드, 스위스, 이탈리아 등 유럽 대부분의 나라들이 신성로마제국 연방 속에 포함된다. 이 무렵 16세기 독일에서 종교개혁이 일어난다. 종교개혁을 반대하는 연방 황제(스페인)로 인해 전 유럽 곳곳에 많은 희생자가 따르고 바로크 군주들의 반발로 프랑스, 네덜란드, 독일, 영국 등에서 개신교들을 학살하는 종교전쟁들이 일어난다.

종교전쟁뿐 아니라 에스파냐(스페인) 계승 전쟁(1701~1714), 오스트리아 계승 전쟁(1740~1748), 슐레지엔 전쟁(1744~1745) 등 수많은 전쟁 끝에 나폴레옹에 의해 신성로마제국은 해체된다(1806).

③ 독일 제국 성립(1871~1918)

독일 중심의 신성로마제국이 해체된 후 독일 국내의 혁명들과 또 독일 지배에서 벗어나려는 프로이센과 오스트리아 전쟁(1866), 프로이센과 프랑스 전쟁(1870~1872) 등을 겪은 후에 독일 단위 제국이 1871년에 성립된다.

이렇게 오랜만에 세워진 독일 제국은 제1차 세계 대전 때 패망함으로 또다시 붕괴된다.

그 후 제2차 대전(1939~1945)에서도 또 망한다.

④ 동·서독 분리시대(1945~1990)

제2차 대전 후 독일은 미국과 소련에 의해 동독과 서독으로 분리된 분단된 45년을 보낸다.

⑤ 독일 통일 시대(1990~현재)

오늘 통일 독일이 성립되기까지 수많은 역사의 변천이 있었음을 알 수 있다.

독일의 정치 역사의 변천을 잘 이해해야만 각 시대별로 이루어진 교회 역사도 제대로 이해할 수가 있다. 특히 종교개혁(1517)은 신성로마제국 시대 배경을 알아야 한다. 또 신성로마제국이 붕괴한 후에 온갖 정치적, 경제적, 사회적 혼란기 속에서 형성된 철학 사상, 경제 이론, 온갖 신학 이론 등이 출현하게 된 독일의 배경사를 이해할 필요가 있다. 그렇게 배경사에 대한 바른 이해가 온갖 사상들의 발생 원인을 알게 되는 길이다.

6) 니체(F. W. Nietzsche, 1844~1900)

니체는 독일 작센주(州) 뢰켄에서 목사의 아들로 태어났다. 그는 그의 조상이 폴란드의 귀족 가문이라는 자랑과 또 독일 황제 빌헬름 4세의 총애를 받은 목사의 맏아들이라는 긍지가 있었다. 그러나 5세 때 부친을 잃고 어머니와 함께 조모의 집에서 지내면서 많은 편견을 접하며 성장한다.

그는 18세 때 가끔 두통을 앓았는데, 아버지가 뇌경색으로 죽었기에 자신이 유전적 병을 가진 것으로 생각한다. 그는 20세(1864) 때 본 대학에 입학해 신학과 고전 문학을 배운다. 이때 대학에서 개신교 신학자 리츨(A. Ritschl, 1822~1889) 교수의 영향을 크게 받는다.

리츨이 어떤 신학자인가는 다음 유럽 교회 소개 때 설명할 것이다. 리츨은 기독교의 사변적, 관념론적, 형이상학적 지식을 거부하고 직접적인 경험에 근거한 신앙을 강조했다. 니체는 리츨에게서 기독교 전통적 신앙들을 모두 불신하고 거부하는 지식을 배우게 된다.

니체가 리츨을 맹신함으로 리츨을 따라 라이프치히대학으로 학교를 옮긴다. 거기서 쇼펜하우어의 허무주의를 배운다.

니체는 25세(1869) 때 대학 졸업도 하기 전에 리츨 교수의 추천으로 바젤대학 고전 문헌학 조교수가 된다. 그리고 이듬해에는 교수로 승진한다. 그런데 그해(1870) 보불전쟁이 일어나 위생병으로 종군하러 나갔다가 병을 얻어 바젤에 가서 휴양을 하게 된다. 그런데도 눈병과 위장병이 악화되는 중에서《인간적인 너무나 인간적인》초고를 쓴다.

35세(1879) 때 바젤대학 교수직에서 퇴직하고 3천 프랑의 연금을 받게 된다. 39세(1883) 때부터《차라투스트라는 이렇게 말했다》를 쓰기 시작하여 41세 때(1888) 때 제4부까지 완성한다. 44세(1888) 때《안티크리스트 그리스도교에 대한 저주》를 쓴다. 45세 때 토리노 알베르토 광장에서 졸도한다. 병원에 옮겨졌을 때 진행성 마비증으로 진단된 후 광인이 된 니체는 거의 외출을 하지 못하고 마비증세가 자주 일어나 광인상태로 56세에 숨을 거둔다.

여기서는 니체의 대표작이라는 《차라투스라는 이렇게 말했다》라는 유명한 저서 내용 중 일부분을 소개해 보겠다.[9]

"하늘나라의 희망에 대해 설교하는 자들을 믿어서는 안 된다. 그런 자들이야말로 자신이 알든 모르든 독을 섞어 화를 입히는 사람들이다. 예전에는 신에 대한 모독이 가장 큰 죄악이었다. 그러나 이제 신은 죽었다. 그리고 신과 함께 그들 모독자도 죽었다."

"내가 만든 이 신은 다른 신들처럼 인간의 작품이고 인간이 만든 헛된 생각의 결과였다. 괴로움과 무능이야말로 내세를 창조한 것들이다. 세계 저편, 인간 세계와 멀리 떨어져 있는 그 비인간적인 세계는 하늘나라의 무(無)로서 인간이 찾을 수 없도록 감추어져 있다."

"나는 신성하다는 자들을 잘 알고 있다. 그들은 자기가 사람들로부터 신임받기를 바라고 자기를 의심하는 것이 죄가 되기를 바라고 있다. 사실 그들은 내세와 구원의 핏방울을 믿지 않는다. 그들이 가장 믿는 것은 육체다. 그리고 그들의 육체는 바로 그들의 본질이다."

---

9) 니체, 차라투스라는 이렇게 말했다, 곽복록 역, 동서문화사, 2016.

"죽음을 설교하는 자들 가운데는 영혼이 결핵에 걸린 환자가 있다. 그들은 태어나자마자 죽음에 한 발을 들여놓은 채 권태와 체념의 가르침을 동경한다."

"성직자들 대부분은 너무나 괴로운 나머지 다른 사람들에게 고통을 주려고 한다. 그들은 나쁜 적이다. 그들은 겸손보다 큰 복수심을 숨기고 있다. 그러므로 그들을 공격하는 자는 오히려 자신을 더 럽힌다."

"꼽추에게서 등의 혹을 뗀다면 그것은 그의 정신을 없애는 것이다. 장님에게 앞을 보게 해 주면 그는 지상에 있는 너무나 많은 불쾌한 것을 보게 되어 자신을 고쳐준 사람을 원망할 것이다. 또 앉은뱅이를 달리게 하는 사람은 그에게 가장 큰 해를 입히는 것이다. 그가 뛰기 시작하자마자 그의 악덕도 따라 달릴 테니까…."

니체의 《차라투스라는 이렇게 말했다》에 이런 내용만 있는 것은 아니다.

그는 합리적인 사색이나 논리보다는 오히려 초합리적인 삶의 신비와 정신병자가 가진 착잡한 심리의 심층을 여러 가지 자유분방한 원근법으로 설명하고 있다. 논리적, 객관적, 통합적, 일관성도 없다. 그는 그를 자유로운 비평가라고 좋게 말하는 문학가들에 의해 많이 알려졌으나 목사의 입장에서 볼 때 그는 기독교를 대적한 사탄과 같은 존재였다.

7) 헤세(H. Hesse, 1877~1962)

헤르만 헤세는 남부 독일 슈바벤 지방의 소도시 칼프에서 태어났다.

그가 태어난 마을은 흐르는 냇물 위에 놓인 돌다리와 그 상류에 있는 작은 예배당 그리고 돌 층계로 된 광장 등이 있는 곳이다. 그 부모는 해외 선교사를 지도하는 전도관에 종사하기 위해 헤세가 4세 때 고향을 떠나 스위스 바젤로 이사했다가 9세 때 다시 고향으로 돌아온다.

그는 부친의 의사에 따라 목사가 되기 위해 14세 때 신학교에 입학한다. 그러나 헤세는 신학교의 규칙적인 생활이 체질에 맞지 않아 7개월 후에 신학교에서 도망하여 정신요법을 하는 목사의 집으로 도피한다. 훗날 이때의 체험을 근거로 《수레바퀴 밑에서》(1906)를 쓴다. 신학교에서 도망한 그는 공장 수습공으로 있다가 18세 때(1895) 튀빙겐의 서점 수습원이 되어 독서와 창작을 훈련한다.

22세 때(1899) 스위스 바젤로 옮겨가 서적상을 경영한다. 27세 때(1904) 장편 소설 《향수》가 베를린 출판사에서 출간되면서 일약 문명(文名)이 높아지고 이 작품으로 다음 해에 '바우에른 펠트상'을 받는다. 이때 피아니스트 마리아 베르누이와 결혼을 하고 라인강 경계에 있는 농어촌 가이엔호팬에 살면서 창작에 전념한다.

그 후 33세까지 수필, 중편소설과 함께 잡지사 공동 편집자가 되어 많은 자유롭게 작품을 발표한다. 34세(1911) 때 홍해, 싱가포르, 남 수마트라, 실론을 여행한다. 37세(1914) 때 제1차 대전이 일어나자 스위스 베른으로 가서 신문, 도서의 편집, 간행, 발송 등으로 헌신적인 일을 한다.

이때 극단적 애국주의적 언동을 반대하는 글을 발표함으로 독일에서 매국노라는 비난과 외면을 당한다. 39세(1916) 때 아내가 정신병 악화로 입원을 하고 헤세도 지병과 함께 정신적 위기를 겪는다. 이듬해까지 정신과 의사의 치료를 받으면서 프로이트의 정신 분석을 연구한다.

이때 '싱클레어'라는 익명으로 《데미안》을 출판한다(1919년). '데미안'이라는 말의 뜻은 '악령에 붙잡힌 것'이라는 그리스어에서 유래한다고 한다. 이때를 계기로 그의 작품은 구도자적인 내용으로 인도의 싯다르타, 중국의 노자, 장자 사상으로 옮겨간다.

45세(1922)에 《싯다르타》를 간행하고 오랫동안 별거 상태의 아내와 이혼하고 스위스 국적을 얻는다(1923). 47세 때 루트 벵거와 재혼하고 헤세의 작품들이 단행본으로 출판된다. 그는 나치스 시대 독일에서는 "바람직하지 못한 작가"로 배척을 받는다.

헤세의 대표적인 《유리알 유희》는 1943년(66세)에 출판되고 1946년 69세 때 노벨 문학상과 베를린대학 명예박사 학위를 받는다(70세).

1954년 77세 때는 옛 친구 호이스 대통령으로부터 훈장을 받는다. 79세 때(1956) 서독 칼스레시에서 헤르만 헤세상이 창설된다. 헤세는 85세(1962)에 세상을 떠나 교회에 묻혔다.

여기서는 그의 대표작으로 알려진 《데미안》의 내용을 살펴보겠다.[10]

헤세는 그의 나이 42세 때(1919) 《데미안》을 출판했다. 이 책에서 헤세 자신을 반영한 '싱클레어'라는 가명을 사용해서 유년기 때부터 성인이 되기까지의 정신적 성장 과정들을 아주 실감 나게 풀어나간다.

---

10) 헤르만 헤세, 데미안, 송영택 역, 동서문화사, 2016.

싱클레어에게 가장 많은 영향을 주는 데미안은 그의 친구이면서 동시에 유럽 문명 전반에 대한 비판자로 싱클레어와 교제가 이어진다. 이들 둘 사이에 오간 주제들은 주로 성서적 주제와 유럽인들이 체험하는 종교적인 주제들이다.

그 주제들을 보면 다음과 같다.

① 자기 가정에서 형성되고 있는 한 집안 사람들 속에서도 두 세계가 있는 유년기 체험
② 가인과 아벨의 창세기 기록에서 가인이 살인자인데도 이마에 표를 받고 살아갔다는 내용이 가진 의미의 궁금증
③ 아담이 타락했으나 자유의지가 계승되는가 하는 문제의식
④ 골고다 언덕 위의 세 개 십자가 위에 달린 두 명의 도둑의 십자가 의미
⑤ 가톨릭, 성공회, 루터교가 믿는 견진성사의 효력 문제
　그것을 베아트리체와 새가 알을 깨고 나오려는 투쟁으로 비교
⑥ 고대 2세기 때부터 5세기까지 소아시아에 창궐했던 영지주의(Gnosticism)와 5~6세기에 페르시아에 출생한 조로아스터교(Zoroastrianism)와 독일의 헤른후트(Hernhut) 형제단의 내용 등.

헤세는 이 책을 통해 유럽 사회가 흥미를 가질 수 있는 갖가지 주제들을 고르게 설명한다. 기독교인들이라면 누구든지 참고가 되는 매우 좋은 양서라고 판단된다.

3. 영국

1) 맬서스(T. R. Malthus, 1766~1834)

　　맬서스는 영국 남부의 서리주(州)에서 출생했다. 케임브리지대학을 졸업한 후 영국 국교회 서리주(州) 앨버리의 부목사가 되었다. 맬서스는 32세(1798) 때 익명으로 《인구론》 초판을 간행했다. 38세(1804) 때 사촌동생 헤리엣과 결혼했다.

　　39세 때 하트퍼트(Hertford, 후에 헤리벨리)에 신설된 동인도회사 부속학원에서 근대사 및 경제학 교수가 되었다. 그는 영국 역사상 최초의 경제학 교수가 되어 죽을 때까지 그 직에 있었다. 그는 계속해서 《인구론》의 내용을 수정하고 보완해 가면서 60세(1826)까지 《인구론》 6판을 간행해 나갔다.

　　맬서스 시대는 산업 혁명이 진행되는 때였다. 1776년(10세 때) 미국이 독립 선언을 했고, 1789년(23세 때) 프랑스혁명이 일어났다. 산업혁명으로 경제 불황과 노동자 계급의 빈곤과 악덕 고용주들로 인한 사회 문제로 계속 혼란스러워 정치, 경제 등 현안에 대한 비판이 고조되고 있었다. 맬서스는 이와 같은 국가와 세계가 직면한 사회 문제를 해결하려는 시도로 《인구론》을 계속 출판했다.

　　맬서스의 《인구론》 내용이 무엇인가?
　　《인구론》의 내용을 살펴보자.[11]

---

11) 맬서스, 인구론, 이서행 역, 동서문화사, 2016.

그는 제1편에서 후진 문명국가들로 아메리카 인디언, 아프리카, 시베리아, 남아시아, 그리스, 로마 등등의 연도별 인구 증가 상태를 도표와 함께 갖가지 요인으로 설명한다. 그리고 제2편에서는 유럽의 소위 문명국에 해당하는 각 나라들의 인구 증가 도표와 함께 문제점들을 열거한다. 그리고 제3편에서 인구 증가에 대한 대책을 실시한 각각 다른 제도들과 그에 따른 영향들을 설명한다. 그리고 마지막 제4편에서 인구 증가로 인한 미래의 해악들을 열거한다. 그가 주장하는 요지는 다음 몇 가지로 집약된다.

① 인간의 생존에는 식량이 절대적으로 필요하다.
② 인간의 성욕은 불변하므로 인구 증가는 필연적이다.
③ 식량은 산술급수적으로 증가하는 데 반해 인구는 기하급수적으로 증가한다.
④ 인구 증가는 끊임없이 식량 증가의 한계를 넘어서고 있다.
⑤ 절대적 과잉 인구는 적극적 억제 정책만이 필수적이다.
⑥ 그 대책으로 결혼의 연기를 통한 출생 억제가 필요하다.
⑦ 결혼의 연기는 현실적으로 불가능하므로 산아 조절이 필요하다.

그는 1817년 리카도(D. Ricardo, 1772~1823)가 간행한《경제학 및 과세의 원리》에 반대하는《경제학 원리》(1820)로 맞섰다. 맬서스의 인구론은 인구 증가가 과잉 생산에 의한 경제 불황을 초래할 가능성이 있다는 지주들을 옹호해 주는 역할을 했다. 19세기 산업자본이 그 판로를 세계로 확대해 나갈 때는 맬서스의 주장이 통용되었다. 그러나 20세기에 수요를 중요시하는 케인스(J. M. Keynes, 1883~1946)가 쓴《고용, 이자 및 화폐의 일반이론》(1936)을 바탕으로 한 "케인스 혁명"으로 경제학의 분석과 사고방식이 달라졌다.

맬서스의 《인구론》은 현재 하나의 조소의 상징이 되고 말았다. 이것을 보면 한 시대에만 통하는 《경제학》의 이론은 언제든지 달라질 수 있음을 깨닫게 된다.

성경을 해석한 것에 근거한 《신학》(神學)도 교회 역사 속에서 무수하게 변천 발전되어오고 있다. 그렇기에 인간들이 만든 신학을 따를 것이 아니라 영원불변하는 성경만을 따라야 함을 배우게 된다.

2) 다윈(C. R. Darwin, 1809~1882)

다윈에 관한 내용은 너무도 많이 알려졌고 그의 《종의 기원》(1859)에서 주장된 진화론(The Evolution Theory)은 공적과 해악이 동시에 계승되고 있다.

여기서는 다윈이 《종의 기원》이 과학적이라고 믿게 만드는 그의 이론의 근거가 되는 세계 일주와 영국 해군의 측량선인 비글(Beagle)호에 합승해 5년간(1831~1836) 세계 각 곳을 탐사한 내용을 소개해 보겠다. 다윈이 5년이 아니라 50년을 탐사했으면 그것이 곧 과학인가? 과학(Science)이란 보편적인 진리이거나 동일한 법칙을 누구나 발견할 수 있는 종합적 기술을 의미한다.

다윈이 5년간 탐사한 종합적 결론을 지금 또 다른 이가 똑같이 탐사해서 똑같은 결론이 나온다면 그것은 과학이다. 그러나 다윈의 탐사 결론이 지금에는 전혀 다른 결론이 나온다면 그것은 과학이 아니고 과거 한 개인인 다윈의 편견에 불과하다. 그럼에도 불구하고 오늘날의 세계는 다윈의 편견에 불과한 진화론의 기초 위에 모든 학문들

이 수립되어 있다.[12]

여기서는 다윈의 편견에 불과한 진화론이 오늘날 모든 학문의 기초가 된 기가 막힌 현실을 밝히도록 설명해 보겠다.

(1) 다윈의 비글호 합승 경위

다윈은 조상으로부터 특혜를 받은 유산 속에 출생했다. 찰스 로버트 다윈(Charles Robert Darwin) 할아버지와 아버지 에드워드 다윈은 영국의 생물학자로 진화론의 선구자였다. 그의 아버지 로버트 다윈은 의사로서 부유하고 높은 문화 수준을 누리는 상류층의 사람이었다. 이렇게 할아버지 때부터 이미 진화론적 전통을 가진 가문에서 손자로 태어난 찰스 로버트 다윈이 되었다.

조상의 전통을 계승하려고 다윈은 16세 때(1825) 에딘버러 의과대학에 입학했으나 성격이 맞지 않는다고 도중에 중퇴하고 19세 때(1828) 케임브리지대학 신학부로 전학했다.

22세(1831)에 케임브리지대학 신학부를 졸업했으나 그의 흥미는 오로지 박물학(博物學)이었다. 그래서 동식물의 야외 채집이나 지질(地質)조사의 목적으로 여행을 즐겼다. 그는 대학 졸업 후 부모들의 상류층 인연으로 해군 측량선 비글호에 승선할 수 있는 특혜를 얻는다. 비글호는 해군 측량선으로 10문의 대포를 장착한 목조 범선이었고, 현직 해군들이 운행하며, 국제 해양들을 탐사하러 다녔다. 이와 같은 해군 함정에 민간인이 합승한다는 자체가 특혜와 특권이 아닐 수 없다.

비글호는 1831년(다윈 22세) 영국을 떠났다. 그 후 비글호는 대서양,

---

12) 다윈, 종의 기원, 송철용 역, 동서문화사, 2016.

태평양, 인도양 등 세계 각 곳을 탐사하러 다닌다.

1832년에 브라질, 살바도르, 리우데자네이루, 우루과이, 푸에고, 1833년에 포클랜드, 부에노스아이레스, 파타고니아, 1834년에 포클랜드제도, 마젤란해협, 푸에고, 칠레 발파라이스, 안데스산맥, 칠로에섬, 1835년에 칠레 발파라이소, 에콰도르, 갈라파고스 재조사, 타히티섬, 뉴질랜드, 1836년에 시드니, 인도양, 케이프타운, 세인트헬레나, 아조레스(포르투갈 서쪽)를 거쳐 10월 귀국한다.

그러므로 5년간 해군 탐사선은 그야말로 전 세계 해양으로 이뤄진 섬들을 제한 없이 탐사할 수 있었다. 다윈은 이 모든 탐사자들 중에서 에콰도르 옆에 있는 갈라파고스(Galapagos)제도(諸島)에서《종의 기원》의 단서를 얻었다고 한다.

(2) 갈라파고스제도는 어떤 곳인가?

지정학적으로 적도 직하에 있다. 그럼에도 불구하고 한류인 페루해류의 영향으로 연 평균 기온이 23도 내외로 온화하며 비가 적게 내린다. 1월부터 5월까지는 고온이지만 저녁에는 소나기가 내린다. 6월부터 12월까지는 저온이며 비가 적고 안개 발생률이 높다. 근해에는 새우, 다랑어 등이 잡히고 기후가 건조하기 때문에 식생(植生)은 빈약하나 거대한 코끼리거북이나 이구아나(도마뱀) 같은 특이한 동물상을 볼 수 있다.

이 섬은 화산군도(火山群島)로 면적이 7,882km², 인구 8천 명 정도가 에콰도르의 한 주(州)로 되어 있으며 13개의 큰 섬과 여러 개의 작은 섬들이 현무암질 암초의 화산군을 이루고 있다.

(3) 다윈의 진화론 이론 근거

다윈은 할아버지로부터 생물학에 관한 부분적 견해를 선입관으로 갖고 있었다. 다윈은 할아버지가 생물에 관한 관심을 가졌던 것처럼 자기도 종(種)의 변화에 대한 관심을 나름대로 가지고 있었다. 다윈은 '종의 변화'에 대한 관심을 비글호에 합승해서 5년간 탐사한 자료들에서 답을 찾을 수 있다고 생각하기에 이른다.

그는 왜 '종(種)이 변화되는가?'에 대한 이론을 만들기 위해서 남아메리카에 서식하고 있는 동물들의 분포를 설명해 놓은 대영 박물관들의 자료를 수집한다. 그리고 자기가 직접 탐사한 현지에서의 자료들을 근거로 과거의 생물이 현재에는 달라졌다는 이론을 만든다.

아르마딜로(armadillo)와 닮은 대형 화석동물(化石動物)이 있다. 그런데 그 화석동물이 사멸한 원인과 현재 변형된 생물이 된 유사한 원인을 규명한다면 종의 변화 설명이 가능할 것으로 상상한다.

이 같은 상상을 갈라파고스제도에서 탐사한 자료로 논리를 만든다. 갈라파고스제도의 동물들은 대부분 한결같이 남미적인 특징들을 갖고 있다. 그런데 그곳에서 얼마 떨어지지 않은 다른 섬에서는 조금씩 다른 모양들을 가지고 있다. 예를 들면 검은 방울새들에는 아주 두꺼운 것을 비롯하여 휘파람새처럼 부리가 날카로운 차이가 있는 것을 알게 되었다. 여기서 다윈의 상상을 종의 변화 이론에 적용시킨다.

생물이란 다산(多産)을 한다. 그것들이 과잉 번식 중에 생존 경쟁이 벌어진다. 생존경쟁에서 환경에 유리한 변이(變異)는 보존이 유지되고 환경에 불리한 변이를 일으키는 생물은 전멸한다. 이 과정이 '자연 선택'으로서 그 결과는 '적자생존(適者生存)이라는 결과를 가져온다. 이 같은 주장이 다윈의 진화론의 핵심이다.

다윈은 이 같은 논리를 50세(1859년)에 《종의 기원》으로 출판했다.

(4) 《종의 기원》 발표 후의 반응

다윈의 《종의 기원》 출판은 비글호 항해 탐사 경험을 한 후 23년 후의 일이다.

당시 유럽 세계는 모든 생물은 모두 다 각각 하나님께서 창조하신 창조물이라는 창세기 1장을 확고하게 믿어왔다. 그런데 다윈의 《종의 기원》으로 생물이 진화한다는 방대한 과학적 근거의 주장이 기독교 교리에 어긋난다는 반대가 일어났다. 이때 영국 과학진흥협회는 진화론 공청회를 열었다(1860년). 그래서 다윈을 지지하는 대리인으로 헉슬리(T. H. Huxley, 1825~1895)가 나섰다. 헉슬리 역시 생물학자로 해군의 군의관이 되어 다윈과 함께 비글호에 동승했던 진화론 찬성자였다.

이에 반대하는 영국 국교회 성직자 대표로 윌버포스(Wilberforce)가 나섰다. 양측 대결 중 헉슬리는 여러 가지 물증들을 제시했고 윌버포스는 성경의 교리들만을 주장했다. 공청회는 단연 물증들을 제시하는 헉슬리의 완판 승리였다. 그 후 다윈은 1871년 《인간의 유래》에서 인간도 다른 동물들과 같이 진화된다고 주장했다.

(5) 진화론이 지배하는 세상

다윈의 진화론은 갖가지 물증들을 근거로 설명한다.

다윈의 진화론에 자극받은 오스트레일리아 해부학자 다트(R. A. Dart, 1893~1988)가 1924년에 남아프리카 타웅스(Taungs)에서 인간과 원숭이의 공통 조상인 오스트랄로피테쿠스(Australopithecus)가 200만 년 전 원인(猿人)이라고 했다. 그래서 지금 전 세계는 인간과 원숭이의 공통 조상인 원인(原人)이 있고 50만 년 전 원인에서 분리된 인간만의 조상 "원인"(猿人)이라고 믿고 있다.

진화론의 등장은 세상 모든 것들을 다 진화로 설명하는 것이 과학이고 성경의 창조론은 비과학적 미신이라고 믿는다. 그러나 필자는 진화론자들이 과학적 근거라는 모든 인류의 화석(火石) 물증들이 전부가 가짜이고 조작임을 밝혔다.[13]

다윈의 진화론의 근거지라는 갈라파고스제도는 해양성 독특한 기후로 인해 다양한 생물들이 서식하는 곳일 뿐 그것이 진화론의 근거는 되지 않는다. 다윈이 자기 할아버지 때부터 궁금한 것을 온갖 상상력과 자기 논리의 합리화를 위해 문헌으로 소설화시킨 이론이 진화론의 정체이다.

3) 영국과 미국 전쟁(1812~1814)

우리가 세계사를 보면 참으로 이해되지 않는 부분이 있다. 세계가 다 아는 것처럼 미국의 조상들은 영국인이 주류를 이룬다. 1620년대 엘리자베스 여왕과 제임스 1세 때 영국의 청교도들이 신대륙 아메리카로 이주를 시작했다. 영국은 아메리카를 식민주로 다스려 나갔다. 그러다가 미국의 독립전쟁(1775~1789)으로 확대되어 미국이 출생했다 (1789년 초대 대통령 워싱턴).

그런데 왜 그 후 영국과 미국 사이에 또다시 전쟁이 일어났는가? 이 내용은 미국 역사에서 다룰 내용이다. 여기서는 간략하게 설명하고 넘어가겠다. 영국은 미국 독립으로 관계가 단절되었다. 미국 제3대 대통령 제퍼슨(1801~1809 재임)이 루이지애나주를 프랑스로부터 매입했

---

13) 정수영, 창조신앙, 쿰란출판사, 2014, pp. 178~184.

다(1803). 그렇게 되자 미국의 영토는 미시시피강 이서(以西) 지역의 광대한 땅으로 늘어나 국토가 단번에 두 배 가까이 커졌다. 여기에 힘을 얻은 미국은 캐나다와 플로리다도 진격할 것을 주장했다. 이때 영국이 캐나다의 해방을 위한다는 명분으로 영미 전쟁을 일으킨다. 이때 전쟁의 결과로 캐나다 해방은 실현되지 않고 미국은 스페인령의 플로리다를 입수한다.

미국의 이와 같은 영미 전쟁은 내륙 개발 정책을 촉진해 인디언에 대한 무자비한 무력 탄압과 1830년부터는 미시시피강 이서 지역으로 원주민 거주를 제한하는 강제 이주법이 제정된다. 영국이 벌였던 영미전쟁은 미국을 더욱더 탐욕과 욕망의 백성으로 악화시키는 결과를 가져온다.

영국은 미국뿐만이 아니라 19세기 내내 계속 세계 각 곳들을 침략, 약탈해 나간다. 오늘의 영국에 대한 이해는 너무 많은 부분들이 미화되고 과장되고 왜곡되었다. 과거 19세기 영국이 행한 전 세계 각 곳에서 행한 약탈과 침략 행위는 수많은 세계 문제들을 만들어냈다. 특히 영국이 인도, 중국, 아프리카, 아메리카에서 행한 침략 역사는 제대로 잘 알아야 세계사를 바르게 이해할 수 있는 부끄러운 과거사였다.

4) 크림 전쟁(1853~1856)

크림반도(Krymskii)는 우크라이나공화국 남단부 흑해에 돌출되어 있는 반도로 크리미아반도라고도 한다. 지도를 놓고 보면 흑해와 아조프해의 너비 약 8km의 좁은 지협으로 이루어져 있다. 이 지역에서 러시아를 대결하는 네 나라의 연합군(오스만제국, 영국, 프랑스, 사르데냐)과의 3년여에 걸친 전쟁이 크림 전쟁이었다. 이 전쟁의 원인과 결

과를 살펴보자.[14]

① 전쟁의 원인

프랑스는 나폴레옹 1세가 1799~1815년까지 군사 독재 정치를 했다. 그 뒤 다시 왕정이 복고되고 샤를 10세가 즉위했다(1824~1830). 프랑스 민중들의 7월 혁명으로 루이 필리프 왕조로 바뀌어진다(1830~1848).

프랑스는 또다시 민중 폭동이 일어나고 루이 나폴레옹이 대통령이 된다(1848~1871). 새로 대통령이 된 나폴레옹 3세는 1852년 프랑스 국내 가톨릭교도들의 인기를 얻으려고 오스만 정부가 관리하던 성지(聖地) 예루살렘의 베들레헴 예수 탄생지 교회 관리권을 그리스 정교회로부터 박탈하여 가톨릭 사제에게 관리하도록 요구한다.

참으로 기가 막힌 사실이 지금도 계속되고 있다. 예수님께서 탄생하셨다는 베들레헴 탄생 기념 예배당에서는 하루 24시간을 3개의 종파가 시간을 교체하며 탄생지를 지켜가고 있다. 하나는 그리스 정교회이고, 다른 하나는 가톨릭교회이고, 나머지 이집트 콥틱교회가 정해진 시간에 따라 같은 장소를 지키고 있다. 예수님의 탄생을 우상화시키는 세 종교들의 현장이다.

프랑스 대통령이 프랑스 가톨릭 신자들의 인기를 얻으려고 약체인 오스만제국에 강요하자 오스만제국은 이를 수용하였다. 이때 그리스 정교회의 대표적인 국가인 러시아정교회를 국교로 섬기고 있는 러시아 황제 니콜라이 1세는 황제의 체통에 관한 자존심 손상으로 알고 특사를 보내어 성지 관리권의 부활과 정교도들의 권리보장을 요구했다. 이때 오스만제국은 성지 관리권의 부활은 가능하나 정교도들의

---

14) 정토웅, 세계 전쟁사, 가람기획, 2010, pp. 228~231.

권리보장은 내정 간섭이라고 거부했다.

러시아는 흑해를 둘러싼 주변국들 중 프랑스와 영국이 천 년간 적대 관계에 있었으므로 흑해에 두 나라가 진출하지 않으리라고 예상했다. 그러나 당시 해군력이 증강되어 아시아의 인도, 중국 등에 큰 유익을 얻은 영국은 러시아가 흑해를 넘어 남진할 것을 우려해 프랑스와 손을 잡고 다르다넬스 해협으로 함대를 보냈다.

러시아는 이에 맞서서 1853년 7월 초 8만의 군대로 진주를 했다. 이때 오스만제국이 러시아 철군을 요청했으나 러시아가 거절하자 오스만은 영국, 프랑스, 사르데냐와 연합군을 형성해 크림전쟁이 시작되었다.

② 전쟁의 결과

1853년 11월 러시아 군대는 시노프 앞바다에서 오스만제국의 함대를 무찔렀다. 이에 자극받은 영국, 프랑스는 1854년 4월에 러시아에 선전 포고했고, 1855년 1월에는 사르데냐 정부도 러시아에 선전포고를 했다. 그해 9월에는 영국, 프랑스, 오스만제국의 3국의 연합군 약 6만의 대군이 크림반도에 상륙해 세바스토플을 포위했다. 이때 러시아는 세바스토플만의 자국 군함을 침몰시켜서 항구를 폐쇄시켰다.

그리고 육상에서 포격으로 공격하며 11개월을 버티었다. 러시아군은 개인 참호들을 만들어 참호전을 벌였다. 그러나 폭풍우로 참호들이 물에 잠기게 되고 그 안에서 병사들은 각종 질병에 시달리며 싸우느라 질병으로 죽고 전쟁으로 죽어 갔다. 전쟁이 장기화하자 영국 내각이 총사퇴하고 러시아 황제는 군대의 무력함에 화병으로 죽는다. 이듬해 연합군은 세바스토플을 함락한다. 러시아는 연합군에 백기를 들고 만다.

크림전쟁 기간 중 당시 26세였던 톨스토이는 사관후보생으로 전투에 참가한 경험을 소재로 《러시아 군인은 어떻게 죽는가?》를 발표한다.

또 영국의 간호사 나이팅게일은 국가 장벽을 넘어 부상병들의 간호에 전념한 사실을 근거로 앙리 뒤낭이 인도주의에 의한 국제적십자사를 발족하게 된다(1864).

크림전쟁은 구식 전쟁 무기를 가진 러시아가 신식 전쟁 무기를 가진 연합군들 세력에는 중과부적임을 드러나게 해주었다. 이때 현대적 총알, 범선이 아닌 기선, 전신 교류가 현지 사령관의 지시체계를 이루는 등 새로운 전쟁 도구들이 등장한다.

크림전쟁 내용은 군사 전문가들 정도나 아는 상식이다. 그러나 크림전쟁의 최대 산물이 된 국제 적십자사를 태동하게 만든 나이팅게일(1820~1910) 여사의 숭고한 공헌은 영원한 존경의 대상이 되었다.

5) 보어(Boer) 전쟁(1899~1902)

보어(Boer)는 남아프리카에 있는 남아프리카공화국의 네덜란드계 백인을 뜻하며, 현재는 아프리카너(Afrikaner)라고도 불려진다. 역사적으로 보면 17세기 중엽에 네덜란드동인도회사가 남아프리카 케이프(Cape)에 식민지를 만들고 본국의 네덜란드인들이 그곳으로 이주를 해서 현지인들과 혼혈을 하며 케이프주(州)를 형성했다.

현재는 남아프리카공화국의 케이프주(州)로 인구 500만 규모의 형태로 발전했다. 이들 인구 500만 중에 백인은 124만, 혼혈족은 222만, 아프리카 원주민이 156만, 인도인들이 약 2만 정도로 구성되어 있다. 이렇게 백인과 현지 흑인과의 혼혈족을 '보어(Boer)인'이라고 했다.

이들 보어인들이 현재의 남아프리카공화국 국민들 중에 약 60%

정도를 차지하는 주체 세력들이다.

이들 보어인들은 네덜란드와 혼혈의 후손이다. 이들은 현재의 남아프리카공화국의 북동부에 있는 트란스발(Transval)주가 된 곳에 트란스발공화국을 건설했다. 현재 트란스발주는 인구 850만 중에 백인은 28%, 아프리카 혼혈인은 68%가 되는 곳이다.

또 네덜란드 혼혈인들은 오린지 자유국도 만들었다. 이렇게 네덜란드 백인들과 혼혈인들이 남아프리카를 먼저 개척해 놓은 곳에 19세기 영국인들이 침략해 네덜란드인들이 이룩해 놓은 땅들을 뒤늦게 탈취하는 전쟁이 바로 보어전쟁이었다.

객관적으로 볼 때 영국의 탈취 행각은 비난받아 마땅한 사건이다. 영국은 왜 보어전쟁을 일으켰는가? 그 이유는 1880년에 트란스발에서 엄청난 금광(金鑛)이 발견된 것을 자기들의 소유로 삼으려는 야욕에서 비롯되었다.

영국군은 트란스발 지방의 금광 노다지를 탈취하려고 1899년 10월에 보어공화국 군대와 영국 식민지 군대 간에 전쟁을 벌였다.[15] 이 당시 보어공화국은 정규전을 수행할 만한 정비 상비군은 없었고 다만 엉성하게 편성된 농민 출신의 민병 조직이 있을 뿐이었다. 보어공화국의 민병들은 어려운 환경에서 살기 위해 자연을 극복해야 하는 농민들로 강인한 생활로 굳어진 농부들이었다. 저들은 모제르(Mauser) 소총으로 무장한 뛰어난 사격수들이었고 현지 지형을 잘 알므로 자신들을 숨기고 적을 공격하는 게릴라전에 능숙한 민병대였다.

영국의 정규군은 조직과 훈련이 잘된 우수한 직업 군인들이었다.

---

15) 정토웅, 세계 전쟁사(앞의 책), pp. 257~260.

이들 영국군은 보어군을 얕보고 1만 명도 못 되는 군대로 전쟁을 벌였다. 그러나 훈련되지 않은 보어군들은 사격술에 능한 농민들 출신에다 지형을 잘 알므로 게릴라전으로 영국군에게 맞섰다. 초기 영국군 1만여 명은 보어군들의 게릴라전에 참혹한 희생을 당함으로 영국의 명예에 치명적 손실을 입었다.

이에 영국은 대제국의 체면 회복을 위해 본국 군대만이 아닌 캐나다, 오스트레일리아, 뉴질랜드 등 영국 식민 지배국들의 가용 인력 자원 30만 명을 투입시켰다. 그리고 인도에서 실전 경험을 쌓은 베테랑 지휘관과 참모장을 보어전쟁에 투입시켰다. 그렇게 해서 2년 이상 게릴라전으로 끈질긴 저항을 하는 보어군들을 조직적이고 잔인한 방법으로 소탕해 나갔다.

영국군은 보어공화국 전 지역에 가시 철망으로 구획을 정리한 다음 삼림 지역을 무연화학으로 파괴하고 거기에 드러난 보어군들을 현대화된 자동 소총으로 무자비하게 학살해 나갔다. 보어전쟁은 2년 반 후에 영국군의 승리로 끝이 났다.

영국은 중국과는 아편전쟁으로, 유럽에서는 크림전쟁으로, 아프리카에서는 보어전쟁으로 19세기 한 세기 동안 전 세계 각 곳에서 침략전쟁을 계속한 부끄러운 역사를 가진 나라였다.

4. 러시아(Rossiya)

러시아는 7세기경에 건국된 나라이다. 그런데 10세기 때 블라디미르 황제가 그리스 정교회를 국교로 정했다(988). 1917년 볼셰비키 혁명으로 러시아 정부가 무너지고 니콜라이 2세가 처형을 당한다. 그 후 1918년에 소비에트 연방(소련) 공산 사회주의 국가가 된다. 그렇게 시작된 소비에트 연방은 15개 회원국으로 소련이 구성되었다. 그와 같은 소련이 1991년에 해체되었다. 그렇게 해체되면서 11개 국가가 신생 독립 국가가 된다. 그 신생 독립 국가들 중의 하나가 과거의 러시아를 복원하는 현재의 러시아다. 여기서는 과거의 러시아가 소련이 되기 직전까지의 몇 가지를 살펴보겠다.

1) 나폴레옹의 모스크바 원정(1812)

나폴레옹 1세(1769~1821)가 1806년에 러시아와 오스트리아 연합군을 격파하고 신성로마제국을 붕괴시켰다. 그 후 또다시 저항하는 러시아를 정복하려고 모스크바 원정에 나섰다(1812). 이때 러시아는 우수한 작전으로 나폴레옹 군대를 궤멸시킨다. 나폴레옹은 모스크바 원정에 참패한 후 많은 군대를 잃고 사양길로 종지부를 찍는다.

러시아 입장에서 나폴레옹 군대를 패퇴시킨 것은 커다란 긍지를 갖게 해주는 역사였다.

2) 도스토예프스키(F. M. Dostoevski, 1821~1881)

러시아의 소설가로 톨스토이와 함께 19세기 러시아 문학을 대표하는 세계적인 거장이 도스토예프스키다.

여기서는 그의 대표작인 《카라마조프 형제들》을 중심으로 그의 생애와 작품들을 살펴보겠다.[16]

그는 모스크바의 빈민 구제 병원 의사의 아들로 태어났다. 러시아정교회 신자인 어머니의 영향으로 도회지의 특성에 맞는 환경으로 적응할 수 있는 유년기 때도 문학을 좋아하고 역사 소설에 흥미를 느꼈다. 그가 10세(1830) 때 아버지가 투라주(州)에 있는 농노 6명이 딸린 농지를 구입했다. 그리고 16세(1837) 때 어머니가 죽는다. 17세 때 공병학교에 입학해 군인으로 지내다가 18세(1839) 때 아버지가 농노들에게 원한을 사고 참살당하는 비극을 겪는다. 이때의 쓰라린 충격이 《카라마조프 형제들》이라는 소설의 주제로 연결된다.

22세(1843) 때 공병학교를 졸업하고 24세(1845)에 《가난한 사람들》이라는 첫 작품을 완성한다. 이 작품은 도회지 뒷골목의 하찮은 인간들이 사회적 차별을 받는 비극과 그들의 인간성과 심리적 갈등 등을 그린 중편 소설이었다.

이때 러시아의 비평가로 알려진 벨린스키(V. G. Belinski, 1811~1848)는 《가난한 사람들》이 휴머니즘을 고양하는 우수한 작품이라고 격찬을 한다. 그래서 24세에 무명의 작가가 일약 유명인이 된다. 그런데 27세(1848) 때 발표한 《백야》(白夜)에는 공상적 사회주의 사상이 드러난다.

---

16) 도스토예프스키, 카라마조프 형제들, 채수동 역, 동서문화사, 2016.

도스토예프스키는 프랑스 공상적 사회주의자 푸리에(F.M.C. Fourier, 1772~1837)의 사상을 신봉하는 서클에 접근한다.

이와 같은 서클을 불순하게 감시하던 러시아 정부에 의해 1849년 봄에 유명한 페트라셰프스키 사건(Perashevskiy)이 터진다. 이 사건은 외무부 관리인 페트라셰프스키를 중심으로 젊은 지식인들이 모여 프랑스의 공상적 사회주의자 푸리에를 중심한 연구회로 매주 금요일에 모임을 가졌다. 이 모임에는 관리, 교사, 작가, 예술가, 학생 등이 참가했다. 이들은 중소 귀족이나 잡계급 출신이 많았다. 이들 중 일부가 1848년의 프랑스 2월 혁명의 영향을 받고 그중의 일부가 농민 봉기를 주장하는 비밀문서를 작성했다. 이것이 러시아 당국에 발각되어 1849년 4월에 페트라셰프스키가 체포되고 연달아 123명이 조사를 받았다.

그 결과 20여 명이 군사법정에서 사형 선고를 받았다. 그 20여 명 중의 하나가 도스토예프스키였다. 이들 20여 명이 사형 집행 직전에 러시아 황제의 특명으로 시베리아 유형으로 감형되었고 추운 시베리아 벌판의 옴스크 감옥에서 4년간의 감옥생활을 하게 된다. 도스토예프스키는 이때 죄수들 속에서 러시아 민중을 발견하고 동시에 슬라브적 신비주의와 고뇌와 인종(忍從)의 사상으로 기울어진다.

도스토예프스키는 시베리아로 유형을 가는 도중에 데카브리스트의 여인들로부터 신약성서를 선물로 받는다. 그 후 그는 평생 동안 신약성서를 애독한다. 이와 같은 시베리아 유형의 체험으로 훗날 46세 (1867)에 《죄와 벌》을 출판하게 된다.

그는 33세(1857) 때 형기를 만료하고 출옥한 후 일개 병졸로 시베리아 국경 수비대에 편입된다. 그리고 36세(1857) 때 세무관리의 아내였던 이사에바와 결혼한다. 도스토예프스키는 38세(1859) 때 예편이 되고 거주지를 트베리에 국한한다는 부분적 자유가 허용된다. 황제에게 거주 선택의 자유를 탄원함으로 그해 말에 페테르부르크 도시로 이사한다.

그 후에 도스토예프스키는 형과 함께 잡지 〈브레먀〉(시대)를 창간(1861)했다가 발행 정지 처분을 받는다(1863). 그는 여러 여인들과의 사랑 체험으로 인한 빚독촉을 피해 4년간 국외 생활을 한다. 그러나 그에게는 간질병이 있었고, 도박벽으로 일생 동안 어렵게 살아간다. 그런 가운데에서도 《죄와 벌》(1866), 《백치》(1868), 《악령》(1871~1872), 《카라마조프 형제들》(1879~1880) 등을 저술해 낸다.

전 세계인들이 기억하는 《카라마조프 형제들》은 어떤 내용인가? 이 소설은 매우 다양한 러시아인들의 심리를 매우 적나라하게 묘사하고 있다. 《카라마조프 형제들》의 착상은 구약 욥기에 나오는 욥의 친구들의 각각 성향이 다른 주장들에서 아이디어를 얻었다고 한다. 그래서 작품 속에 매우 다양한 종류의 인간상들을 광범위하게 등장시키고 있다.

주인공 드미트리의 강인한 생활력과 영원에 대한 뜨거운 동경심, 아버지 표도르로 대표되는 몰락한 지주 계급의 방탕과 안일주의, 형이면서 철저한 무신론자인 이반, 알료샤의 광신적 경향, 파라폰트 신부의 자기 기만적 신앙, 호흘라코바 모녀의 감정 분열증, 부를 쌓기 위해서는 무슨 일이든 저지르는 악덕 상인 삼소노프와 그루센카, 라키친의 세속적 출세주의, 스네기료프 대위의 현실 도피주의, 크리소트킨으로 구체화된 니힐리즘 등이 그려진다.

《카라마조프 형제들》은 이 세상의 모든 사람이 공통적으로 경험할 수 있는 선과 악의 투쟁, 또는 긍정과 부정의 갈등 등 서로 상극적인 면을 폴리포니(Polyphony)한 로망 속에 재현시켜 놓았다.

필자는 20대(1960년대)에 이 책을 읽고 큰 감동을 받고 도스토예프스키와 같은 작품을 쓰기를 염원해 왔다. 필자의 소설가에 대한 꿈은 10대(1950년대) 중고등학교 시절을 보내며 부풀어 있었다. 그때 국내 소설가로 이광수의 모든 소설들을 거의 다 읽었고, 또 외국 유명 소설가들의 작품도 많이 읽으면서 소설가의 꿈을 키웠다.

1959년경에는 〈소설계〉라는 월간잡지에서 많은 자극을 받고 시골 정경을 그린 단편을 써서 《자유부인》의 작가 정비석 씨에게 보내서 자문을 구했다. 그때 정비석 씨는 원고지에다 작문을 읽은 소감과 함께 많은 독서와 습작을 훈련하라는 격려의 답신을 보내줬다.

1960년대 신학대학 생활 중에 도스토예프스키 작품을 읽고 또다시 작가에 대한 꿈이 살아났다. 그래서 유교 경전들이나 불교 관계 설화 책들을 모아 오기도 했다. 그러나 하나님께서는 소설가 대신 성경과 교회사를 저술하도록 인도해 주셨다.

3) 톨스토이(L. N. Tolstoi, 1828~1910)

도스토예프스키와 동시대의 러시아 소설가로 톨스토이가 있다. 톨스토이는 니콜라이 톨스토이 백작 집안의 넷째 아들로 태어났다. 아버지는 퇴역 육군 중령이었고 어머니는 볼꼰스키 공작 집안 출신이었다. 어머니는 톨스토이가 두 살 때 톨스토이의 여동생을 출산한 후 산후병으로 죽고 아버지는 톨스토이가 아홉 살 때(1837) 거리에서 졸도하여 죽는다. 그러나 큰고모가 이들 형제들의 후견인이 되어 좋은 환경을 이뤘으나 13세 때(1841) 큰고모마저 죽는다. 그래도 그는 남은 친척들의 도움으로 좋은 교육을 받을 수 있게 된다.

16세 때(1844) 까잔 대학에 입학했으나 19세 때 중퇴하고 20세 때(1848) 뻬제부르크 대학에서 법학사 학위를 받는다.

20세부터 23세까지 도박과 주색에 빠진 방탕한 생활을 한다. 23세 때(1851) 맏형 니꼴라이의 권유로 까즈까즈(꼬가서스) 포병대의 사관후보생으로 입대한다. 그때부터 군무에 종사하면서 여러 가지 단편, 중편 작품들을 쓰기 시작한다. 24세부터 잡지에다 익명으로 글들을 발표한다. 그리고 여러 전쟁에 참전을 하는 중 26세(1854) 때 장교로 승진하여 크림 전쟁에 참전한다.

그때 쓴 것이 《러시아 군인은 어떻게 죽는가?》였다. 28세(1856)에 군에서 제대한 후 유럽 여행 후에 국민 교육 문제에 깊은 관심을 갖고 33세(1861) 때 야스나야 뽈라냐에 학교를 설립한다.

그동안 셋째 형과 맏형이 죽는 슬픔을 겪고 또 소설가 투르게네프(1818~1862)와 사이가 나빠지기도 한다. 34세(1862) 때 궁정 의사의 딸인 소삐야 안드레예브나(당시 18세)와 결혼을 한 후 좋은 환경에서 문필 활동을 하게 된다.

35세 때 나폴레옹이 모스크바에 원정했던 과거 전쟁 시대를 배경으로 《전쟁과 평화》를 쓰기 위해 각종 자료를 연구한다. 37세 때(1865)부터 《전쟁과 평화》를 쓰기 시작해 41세 때(1869) 완간한다. 여기서는 톨스토이의 대표작으로 알려진 《전쟁과 평화》를 통해 그의 사상을 살펴보겠다.[17]

톨스토이는 자신이 살아가던 시대를 그리려고 온갖 서적과 기록

---

17) 톨스토이, 전쟁과 평화, 맹은빈 역, 동서문화사, 2016.

들을 읽고 엄밀하게 정당한 것들만 선택한다. 그리고 역사적 고적과 현재에 대해서는 직접 답사를 했다. 거기에다 자기가 실제 참전한 전투 경험에 더해 예술적 기술로 인류의 지혜가 되는 《전쟁과 평화》를 창출해낸다.

《전쟁과 평화》라는 소설책에는 어떤 의미가 있을까?
이에 대한 내용을 몇 가지로 분류해서 정리해 보자.
① 역사적 배경
러시아의 근대화는 표트르 1세(1682~1725) 때부터 비롯된다. 표트르 1세는 부국강병과 강인한 국가 권력을 이룩하려고 했다. 그의 재임 기간 43년을 보면 거의 전쟁이 계속된 나날이었다. 그중에서 스웨덴과 대북방 전쟁은 22년간(1700~1721) 계속되었다.

이후 러시아는 황제 칭호가 사용되는 러시아 제국이 된다. 표트르 1세 이후 이어진 황제들은 스웨덴 전쟁, 크림 전쟁, 폴란드 분할 등 계속적으로 제국주의를 팽창해 나갔다.

이에 위협을 느낀 프랑스의 나폴레옹은 1805년 러시아를 침공한다. 이때 러시아는 오스트리아와 연합해 나폴레옹 군대와 싸웠으나 패배를 당한다.

2년 후 또 나폴레옹 군대와 싸웠으나 또다시 러시아가 패함으로 러시아는 나폴레옹에게 굴욕적인 "틸지트 조약"(1807)을 맺는다. 그런데 러시아는 나폴레옹의 대륙 봉쇄 정책에 불만이 고조되어 조약을 무시하게 된다. 그러자 나폴레옹은 1812년에 약 64만 대군을 거느리고 모스크바 원정을 강행한다. 이때 러시아는 모스크바 도시를 파괴해서 프랑스군이 겨울을 지탱하지 못하도록 도시 기능을 마비시키고 후퇴를 한다. 나폴레옹 군대는 겨울을 견딜 수 없으므로 모스크바를 점령했으나 퇴각을 한다. 이렇게 퇴각하는 나폴레옹 군대에게 계속적인 추격과 게릴라전으로 나폴레옹 군대 50만 명이 참살당한다. 그리고 러시아군도 10만 명이 희생된다. 이렇게 해서 전쟁의 승리는 러시아가 쟁취했다. 그 후 러시아는 황제 충성이나 전쟁을 부추기는 정치가들에 대한 반항이 일어난다. 새 황제가 된 니콜라이 황제에 대한 충성 선서 강요에 대해 참전 경험을 가진 친위대 장교 3천여 명이 선서에 반대하고 나선다.

친위대 장교들과 국민은 조국의 개조를 위해서는 전제 정치와 농민 노예제도가 먼저 폐지되어야 한다고 주장했다.

이와 같은 군인들의 반란에 대해 새로운 황제가 된 니콜라이 1세 (1825~1855)는 무력으로 이들을 진압하고 주모자 5명을 교수형에 처하였으며 관계자 120여 명을 시베리아로 유형을 보냈다.

이 사건이 앞서 도스토예프스키가 유형 당한 페트라셰프스키 사건 (1849)이었다. 그 후 니콜라이 1세 치세 기간은 정부가 비밀경찰과 헌병대를 겸한 '황제 관방 제3부'가 국민들을 계속 감시하는 보안정치, 사찰정치 시대였다. 톨스토이의 《전쟁과 평화》의 직접적 역사는 나폴레옹 군대 50만 명이 모스크바 원정에서 희생된 역사가 배경이 된다.

톨스토이는 《전쟁과 평화》를 쓰기 위해 도서관에서 전쟁에 관계된 많은 서류들을 산더미처럼 조사했다고 한다. 그리고 러시아군 10만 명이 전사당한 현지를 답사해서 충분한 현장감을 재현시키려고 했다.

또한 톨스토이가 장교로 크림 전쟁에 참전한 경험도 극대화시켰다. 그렇기에 《전쟁과 평화》는 역사적 대하드라마 같은 성격을 갖는다.

② 세상적 배경

《전쟁과 평화》가 역사소설이라고 해서 과거사만 소개하는 것은 아니다. 러시아가 근대화되기 위한 국가 권력을 장악한 정치가들의 비도덕적 잔인성과 또 저들을 반대하는 군중들의 세력을 동시에 다 설명해 주고 있다.

톨스토이의 《전쟁과 평화》에는 1805년부터 1820년까지의 역사적 시대가 그려져 있다. 소설 속에 등장하는 인물들은 수백 명에 이른다. 역사상으로 실재한 인물들의 이름이 그대로 나오기도 하고 또 작가의 상상에 의한 가명도 나온다.

그중에서 이상적 인물로 가공된 인물로 뚜신 대위도 나온다. 그런가 하면 자기 가족의 조상들이나, 자기 아내의 조상들이 귀족이라는 명예를 긍지로 여기면서도 현실적이고 이기적인 귀족들도 나온다. 그에 반해 교육 활동, 농사 관리 등 민중들의 심리를 그린 인물들도 나온다. 《전쟁과 평화》는 표면적으로 나폴레옹의 침략에 저항하는 러시아인의 조국 수호 전쟁사이다. 그러나 그 안에서 세상을 살아가는 인간들은 매우 다양한 계층들로 각각 다른 것을 추구하며 살아가는 다양한 인간상으로 그려진다.

그러면서도 《전쟁과 평화》에는 강조되는 사상이 있다. 권력을 가진 자들은 자기중심의 이기성을 가진 집단이고, 권력이 없는 대중들은 세상 향락에 도취되어 목표가 없는 이들이 있고, 가난해도 목표가 있는 소수가 있다. 《전쟁과 평화》는 세상적 요소를 적나라하게 그리고 있다.

③ 사상적 배경

그렇게 다양한 세상 속에서 전쟁은 왜 일어나는가? 그것이 나폴레옹 한 사람에 의해 일어나는 일인가? 수백만을 죽이려 하는 움직임이 한두 사람만의 결정인가? 전쟁으로 50만 명이 죽은 것은 나폴레옹 단 한 사람만의 잘못인가?

인간 속에는 자기를 존중히 여기는 이기성이 있는가 하면 남을 존중해야만 된다는 고매한 이타성도 있다. 역사의 흐름을 누가 주도해 가는가? 그것이 몇몇 사람들에 의해 이뤄지는 결과들일까? 톨스토이는 그 원인을 인간들이 역사를 만들어 가는 것이 아니라 실패와 성공이 반복되는 역사를 통해 인간들로 하여금 깨닫게 하기 위한 하나님의 섭리적 측면으로 보는 것 같다.

톨스토이는 41세(1869)에 《전쟁과 평화》를 완간했다. 이 작품 속에 다양한 계층의 수많은 사람들의 심리와 성향을 매우 광범위하게 묘사했기에 불후의 명작이 되었다. 그 후 49세(1877) 때 《안나 까레니나》를, 71세(1899) 때는 정교회 부활 교리와 상반된 《부활》을 발표함으로 정교회에서 파문을 당한다.

그 외에도 《사람은 무엇으로 사는가?》, 《사람에게는 얼마만큼 땅이 필요한가?》 등의 단편들은 목사들이 설교 예화로 많이 사용된다. 그는 사유재산을 부정함으로 아내와 별거 상태로, 또 당국의 박해로 어려움을 겪다가 탄생 80주년(1909) 박람회 영광을 받은 뒤 82세에 시골 조그마한 철도역장 집에서 눈을 감았다.

4) 러일전쟁과 소비에트 연방 성립(1905)

우리는 러시아에 대해 상반된 인식을 갖고 있다.

하나는, 러시아에 대해 매우 호감을 갖게 되는 긍정적인 면이 있다. 그 이유는 러시아인들 중에서 전 인류가 존경하는 유명한 문인들의 귀중한 작품들이 나왔기 때문이다.

전 세계인들이 알고 있는 러시아 문인들이 있다. 그들이 바로 도스토예프스키이고 또 톨스토이이다. 그 외에도 투르게네프나 체호프, 솔제니친 등이 있고, 더 많은 문인들이 있다. 세계인들은 이들에 대해 큰 존경과 신뢰를 보낸다. 이런 점은 러시아에 대한 긍정적인 면이다.

둘째, 러시아에 대한 부정적인 면이 있다. 그것은 러시아가 근대화를 위한 수많은 전쟁을 하게 된 것이다. 그것이 최초로 나폴레옹의 모스크바 원정(1812)에서 놀란 러시아 황제들은 그 후에 황제들의 주도로 전쟁을 적극적으로 전개해 나간다는 사실이다. 그것이 황제들이 선도한 크림 전쟁(1853~1855)이고, 황제가 점유한 폴란드에서 반러시아 봉기가 일어난 일이다(1863~1864).

또 황제들은 그 후에도 러시아, 독일, 오스트리아와 연합해 오스만투르크족과 전쟁을 일으킨다(1877~1878). 이렇게 전쟁을 통해 욕망을 충족시켜 나가던 러시아는 드디어 20세기 초에 일본과 러일전쟁(1904~1905)을 일으킨다. 러일전쟁은 왜 일어나는가?[18]

러시아는 1875년에 치시마 열도를 일본에 양보하는 대신에 사할린의 영유권을 획득했다. 그런데 러시아는 그 후 일본 정부에 간섭을 하면서 관계가 점점 악화되어 나갔다.

그 후 중국에서 산동성 의화단 사건(1899~1901) 때 러시아가 만주에 군대를 파병하여 사건을 수습한 후에는 철군을 하지 않았다. 이 때 일본은 이미 한반도에서 자국의 권익을 신장해 가고 있었다. 조선왕조 말에 친일 개화파인 김옥균, 박영호에 의해 갑신정변(1884)이 실패하자 일본 세력이 축소되고 청(淸)국의 종주권이 강해지자 일본은 "천진조약"을 이유로 조선에 군대를 파송했다.

일본군은 동학 반란군들을 평정한 후 내정 간섭을 강화해 나갔다.

---

18) 정토웅, 세계 전쟁사, pp. 261~264.

그러자 한반도 침략을 위해 외세인 전쟁을 일으킨다. 그것이 청일전쟁이었다(1894~1895). 여기서 자신감을 얻은 일본은 만주에 주둔한 러시아와 러일전쟁(1904~1905)에서 또 러시아를 이긴다.

이렇게 계속된 전쟁을 치러야 했던 러시아 국민은 1905년 1월에 수도 페테르부르크에서 15만 명 이상이 전쟁 중지와 생활 개선에 대한 요구를 황제에게 직접 요청하는 시위를 벌였다. 이때 정부는 군대의 발포로 많은 사상자가 발생한다. 러일전쟁에 패한 10월에는 200만 명 이상 노동자의 총파업이 발생한다. 그러자 러시아의 전체 산업이 마비된다.

이때 니콜라이 2세는 시민적 자유와 국회 설립을 약속한다. 그러나 황제의 약속을 거부하고 무기한 국회 설립을 약속한다. 그러나 황제의 약속을 거부하고 무기한 파업을 강행하려다 군대에 의해 가까스로 진압된다.

그런데 1914~1918년에 세계 제1차 대전이 터진다. 이때 러시아는 프랑스, 영국과 함께 연합군을 형성해 독일, 오스트리아 동맹국과 또다시 전쟁을 치러야 했다. 그러나 전쟁의 장기화로 전선과 후방에서 종전을 요구하는 소리가 커져 갔다. 1917년 11월 약 3만의 볼셰비키 혁명 군대가 정권을 장악함으로 러시아 황제 시대는 종료된다. 그리고 1918년부터 소비에트 연방 사회주의 국가가 된다.

[맺는말]

러시아는 988년에 그리스 정교회를 국교로 채택했다. 러시아정교회는 나폴레옹의 모스크바 원정(1812) 이전까지 어느 정도 종교의 기능을 수행해 왔다. 그러나 그 후 계속 이어진 침략 전쟁 때 러시아 종교는 권력자들 편에 서서 침략을 묵인하고 협력해 주었다. 그렇게 종교의 기능이 무기력해져 가는 때에 양심의 소리를 외친 도스토예프스키와 톨스토이의 작품은 만인의 신뢰를 받는다.

그러나 종교 기능의 형식화는 소련 공산주의를 만들게 되었음을 배우게 된다.

5. 네덜란드(Netherlands)

네덜란드는 면적 4만 1,500km²로 우리나라 남북한의 1,200km²보다 훨씬 작고 남한의 9만 9천km²의 절반에 해당하는 작은 나라이다. 인구는 남한의 3분의 1 정도인 1천 5백만으로 우리나라 경기도 인구 정도 된다. 그러나 이렇게 작은 나라가 과거 역사 속에 대단히 괄목할 만한 많은 역사를 이룩했다. 이제 그 몇 가지를 살펴보겠다.

1) 네덜란드가 독립되기까지(BC 56~AD 1648)

네덜란드는 AD 1648년 독립되기까지 수많은 다른 강대국들의 지배를 받아왔다.

BC 58~AD 70 = 로마제국의 속주

AD 481~1428 = 프랑크 왕국 지배

1428~1477 = 프랑스 부르고뉴(Bourquignon)가의 영국령

1477~1509 = 오스트리아 합스부르크(Habsburg)가에 귀속

1509~1568 = 신성로마제국(독일) 황제 카를 5세 통치 계승

1568~1648 = 네덜란드 독립전쟁

이 시기에 네덜란드는 스페인 가톨릭 지배를 벗어나기 위해 칼빈주

의로 뭉쳐서 독립전쟁으로 싸워나갔다. 동시에 독일에서 일어난 30년 전쟁(1618~1648)은 칼빈주의와 루터교가 합동으로 가톨릭 세력과 전쟁을 이어나갔다. 이 전쟁에 지친 가톨릭과 개신교가 베스트팔렌 조약에 의해 독일에서는 루터교를 허용하고, 네덜란드는 독립을 쟁취한다.

그 후에 1652년부터 1784년까지 100년이 넘도록 영국과 4차에 걸쳐 전쟁을 계속한다.

제1차 영국과 네덜란드 전쟁(1652~1654)
제2차 영국과 네덜란드 전쟁(1665~1667)
제3차 영국과 네덜란드 전쟁(1672~1674)
제4차 영국과 네덜란드 전쟁(1780~1784)

영국은 국토가 24만 4천km²로 네덜란드보다 6배 정도 큰 강대국에 인구가 5천 5백만으로 네덜란드보다 3배 이상 되는 나라다. 그런데 이들 두 나라는 왜 100여 년이 넘도록 전쟁을 거듭했는가? 그것은 한마디로 영국이 1651년 자국 중심의 항해법을 제정하여 자국의 무역에서 네덜란드 해운을 추방하려 한 탐욕에서 비롯되었다.

참으로 놀라운 사실이 있다. 영국 해군력의 규모에 비해 네덜란드 해군력은 갓 독립된 때(1648)였으므로 매우 열세일 수밖에 없었다. 그러나 네덜란드는 스페인과 독립전쟁(1568~1648)을 위해 이미 해군력을 신장시킨 노하우가 있었다. 그래서 오랜 독립을 위한 독립 지도자인 데 비트(J. de Witt, 1625~1672)의 탁월한 정치 지도력과 명 제독 트롬프(Trompe)와 로이테르 등의 활약으로 영국과 막상막하의 해전을 계속 이어나갔다. 그러나 1672년 막강한 프랑스 해군이 네덜란드를 공격하자 패전한다.

빌렘(Willem) 3세가 총독이 되었으나 1688년 영국의 명예혁명으로 아내 메리와 함께 영국에 초대되어 이듬해 영국 왕 윌리엄 3세가 된다.

그 후 1780~1784년에 영국과 네덜란드는 제4차 전쟁을 일으켜 네덜란드가 무역에 막대한 피해를 입는다.

2) 네덜란드 왕국 출현(1806)

17세기 후반의 네덜란드는 해상 패권국에서 영국과 프랑스에 밀린다. 그러자 네덜란드는 포르투갈로부터 유대인들을 받아들이고 또 프랑스에서 낭트 칙령 폐지로 추방위기를 당한 프랑스 위그노들을 수용한다. 그러나 영국과 프랑스의 제지로 국력과 경제력이 계속 떨어진다. 1815년 빌렘 1세로 네덜란드 왕국이 성립되었으나 오랜 종교적 갈등을 겪은 벨기에가 독립을 하고(1830), 룩셈부르크가 또 독립한다(1839).

그래서 과거의 네덜란드는 더욱 축소되어 1880년경 네덜란드 산업혁명을 이룩한다. 그리하여 암스테르담에서 에이마위던(IJmuiden)을 운행하는 북해 운하가 개통된다(1876).

3) 만국 평화회의(1907)와 헤이그 밀사 사건[19]

러시아 황제 니콜라이 2세의 제창으로 1899년 네덜란드 헤이그에서 열린 제1차 회의에 26개국이 참석했다. 그리고 제2차 회의는 1907년에 46개국이 모여 군축과 평화 유지 수단을 협의하고 국제중재재판소를 설치하였다.

헤이그에서 열린 제2차 만국 평화회의 때 우리나라 고종 황제의 밀서를 가지고 이준, 이상설, 이위종이 참석했다. 이들은 회의 의장인

---

19) 세계대백과사전 31권, 한국교육문화사, 1994, pp. 625~626.

러시아 대표 넬리도프에게 회의 참석과 을사늑약의 강압 체결 문제를 의제(議題)로 상정시킬 것을 요구했다. 그때 일본 대표 고무라 주타로(小村壽太)가 방해 공작을 펴자 빌리프는 초청국 네덜란드에 책임을 전가했다. 이때 네덜란드는 일본 측 편을 들어 대표자들의 회의 참석과 발언이 불가하다고 했다.

이때 미국 선교사이며 언어학자인 헐버트(H. B. Hulbert, 1863~1949)는 서울에서 〈한국 평론〉(The Korea Review)을 발행하며 일본의 야만 행위를 전 세계에 알리면서 1907년에는 고종 황제에게 헤이그 만국 평화회의 밀사 파견을 건의했다. 그리고 그 자신이 먼저 헤이그에 도착하여 헤이그 신문에 한국 대표단의 호소문을 싣게 했다.

한국 대표단의 만국회의 참석이 불가해지자 네덜란드 신문인의 도움을 받아 러시아, 프랑스어, 영어에 능통한 이위종이 세계 언론을 향해 일제의 침략 행위를 전 세계에 폭로했다. 이로써 많은 국가의 이해와 동정을 얻었으나 효력을 발휘하지는 못했다. 이에 흥분한 이준 열사가 그곳에서 분사(憤死)하였다. 이 일로 통감 이토히로부미(伊藤博文)는 고종황제에게 퇴위를 강요했고 친일 내각 총리 이완용은 수차례에 걸쳐 황태자의 섭정을 건의한 후 경운궁에서 양위식을 거행한다.

흥분한 국민들은 일진회(一進會) 기관지인 국민 신문사를 습격해 인쇄공장을 파괴하고 이완용 집을 불태우고 일제 순사들이 살해당한다. 네덜란드는 1618년 도르트레히트에서 칼빈주의가 완성된 곳이고 1907년에는 만국 평화회의가 열렸던 곳으로 세계사에 기억되는 나라이다.

6. 에스파냐(스페인, Espana)

스페인은 영어명이고 본국은 에스파냐라고 한다. 면적은 50만 5천 km²로 한반도의 두 배가 넘는 곳에 인구는 4천만으로 한국 인구보다 적다. 가톨릭이 국교인 스페인의 과거에는 파란 많은 역사가 계속되었다. 21세기 이전까지의 스페인은 로마제국, 이슬람제국, 프랑스 등의 지배를 받거나 또는 세계 최강 해양국으로 라틴 아메리카 제국들을 식민지로 만들었다가 해방을 주기도 한다.

1) 에스파냐의 독립 이전의 역사

BC 218년경 포에니 전쟁(BC 218~BC 201) 후 로마 지배
AD 414년경 서(西)고트족이 이베리아반도 침입
AD 711~1492년 이슬람교도들이 서고트왕국을 멸망시키고 지배
이때 지방에서 아라곤 왕국, 나바라왕국이 반이슬람 세력으로 등장
이 두 왕국이 합쳐 이슬람 제국을 정복, 에스파냐 국가로 통일
1516~1793년까지는 카를로스, 펠리페 왕조가 융성한 때로 콜럼버스 서인도제도 도착(1492)
멕시코 정복(1519), 페루 정복(1532), 포르투갈 병합(1580)
무적함대 아르마다가 영국에 패배하자 제해권 상실(1588)
포르투갈 독립(1668), 스페인 계승 전쟁(1701~1724)
1793~1814년까지 프랑스 나폴레옹 지배 후 페르난도 7세가 독립

2) 리에고 혁명(1820~1823)

1814년 즉위한 페르난도 7세는 가톨릭 세력과 왕당파의 부활에 힘쓰는 전제 정치를 시작했다. 이때 리에고 이누네스(R d. Riego,

1785~1823) 대위가 전제 정치 반대 선언 후 군대, 농민의 지지를 얻는 혁명운동이 전개된다. 그러나 리에고 이누네스는 나폴레옹에 대항하는 독립 전쟁 중에 프랑스로 포로가 되어 갔다. 그는 귀국하여 자유주의적인 "1812년 헌법"을 내세워 반란을 일으키다가 프랑스군에게 패하여 마드리드에서 처형당한다. 그러나 그는 20세기까지 에스파냐의 자유의 상징이었다.

"리에고 찬가"는 에스파냐 혁명 찬가로 1931~1939년 사이에 에스파냐 국가로 불렸다.

3) 카를로스파 전쟁(1833~1839, 1872~1876)

1833년 페르난도 7세가 죽었다. 그 후 그의 이복 여동생 이사벨 2세가 즉위하자 이를 반대하는 카를로스파 전쟁이 일어났다. 전쟁은 페르난도 7세의 아우 카를로스를 지지하는 보수적 귀족, 승려, 농민과 이사벨 2세를 지지하는 도시 부르주아와 자유주의적 지주간의 내전이었다. 이 내란은 지방 대 도시 또 보수적 교권주의와 중앙집권주의 간의 대립이었다. 여기서 39년 카를로스파가 패배한다.

4) 미국과 스페인 전쟁(1898)

1898년 쿠바의 반란으로 미국과 전쟁을 하게 된다.

5) 제1차 세계 대전(1914~1919)

이때 에스파냐와 포르투갈은 중립을 선언하고 제1차 세계 대전에 참여하지 않는다.

제2장 전기 유럽 교회

제1장에서 전기 유럽 세상으로 여섯 나라를 살펴보았다.

이렇게 세상들을 살펴보는 것은 교회가 세상의 영향을 주는 교회가 되어야 함에도 불구하고 역사 속의 교회들은 오히려 세상의 영향을 받고 세상에 지배를 받는 교회가 되었음을 증명하기 위함이다.

여기 제2장에서는 간략하게 유럽 교회상을 가늠할 수 있도록 유럽 교계에 영향을 끼치고 후세 역사에 긍정적인 면으로 기여한 모습과 함께 부정적으로 커다란 오류를 유도한 해악적인 모습의 양면을 살펴보겠다.

1. 독일의 프로테스탄트 교회들

19세기의 독일의 프로테스탄트 교회들은 17~18세기 세상에서 일어난 이성주의 철학 사상에 깊이 영향받는 교회가 된다.

필자는 《근세 교회사》에서 16세기 종교개혁 후에 17세기에 종교개혁자들 중 칼빈의 "폭군 징벌론" 사상으로 유럽세계에 전쟁이 계속되었음을 설명했다. 그것이 프랑스의 위그노 전쟁(1562~1598)이었고, 네덜란드에서 일어난 칼빈주의에 의한 독립전쟁(1568~1648)이었고, 독일의 30년 전쟁(1618~1648)이었다. 그리고 영국의 청교도 혁명의 핵심은 칼빈주의자들의 독선이었다. 이렇게 가톨릭과 개신교 간의 양보와 타협이 없는 살육 전쟁을 경험한 유럽 지성인들은 계시 종교를 자부해 오던 가톨릭과 개신교 전체를 불신한다. 그리고 인간이 경험할 수 있는 것만 믿고 인간의 이성에 의해 납득되는 것만 믿어야 한다는 이성 우월주의가 등장한다.

이때 칸트는 "과연 이성이 믿을 만한 것인가?"를 묻고 순수 이성 비판과 실천 이성 비판으로 이성 우월주의의 문제점을 제시한다. 그러나 유럽인들의 의식 속에는 이성 우월주의가 자리를 잡는다. 이렇게 이성주의에 대한 세상의 흐름에 성경의 진리를 이성적으로 납득할 수 있도록 성경 진리를 인간 중심으로 타협시키는 신학자들이 등장한다.

이들은 교회와 관계된 신학교 교수들이었기에 겉모습은 교회 같아 보였다. 그러나 저들은 성경에 계시된 이해하기 힘든 비밀스러운 내용들을 인간들이 이해하기 쉽도록 인간의 이성을 신뢰하며 성경의 진리를 왜곡시키는 사악한 신학자들이 된다. 독일의 프로테스탄트라는 이름으로 교회가 지켜온 성경의 진리를 보호 발전시키기는커녕 성경의 진리를 인간들이 누구나 쉽게 공감할 수 있도록 궤변을 만들어 신학화해서 순진한 신학도들을 인간의 이성의 종으로 변개시킨다. 그렇게 진리를 변개시킨 사악한 신학자들 몇 명을 소개해 보겠다.

1) 레싱(G. E. Lessing, 1729~1781)[20]

레싱은 신학자가 아닌 독일의 저술가요, 극작가로 고전학과 신학에 관한 많은 저술로 당대에 사회적, 국가적으로 많은 파문을 일으

---

20) 교회사 대사전Ⅰ, 기독지혜사, 1994, pp. 569~570.

킨 사람이다. 레싱은 작센의 가난한 목사의 아들로 태어났다. 라이프치히 대학에서 신학을 공부했으나 교회와 관계된 일은 하지 않았다. 그는 프랑스의 극작가 몰리에르(Moliere, 1622~1673) 같은 극작가를 꿈꾸며 창작활동을 하였다. 그래서 1748~1755년경 계몽운동의 중심지 베를린에서 신문의 학예란을 담당하면서 연극에 관계된 글을 썼다. 이때 영국을 무대로 한《미스 사라 샘프슨》(Miss Sara Sampson)을 집필했다(1755). 그 후 베를린에서《현대 문학 서간》(1759~1765)을 창간했다. 이때《우화론》(寓話論)을 집필한다(1759).

1760~1765년에는 브레슬라우에 주둔한 프로이센 사령관의 비서로 지내면서 스피노자 철학, 원시 기독교, 교부신학, 고대 미술 등 여러 방면의 교양을 쌓는다. 이때의 결실이 예술론을 쓴《라오콘》, 희극의 《미나 폰 바른헬름》 등의 작품이다.

1767년 그는 독일의 비평가로 이름이 알려진다. 1770년 브라운슈바이크 공국(公國)의 볼펜뷔테르 도서관장이 된다. 이때 "무명 저술가의 단편집"(Fragment of an Unknown Wrieter) 총서를 발행한다. 이 단편들 자료를 도서관에서 찾아냈다고 주장함으로 "볼펜뷔텔 단편"(Wolfenbuttel Fragments)이라는 이름으로 알려진다. 사실은 도서관에서 찾아낸 것이 아니라 라이마루스(H. S. Reimarus, 1694~1768)라는 비스마르 대학교 히브리어 및 근동어 교수가 썼던 원고들에서 미발표된 것들을 발췌해서 레싱이 발표했다.

그와 같은 사실은 라이마루스 사후에 그의 유고들이 발표됨으로 알려졌다. 이 내용 중에 충격적인 내용이 발표되었다. "예수와 그 제자들의 목표"(The Goal of Jesus and His disciples)라는 제목의 글이 있다.

그 내용은 예수는 하나님의 나라가 임박하게 도래할 것을 예언했다. 그러나 그가 예언한 하나님의 나라는 오지 않았다. 예수가 죽자 그의 제자들은 예수가 죽은 자 가운데서 부활하여 하늘에 승천했다고 주장했다. 그러면서 하나님의 나라는 무한정 연기되었다는 교활한 사기 행각을 벌였다. 따라서 "예수의 종말론적 예언들은 아직 성취되지 않았으므로 기독교는 일종의 사기 집단이다. 오늘의 기독교는 성취되지 않은 하나님 나라를 주장하는 허위에 가득 찬 종교"라고 했다.

이로 인해서 정통 신앙을 믿는 자들에게 집중적 공격을 받았다. 이로 인해 레싱과 정통 신앙인들과 격렬한 논쟁이 벌어졌다. 이때 정통 신앙자로 나선 이들이 괴체(J. M. Goeze), 되덜라인(J. C. Doderlein), 슈만(J. D. Schumann), 제믈러(J. S. Semler) 등이었다.

레싱은 발췌한 논문의 저자를 모른 체하면서 논쟁에 맞서지 않고 일련의 팸플릿으로 논쟁에 참여했다. 레싱은 함부르크 수석 목사였던 괴체와 '계시'와 '이성'을 놓고 격렬한 논쟁을 벌였다. 특히 레싱이 쓴 11편의 〈괴체를 반박함〉(1778)이라는 논문은 투철한 논리와 탁월한 기지가 가득 찼다는 평을 받는다. 레싱과 교회들 간의 조금도 양보 없는 논쟁이 계속되자 왕이 나서서 왕명으로 논쟁 금지 명령을 내린다.

그러자 "현자(賢者) 나단"(1779)에 자기 신념을 밝혔고 또 유작이 된 "인류의 교육"(1780)에서 유대교와 기독교의 계시를 인류에 대한 교육이라고 설명했다. 레싱은 예수가 단지 한 평범한 인간일 뿐이고 성경은 거짓된 글이며 기독교를 종교 사기 집단으로 매도하는 사악한 사탄의 도구였다.

2) 슐라이어마허(F. E. D. Schleiermacher, 1768~1834)[21]

슐라이어마허는 독일의 신학자로 신학계에서는 '자유주의 신학'(自由主義 神學)의 최초 개척자라는 평가를 받고 있다. '자유주의'라는 말 자체는 정치적 용어였다. 정신 과학자들도 자유주의라는 말을 사용하였다. 그리고 신학계에서도 자유주의 신학이라는 말을 사용해 오고 있다. 신학계에서 자유주의라는 말은 어떤 의미인가?

거기에는 몇 가지 원칙이 적용된다.

① 역사적 계시성을 부인한다.

모세오경이나 구약의 예언서, 신약의 복음서에 기록된 역사적 예수와 사도들이 기록된 성경들을 하나님의 계시가 아닌 사람들의 우수한 문학작품 정도로 평가 절하한다.

② 삼위일체 교리와 예수의 신성 진리를 부인한다.

③ 인간의 전적 타락을 부인한다.

④ 하나님의 절대성을 부인하고 하나님을 신들 중 하나로 상대화시킨다.

⑤ 신학적으로, 전통적으로 전승되어 오는 상식화된 개념들을 거부하고 인간들이 자유롭게 주장하는 모든 주장들을 관용주의로 수용한다.

이와 같은 '자유주의 신학'에는 구(舊)자유주의와 신(新)자유주의

---

21) 교회사 대사전Ⅱ, 기독지혜사, pp. 264~265.

가 있다.

구자유주의자로 설명하려는 19세기 독일 신학자로 슐라이어마허와 리츨(A. B. Ritschl)이 있다. 그리고 신자유주의자로는 다음 후기 현대 교회사에서 살펴보려는 신정통주의자를 자처하는 바르트(K. Barth)와 불트만(R. Bultmann)이 있다.

구자유주의자들의 특징은 전통적인 성경의 절대적 계시에 근거한 구원이 아니라 인간의 윤리와 도덕으로 인류와 사회를 구원할 수 있다고 주장한다.

그와 달리 신자유주의자들은 철저하게 실존주의 철학에 영향을 받은 기초 위에서 신학이 형성된다. 그래서 저들은 성경 연구에서 절대적 계시성을 인정하지 않는다. 저들은 모든 개인들 각자가 주관적인 이성으로 납득되는 것만을 믿어야 한다고 하며 성경을 문학적, 시대적, 역사적 시대성에 맞게 해석해야 한다는 소위 고등 비평 방법으로 마음껏 해부해서 공감되는 것만 진리라는 입장이다.

앞서 레싱이 기독교를 사기 집단으로 매도했었다.

여기 슐라이어마허는 신학교 교수이면서 전통적 기독교에 대한 성경적 개념을 거부하고 기독교란 종교적 체험이 핵심이라고 했다. 그러면서 종교 체험 중에 절대적 의존 감정을 종교 체험의 공통된 요인으로 이해했다.

이에 따라 슐라이어마허에 의하면, 성경에서 성령으로 거듭나는 신생의 구원이 아닌 신에게 의존하려는 연약한 인간의 의존 감정이 곧 종교라는 주장이다. 이렇게 성경 진리를 인간의 의존 감정으로 대치시키므로 그가 자유주의 신학의 개척자라는 평가를 받는다.

슐라이어마허는 어떻게 해서 이토록 성경의 진리를 왜곡하는 자유주의 신학의 시조가 되었는가? 그의 생애를 간략하게 정리해 보자. 슐라이어마허는 독일 브레슬라우(Breslau, 현재는 폴란드 남서부의 브로츨라프 Wroclaw)에서 경건한 개혁파 목사의 아들로 태어났다.

경건한 부모의 영향으로 소년 시절에 헤른후터(Herrnhut) 모라비안 형제단 학교에서 교육을 받았다. 그런데 청년 시절에 경건주의 신학교인 할레대학에서 공부하면서 경건주의가 성경에 집중하는 것에 회의를 느끼고 당시 이성주의를 중요시하는 경건주의를 자신의 사상으로 삼을 생각을 갖는다. 그는 목사가 되는 국가고시에 합격해 목사가 되어 가정교사를 거친 후에 1796년(28세) 베를린 자선 병원의 원목이 된다.

이때 플라톤을 연구하면서 〈종교 강연〉(1799), 〈독백〉(1800) 등의 작품을 발표한다. 〈종교 강연〉의 내용은 당시 유럽에서 기독교를 경멸하는 계몽주의자들에 대한 반박 이론으로 종교를 철학과 구별시키고 또 종교를 도덕과는 완전히 차원이 다른 우주의 직관과 감정의 영역이라고 주장했다. 이 같은 그의 종교 옹호론으로 그의 능력을 인정받아 1804년(32세) 때 모교인 할레대학의 조교수 겸 부설대학 교회의 목사가 되었다. 그러나 1806년 나폴레옹 군대가 독일을 정복하며 할레대학이 폐쇄당한다.

슐라이어마허는 베를린으로 가서 훔볼트 형제와 J. G 피히테 등과 함께 베를린대학을 창설한다. 1810년부터 신설된 베를린대학 교수, 초대 신학부장, 대학 총장을 지내며 신학 강의와 1809년부터 계속된 트리니티교회 목사직을 병행했다. 그는 주중에는 베를린대학 교수로, 주말에는 트리니티교회 목사로 평생 종사했다. 이 시기에 그는 조직신학, 설교학, 철학, 플라톤 번역서, 설교집 10권 등 여러 건의 저서들을 발표했다.

그중에서 대표적으로 유명한 저서가 《신학통론》(1811)과 《그리스도 교적 신앙》(1821~1822)이다.

그렇다면 슐라이어마허의 대표적 사상이 무엇인가?

그는 당시 계몽주의자들이 기독교를 경멸하는 공격을 할 때 기독교를 변증하려는 의도로 저술서들을 썼다. 그가 기독교를 변증한다고 하면 성경적 전통적 신앙을 재강조했어야만 했다. 그러나 그는 성경적 전통적 신앙을 옹호하지 않는다. 그는 종교 체험이 곧 종교 본질이라 믿었다. 그래서 종교란 행위도 아니고 지식도 아닌 자의식이라 할 수 있는 감정이라고 주장했다.

종교란 무한한 분에 대한 감각과 맛이라고 정의한다. 그는 종교 체험의 공통된 요인은 절대 의존 감정 또는 자각의 연속이라고 하였다. 그는 예수 그리스도의 신성과 인성의 두 본성 교리를 완전히 서로 의존적인 인간상으로 설명하고, 죄라는 것은 독립되려는 그릇된 욕구라고 했다. 그러면서 하나님을 깊이 체험한다는 것은 자기 자신 안에 하나님이 계시다는 의존 감정을 인식하는 것이라고 했다.

이와 같은 슐라이어마허 신학에 있어서 종교를 '감정'으로 인식한 자유주의 시조라고 한다. 이렇게 하나님보다 인간을 더 우위에 둔 인간 중심의 신관, 인간관, 기독론 등이 20세기의 틸리히와 로빈슨에게서 계승 발전된다.

20세기 자유주의가 19세기 슐라이어마허에서 신본 중심이 아닌 인간 중심의 사상에서 비롯되었음을 알 수 있다.

3) 리츨(Albrecht Ritschl, 1822~1889)[22]

리츨은 독일 베를린에서 개신교 목사의 아들로 태어났다. 그는 본대학, 할레대학, 베를린대학 등에서 신학을 공부했다. 그 후 본대학의 교수로(1852~1854), 괴팅겐대학의 교수로(1864~1889) 역임하였다. 그는 대학교수 시절에 경건한 신학과 신앙자들과 대항을 하며 자유주의 신학 입장에서 자신의 특성을 지속했다.

그가 저술한 저서들에는 《기독교의 칭의와 화목 교리》(1870~1884), 《기독교적 완전》(1874), 《경건주의 역사》(1880~1886), 《신학과 형이상학》(1881), 《총론집》(1893~1896), 《기독교의 교훈》(1901. 사후에 유고 간행) 등 주로 조직신학에 관계된 저서들이다.

그의 조직신학의 특징이 무엇인가? 그는 종교를 추상적이거나 사변적인 형이상학적으로 이해한 헤겔학파의 입장을 완전히 배격한다. 그가 보는 종교란 실제적인, 윤리적이고 사회적인 것이라고 주장했다. 헤겔 철학의 영향을 받은 이들은 종교를 헤겔식 관념론에 근거한 형이상학적 이해를 거부했다. 그래서 그는 사실로 확인할 수 있는 역사를 주장하므로 이 주장을 '실증주의 역사관'이라고 한다. 또 그리스도인들이 직접적으로 경험할 수 있는 교리를 주장했다. 그는 종교가 인류에게 실제적인 방면인 윤리적인 면, 사회적인 면에 주안점을 두어야 한다고 보는 것이다. 그렇기에 그에게는 '사실 판단'과 '가치 판

---

22) 교회사 대사전 I, pp. 675~676.

단'이 분명하게 구별되어야 한다는 것이다.

그와 같은 전제로 예수 그리스도의 신성은 그리스도인들의 경험에 근거를 둔 신앙이 계시라는 표현으로 드러났다. 그것은 '사실 판단'에 근거한 것이기 때문에 객관적으로 증명해야 하는 문제가 아니라는 것이다. 신앙이라는 것은 신비에 속하는 영역이기 때문에 신비가 인정될 수는 있지만 그것은 지식을 초월하는 것이기 때문에 과학처럼 증명이 필요한 것이 아닌 각자의 체험에 근거한 것이라는 주장이다.

헤겔의 강조점이 정(正), 반(反), 합(合)의 종합에 역점을 두었다고 한다면, 리츨은 정(正)은 정대로, 반(反)은 반으로 분리를 강조하며 각각 다른 특성을 주장했다고 할 수 있다.

이렇게 각각 다른 특성들을 주장함으로 헤겔학파와는 다르다. 그런데 그리스도교에서도 지적 요소를 제거하고 체험적인 것을 강조하고 또 그리스도교의 신비적인 요소를 제거하고 경험할 수 있는 것을 강조하고 그리스도교의 감정적 요소도 제거하려 했다.

그 결과 그의 신학은 과거 교회가 전통적으로 믿어 온 신비적 진리에 해당되는 창조, 동정녀 탄생, 그리스도의 부활 등등 성경의 신비적 진리를 모조리 제거하기에 이르렀다. 리츨이 믿을 수 있는 것은 실천적, 윤리적으로 개인들이 체험할 수 있는 실증적인 것만 믿을 수 있다는 것이다.

리츨이 믿는 하나님의 나라가 무엇인가? 그것은 역사 속에서 하나님과 교회가 친교와 교제를 이어가는 것이다. 기독교는 하나님의 나라와 개인의 구원이 두 개가 타원형을 이루어가는 것으로 보았다. 그리스도인의 사명은 사람들 가운데서 하나님의 나라를 건설하고 인간들에게는 하나님이 윤리적 주가 되심을 전달하는 것이었다. 그렇기에 그리스도인이 된다는 것은 그리스도의 부르심에 도덕적으로 실천하고 하나님의 나라를 섬기는 소명 받은 자로 인식하는 것이다.

이렇게 하나님 나라 이해나, 그리스도에 대한 이해, 그리스도인이 된다는 이해 등 모든 것을 사회적인 것이나 체험인 것으로만 이해했다.

리츨의 이와 같은 실증주의적 역사관은 칼 마르크스의 '실증주의 사관'으로 발전되고 체험적 종교 사상은 하르낙(1851~1930)과 헤르만(W. Hermann)에게 영향을 준다.

리츨은 많은 신학교에서 다양한 신학을 배웠고, 또 평생을 대학교수 생활을 하며 조직신학 책들을 저술했다. 그러나 그의 사상은 성경의 진리에 근거한 하나님 중심의 사상이 아니라 인간들이 체험할 수 있는 것을 진리라고 믿는 인간 중심의 사상이었다.

그와 같은 실증주의 역사관은 공산주의 이론을 만든 마르크스에게 영향을 주었다.

2. 영국 앵글리칸 교회와 자유교회

1) 옥스퍼드 운동(The Oxford Movement)[23]

영국은 오랜 역사 속에 가톨릭 지배 국가로 존속되어 왔다. 영국의 가톨릭 역사는 주후 597년에 비롯된다. 로마 가톨릭의 최초의 교황 창시자인 그레고리 1세(Gregory Ⅰ, 590~604)는 597년에 로마의 소수도원 원장이었던 아우구스티누스에게 영국 이교도들을 개종시키라

---

23) 교회사 대사전Ⅱ, pp. 712~714.

는 지시를 내려 캔터베리(Canterbury)에 보낸다. 그렇게 캔터베리로 간 아우구스티누스에 의해 로마 가톨릭이 시작된다. 그때부터 1534년까지 영국의 종교는 가톨릭이었다.

그런데 1534년 헨리 8세(Henry Ⅷ, 1491~1547)가 이혼과 결혼을 반대하는 가톨릭과 결별하고 국왕이 교회의 수장이라는 "국왕 수장법"을 반포함으로 영국 성공회가 시작된다.

영국 성공회는 국왕이 교회의 수장까지 겸함으로 캔터베리 대주교의 제청을 받아 국왕 명으로 사제들이 임명된다. 따라서 영국의 국교가 된 성공회는 가톨릭과 결별한 개신교 형태다.

이렇게 개신교로 분리된 성공회는 종교의식들은 거의 가톨릭의 의식을 답습하면서 신앙적으로는 개신교 요소들을 편리대로 적용하므로 매우 어설픈 종교가 되었다.

개신교란 로마 가톨릭에서 분리된 교파를 뜻한다. 로마 가톨릭에서 분리된 교파로는 독일의 루터교, 영국의 성공회, 스위스의 장로회가 있다. 그런데 독일의 루터교와 영국의 성공회는 모두가 그 나라의 국교이다. 국교(State Church)는 성직자들이 국가의 공무원에 해당된다. 성직자 임명과 보수를 국가가 관장한다. 이와 같은 국교 형태의 종교는 교회답지 않고 성직자들의 도덕적 해이는 물론이고 신학적으로 특정한 신학에 가치를 느끼지 않고 이것이든 저것이든 편리대로 유리한 대로 취사 선택을 한다. 그렇기에 좋게 말하면 자유주의 신학이고 제대로 표현한다면 특징이 없는 편리대로 흘러가는 방임주의다. 이와 같은 영국 국교의 무기력하고 형식화된 국교에 혐오를 느끼고 제대로 종교답다고 느껴지는 가톨릭으로 회귀하는 경향이 많아졌다.

이런 때 영국 옥스퍼드대학과 관계가 있는 영국 국교의 성직자들을 통해 영국 국교회가 제대로 된 국교회가 되자는 영국 국교회 재건 운동이 일어난다. 그 운동을 이름하여 19세기 전반의 '옥스퍼드 운동'이라고 한다.

옥스퍼드 운동의 시작은 키블(J. Keble, 1792~1866)에게서 시작되었다. 키블은 찬송가 작사가와 소책자 운동가로 알려졌다.[24]

그는 옥스퍼드대학 재학 기간 중 두 번이나 1등을 차지함으로 대학 특별 연구원이면서 주임 사제인 아버지를 도왔다. 그는 익명으로 《The Christian Year》(1827)을 출판했다. 이 책은 100판이 넘게 출판되며 그의 명성을 드러나게 했다. 그는 또 옥스퍼드 세인트 메리 버진(St. Mary the virgin) 교회에서 국가가 교회 문제를 개입하는 당시 국교의 에라스투스주의(Erastianism)를 국가적, 국민적 배교라고 비판했다.

'에라스투스주의'란 국가가 교회 문제에 개입하고 감독할 수 있는 권한을 갖는다는 교리의 일종이다. 키블은 영국 국교의 모순점을 공개적으로 반대하는 기수가 된 것이다. 그러자 영국 국교의 압력을 받아 햄프셔주(州)의 허슬리로 돌아가 평생 전원생활을 한다. 그러면서 거기서 찬송가를 작사한다. 그가 작사한 찬송으로 60장(영혼의 햇빛 예수님 가까이)이 있고, 통합 찬송가에는 "맘 가난한 사람"(427장)도 포함되어 있다. 이와 같은 키블의 공개적 설교(1833년 7월 14일)가 옥스퍼드 운동의 시발점이 된다.

---

24) 교회사 대사전Ⅲ, pp. 445~446.

그 다음의 옥스퍼드 운동 지도자로 퓨지(E. B. Pusey, 1800~1882)가 있다.[25]

퓨지는 옥스퍼드 크라이스트처치대학에 공부했고 졸업 후 오리엘대학 특별 연구원이 되었다. 그는 또 1825~1827년에 독일에서 성경 비평학을 공부했다. 그리고 1828년에 모교인 오리엘대학의 히브리어 교수가 된다. 이때 이미 오리엘대학의 교수로 있는 키블과 뉴먼과 친숙해진다. 그래서 1833년 뉴먼이 《이 시대를 위한 소책자들》(Tracts for the Times)을 발행할 때 퓨지는 뉴먼을 돕는다.

그때 발행된 두 소책자 중 한 권은 세례에 관한 것이고 다른 한 권은 성찬에 관한 것이었다. 그리고 퓨지는 히브리어 교수답게 다니엘서와 소선지서들에 대한 주석을 출판했다. 그 후 옥스퍼드판 《교부 총서》(Library of the Fathers) 발행에도 이바지하였다. 뉴먼이 "소책자 90" 발행을 둘러싸고 큰 논란이 일어났을 때도 뉴먼을 지지함으로 옥스퍼드 운동을 돕는다.

그런데 옥스퍼드 운동의 주동자로 알려진 뉴먼이 1845년에 영국 국교에서 로마 가톨릭으로 전향한다. 이때 퓨지는 영국 국교회에 잔류하면서 뉴먼 다음으로 옥스퍼드 운동의 지도자가 된다. 그는 영국 국교회의 교리들을 충실하게 옹호했다. 그는 영국 국교회가 가톨릭과 똑같은 의식들을 비판할 것이 아니라 그대로 계승하는 것이 합당하다고 주장했다.

그래서 개신교들이 영국 국교를 공격하는 비밀 고해도 권장했고, 기타 의식들의 부활을 지지했으며 수녀회와 비슷한 자매회 설립을

---

25) 위의 책, pp. 601~602.

주장했다. 퓨지는 영국 국교회가 로마 가톨릭과 재연합하기를 바라는 염원으로 《Eirenicon》이란 책을 세 단계에 걸쳐 출판했다. 퓨지는 개인적으로 경건했기에 독일의 자유주의 신학에 맞서 싸우는 데 몰두했으나 그가 추구하는 이상은 로마 가톨릭이었다. 그러면서 그는 영국 국교회 안에 머물러 살아갔다. 신앙과 생활이 분리된 사상가였다.

이제는 영국에 옥스퍼드 운동을 주도했다가 중간에 로마 가톨릭으로 전향한 뉴먼(J. H. Newman, 1801~1890)을 살펴보자.

뉴먼 역시 옥스퍼드대학을 졸업한 후 오리엘대학 특별 연구원이 되고 대학교회인 성 마리아 교회의 주임 사제 대리가 되었다. 뉴먼은 그의 친구들과 함께 영국 국교회는 로마 가톨릭교회와 프로테스탄트 교회가 분리되기 이전에 토대를 둔 '중도'(Via Media) 위치에 있음을 증명하려는 데 목적을 두고 운동을 전개했다. 그래서 "소책자 90"(Tract 90)이라는 소규모의 책자들을 통해 영국 국교회의 신조 핵심인 "39개조"(Thirty-nine Articles, 1563)와 가톨릭 신앙 사이에 차이가 없다는 화해를 시도해 나갔다.

이 같은 소책자 운동이 영국 국교회 성직자들로부터 크게 반발을 불러일으키자 소책자 운동을 중단한다.

그 후 뉴먼은 초기교회 이후 교부들 시대 교회사를 공부하던 중 영국 국교회에 대해 여러 가지 의문점들을 발견하게 된다. 그 결과 영국 국교회보다는 가톨릭교회가 초기교회에 가깝다고 판단하고 1845년에 로마 가톨릭으로 전향한다. 그 후 영국 국교회 사제를 사임하고 가톨릭이 세운 더블린대학교의 총장이 되었으나 큰 뜻을 펼치지 못한다. 그 후 다시 옥스퍼드대학교 내에 가톨릭교도들을 위한 기숙사

사감이 되려다 좌절당한다.

1864년 소설가 킹즐리(C. Kingsley, 1819~1815)가 뉴먼의 소책자 운동을 비판하며 뉴먼에 대해서도 진리에 대한 존경심이 거의 없는 자라고 비판한다. 이에 뉴먼은 《변명》(Apologia)라는 자서전적 글을 쓴다. 이 책(1864)으로 다시 명성을 얻고 1879년에는 가톨릭의 추기경이 된다.

옥스퍼드 운동은 19세기 중반에 영국 내에서 일어난 운동이다. 그 운동은 영국 국교회인 앵글리칸 교회가 유럽 대륙에서 일어나고 있는 자유주의 사상들에 대한 반대 운동으로 시작되었다. 그래서 영국 국교회를 보다 교회답게 하려는 카블과 퓨지 등이 경각심을 주기도 한다. 그러나 똑같은 옥스퍼드 운동을 시작한 뉴먼이 중도에 가톨릭으로 전향함으로 이 운동은 와해되고 만다.

뉴먼은 왜 영국 국교회 수호자에서 가톨릭으로 전향했는가? 그가 본격적인 교회사 공부를 해 보니까 자기가 속한 영국 국회회는 성경적으로나 역사적으로나 교리적으로 정당성이 없음을 깨닫게 된 것이다.

필자는 《근세 교회사》에서 앵글리칸 교회의 출발이 정당성이 없음을 설명했다. 그뿐만 아니라 칼빈주의가 유럽 사회에 매우 부정적 영향을 미쳤음도 설명했다. 사람들을 한동안 속일 수는 있으나 언제까지 속일 수는 없는 것이 역사이다. 한국 교계에 만연된 칼빈주의 우상화는 언젠가 그 실체가 드러날 것이다.

2) 스펄전(C. H. Spurgeon, 1834~1892)[26]

영국의 국교는 성공회다. 그래서 영국 국민 5천 5백만 중 약 50%가 영국 국교 교인들이다. 그리고 약 10%가 가톨릭이다. 나머지 30~40% 중에는 무종교인이 많고 이슬람도 많으며 소수가 자유 교회다. 그 많은 자유 교회 중 19세기 후반에 영국과 전 세계에 걸쳐 가장 위대한 목회 성공자는 스펄전이다.

그는 무학자였으나 감리교에서 구원을 받고 침례교에서 목회하였다. 그러나 그의 신학 사상은 칼빈주의자였다. 칼빈주의자가 어떻게 침례교에서 목회를 할 수 있는가? 사실은 그것이 정상적인 침례교 모습이다. 장로교회에서는 칼빈주의자가 아니면 교단 내에서 활동을 할 수 없다.

침례교는 칼빈주의자든, 알미니안주의자든, 성경을 진리의 기준으로 믿고 성령으로 거듭난 그리스도인으로 하나님의 부르심에 대한 소명만 확실하면 된다.

19세기 후반에 교파적으로 소 교단인 침례교이고 장로교에서 절대시하는 신학교육도 제대로 받지 못한 스펄전이 런던에서 38년간 목회를 하면서 6,000석을 갖춘 대형교회 창시자가 되었다. 어떻게 이런 일이 가능한가? 그것은 가톨릭이나 영국 국교, 루터교나 장로교처럼 형식적이고 제도적인 신학교육을 금과옥조(金科玉條)처럼 여기는 제도권 사람들로서는 이해하기가 어려운 일이다.

침례교는 목회자의 자격 기준으로 거듭난 그리스도인으로 성령이

---

26) 기독교 대백과 사전(9권), 기독교문사, 1983, pp. 1095~96.

충만한 사람(행 6:5)을 들기 때문이다. 여기에서 스펄전의 생애와 사역을 살펴보자.

스펄전은 1834년 6월 19일에 런던 북동쪽 64km 떨어진 에섹스 켈베던에서 출생했다. 그의 할아버지와 아버지는 독립교회 성직자였다.

그의 교육은 7세부터 15세까지 기초 초등교육이 전부였다. 그가 15세 (1849) 때 한 침례교도가 운영하는 한 학교의 수위가 되었다. 젊은이로서 그는 내적 불안과 갈등 속에서 사춘기를 보냈다.

1850년 12월 6일 그가 16세 때 콜체스터에 있는 감리교 예배처에서 이사야 45장 22절의 "땅의 모든 끝이여 내게로 돌이켜 구원을 받으라"는 말씀으로 구원 체험을 설교하는데 한 평신도가 큰 감동과 함께 구원의 기쁨을 얻게 되었다고 한다.

그 후 1851년 5월 3일에 성서적 의식은 오직 물속에 장사 지내는 침례의식이라 믿고 아일램에 있는 라크강에서 침례를 받는다. 그리고 침례교회에 출석하며 케임브리지에 있는 한 학교의 수위(守衛)가 된다. 그는 주중에는 학교의 수위로 근무하고 주말에는 침례교회와 관련된 설교자가 없는 예배당이나 오두막집이나 케임브리지 주위 마을들의 13개 정류장 등에 가서 노천(露天)에서 설교를 하였다. 그런데 그가 행하는 설교를 들은 사람들의 입소문으로 그의 명성은 점점 높아져 갔다.

1852년 그는 18세 때 워더비치에 있는 작은 침례교회의 설교 목사가 된다. 여기서도 그의 설교 능력이 출중하므로 그 소문은 런던까지 퍼진다. 드디어 그가 20세인 1854년 런던 사우스워크 뉴파크 스트리트 처치 목사로 초청을 받는다.

그가 초청받아 부임한 그 교회의 첫 예배 참석자는 100여 명이었다. 그러나 그해 연말이 되자 예배당을 확장해야만 했다. 예배당을 다시 크게 확장 개축하는 동안에 임시 예배처로 엑시터홀에서 예배를 드렸다. 그리고 1856년 22세 때 수산나(Susanna Thompson)와 결혼한다. 그런데 이때 이미 1만 명을 헤아리는 교인들이 증대되므로 서리 가든즈 음악 회관에서 예배를 드리며, 확장 개축한 예배당으로는 수용 불가능함을 알게 된다.

그는 1855년부터 목회와 복음 전파를 할 수 있는 지도자 양성을 위해 그의 집에서 '목회자 대학'(Pastors' College)을 시작했다. 그는 자기 집에서 신학과 목회 그리고 실제적인 목회 문제들을 교육하기 위해 매주 모이면서 그 경비를 자비로 부담했다.

1861년 27세 때 그는 6천 석을 갖춘 메트로폴리탄 성전이라는 새로운 예배당 건축을 하게 된다. 이렇게 6천 석을 갖춘 대형 예배당에서 38년간 목회를 하면서 1만 4천 692명의 새 교인들을 받아들였다. 이렇게 해서 스펄전은 최초로 1만 명이 넘는 대형교회의 창시자가 된다.

그리고 그의 집에서 시작된 목회 대학은 훗날 스펄전대학으로 발전되어 오늘날까지 존속하고 있다.

그가 목회하는 중에 1864년(30세 때) 그가 행한 유명한 설교가 있다. 그것은 "세례 중생론"(Baptismal Regeneration)이라는 교리를 정면으로 부인하는 설교였다. 세례 중생론 교리란 무엇인가?

성경에는 반드시 거듭난 성도가 그리스도와 함께 죽는 상징으로 물속에 잠기는 침례(浸禮)를 받으며 그리스도처럼 부활할 것을 믿는 그리스도와의 연합의 상징으로 침례를 받는다(롬 6:3-5). 그런데 기독교 대학자라는 아우구스티누스(354~430)가 유아세례가 성경적이라는 왜곡된 주장을 하기 위해 유아세례는 성부, 성자, 성령으로 유아세례를 베풀므로 유아세례를 베푸는 사제나 받는 유아의 인격과 상관없이 자동적으로 구원을 받는다고 주장했다.

유아세례가 유아를 어떻게 중생시키고 구원시키는가? 그 사실은 하나님만이 아시는 신비(神秘)적인 영역이라고 했다. 이따위로 사기성 이론을 만든 것을 그다음에 로마 가톨릭교회에서는 사제가 영세(領洗)를 베풀면 그 인격과 상관없이 구원받는다는 교리를 확정시킨다. 그것으로 개신교들은 세례(洗禮)받으면 하늘나라에 입적(入籍)된다고 가르친다.

세례 중생론은 기독교 전체를 하나의 형식(形式)종교와 의식(儀式)종교로 변질시킨 최악의 교리이다. 필자는 이 같은 성경에 근거 없는 인간적 교리를 창시한 아우구스티누스와 그것을 합리화시킨 칼빈에 대해 말로 다 할 수 없는 적개심을 갖고 분개하고 있다.

여기 스펄전이 침례교 목사로 세례 중생론을 부정한 것은 지극히 당연한 성경적 확신 때문이었다.

그러나 세례, 영세를 구원의 수단으로 믿는 영국 국교회나 기타의 개신교 지도자들이 스펄전의 세례 중생론 부정에 대해 거국적으로 반대하고 나섰다. 그러자 스펄전은 세례 중생론의 비성서적 내용을 수록한 그의 설교 내용을 팸플릿으로 출판을 했다.

이때 그의 세례 중생론 반대 설교 팸플릿은 복사본들이 거듭되면서 30만 부 이상 팔려나갔다. 스펄전은 세례에 의한 중생이 불가능한데도 불구하고 당시 영국 국교회는 "공동 기도서"라는 에드워드 6세(1547~1553) 때 만든 기도서만 읽으면 기도가 된다는 영국 국교회 형태를 위선이라고 비판했다. 이 같은 영국 국교회에 대한 스펄전의 비판은 전 영국을 뒤흔드는 커다란 논란들을 만들어냈다.

그뿐만이 아니다. 그는 유럽 대륙의 독일 신학자들이 성서비평이라는 학문적 용어로 성경을 마음대로 난도(亂刀)질하는 유럽 신학계를 향해 '저급'(Downgrade)한 운동이라고 반대했다. "저급한 논쟁"(Downgrade Controversy)은 1887~1889년까지 계속되었다. 이에 영국 침례교 연맹에서는 스펄전에게 그 같은 논쟁을 중단해 주기를 요청했으나 스펄전은 침례교 연맹의 요구를 무시했다. 그로 인한 갈등이 계속되자 스펄전은 1887년 다른 동지들과 함께 연맹에 탈퇴하여 독립교회로 투쟁을 계속해 나갔다.

그러자 침례교 연맹에서는 스펄전을 침례교 연맹에서 제명하는 불신임안을 통과시켰다. 이로 인해 스펄전에게는 큰 슬픔과 건강의 지장을 받아 생명을 단축시키는 병이 발생한다. 그러나 그는 새로운 교단의 결성을 거부하고 여전히 침례교단 내에서 목회를 계속해 나갔다.

스펄전 개인만 보면 인격적으로 야심이 없고 무사(無私)하였다. 그는 끊임없는 성서연구와 다방면의 독서에 근면했다. 그는 인간적으로 매우 동정적이며 옳고 참된 것이라고 믿는 것에는 전혀 양보하거나 타협하려 하지 않았다. 그리고 사회문제들에 대해서는 건전한 상식과 민주적인 자세를 가졌다.

그는 기독교 진리 중에 하나님의 은총과 인간의 구원이 가장 중요한 복음이라고 확신했다. 그가 초기에 성공한 것은 청년 때 감동적인 진실의 호소, 자연스러운 유머, 양심에 대한 열정이 사람들을 감동시켰기 때문이다. 그는 맑고 공감이 가는 목소리와 손쉬운 몸짓과 웅변의 재능을 타고났다. 그의 호소는 먼 것이 아닌 현실적인 삶에 대한 빈틈없는 대중적인 문제들을 주안점으로 삼았다. 그의 성서적, 주석적 논법을 보면 과거 청교도 성직자들의 영국 국교에 대한 비판적 지적들을 많이 참고했다. 그는 말년에 관절이 붓고 아픈 통풍(痛風)으로 고통을 받으며 강단에 서지 못할 때가 있었다.

그가 주일에 행한 설교 1,900여 편이 그가 죽은 후에 《스펄전 설교집》 49권으로 발행되었다(1856~1904). 그의 대표적인 저서로 《시편 주석》 7권(1870~1885)이 있다. 그리고 《마태복음 주석》(1893)도 있다. 그는 그리스도를 깊이 사랑했으며 영혼 구원의 소중성을 철저하게 실천한 품격 높은 그리스도의 사역자였다.

그는 1892년 1월 31일 프랑스 멘톤에서 신병 치료 중 58세로 세상을 떠났다.

우리는 19세기 영국 교계의 양면을 살펴보았다. 하나는 영국 국교회인 앵글리칸 교회가 국교다운 면모를 회복해 보려는 옥스퍼드 운동을 본다. 그런데 참 아이러니한 것은 영국 국교의 실체를 제대로 파악하는 자들은 옛날이나 지금도 로마 가톨릭으로 돌아가는 현상이 늘어가고 있다. 영국 국교지만 성경적, 신학적, 역사적으로 많은 문제가 내포되어 있음을 증명해 주는 부분이다.

다른 하나는 영국 국교가 아닌 군소 교파 중 하나인 침례교의 스펄전이 영국 교회사와 세계 교회사에 획기적인 공헌을 한 것이다. 그는 유럽대륙의 인간적 신학도 거부하고, 영국 내 국교의 세례 중생론도 거부하여 많은 핍박과 병을 얻기도 했다. 그러나 성경적 진리만을 전파함으로 역사 속에 귀중한 사역을 이루었다.

3. 기타의 유럽 교회

1) 로마 가톨릭의 신학적 자유주의

로마 가톨릭교회는 전기 현대기로 분류할 수 있는 1800~1900년경에 세 명의 교황들이 통치해 나갔다.

① 제255대 교황인 비오 9세(Pius Ⅸ, 1846~1878)

② 제256대 교황인 레오 13세(Leo XIII, 1878~1903)

③ 제257대 교황인 비오 10세(Pius Ⅹ, 1903~1914)

이들 세 명의 교황 통치 때 가톨릭교회는 전통적 보수주의 수호와 새롭게 전 세계적으로 번진 19세기 자유주의 신학과의 투쟁이 계속되었다.

필자는 앞서 프랑스의 르낭(1823~1892)이 《예수의 생애》를 발표함으로 일어난 파문과, 독일의 레싱(1729~1781), 슐라이어마허(1768~1834), 리츨(1822~1889)의 자유주의 신학의 파문을 설명했다. 그와 같은 자유주의 파문은 개신교에 국한된 문제가 아니었다.

19세기 자유주의는 로마 가톨릭에도 심각한 공격이 되었기에 자유주의 사상을 교황 권세로 억누른 세 명의 교황들의 역사를 간략하게 정리해 보겠다.

① 제255대 교황 비오 9세(1846~1878)[27]

비오 9세는 대주교(1827~1846)를 거쳐 54살에 교황이 되었다. 그는 32년간 교황으로 재직했다. 그런데 그가 교황으로 선출된 때는 유럽 전체가 계시를 부정하고 인간의 이성을 최고의 권위로 주창하는 시

---

27) 정수영, 중세교회사 I (교황들의 역사), 쿰란출판사, 2015, pp. 398~406.

대였다. 이때 시대의 흐름인 혁명운동들의 영향으로 이탈리아 정치세력인 마치니당과 가리발디당의 세력에 의해 교황은 로마에서 도망쳐다녀야만 했다.

이탈리아 혁명세력들은 이탈리아가 오스트리아나 프랑스 등의 외부 세력에 의해 국가가 밀려가는 것 자체가 싫었고 가톨릭이 소유한 막대한 교황령을 소유한 채 교황이 교황령 신민들을 다스리는 것도 싫었기 때문이다. 혁명세력들이 교황령 반환을 요구하자 교황은 여러 차례 교황령으로 저들의 요구를 무시했다. 그러자 혁명세력들은 교황청 국무원장을 칼로 찔러 죽였다. 다급한 교황은 일반 사제로 위장하고 로마를 탈출하여 나폴리 카에타로 도망쳤다.

그 후 1850년에야 로마로 귀환했다. 1868년 혁명가 주세페 몬티와 토그네티가 프랑스인과 벨기에 가톨릭 신자들로 결속해 교황청 용병들의 병영을 폭파하려고 했다. 그러나 저들은 목적을 달성하지 못하고 체포되었다. 이때 교황 비오 9세는 저들을 광장에서 공개 처형하도록 지시했다. 이처럼 교황 비오 9세는 인간적으로 신앙이 없는 자였다.

그뿐만이 아니다. 그는 전에 없던 새 교리 두 가지를 만들었다. 그것은 성모 마리아의 무원죄 잉태 교리(1854)와 교황의 무오성 교리(1869~1870)이다.

교황의 무오성이란(Papal Infallibility) 교황은 마태복음 16장 18절, 누가복음 22장 31절, 요한복음 21장 15절 등에 근거해 신앙 지도에 있어서 절대 오류가 없다는 교리이다. 교황은 1869년 12월 8일에 제1차 바티칸 공의회를 열었다. 이때 700여 명의 주교들이 모였다. 저들은 많은 토론 후에 찬반 투표를 했다. 700여 명 중 찬성 533명, 반대 2명, 나머지 165명은 기권이었다. 이렇게 해서 '교황 무오성 교리'

가 시작된다.

또 하나 기억할 사실이 있다. 교황령(Papal States)은 756년부터 시작해 비오 9세 때인 1870년까지 지속되었다. 교황령은 세속 군주가 통치하지 못하고 교황이 통치하는 땅들이다. 이탈리아 혁명 세력들은 교황령을 이탈리아에 반환하도록 요구했다. 그러나 교황이 반대하자 이탈리아 국민투표를 실시했다. 그 결과 교황령을 국가에 반납해야 한다는 주장이 13만 3,681표였고, 반납해서는 안 된다는 주장이 1,507표였다.

교황 비오는 국민투표를 보고도 불인정 정책으로 맞섰다. 그가 1878년 죽어서 유해를 장례할 때 폭도들에 의해 유해가 강에 던져질 위기를 가까스로 모면하고 진흙투성이로 매장된다.

② 제256대 교황 레오 13세(1878~1903)[28]

교황 레오 13세는 교황으로 선출된 다음 해에 아이테르니 파트리스(Aeterny Patris, 1879)라는 회칙을 선포했다. 이 내용은 '토마스주의'(Thomism)를 모든 대학교와 신학교에서 필수적으로 가르치라는 회칙이었다. 토마스주의는 토마스 아퀴나스(1224~1274)가 확립한 가톨릭의 칠성사(七聖事)와 로마 가톨릭교회가 제정한 모든 교리를 뜻한다. 레오 13세는 교황의 회칙 발표 후 토마스주의를 가르치는 대학교들은 보조금을 받게 했다.

그리고 교수들 가운데 토마스주의를 연구해서 고양시키는 자들에게는 추기경까지 오를 수 있다는 암시를 주었다. 그와 반대로 토마스주의를 반대하거나 자유주의 신학 내용을 취급하는 자들에

---

28) J. H. 니콜스, 현대 교회사, 서영일 역. 기독교문서선교회, 1994, pp. 327~334.

게는 보조금 금지와 모든 불이익을 주었다. 그럼에도 불구하고 교회사가 루이 두케스네(Louis Duchesne)와 히브리어 교수 로이지(Alfred Loisy)는 성경에 대한 역사비평을 영감설과 교황 무오설 교리에 적용시켜 문제를 일으켰다. 그러자 신학교 교장을 통해 로이지를 강의할 수 없게 했다.

그럼에도 불구하고 자유주의를 옹호하는 이들은 계속적으로 성경의 무오성 비판과 함께 교황 무오성 교리를 공격했다. 교황 레오 13세는 1902년 특별 성경 위원회(Biblical Commission)를 조직한다. 세 명의 추기경들과 12명의 자문 위원들로 구성된 성경 위원회는 자유주의자들의 성경 무오성 비판을 통제하도록 했다.

그러나 가톨릭 민주주의자들은 자유주의 신학자들이 제기하는 창조신앙, 노아 홍수, 이브를 유혹한 뱀, 요나가 물고기의 배 속에 들어간 내용 등등에 대해 자유롭게 논의되어야 한다고 맞섰다.

이때 로이지 교수는《복음과 교회》(1903)를 발표했다. 그는 하나님의 나라를 개인적이요, 내부적인 것으로 설명했다. 이 책을 놓고 프랑스 주교 8명이 금지도서로 제안했으나 교황은 서명을 거부했다. 이렇게 교황의 견해에 따라 보수와 진보의 분별이 모호해 갔다. 참으로 안타까운 사실은 신학 내용이 보수냐, 진보냐를 구별하는 것이 아니라 교황이 어느 입장에 서느냐에 따라 구별되는, 참으로 어처구니가 없는 실상이었다.

③ 제257대 교황 비오 10세(1903~1914)[29]

앞서 제256대 교황 후임으로 제257대 교황이 된 비오 10세는 가난

---

29) 정수영, 중세교회사 I, pp. 407~408.

한 집안의 마을 우체부와 재봉사의 아들 출신이었다. 그는 교회의 재정 낭비를 줄이기 위해 교황청의 부서를 37개에서 19개로 줄였다. 그리고 종전에 영성체 참여 기준이 12~14세였던 것을 7세로 낮추었다. 또 소녀들에게 흰 드레스와 베일을 쓰게 했고, 소년들에게는 어깨띠를 두르게 했다. 이와 같은 전통은 지금까지 이어져 온다.

비오 10세가 재임하는 동안에 '자유주의'라는 말을 '현대주의'라는 동의어로 사용하기 시작했다. 이때 평신도였던 상원의원 포가자로(Fogazzaro)가 《성자》(The Saint)라는 소설을 썼다. 이 소설의 한 장면에 주인공이 비밀리에 교황을 만나 교회의 네 가지 악덕들인 허위, 성직자주의, 탐욕, 정체성에 관해 의견을 나누는 내용이 있다. 이 소설이 당시 현대주의자들에게 많은 화젯거리가 되었다.

포가자로는 또한 저자를 밝히지 않고 영어 작품인 "인류학 교수에게 보내는 편지"를 이탈이아어로 번역해서 발표했다. 이 편지라는 내용은 로마 교회가 밝혀낸 많은 성경적 내용의 해명에도 불구하고 현대 과학적으로 볼 때 많은 문제들이 계속 남아있다는 것을 강조하는 내용이었다. 그런데 그 "편지"의 내용이 틸렐(Tyrrell) 손에 의하여 쓰여진 것으로 알려진다.

이와 같은 포가자로의 《성자》라는 소설과 틸렐의 "편지"는 비오 10세에 의해 모두 금서 목록에 오르게 된다.

한편 특별 성경 위원회에서는 가톨릭만 믿는 구약 외경(外經)들이 모두 무오하다고 판결한다. 그뿐만 아니라 모세 5경의 저작설, 창조설화의 역사성, 제4복음서 저자로 사도 요한 등을 그대로 믿도록 결정한다. 그리고 '문서가설', '자료 편집설' 등등 자유주의 신학자들이 제기하는 각종 가설들을 모두 배격한다.

비오 10세는 20세기 초에 유럽 기독교 전체에 일어나고 있는 자유주의 신학운동에 관하여 철저하게 전통적 보수신앙을 지켜나간다.

그러자 가톨릭의 현대주의자들은 개신교로 옮겨가거나 아니면 사회주의자나 세속주의자의 길로 탈출해 나갔다. 그러나 교황 비오 10세는 1910년에 현대주의자들의 잔재를 소멸시키기 위해 모든 성직자들과 교사들에게 반현대주의에 서약을 강행했다. 그래서 서약에 순응하지 않는 자는 그 직책이나 직장을 박탈했다. 교황은 전 세계 주교들 휘하의 모든 신부들과 가톨릭이 경영하는 학교들의 교사들에게 서약을 강요시켰다.

이 같은 강제에 몇 명은 서약을 끝내 거부하고 파문당한 로마교 신부로 남아 굶어죽는 길을 택하였다. 그로 인해 로마 가톨릭 내 현대주의 또는 자유주의 신학은 단기간 내에 무너지고 만다. 그에 반해 개신교에서는 교황처럼 강압적으로 통제할 방법이 없으므로 20세기 내내 자유주의 신학이 무제한으로 생산이 되어간다. 그 내용을 후기 현대 교회사에서 설명하겠다.

교황 비오 10세는 또 1907년 93페이지의 회칙인 "주의 양 떼를 먹임"을 발표했다. 그 내용은 과거 중세기의 전통적 사상을 고양시키고 현대주의로 주창되는 각종 주장들을 비판하는 내용이었다.

그러나 그의 회칙은 교황에 대한 반대 운동을 벌떼같이 일어나도록 자극하는 것이 되고 말았다. 그는 가톨릭 내 반대 세력들로 인하여 시달리고 79세의 통풍에 시달리면서 유럽 가톨릭 국가들 간 전쟁이 닥쳐오는 슬픔을 겪다가 죽는다. 그가 죽던 해 제1차 세계 대전(1914~1917)이 일어난다. 그가 죽은 후 후임자들은 그를 성인(聖人)으로 추대하는 작업을 한다. 그러나 그가 교황 재직 시 비밀 결사 단체인 프리메이슨단(Freemasonary) 첩자 행위를 승인하고 축복했다는 이유로 지금까지도 말썽이 따른다. 그럼에도 불구하고 1954년 제260대 교황 비오 12세(1939~1958)가 그를 성인으로 추대했다.

우리는 현재 헤아릴 수 없이 많은 자유주의 신학들의 홍수 속에서 말로 다 할 수 없는 혼란과 갖가지 피해들을 입고 살아간다. 지금도 이단들이 활개치고 세상을 요동시키고 있다. 이들을 국가가 통제하는 방법이 별로 큰 효력을 발휘하지 못한다. 그런데 로마 가톨릭은 교황들이 통제해 나간다. 이것을 어떻게 해결해야 할 것인지 해답이 떠오르지 않는다.

2) 19세기 동방정교회

필자는 《중세교회사Ⅱ》에서 동방 정교회의 역사와 신학을 전체적으로 자세하게 설명했다.[30] 필자가 《중세교회사Ⅱ》에서 밝힌 동방 정교회의 역사를 여기서 간략하게 요약하면 다음과 같이 정리할 수 있다.

(1) 동방정교회 출생 이전의 기원

잘 아는 바와 같이 성경적인 최초의 교회 기원들은 주후 30년경의 예루살렘, 40년경의 안디옥, 50년경의 소아시아와 마케도니아와 60년경의 로마 교회 등으로 추정할 수 있다.

이와 같은 교회들이 신약성경에 기록되었다.

(2) 고대 동방교회 시대(330~1054)

고대 동방교회의 시작은 주후 330년에 로마 제국 콘스탄티누스 황

---

30) 정수영, 중세교회사Ⅱ, 쿰란출판사, 2017. pp. 164~229.

제가 로마 제국 수도를 이탈리아 로마에서 콘스탄티노플(현 이스탄불)로 천도하면서 시작된다.

이때는 ① 예루살렘교회 ② 안디옥교회 ③ 알렉산드리아교회 ④ 로마교회 ⑤ 콘스탄티노플교회 등이 대표 교회들을 유지했다. 이렇게 5대 교회가 모두 다 로마 제국 황제들의 영역에 있었고, 교회의 복잡한 문제들이 생기면 황제들이 종교회의를 소집했다.

그렇게 황제들에 의해 소집된 종교회의가 ① 니케아 회의(325) ② 제1차 콘스탄티노플 회의(381) ③ 에베소 회의(431) ④ 칼케돈 회의(451)였다. 여기에서 '니케아 신조'와 '칼케돈 신조' 등을 제정한다.

그런데 주후 638년에 로마 황제 영토였던 중동 지역을 이슬람이 정복하여 예루살렘교회, 안디옥교회, 알렉산드리아교회 등 주요 교회들이 이슬람의 지배를 당하면서 점점 쇠락해지고 대표 교회 기능을 상실한다.

그 후에도 여전히 로마 제국의 보호를 받는 곳은 비잔틴 제국의 황제가 있는 콘스탄티노플교회와 이슬람의 공격을 받지 않은 로마교회 둘뿐이었다. 그런데 두 교회는 서로가 우위권을 주장했다. 콘스탄티노플교회는 비잔틴 황제가 주재하고 있는 교회로 주교들 중 최고의 총대 주교가 있는 수위권 교회라고 주장했다. 이에 서방 로마 교회에서는 레오 1세(440~461)가 "로마 교회는 베드로가 세운 수위권(首位權) 교회"라는 주장을 한다.

이때 동방교회 등은 허무맹랑한 전설적 주장이라고 냉소한다. 그런데 콘스탄티노플 주재 경험이 있는 그레고리 1세(590~604)는 동방정교회의 총 대주교보다 더 높은 '우주의 아버지'라는 교황제도를 시작한다(AD 590).

이때 이들은 베드로를 제1대 교황으로 역사를 소급해 조작하면서 역대의 로마 감독들을 모두 후임 교황으로 역사를 꾸민다. 이렇게 동방 콘스탄티노플의 총대주교와 서방 로마 가톨릭의 대립이 계속되는 중 주후 750년경 가톨릭교회가 옳은 교회라는 가톨릭교회 옹호용 신조를 동방교회 참여 없는 가톨릭교회가 만든 것이 "사도신조(경)"이다.

이들 두 교회의 갈등과 투쟁은 드디어 1054년에 동·서방교회로 완전히 분열되어 오늘에 이르고 있다.

이렇게 동·서방교회가 분열되기 이전까지를 고대 동방교회라고 한다.

(3) 근대 동방정교회(1453~1917)

이 시기는 터키 오스만 제국 아래 이슬람의 지배를 받던 동방정교회 시대이다. 이 시기에 중동과 발칸 반도를 지배하던 오스만제국 내 각 나라들이 이슬람 지배를 벗어나는 독립 투쟁들을 이어간다.

그리스도인들은 1820년대 이슬람 지배를 벗어나려고 독립전쟁을 개시한다. 그러자 터키인들은 콘스탄티노플 총대주교를 부활절 날에 정복을 입혀놓고 교회 정문 앞에서 교수형으로 억압했다. 이에 격분한 그리스인들의 독립전쟁은 더욱 가속화되어 독립을 쟁취한다.

1870년에 불가리아는 콘스탄티노플 총대주교로 분리된 불가리아 정교회가 된다. 세르비아인들은 1830년에 메트로폴리탄 형의 독립을 유지한다.

세르비아는 1879년에 세르비아 정교회로 독립 교단이 된다. 루마니아는 1881년에 터키에서 독립되고 4년 후에 루마니아 정교회로 독립된다. 러시아 정교회는 988~1917년까지 독립교회를 유지했다.

이렇게 볼 때 콘스탄티노플의 동방정교회의 총대주교는 동방정교회 허상이 되어 버리고 각각 분리된 정교회 총대주교들이 만들어진다.

(4) 현대 동방정교회(1917~1991)

오스만 제국은 제1차 세계 대전(1914~1917) 때 연합국에 패함으로 과거 로마 제국 관할 지역을 전부 상실한다. 그래서 그리스와 발칸 반도의 독립된 정교회들은 새로운 동방정교회 형태로 현재까지 지속되어 가고 있다. 그렇기에 동방정교회를 이해하려면 역사적 소양이 필수적이다. 고대 동방교회 시절에는 주후 330~638년까지는 예루살렘, 안디옥, 알렉산드리아교회들이 동방정교회가 아닌 단지 동방교회였다.

주후 638년 이후 동방교회들은 지도력이 약화되고 1054년까지 과거 동방교회들이 동방정교회 소속이 된다. 그래서 이집트, 에티오피아, 아르메니아, 시리아 등의 교회들이 단지 '정교회'라는 이름으로 지금까지 계승되고 있다. 그런가 하면 그리스와 발칸 반도와 러시아는 각각 정교회로 독립하지만 그들의 뿌리는 그리스 정교회이므로 동방정교회가 된다. 그런데 1453년 모든 정교회들이 모두 다 오스만제국의 지배를 받으며 오스만제국의 통제를 1923년에야 벗어난다.

그런데 동방정교회 뿌리인 러시아 정교회는 988년에 러시아 국교가 되어 1917년 공산화되기까지 계승된다. 이렇게 1천여 년간 러시아 정교회 기간 중에 유명한 문인들인 도스토예프스키, 톨스토이, 푸시킨, 투르게네프 등이 출현한다.

그래서 대부분 많은 이들은 러시아를 대단한 문명국으로 상상한다. 그러나 역사적 사실은 정반대다. 러시아 정교회는 최초 시작된 988년부터 공산화되는 1917년까지뿐 아니라 현재에도 아무런 신학자가 나오지 않았다. 러시아라는 국가 자체도 문맹자들이 가장 많은 나라다.

우리는 러시아가 미국보다 우주선을 먼저 보냈고 원자폭탄도 미국보다 더 많이 보유했기에 러시아를 대단한 문명국으로 상상한다.

러시아의 전쟁 무기의 우수함은 사실이다. 그리고 문학 부문에서 특수했음도 과거적 사실이다. 그러나 전쟁 무기의 우수함은 나폴레옹의 모스크바 정복 후에 전쟁 무기의 중대성을 깨닫고 전쟁 무기 발전에 전력해서 제1차 세계 대전과 제2차 세계 대전에서 막대한 이익을 챙겼기 때문이다. 그러나 좋은 전쟁 무기를 갖추고도 오늘날 러시아와 우크라이나와의 전쟁 속에서 큰 힘을 발휘하지 못함은 국민의 지적 수준과 정신력이 수준 이하의 문맹이기 때문이다.

러시아의 문학인들 가운데 몇몇이 유명한 것은 러시아인들이 할 수 있는 일이라고는 글 쓰는 일 외에 할 수 있는 일이 거의 없기 때문에 글 쓰는 이들 중에 유명한 인물들이 출생하게 된 것이다.

그렇다면 러시아가 문맹국이라는 근거가 무엇인가? 그것이 러시아 정교회의 천 년의 역사가 증명하는 대표적 근거다. 러시아 정교회는 988년에 국교로 시작되었다. 그때서부터 러시아 정교회는 주로 그림이나 조각 등 시각적인 형상을 통해 대중들을 계몽하고자 했다.[31]

그리고 종교적인 회화(繪畵)들이나, 웅장한 건축물이나, 장엄한 합창음악 그리고 화려하고 복잡한 예배 의식들에만 주력하였다. 이들 러시아 정교회는 서방 가톨릭과 다르게 도덕적 문제나 지적인 문제 등을 주력하지 않고 일상생활 속에서 실천해야 하는 예식들이나 과거의 전통적 의식에 치중했다. 그래서 성자들의 축일 기념, 축제 등의 참석이 곧 신앙생활이었다.

그리고 신학교가 있으나 키예프(현 키이우) 학당을 통해 서방 제수

---

31) 니콜스, 현대 교회사, 서영일 역, 기독교문서선교회, 1994, pp. 372~376.

잇 교단(예수회)의 스콜라 신학을 수입해서 기독교를 해석하는 정도였다.

그리고 신학교육이 성직자를 위한 교육이 아닌 평신도 교육용이었다. 러시아 교회는 피터 대제, 또는 표트르 대제(PyotrⅠ, 1672~1725) 이후 자치권을 상실했다.

러시아 전국 모든 교회들은 스스로의 의견을 발표하지 못했다. 교회는 국가 아래 예속된 종교 기관으로 국가 관리들이 교회 정책을 정해 주고 종교 관계 출판물들은 세속 관리들의 검열을 받아야 했고 설교까지도 검열을 받았다. 여기에다 전국적으로 토지를 소유한 소유주가 약 10만 정도가 되었을 뿐인데 러시아인 5명 중 하나는 저들에게 딸린 농노들이었다. 이런 농사 위주의 세상에서 농사 모종기와 수확기 때는 정교회가 축복이 내리도록 강복 행사를 시행했다.

만일 국가의 지시에 반역하면 모든 죄인들을 시베리아 유형을 보냈다. 이렇게 형식화된 러시아 정교회에서 숨은 신앙 지도를 담당한 스타레쯔(Starts: 장로)가 신앙 부흥운동의 주역이었다.

도스토예프스키의 《카라마조프가 형제》에서 조시마 장로가 신앙 지도를 해주는 내용이 나온다. 러시아는 정치적, 종교적 문제들에 관해서는 자유로운 토론이나 발표를 일체 허용하지 않았다. 그렇기에 소설이나 시만이 러시아인들의 음성을 드러낼 수 있는 유일한 통로였다.

이와 같은 러시아 정교회의 형식주의가 드디어 1917년 볼셰비키의 혁명 때까지 계속되었다. 그리고 레닌에 의한 공산주의 시대가 지금까지 이어져 오고 있다.

(5) 공산주의 아래 러시아 정교회[32]

① 레닌의 볼셰비키(Bolsheviki) 시대

레닌의 볼셰비키 혁명이 1917년 달성되고 1918년에는 러시아 공산당으로 시작하여 1952년에 스탈린이 소비에트 연방 공산당(소련)으로 개명한다. 이 기간 중 러시아 총대주교 티혼(Tikhon, 1866~1925)이 레닌에게 저항하다가 감옥에 가고 후에 순교한 것으로 전해진다.

② 스탈린(Stalin) 시대의 러시아 정교회(1922~1953)

이때 대주교 세르기우스(1867~1944)가 티혼의 정신을 계승하려다가 감옥 생활 후 변절을 한다. 그러자 전국은 숨어서 활동하는 카타콤 형태의 교회가 된다.

③ 후루시초프 시대(1958~1964)의 정교회

스탈린 때 전 러시아 교회가 2만 개였으나 후루시초프 때는 7천 개로 줄어든다. 신학대학이 8개에서 3개로, 수도원이 67개에서 21개로 줄어든다. 탄압을 지능적으로 사용했기에 러시아 교회 상태가 세계에서 알려지지 않는다.

④ 브레주네프(1964~1982) 시대의 정교회

이때 비밀문서로 종교박해와 신자들의 고난이 드러난다. 이때 유명한 소설가 솔제니친이 교회 문제 해결은 독재에 대한 희생에 있다고 주장함으로 추방당한다(1974). 그는 해외에서 《수용소 군도》라는 소설로 스탈린 시절의 참혹상을 폭로한다.

그러자 공산당에 반대하는 자는 집단 농장에 보내거나, K.G.B의 감시나 해외로 추방시킨다.

⑤ 고르바초프 시대(1985~1992)의 정교회

---

32) 정수영, 중세교회사Ⅱ. pp. 202~212.

그는 소련 연방 상태에서 '페레스트로이카'라는 내부 정책과 대외 개방 정책인 '글라스노스트'(개방) 정책을 펼친다. 그 결과 1917년 이후 소련 공산당 국가가 1991년에 해체된다. 그에 의해 동독과 서독이 통일이 된다(1991). 그리고 소련 전역에 공산당 운동을 금지시킴으로 노벨 평화상을 수상했다.

⑥ 1~2대 대통령 보리스 옐친 시대(1991~1999)가 지나고

⑦ 3~4대 대통령 블라디미르 푸틴 시대(2000~2008)도 지나고

⑧ 4대 대통령 드미트리 메드베데프 시대(2008~2012)가 지나고

⑨ 5~6대 현 대통령 푸틴이 2012년부터 2036년까지 장기 집권할 헌법을 만들어 독재를 계속해 가고 있다.

제2편 전기 북미 세상과 교회

제1장 전기 북미 세상

1. 미국(United States of America)

전 세계에서 면적이 가장 큰 나라로 1위가 러시아, 2위가 캐나다, 3위가 미국, 중국이 4위다. 북미에는 세계에서 가장 큰 캐나다와 미국이 있다. 인구는 1위 중국 약 14억 3천만, 2위 인도 약 14억 1천만, 3위 미국 3억 3천만, 러시아는 9위로 1억 4천만 정도다.[33]

북미에는 세계적으로 가장 큰 나라 중 미국이 3위이고, 인구도 3위로 규모와 내용이 가장 균형을 이룬 나라가 되었다.

미국은 오늘날 세계 최강국으로 전 세계에 우뚝 서 있다. 어떻게 미국이 전 세계 최강국을 이루게 되었는가? 미국 역사를 보면 미국 건국 초기에는 먼저 점령한 신대륙의 각 식민지 영토를 매입하거

---

33) 이형기, 세상의 지식, 지식과 감성, 2018, pp. 26~27.

나 강탈을 해서 최대의 영토를 만들었다. 그리고 유럽 백인들이 먼저 이민 갔고 그 후에는 전 세계의 모든 민족을 다 혼합시키는 연합국(United States)을 만들었다. 따라서 미국에는 세계 모든 민족이 다 모여 있다.

그래서 USA란 하나의 국가가 아니고 여러 국가의 연합이라는 뜻이다. 그래서 초기에는 각주(州)마다 어느 정도의 국가적 성격을 보유하고 있었으나 1889년 4월 수정 헌법으로 연방정부가 되었다. 그래서 현재는 어느 정도 각 주의 독특한 법과 연방정부라는 국가법이 우선하는 2중 국가제가 실시되고 있다.

미국의 국민은 3억 3천만이다. 이들의 과거사를 보면 아메리카 인디언들이 원주민이다. 그 외에는 외국에서 이주해 온 타국인들이 원주민들을 정복하고 추방하는 역사가 미국의 초기 역사다. 타국에서 이주해 온 사람 중 백인들이 있기에 그 이주 시기에 따른 사회적, 심리적 차별의 벽이 존재한다. 흑인은 자의가 아닌 타의로 노예 신분으로 강제 이주 되었다. 그래서 미국 사회는 백인과 흑인 간의 인종 문제로 깊은 상처가 생겨나서 지속적으로 사회 문제들을 이어가고 있다.

미국의 전기 100여 년(1800~1900) 동안은 영토 정복과 각종 종교들의 혼합이 이뤄지고 종교단체들이 생겨난 시기이다.

그렇기에 본 장에서는 전기 미국의 영토 정복 역사를 살펴보고 다음 장에서는 정복의 역사 속에 형성된 교회 내 운동과 신흥 종교들의 내용을 살펴보겠다.

1) 워싱턴(Washington)시가 수도가 됨(1800)

미국은 1775년에 독립전쟁을 시작하여 1776년 일방적으로 독립을 선언했다. 독립전쟁에 승리한 미국은 1789년에 미합중국이 발족되었다. 그리고 초대 대통령으로 워싱턴이 취임했다. 이때 초기의 미국 수도는 필라델피아(Philadelphia)로 10년간(1790~1800)의 역사를 가진 후에 워싱턴으로 이전한다.

워싱턴은 포토맥(Potomac)강 강변에 있다. 포토맥강은 462km로 상류부에는 메릴랜드주와 웨스트버지니아의 주(州) 경계를 이루고 중하류에는 메릴랜드주와 버지니아주의 주(州) 경계를 이룬다. 워싱턴 시민은 100만 정도이지만 주변 도시권 인구까지 합치면 400만 규모에 이른다.

이곳에 연방 의사당과 대통령 관저인 백악관이 있다. 이곳에는 연중 관광객이 500만에 이를 정도로 전 세계인들의 왕래가 번잡한 도시이다. 워싱턴시 인구 약 100만 중 70%가 흑인들로 미국 내 도시 중 흑인이 가장 많은 도시이다. 도심 서쪽에 국제선인 덜레스 공항이 있고, 남쪽에는 워싱턴 국내선이 있다. 유명한 대학으로 조지타운대학, 조지 워싱턴대학, 하워드대학, 아메리칸대학 등이 있다. 그리고 영국인 스미스소니언(Smithsonian)의 기부금으로 조성된 박물관에는 천문, 기상, 민족, 고고학, 미술, 생물학, 과학 정보 등 많은 분야의 시설이 보존되어 세계인에게 총체적 지식을 주고 있다. 또 워싱턴 내셔널 갤러리(National Gallery) 국립 미술관도 있다.

2) 제퍼슨(J. Jefferson) 3대 대통령(1743~1826)

우리는 미국 대통령들을 많이 알고 있다. 우리나라에 복음을 전해준 나라가 미국이고, 우리나라가 일제 강점기에 국권을 잃은 것을 되찾게 해준 나라도 미국이고, 6·25 한국전쟁 때 공산화 위기를 극복하게 해준 나라도 미국이다. 지금도 미국과의 동맹으로 공산 국가들로부터 보호를 받고 있다.

이렇게 중요한 미국의 건국 초기에 미국의 기초를 닦은 이가 제퍼슨이다. 제퍼슨이 어떤 사람이었는가를 아는 것은 우리나라의 과거사를 아는 만큼 중요하다.

여기서 제퍼슨의 생애를 살펴보자. 그는 버지니아주(州)의 농장주 집안에서 태어났다. 1762년(19세)에 윌리엄 앤드 메리대학을 졸업하고 1767년(24세)에 변호사가 되어 1769~1774년까지 영국의 버지니아 식민지 의회의 의원 활동을 하면서 유명해지기 시작한다.

그는 이때 영국 식민지의 의원이면서 반영(反英)운동을 하기 시작한다. 1774년에 〈브리튼 령(嶺) 미국의 여러 권리의 개관〉이라는 논문을 통해 영국의 여러 정책이 식민지인의 노예화를 기하는 것이라고 하며 이에 대항해야 한다고 주장했다.

이때부터 그는 패트리어트 이데올로기 신봉자로 그의 입장을 확고하게 드러냈다. 제퍼슨의 이와 같은 신념이 뜻을 같이하는 이들과 결속하여 그것이 미국을 영국의 식민지 지배에서 해방시켜야 한다는 대륙회의(Continental Congress)로 발전된다.

이 대륙회의는 미국 식민지에 대한 영국의 과세권(課稅權) 주장을 인정하지 않겠다는 식민지 13개 주 대표자들이 모인 회의였다. 대륙회의가 1차로 1774년 9월 5일 필라델피아에서, 2차로 1775년 5월 10일에 필라델피아에서 모였다. 제퍼슨이 이 회의에 버지니아주 대표 중 한 사람으로 참석했다. 이때 대륙회의 참석자들은 독립선언서 기초 의원 5명 중 하나로 제퍼슨을 지명했고 제퍼슨은 제1 초고를 단독으로 기초해서 제출했다. 그것이 약간의 수정을 거쳐 1776년 4월에 독립선언서로 공포되었다. 미국의 독립선언서의 영향력을 받은 것이 일제하 한국 33인의 공동 독립 선언서이다.

미국의 독립 혁명 이론은 제퍼슨의 논문에서 밝히는 "모든 인간은 평등하다"는 사상이 핵심이다. 이 같은 그의 사상은 그의 독자적 사상이 아닌 영국의 경험론 사상가인 로크(J. Locke, 1632~1704)의 "자연법" 이론을 따른 것이다.[34]

미국은 1775~1783년까지 독립전쟁을 이어갔다. 그리고 1789년에 미합중국이 정식으로 발족했다. 그 사이에 제퍼슨은 1779~1781년 사이에 버지니아 주지사, 1783~1785년에는 신대륙 연합회의 대표, 1785~1789년에는 프랑스 주재 공사를 지냈다. 그 사이에 그는 버지니아 주지사 시절에 "정교 분리법"(政敎 分離法)을 제정했다.

이때 만든 버지니아 주법이 훗날 전 미국의 헌법으로 발전한다. 잘 아는 바와 같이 유럽의 모든 국가는 종교가 국가에 예속된 국교(國敎)들이다. 영국의 성공회, 독일과 북반구 나라들의 루터교, 프랑스, 스페인, 이탈리아의 가톨릭, 네덜란드의 장로교…. 그런데 전 세계에서 최초로 미국이 국교를 인정하지 않는 정치와 종교의 분리법을 시작했다.

우리나라 건국 초기의 이승만 대통령은 불교, 유교의 전통을 이어온 나라에 미국처럼 정·교 분리법을 고착시키도록 기초를 닦았다.

제퍼슨이 기독교를 믿는 청교도 신자였는가? 많은 이들은 그를 기독교도로 오해하지만 그는 이신론(理神論)을 믿는 혼합주의자였다. 그렇기에 그는 범신론자일 뿐 창조주를 믿지 않았다. 제퍼슨

---

34) 정수영, 근세 교회사, 쿰란출판사, 2022, pp. 560~562.

은 1790~1793년 초대 국무장관을 지냈고, 1797년에는 부통령으로, 1801~1809년에는 2기에 걸친 제3대 대통령을 역임했다.

그가 재임 중인 1803년에는 프랑스로부터 루이지애나주(Louisiana) 12만 3천km²의 거대한 영토를 넓혔다. 그는 대통령 재임 중 1807년 영국과 프랑스 간 전쟁 때 모든 미국에 출항 금지법을 선포해 무역 중단에 의한 경제적 손실 파문을 불러일으키기도 했다.

정계 은퇴 후에 버지니아대학을 창립하고, 미국 철학협회 회장도 역임했다. 그러나 그는 평생 인간 평등으로 생명, 자유, 행복을 부르짖었으나 그의 삶은 정반대였다. 그는 평생 200명 이상의 흑인 노예를 부리는 대(大)농장주로 살아갔다. 인디언들에게는 무자비한 박해를 가했다. 그가 제창하는 공화주의란 태어나면서 유능한 소수자가 무능한 다수자를 다스려야 한다는 사상이었다.

제퍼슨이 독립선언서 기초위원 5명 중의 하나인 것은 맞다. 그 독립선언서 기초위원 5명은 ① T. 제퍼슨 ② J. 애덤스 ③ B. 프랭클린 ④ 유일한 목사 1인 R. 셔먼이고 ⑤ R. R. 리빙스턴이었다.[35]

그러나 제퍼슨이 저술한 《나사렛 예수의 삶과 도덕》(The life and Morals of Jesus of Nazareth)을 보면 예수님의 기적들을 모두 믿지 않고 예수님의 박애정신만 강조했다. 그리고 바울의 모든 교리들을 배척한다.

제퍼슨이 믿은 예수는 사랑의 성자일 뿐 하나님의 아들이 아니다. 이 같은 사상이 미국 정·교 분리의 기초가 되었다.

오늘날 광화문 광장에서 정·교 분리법을 왜곡하는 현상이 계속되고 있음은 참으로 개탄스러운 사실이다.

---

35) 정수영, 근세 교회사, pp. 557~562.

3) 플로리다(Florida)주 매입(1819)

플로리다주는 미국 동남쪽에 있는 반도이다. 서쪽은 멕시코만에 면해 있고 남쪽은 플로리다 해협을 끼고 건너에 쿠바와 마주 보고 있다. 기후는 아열대성으로 연간 강수량이 1,500㎜에 육박하며 7월의 평균 기온은 28℃이고, 1월의 평균 기온은 20℃ 정도 된다. 그래서 연중 온난한 기후와 햇빛 때문에 휴양, 관광객이 많고 퇴직 후에 플로리다주로 이주하는 경우가 많기로 유명하다.

이곳에 유명한 마이애미비치(Miami Beach)가 있고 또 디즈니 월드(Disney World)가 있다. 이 땅은 1565년 스페인이 식민지로 건설했던 곳이다. 그런데 미국이 1819년에 500만 달러로 스페인으로부터 매입했다.

4) 멕시코와의 전쟁(1846~1848)

미국이 독립 국가로 체제를 갖추기 이전에 영국이 13개 식민 주(州)로 정복과 개척을 병행한 식민지 역사는 객관적으로 이해할 수밖에 없는 과거사였다. 그러나 미국이 식민지배의 모순을 타파하겠다고 영국과 전쟁을 벌여가면서 독립을 했다. 그런데 미국은 독립하자 멕시코 땅을 침략하여 정복하고 그 땅을 빼앗아 미국 영토로 삼았다.

그 땅들이 오늘날 미국의 텍사스주, 뉴멕시코주, 애리조나주, 캘리포니아주다. 여기서는 미국이 멕시코와 전쟁을 통해 탈취한 정복의 역사를 살펴보겠다.

먼저 멕시코가 스페인의 식민지였다가 독립한 역사를 알아보자. 멕시코의 원주민은 인디언들이다. 인디언들은 해안에서부터 여러 분지에 몇 개의 각각 다른 원주민 특유의 고대문화를 이루며 살아갔다. 그들이 사는 지역에 따라 각각 다른 문화를 이루며 살아갔다.

멕시코 지역에 가장 오래된 인디언은 주전 2000년경에 시작된 올멕(Olmec)문화로 알려졌다. 이들은 멕시코의 베라크루스주와 타바스코주에서 주전 1200~900년경에 크게 번영했던 것으로 알려졌다. 또 멕시코 남부 및 과테말라, 온두라스, 엘살바도르 일부에서 주전 3000년경으로 추정되는 마야(Maja)문화도 있었다.

이들이 섬겼던 높은 신전(神殿)들과 상형문자로 새긴 유산들이 남아있다. 또 중앙 고원에 톨테카(Totec) 문화, 아즈텍(Aztecan) 문화 등등 인디언들은 특유의 역사를 유지하면서 평화롭게 살아갔다.

그런데 중세기 1521년 코르테스(H. Cortez, 1485~1547)가 멕시코 정복 지휘관이 되었다. 코르테스는 11척의 선단과 600명의 장병에 14문의 포를 가지고 쿠바를 지나 멕시코 원주민들을 공격했다. 이때 원주민 4만 명은 대포의 위력에 화약(和約)을 맺고 20명의 여자들을 코르테스에게 상납한다.

이렇게 시작된 스페인의 군대가 아즈텍 문화를 파괴하고 원주민들을 평정하면서 멕시코는 스페인으로부터 식민지화되어 간다.

그 후 멕시코는 1810~1821년까지 스페인에서 독립하기 위한 독립전쟁을 전개해 나간다. 그래서 1821년에 스페인에서 독립되어 1824년 연방 공화국이 되었다. 그렇게 독립된 지 20여 년 후에 이번에는 미국과 전쟁을 하게 된다. 그렇다면 멕시코는 왜 미국과 전쟁을 하게 되었는가? 그것은 텍사스(Texas)주 문제에서 시작된다.

'텍사스'라는 말은 '친구' 또는 '아군'(我軍)이라는 뜻의 인디언 언어다. 텍사스는 1691년에 정식으로 스페인 땅이었으나 1821년에 독립된 멕시코령이면서 또 미국인의 식민지가 되었다.

그 후 이 땅에 미국인들의 입주가 계속 증가하여 1835년에는 멕시코령의 미국인 숫자가 2만 5천이 넘었다. 이들 미국인들은 멕시코 국가의 노예제 금지 정책에 불만을 갖고 반란을 일으킨다. 이때 멕시코군 3천 명과 미국 이주민들 187명이 알라모(Alamo)에서 1836년 2월 23일부터 3월 6일까지 전투를 벌인다. 이때 미국 이주민들 187명 전원이 전사한다.

그 후 텍사스는 어느 쪽이 아닌 텍사스공화국을 달성한다. 그것을 미국의 팽창주의 정책으로 멕시코와 전쟁(1846~1848)을 통해 텍사스주로 만든다. 이때 멕시코는 미국과의 전쟁에서 패하고 1848년에 과달루페 이달고 조약에 의해 텍사스주, 뉴멕시코주, 애리조나주, 캘리포니아주가 미국 영토가 된다.

이와 같은 역사적 사실로 멕시코인들은 뿌리 깊은 반미(反美) 감정을 계속 유지해 가고 있다.

이때 미국 정치가 중 링컨만이 미국의 침략 행위를 규탄했으나 대부분은 멕시코령의 정복을 당연시했다. 이는 과거 19세기 중엽의 미국의 실상을 제대로 잘 알 수 있는 역사적 과거사의 한 토막이다.

5) 링컨(1809~1865)과 남북전쟁(1861~1865)

링컨 대통령에 관한 내용은 필자의 《성경이 하나님의 말씀인 증거》에서 이미 소개했다.[36]

그렇기에 여기서는 링컨이 남북전쟁(1861~1865) 중에 '노예 해방'을 선언(1863)한 배경사를 살펴보겠다. 링컨 대통령에 대한 시각은 다방면으로 조

---

36) 정수영, 성경이 하나님의 말씀인 증거, 쿰란출판사, 2016, pp. 337~341.

명되고 있다. 그를 단지 미국의 16대 대통령이라는 정치가로 보는 측면이 있고, 세계 최초로 '노예 해방'을 선언한 인권 운동가적 측면이 있고, 그가 남북전쟁으로 62만 3천 명을 희생시켜 가면서 미국의 분리를 막은 공적을 남겼다고 평가할 수도 있다.

그가 했던 민주 정치의 핵심인 게티스버그(Gettysburg) 연설문도 있다. 링컨은 또 켄터키주 통나무집에서 성장해서 독학으로 변호사로, 하원의원으로, 드디어 대통령으로 성공하는 인생 입지전적(立志傳的) 측면도 있다. 링컨을 설명할 소재가 너무 다양하다. 그러나 여기서는 그가 '노예 해방'을 선언하도록 그에게 꿈과 이상을 세우는 데 기여한 숨은 공로자를 소개해 보겠다.

링컨이 유명하게 되기 이전이었다. 링컨보다 두 살 아래인 스토(H. E. B. Stowe, 1811~1896) 부인이 있었다.

스토 여사의 아버지는 오하이오주 신시내티에 있는 신학교 교장이었다. 스토 여사는 아버지 신학교의 교수로 있는 C. 스토와 결혼을 했다(1836). 신시내티(Cincinnati)는 오하이오강 연안에 있는 도시이며 강을 경계로 남부의 노예들을 학대하는 남부 주(州)들의 만행을 목격할 수 있는 곳이다. 노예 학대의 현장들을 체험하면서 강한 분노와 적개심들이 쌓인 스토 부인은 강을 건너 도망친 노예를 남편과 함께 돌봐주기도 했다.

1850년 39세 때 동부의 메인(Maine)주로 이사를 했는데, 그때 《엉클 톰스 캐빈》을 집필하였다. 1852년 《엉클 톰스 캐빈》이 단행본으로 출판되자 공전의 베스트셀러가 되었다. 남북전쟁을 유발하는 많은 원인 중에 이 단행본의 출판도 크게 한몫을 차지한다.

이렇게 《엉클 톰스 캐빈》이 전 미국을 강타할 때 링컨은 41세였다.

이때 링컨은 연방하원의원(1846) 후에 일리노이주 상원의원이 되려고 민주당 당시 상원의원인 더글라스(S. A. Douglas, 1813~1861)와 경쟁자인 공화당 후보로 나섰다.

이때 링컨과 더글라스와의 정견 발표의 차이점이 있었는데, 링컨이 스토 부인이 저술한 《엉클 톰스 캐빈》에 영향을 받은 노예 문제가 주된 논쟁이었다.

이때 링컨은 상원의원 선거에서 더글라스에게 패한다. 그러나 2년 후 링컨은 노예 문제 주창자로 공화당 대통령 선거에서 당선된다. 링컨의 대통령 당선은 노예 문제 주장이 큰 역할을 하게 되었다.

링컨은 대통령에 당선된 뒤에 백악관으로 스토 부인을 초대했다. 그때 링컨이 스토 부인에게 한 말이 있다. 링컨은 스토 부인이 저술한 《엉클 톰스 캐빈》을 읽고 스토 부인을 우람한 여장부의 여인으로 상상했다고 한다. 그런데 만나고 보니까 연약하고 가냘픈 여인이었다. 그렇게 가냘픈 여인에게서 어떻게 막강한 힘이 분출되었는가? 그것은 스토 부인이 성경을 문자적으로 믿는 보수신앙을 가진 목사의 딸이었고, 그 같은 신앙의 남편을 만났기에 가능한 일이었다. 성경 내용을 기록된 그대로 믿는 보수신앙을 가진 문학가에 의해서 미국 역사에 큰 획을 긋는 남북전쟁을 불사하도록 정치가에게 영향을 미친 것이 숨겨진 과거사의 한 토막이다.

링컨은 대통령으로 재선되었다. 남북전쟁으로 전국이 파괴된 것들에 대하여 재건 계획을 추진하려던 중 1865년 4월 14일 밤 극장에서 광신적 남부 출신 배우 J. W. 부스에게 저격당하여 56세로 세상을 떠났다. 그러나 링컨 대통령의 정신과 사상은 전 미국뿐 아니라 세계 인류에게 그리스도 정신에 의한 박애 정신의 실천가로 길이 기억되고 있다.

링컨 대통령에게 깊은 영감을 준 스토 부인의 숨은 공적도 함께 기억하는 것이 미국을 더욱 이해하는 데 도움이 될 것 같다.

6) 존 듀이(John Dewey, 1859~1952)

미국의 철학자이며 교육학자로 널리 알려졌다. 그는 철학 교수로 시작했으나 자신의 사상을 바탕으로 시카고대학에서 7년 반의 실험학교를 경험했다. 그는 시카고대학에서 다시 컬럼비아대학으로 옮겨 철학 교수이면서 교육학 이론을 세웠다. 그가 저술한 《민주주의와 교육》은 프래그머티즘(Pragmatism)을 실험주의(實驗主義) 또는 도구주의(道具主義)로 발전시켰다. 프래그머티즘이 한국에서는 실용주의(實用主義)라고 알려졌으나 오해된 개념이라고 한다.

존 듀이의 《민주주의와 교육》 이론은 좀 더 제대로 알 필요가 있다. 프래그머티즘을 교육에 적용시킨 존 듀이의 생애와 사상을 그의 대표작들을 번역한 전문가들의 해설을 통하여 살펴보자.[37]

존 듀이는 미국 버몬트주 벌링턴에서 식료품점을 경영하는 아버지의 넷째 아들로 태어났다(1859). 15세(1875)에 벌링턴고등학교 졸업 후 버몬트대학에 입학해 19세 때 대학을 졸업하고 펜실베이니아주 고

---

37) 존 듀이, 민주주의와 교육, 철학의 개조, 김성숙 이귀학 역, 동서문화사, 2016.

등학교 교사가 되었다(1879). 22세(1882)에 존스 홉킨스대학 대학원에 입학해 프래그머티즘의 창시자로 알려진 C. S. 퍼스(Peirce, 1839~1914)의 논리학 강의를 들었으나 크게 실망한다. 24세(1884)에 존스 홉킨스 대학 대학원에서 철학박사가 된다. 이때의 논문은 〈칸트의 심리학〉이었다.

미시간대학 철학 전임강사가 되고 제자인 앨리스 치프먼과 결혼한다(26세). 28세(1888)에 미네소타대학 철학 교수가 된다. 34세(1894)에 시카고대학 철학, 심리학, 교육학 주임교수가 된다. 36세(1896) 때 시카고대학 부속 실험학교를 설치하여 7년 반의 실험학교를 경영한다. 44세(1904)에 컬럼비아대학 철학 교수와 존스 홉킨스대학 철학 강사를 겸임하고 45세(1905)에 미국 철학회의 회장이 된다. 55세(1915)에 미국 대학교수연합회를 창설하고 초대 회장이 된다. 59세부터(1919) 일본, 중국, 터키, 멕시코 등 각 나라의 교육 사정들을 시찰한다.

70세(1930)에 컬럼비아대학을 퇴직하고 명예교수가 된다. 67세(1927)에 부인 앨리스 치프민이 사망한 후 86세(1946) 때 로버타 그랜트와 재혼한다. 그는 92세(1952)로 뉴욕에서 폐렴으로 사망한다.

여기서는 존 듀이의 《민주주의와 교육》이라는 대표적 저술 내용을 살펴보도록 하자.

듀이의 교육이론에는 네 가지 요소가 각 시대에 따라 발전되어 있다. 미시간대학 시절에 윤리학, 시카고대학 시절에 교육이론, 컬럼비아대학 시절에 사회 철학, 만년의 시대에 논리학 등이 그의 여러 작품 속에 나타난다. 듀이는 모든 시대에 관통하는 핵심 철학으로 플라톤 철학에서 관념론을 배제한 사회적, 실천적 의미를 지속적으로 강조한다. 그래서 그의 사상의 하층부 및 심층부에는 자연과학이 기초로 형성되어 있고 상층부에는 윤리학, 논리학, 사회과학이 표출되고 있다.

그가 다루고 있는 주요 부분은 정치, 경제, 학문(과학), 예술, 종교의 다섯 가지다. 이 다섯 가지 전체를 지탱하는 중심이 되는 축은 인간의 행동이다.

듀이는 교육에 가장 많은 관심을 가졌다. 그는 철학을 단지 이론만으로 끝나는 것이 아니라 항상 교육이라는 실천의 현장에서 이론의 유효성이 나타나는 것으로 믿었다. 교육은 인간의 개조를 위한 가장 중요한 사회 기능이다. 듀이는 그와 같은 신념으로 시카고대학 교수 시절에 부속 실험학교를 통해 학생들 16명으로 시작된 교육 실험을 했다. 그는 '인간을 포함한 생명을 가진 모든 것은 갖가지 유기체를 가진 자체들이 자기를 둘러싼 환경에 대해 어떻게 적응하면서 자신을 새롭게 만들어 가는가?' 하는 과정을 실험주의로 관찰했다. 그는 학교라는 곳을 사회의 전달기능을 하는 곳으로, 집중적이고 의식적인 변화를 시킬 수 있는 곳으로 이해했다. 그래서 산업혁명은 인간들이 가진 가장 보수적인 도덕적, 종교적 관심조차도 흔들리게 해주는 것을 체험했다.

듀이는 교육에 대하여 실험해 본 결과 교육은 도구주의(道具主義)가 될 수 있다는 결론에 도달한다. 이 말은 교육을 불확실한 문제 상황들을 해결하기 위한 도구이며 수단이라고 보는 것이다. 이런 의미에서 교육은 학습이라는 경험을 통해 이뤄진다는 경험철학 이론이라고 할 수 있다.

그 결과 듀이는 "교육이란 경험의 의미를 중시하고 또한 계속되는 경험 과정을 유도하는 능력을 향상시키는 경험의 '재구조화'(再構造化)

내지는 '재조직화'(再組織化)"라고 설명한다.

이와 같은 '경험' 중심의 교육이론은 종래에 빠지기 쉬운 지식 중심, 환경 중심, 교사 중심, 학생 중심의 교육이 아닌 '생활 중심' 또는 '성장 중심'의 경험을 중요시해야 한다는 이론이 된다.

자녀들에게 경험할 수 있게 하려면 자발적인 흥미와 활동을 통한 경험과 과제를 해결하려는 작업의 참여로 문제를 해결하도록 해줘야 한다는 것이다.

이와 같은 듀이의 경험에 의한 학습주의는 지식의 전수나 사회생활의 인습에 의한 절대주의적인 사고방식이나 태도를 배제하도록 했다. 그 대신에 실험주의적이고 민주주의적인 사고방식과 태도의 육성을 기대하는 교육 철학을 수립했다.

듀이의 '경험 중심'의 교육이론은 미국의 교육에 크게 영향을 미쳤다. 그래서 학교를 단지 지식 전수기관이 아닌 종교, 역사, 과학 등 모든 사회생활의 모든 직업들이 반영되는 것으로 구현시켜야 한다고 했다. 필자는 이 주장에 대해 반신반의(半信半疑)한다. 우리나라를 보면 초등학교 6년, 중고등학교 6년 등 12년 동안 진화론이라는 가설을 마치 절대적 사실인 양 믿도록 세뇌교육이 이뤄진다. 그와 같은 진화론 환경의 경험자라면 끝까지 진화론 신봉자가 되어야만 될 것이다. 그러나 그렇게 진화론 경험자가 대학 생활 때 예수님을 만나는 체험을 하면 진화론을 완전한 사기꾼 학문으로 알고 창조론의 기수가 된다. 그렇기에 경험이 교육에 영향을 미치는 것이 절반은 맞다고 보지만 경험이 교육의 전부가 아닌 일부분이라고 생각된다.

7) 러시아로부터 알래스카(Alaska)주 매입(1867)

알래스카는 면적이 152만 7천여km²에 이르는 미국 50개 주(州) 중에서 가장 큰 면적을 가진 곳이다. 그런데 연중 8개월은 겨울로 동결 상태이고 짧은 여름이 지나가므로 인구는 40만 정도로 가장 작은 주이다.

알래스카는 1741년 러시아의 표트르 대제에게 고용된 덴마크인 V. 베링이 발견하였다. 그 후 러시아인들이 서서히 입주하면서 18세기 말에는 러시아 아메리카회사가 모피 무역을 독점했다. 그러나 19세기 중엽이 되자 러시아는 알래스카를 영국 침략자들에게 빼앗길 것을 염려하기 시작했다. 영국이 전 세계 곳곳을 침략해 무력으로 땅을 빼앗는 전력을 잘 아는 러시아는 알래스카를 빼앗기기보다는 신생 미국에 매매하는 것이 낫겠다고 판단을 한다. 그래서 러시아는 미국에 매각 교섭을 시작했다.

그 결과 1867년에 미국 당시 국무장관 W. 수어드(Seward) 장관이 720만 달러에 구입한다. 이때 미국 국민은 수어드 국무장관이 얼어붙은 땅덩어리인 아무 쓸모도 없는 것을 구입했다는 조롱으로 "수어드의 아이스박스"라고 비난했다. 수어드는 그 같은 조롱 속에 알래스카주 남부에 수어드라는 항구도시를 건설했다.

수어드는 무역 중개지와 사냥과 낚시를 중심으로 한 관광 도시가 되었다. 그런데 1961년 케나이유전이 발굴되고 북부 지역의 석유와 천연가스 개발과 함께 장래 세계 최대의 산유지로 전망되고 있다. 지금은 미국과 러시아의 두 섬 사이가 3~4km 거리를 둔 국경선의 대치 지역이지만 연어 생산 세계 최고 산지이고, 게, 새우, 대구 등 어업이 활발한 중요 산업지로 부상되고 있다.

주민들은 에스키모인, 알레우트인, 인디언 등의 원주민들이 주로 많으나 점차 백인들이 유입되는 미국의 미래 희망지가 되었다. 러시아는 알래스카를 매각하는 큰 실패를 했고, 미국은 미래 희망의 근원지를 얻는 역사를 만들었다.

2. 캐나다(Canada)

1) 캐나다 역사

캐나다는 현재 영국 연맹 가맹국이다. 그러나 캐나다 역사는 영국과 프랑스 간의 식민지 쟁탈전으로 두 나라가 오랫동안 투쟁한 끝에 영국인과 프랑스인이 혼합한 연방 국가가 되었다.

그와 같은 과거사가 그대로 반영되어 현재 10개 주(Province)와 2개의 준 주(territory)로 정치 형태를 구성하고 있다. 캐나다를 먼저 선취한 것은 프랑스다. 1535~1536년 프랑스인 탐험가 카르티에(J. Cartier, 1491~1557)가 지금의 퀘벡, 몬트리올 강 근처와 세인트로렌스강을 탐험하였다. 그때 현지 선주민인 이누이트(에스키모) 원주민들을 만난다.

그 후 1541~1542년에 재탐험을 통해 "항해기"를 남김으로 프랑스와 캐나다의 최초 접촉이 시작된다. 이후에 프랑스인들이 캐나다 인디언들과 협력 관계가 전개된다. 1608년 앙리 4세에 의해 파견된 샹플랭이 퀘벡에 성채를 쌓고 뉴 프랑스 식민지 거점으로 삼는다. 프랑스인들이 캐나다에 눈길을 두게 된 것은 육식을 하지 않는 가톨릭교도들이 대구 어획의 대어장에 매혹되었기 때문이다. 프랑스는 1682년에 라살, 미시시피강 유역을 '루이지애나'라고 명명한다. 프랑스는 캐나다에 가톨릭 전도로 식민지를 추진해 나갔다.

이와 달리 영국은 국왕의 파견으로 1497년 캐나다에 도착한 후 캐나다 남쪽을 1583년에 뉴펀들랜드 영국령이라고 선언한다. 영국은 1670년 허드슨만 회사로 캐나다와 교역을 전개해 오면서 프랑스와 자주 충돌을 이어갔다. 그런 속에서 뉴펀들랜드, 아카디아, 허드슨만 전역이 영국령이 된다. 1759년 영국은 프랑스가 구축한 퀘벡을 함락한다. 이로 인해 1763년 프랜치 앤드 인디언이 연합군을 이루어 영국과 전쟁을 벌였으나 연합군의 열세로 프랑스군이 패하고 영국군이 승리한다.

이때부터 영국은 퀘백뿐만 아니라 과거 프랑스 개척지 전역에 영국법을 적용한다. 1759년에 퀘벡, 1760년에 몬트리올이 함락되자 약 160년간 지배해 온 프랑스의 캐나다 통치시대가 끝이 난다.

그 후 1763년부터 1867년 캐나다가 독립될 때까지 약 100여 년의 영국 식민지 시대가 된다. 그러나 과거 프랑스 지배를 받던 4개 주 노바스코샤, 뉴브런즈윅, 온타리오, 퀘벡주들은 프랑스어를 사용해 왔으므로 프랑스어를 써야 되는 4개 주들로 캐나다 연방 정부로 존속하게 된다.

그렇기에 프랑스어를 쓰는 4개 주와 나머지 6개 주는 영어를 쓰게 되므로 연방 국가이나 갈등이 심해져 갔다. 그 갈등이 1969년에야 영어, 프랑스어 두 나라 언어를 함께 쓰는 공용어로 확정되어 오늘에 이르고 있다.

2) 캐나다 주민과 종교

캐나다는 큰 면적으로 친다면 세계 제2위의 큰 나라이다. 그렇기에 동, 서쪽 간에 5시간 30분의 시차가 있다. 이렇게 광대한 국토를 관리하고 교통과 통신망의 확립을 위해 많은 재정이 뒤따라야 하는 국토적 요인이 있다.

여기에다 한랭한 기후 때문에 에너지 소비량이 막대하다. 넓은 국토에 국민은 3천만 명 정도에 불과하기에 많은 외국 이민자들이 절실하게 필요한 나라이다. 그래서 이미 구성된 3천만 인구 중에 영국계가 38%로 약 천만에 이르고, 프랑스계가 25%로 약 650이며, 나머지 37%가 다른 유럽 국가들과 아시아계를 이루고, 원주민은 1.5% 정도의 50만 정도가 있다.

종교적으로는 가톨릭 신도가 전체 인구의 46.5%인 1천만으로 가장 많고 개신교들은 1925년에 장로파, 감리파, 조합교회파 등이 연합교회로 합쳐지면서 교파 색깔이 없는 개신교 형태로 있다.

이들 연합교회가 전 인구의 17.5% 정도인 380만 정도가 된다. 그리고 영국 국교인 성공회가 12% 정도인 250만 정도가 된다. 캐나다에는 메노나이트와 아미시 등 엄격한 성경 진리를 고수하는 소수파들도 있다. 캐나다는 공용어가 두 개이고 10개 주 중 부유한 주와 가난한 주로 나뉘어 있다. 그렇기에 외관상으로는 방대한 영토이나 두 개의 공용어와 각 종파들이 침략자들의 흔적으로 존속되므로 문제가 많다. 그러나 동시에 미래 가능성이 많은 국가이다.

제2장 전기 북미 교회

　북미(北美) 즉 북아메리카에는 미국과 캐나다가 있다. 그런데 캐나다는 앞서 설명한 대로 가톨릭과 성공회가 지배했던 과거 200여 년의 식민지 시대가 있었다. 그리고 개신교들은 모두 다 연합교회(1925) 아래 하나만 존재한다. 그렇기에 캐나다 교회에서는 신학적으로 독특한 것이 출현하지 못했다.

　그 때문에 북미 교회라고 할 때는 주로 미국 교회를 다뤄야 하겠다. 미국 교회는 미국의 역사와 함께 시작되고 발전하고 변천되었다. 그런데 한국의 개신교는 미국 선교사들로부터 시작되었다. 또 한국의 정치사는 미국의 도움으로 출발해 오늘에 이르렀다. 그렇기에 미국의 정치사와 교회사는 그대로 한국에 지대한 영향력을 끼치고 있다.

　따라서 미국의 교회사 이해는 한국 교회사 이해의 기초적 상식이 되었다. 이와 같은 미국이기 때문에 앞서 제1장에서는 미국의 정치사를 살펴봤고, 제2장에서는 교회와 관련된 역사를 살펴보겠다.

1. 신학교들의 성립

　오늘날의 미국이라는 나라를 정치사로만 이해하려면 매우 제한된 역사 이해로 국한된다. 미국은 영국 식민지 시대를 약 200여 년간

(1607~1789) 거치고 난 후에 독립이 되었다. 그런데 미국이 영국 식민지 시대에서 독립할 수 있도록 동기 부여해준 것은 정치가들만의 노력이 아닌, 기독교가 국민에게 자유 정신을 계도해 준 기독교 운동이 결정적 계기가 된다.

미국이 영국 식민지 시대에 식민지에서 해방되어야 한다는 정신적, 사상적 각성을 일깨워 준 것을 대각성 운동(The Great Awakening)이라고 한다. 이 대각성 운동은 제1차(1725~1760) 운동과 제2차(1787~1825) 운동이 있었다.

이 양차에 걸친 대각성 운동의 주도자들이 모두 교회 지도자들이었다. 그 양차에 걸친 대각성 운동은 미국의 독립전쟁을 일으키게 하고 미국의 일반 대학교와 신학교들을 탄생하게 했다.

여기서는 양차 대각성 운동의 지도자와 결과를 간략하게 정리해 보겠다.

1) 제1차 대각성 운동(1725~1760)

제1차 대각성 운동을 이끌어 간 지도자들[38]은 다음과 같다.

① 테넌트(G. Tennent, 1703~1764)

뉴저지 뉴브런즈윅 장로교회 목사로 구원의 확신을 강조함으로 식민지 시대의 관습적 종교인들에게 "회심시키지 못하는 목회 사역의 위험"을 강조했다. 이들은 통나무대학에서 성경 교육을 받고 뉴저지대학, 프린스턴대학으로 발전케 하는 공헌을 했다.

---

38) 정수영, 새교회사Ⅱ, pp. 441~446.

② 에드워즈(J. Edwards, 1703~1758)

에드워즈는 매사추세츠주(州) 노 샘프턴 교회 목사로 활약했다. 에즈워즈는 칼빈주의와 웨스트민스터 신학을 확고하게 지켜나가면서 회개하지 않은 사람들을 성찬식에 참여시키지 못하도록 교인들과 오랜 투쟁을 했다. 그로 인해 교인들의 배척을 받고 목사 면직을 당했다.

그 후 인디언 선교 활동을 하던 중 프린스턴대학 총장으로 선임되었으나 한 달 후 천연두 접종 후유증으로 죽었다. 에드워드의 목회 기간 중 진정한 회개운동이 일어나게 했다.

③ 휫필드(G. Whitefield, 1714~1770)

휫필드는 최초 감리교 창시자 웨슬리와 같은 시대의 부흥사였다. 그는 영국과 스코틀랜드를 14번 방문해 집회를 이끌었고, 미국에서 7차례 이상 전 미국을 순회하는 전도 집회를 했다. 그는 인간은 구제될 수 없는 죄인이며, 그리스도의 구속 효과에 관한 기본적인 복음을 전파했다.

이들의 1차 대각성 운동은 단지 교회 내 영성 회복 운동으로 끝나지 않는다. 이들에게서 신앙적으로 변화 받은 이들이 정치적으로 미국 독립 전쟁(1775~1782)으로 발전하여 1789년에 미 합중국으로 미국을 탄생시킨다. 그리고 최소한 150개 이상의 새 교회와 교육적으로 많은 대학들이 설립된다. 프린스턴칼리지가 1746년에, 다트머스(Dartmouth)칼리지가 1769년에, 로드아일랜드 침례교칼리지가 1764년 시작되어 후에 브라운대학으로 발전한다.

킹스칼리지가 1754년에 시작되어 후에 컬럼비아대학으로, 펜실베이니아 아카데미가 1740년에 시작되어 후에 펜실베이니아대학으로 발전한다.

2) 제2차 대각성 운동(1790~1835)

미국은 영국 식민지에서 독립하려는 독립전쟁(1775~1782)에서 승리한 후 1789년에 미합중국으로 독립된다. 그런데 왜 제2차 대각성 운동이 또 일어나는가? 그것은 독립전쟁 때문인데 영국, 프랑스, 스페인, 네덜란드 등의 유럽 국가들과 미국과의 전쟁이었다. 저들 유럽 국가들은 유럽에서 시작된 갖가지 새로운 사상들을 독립전쟁 와중에 미국에 유입시켰다. 그런데 유럽에서 유입된 사상들은 모두가 반(反)성서적이었다.

그 대표적 사상이 유나테리언주의(Unitarianism)였다. 유니테리언주의는 삼위일체 교리를 부인하고 그리스도의 신성을 부인한다. 그들이 최고로 신뢰하는 것은 인간의 이성과 경험될 수 있는 것만을 믿는 것이다. 이것이 영국 회중 교회에 나타났고 미국에서는 제3대 대통령인 제퍼슨에게 나타났고 하버드대학교 신학부가 총본부가 된다.

두 번째로 보편주의(Universalism)자들이 그리스도인만이 아닌 자비로운 사람이라면 다 구원받는다는 주장을 했다.

세 번째는 진화론 사상이 창조신앙을 거부했다.

네 번째는 근본주의(Fundamentalism)와 자유주의(Liberalism)가 서로 싸우며 갈등을 계속해 갔다. 이와 같은 사상적 혼란은 독립된 미국 사회에 계속적으로 갈등을 증폭시켜 나갔다. 이때 순수한 복음만으로 사람들을 변화시키는 지도자들이 있었다. 그 대표자 몇 사람을 살펴보자.

① 드와이트(T. Dwight, 1752~1817)

드와이트는 회중 교회 목사로 1795년 43세부터 1817년 65세로 세상을 떠날 때까지 예일대학교 신학부 학장 겸 교수로 지냈다.

그는 매주 설교를 통해 입학 정원의 3배로 학생 수를 증가시키고 학생 중 3분의 2를 회심시켰다. 그는 하나님의 절대주권과 인간이 구원받지 못하면 영원한 파멸에 이른다는 성경의 단순한 진리로 학생들을 변화시켜 세상을 변화케 했다.

② 맥그리디(J. McGready, 1758~1817)

맥그리디는 장로교 목사로 부흥 운동가였다. 그는 노스캐롤라이나 집회에서 12명의 청년을 회심시키고 그들을 목사가 되게 했다. 그는 켄터키주에서 세 교회를 옮겨 다니면서 여름에 대규모 야영 집회를 개최하여 많은 이들을 회심시켰다. 그는 컴벌랜드 장로교파(1800) 창시를 돕는다. 컴벌랜드 장로교인은 세계적으로 약 10만에 이른다고 한다.

③ 스톤(B. W. Stone, 1772~1844)

스톤은 미국 독립전쟁이 끝난 후 전쟁이 끌어들인 부도덕한 현실들에 강한 반감을 가진 사람이었다. 그가 앞서 맥그리디의 대부흥회(1801)에서 변화된 후 '그리스도의 제자'파 창시자인 캠벨(T. Cambell, 1763~1854)과 교제를 유지하며 독립된 기독교회를 조직했다.

스톤은 켄터키주 케인리즈에서 6일간 야영 집회를 열었다. 이때 전국 초교파 교인들 1만~2만 명이 참석했다.

이들 세 사람의 공통점은 도덕과 애국심을 강조했고 확산일로에 놓였던 유니테리언주의를 반대하는 데 주력했다. 그래서 이곳에는 장로교, 감리교, 침례교인들이 다 함께 모여서 교파적인 특색들을 무시하는 운동이 전개되었다. 이 운동을 이끈 이은 컴벌랜드 장로교파, 그리스도의 제자 교회 등 새로운 종교단체를 출현하게 했다. 그리고 국내외 선교와 노예제도 폐지 등의 사회운동을 일으켰다. 아울러 장로교에서는 장로교 신학 수립을 위한 장로교 신학교들을 설립하게 만든다.

그 신학교들이 과거 1746년의 프린스턴신학교 외에 1818년의 어번신학교, 1823년의 버지니아 유니온신학교, 1827년의 웨스턴신학교, 1828년의 컬럼비아신학교, 1829년의 레인신학교, 1830년 맥코믹신학교, 1836년 뉴욕 유니온신학교 등이다.[39]

제2차 대각성 운동은 미국 국민들을 유럽의 자유주의 신학으로 부패하게 하는 위기에서 영적 각성 운동을 일으켰다. 그러나 사탄은 인간들보다 월등한 전략으로 주님 오시기 전까지 계속해서 인간들을 타락하게 해나갈 것이므로 과거사는 오늘을 일깨우는 교훈이 되어야 한다.

2. 모르몬교(Mormonism)의 창립(1830)

미국은 독립전쟁(1775~1782)으로 영국 식민지배를 벗어났다. 그러나 독립전쟁 7년간 유럽 국가들인 영국, 프랑스, 스페인, 네덜란드 등의 정신적, 사상적인 것들이 유입된다. 그런 사상적인 것들이 유니테리언주의(Unitarianism)이고 보편주의(Universalism)이고 진화론 등이었다. 이 같은 유럽 사상들은 주로 회중 교회나 장로교 목회자들을 통해 미국에 보급되었다. 이때 성경 진리대로 믿는 보수적인 신앙인들에 의해 제2차 대각성 운동이 일어났다.

---

39) 박용규, 근대교회사, 총신대학출판부, 2001, p. 349.

그런데 유럽의 자유주의 사상에 반발한 미국적인 것을 내세우며 새로운 교단을 창설하는 변태적 현상이 일어난다. 그와 같은 미국적인 것을 내세우며 새로운 교단을 창설한 것이 두 가지인데 하나는 모르몬교(Mormons)이고 다른 하나는 안식교다. 이들 중 먼저 모르몬교의 출생과정을 알아보자.

1) 모르몬교의 창시자 스미스(1805~1844)

스미스(Joseph Smith)는 버몬트주(州) 개척지대의 가난한 가정에 태어나 1816년 11세 때 뉴욕주 팔미라로 이사했다. 4년 후 15세 때 이곳에서 열린 신앙 부흥회에 참석했다가 회개하고 새사람이 되었다고 한다.

그 뒤부터 하나님의 계시를 받고 천사 모로니로부터 하나님의 예언이 기록된 금판(金販)을 산에서 받았다고 주장한다. 이렇게 받은 금판을 "모르몬 경전"이라고 한다. 스미스는 캠벌파 목사를 지낸 리그던(Sidney Rigdon)의 도움을 받아 금판의 내용을 번역해서 "모르몬경"(Book of Mormon)으로 출판한다(1830).

모르몬경의 내용은 이스라엘 12지파 중 잊혀진 단 지파가 미국 신대륙의 원주민이라고 한다. 그리고 하나님은 그 단 지파의 후손들로 아메리카를 지배하도록 특권을 주었다. 스미스는 "모르몬경"을 천사의 지시로 산에서 받았다고 한다. 스미스는 "모르몬경"을 다시 감수하고 재정비해 훗날 "교리와 언약들"(Dic trine and Covenant)로 재출판한다(1835). 그리고 모세에게 내렸던 재계시라는 "계명의 책"(A Book of Commandments)(1833)을 출판한다.

이렇게 기독교의 성서와 함께 스미스가 저술한 세 권의 저서들이 모르몬교의 기본 경전이 되는 모르몬교를 창설했다.

스미스가 주장하는 모르몬교의 특징이 무엇인가? 저들은 기독교의 성경을 경전 중 하나로 믿기에 겉모습은 기독교와 같아 보인다. 그러나 저들은 "모르몬경", "교리와 언약들", "계명의 책"이라는 스미스의 개인적 독자적 사상들을 근거로 성경을 해석하는 이단적 종교이다. 저들은 기독교와 유사하면서 다른 점은 무엇인가?

① 신론에 있어서 삼위일체와 그리스도에 의한 구원을 믿는 면에서는 기독교와 같다. 그러나 하나님이 만물의 창조자가 아니며 또 그리스도의 재림을 부정하고 창조물인 물질과 시간은 영원한 것이라고 믿는다.

② 인간의 운명은 인간의 자유의지에 따라 판정된다.

③ 천년왕국을 최대 축복 왕국으로 믿고 신앙 부흥 운동과 금주 운동 등에 동참해야 됨을 강조한다. 그래서 시대의 풍조에 대응해야 된다고 가르친다.

④ 이들은 12세가 되면 안수(按手)를 받아 하나님의 종이 된다.

⑤ 이들은 일생 중에 1년 이상을 자원해서 자비로 선교활동을 해야만 정회원이 되고 그 후에는 수많은 계명을 실천하므로 점진적으로 상급 지도자가 된 후 마지막 최고 지도자까지 올라간다. 창시자인 스미스는 1843년 계시를 받고 일부다처제를 인정했다. 그로 인해 도처에서 그에 대한 반대 여론이 들끓었고 그다음 해 1844년 일리노이 주 나우부에서 군중들에게 살해당한다.

이때 그를 추종하던 상당수의 교인들도 살해당한다. 이렇게 말썽을 일으킨 일부다처제 교리는 미국 대법원이 개입함으로 1890년에 폐지되었다.

2) 후계자 브리함 영(1801~1877)

　브리함 영(Brigham Young, 1801~1877)은 버몬트주 휘팅엄의 노동자 가정에 태어나 정규 교육은 받지 못했다. 1832년 31세 때 스미스의 모르몬교에 가입하고 그 집단을 오하이오주로 이주시킬 때 뛰어난 지도력을 발휘했다. 그로 인해 모르몬교 최고 지도자급인 12사도 중 하나로 1835년에 승진하고 1838년에는 12사도의 수장이 되었다. 모르몬교도들이 핍박을 받자 미주리주 인디펜던스에서 일리노이주 나우부로 이동시켰고 일리노이주 나우부에서 스미스가 살해당하자(1844) 그 후에 다시 유타주 솔트레이크로 갔다(1847).

　브리함 영은 척박해서 사람들이 살지 않는 솔트레이크(Salt Lake)라는 외면하는 땅으로 옮겨갔다. 처음에는 '뉴 예루살렘' 혹은 '성인의 도시'라고 이름 짓고 광업 제품들을 생산해 타 도시로 수출시키며 노동자들을 유입시켰다. 저들은 식품 가공, 제분, 통조림, 출판, 인쇄, 정유업 등 제품 생산으로 재정을 향상시켜 나갔다.

　1849년 대륙 횡단 철도가 개통되자 교역의 집산지로 확대된다. 브리함 영은 유타(Utha) 주립대학을 세우고 유타 준주(準州)의 주지사가 되었다. 또 음악 활동을 장려해 유타 교향악단과 모르몬교 교회 합창단은 세계적으로 알려졌다.

　모르몬교 예배당에는 세계 최대의 파이프 오르간이 설치되어 있고, 모르몬교에 관계된 스미스 상 등 갖가지 건조물들이 만들어져 있다. 특히 1853~1893년까지 건축한 거대한 신전인 템플 스퀘어가 유명하다. 모르몬교의 본산지로 드러난 유타주의 솔트레이크 도시는 인구가 약 100만 명 정도 되는데 이것은 유타주 전체의 3분의 2에 해당한다.

　지금은 유타주에 진입하는 모든 행인에게 값싼 유류를 제공해 주고 특히 유타주 경내에서 사고가 발생한 행려자들에게는 전액 무상으로 의료 혜택을 제공해 준다.

3) 모르몬교의 교리

모르몬교는 이토록 인류에게 선한 일을 실천한다. 그렇기에 모르몬교가 진리를 믿는 기독교인가? 천만의 말씀이다. 저들은 성경을 믿기에 기독교적 희생과 헌신이 있다. 그러나 저들은 성경 이외의 스미스가 저술한 세 가지의 책을 근거로 성경을 해석한다. 그렇기에 저들의 교리는 성경 진리를 벗어난 완전 이단적 교리들이다. 이제 저들의 이단적 교리들을 열거해 보겠다.[40]

① 저들은 성부 하나님을 사람과 마찬가지로 만질 수 있는 살과 뼈로 이루어진 육체를 가지고 있다고 주장한다.

② 성부, 성자, 성령 외에 수많은 신이 있으며 그 신들은 모두 다 발전 과정 중에 있으며 발전 단계는 각 신마다 다르다. 신들은 한때 사람이었으며 사람도 신이 될 수 있다.

③ 모든 사람은 태어나기 전에 영들로 존재했다.

이 기간에 다른 사람들보다 충실하고 용감하지 못하면 흑인종으로 태어난다.

④ 아담이 금단의 열매를 따 먹지 않았다면 자녀를 낳지 못했을 것인데 선악과를 따 먹었으므로 오늘날 인류가 퍼질 수 있게 되었다.

아담의 타락은 사람들이 존재할 수 있게 하기 위함이었고 사람들은 즐거워할 수 있기 위해 존재한다.

⑤ 그리스도를 신이라 부르지만 그의 신성은 그만이 가진 독특성이 아니다.

---

40) W. J. Whalen, *The Latter Day Saints in the Modern World*(1964), 기독지혜사, 교회사 대사전 I. pp. 778~781.

모든 신은 먼저 영으로 존재하다가 신으로 발전하기 때문에 그리스도의 성육신도 마찬가지다.

⑥ 그리스도의 속죄 교리란 그리스도가 모든 사람에게 죽음에서 살아날 수 있는 권리를 확보해 주었다는 뜻이다.

⑦ 믿음으로 구원받는다는 교리는 악을 위해 영향력을 발휘케 한 해로운 교리이다.

⑧ 구원은 그리스도를 믿음으로 시작되지만 행위를 통해서 완성된다.

현세에서 선행을 많이 쌓음으로 구원받을 수 있다.

⑨ 과거 1830년 이전의 교회들은 배교의 길을 걸어왔으나 스미스의 인도로 원상회복되었다.

따라서 모르몬 교회만이 유일하고 참된 교회이다.

⑩ 세례는 구원에 절대 필요하며 반드시 침수(浸水)에 의한 침례이어야만 한다.

⑪ 유아세례를 배척하고 대개 8세 때 침례(浸禮)를 받는다.

⑫ 성찬은 주일마다 거행하되 포도주 대신 물을 사용한다.

⑬ 문자적인 천년왕국을 믿으며 그때의 수도는 두 곳으로 한 곳은 예루살렘이고, 다른 한 곳은 미주리주 인디펜던스에서 그리스도가 다스릴 것이다.

⑭ 종말에는 마귀와 그의 천사들 그리고 인류의 적은 부분만이 지옥으로 떨어질 것이다.

⑮ 대부분의 인류들은 천상의 세 왕국인 셀레스티얼(Celestial) 왕국, 테레스티얼(terrestial) 왕국, 텔레스티얼(telestial) 왕국 중 한 곳에 배치될 것이다.

4) 모르몬교의 한국 진출

6·25 한국전쟁 중인 1951년 미국 유타주에서 모르몬교에서 침례를 받고 귀국한 김호직(金浩稙) 박사가 피난 수도 부산에서 미군 모르몬 교도들과 집회를 가짐으로 한국 진출이 시작되도록 준비 작업을 했다. 1956년 한국 지방부로 두 장로가 선교사로 파송되어 1962년 한국 선교부가 설치되어 1973년 서울 교구, 1975년 부산 교구가 되면서 현재 전국에 5개 교구가 있다. 이들은 노방 전도, 그룹 성경 지도로 전국에 약 5만 명의 신도를 갖고 있다.

이들은 6·25 전쟁 때 들어온 이슬람교, 바하이교 등 외래 종교 중 가장 큰 교세이다.

5) 이들에 대한 평가

이들이 성경을 믿으니까 기독교의 한 종파일까? 기독교와 타 종교의 구별은 그들이 믿는 경전(經典)이 무엇이며 과거 2천 년 역사 속에 경전이 올바른 해석의 기초 위에 서 있느냐 하는 것으로 판별한다. 가톨릭은 성경 외에 교회들 중 가톨릭교회만이 믿는 교황제도와 가톨릭교회만이 제정한 각종 교리들을 성경과 동일한 신앙 기준으로 삼는다. 그렇기에 성경만 믿는 기독교는 가톨릭을 이단이라고 한다.

모르몬교 역시 성경 외에 스미스의 책 세 가지를 추가 경전으로 믿는다. 저들의 선행이 눈에 드러나게 특수한 것은 사실이다. 하지만 선행은 모르몬교에만 있는 것이 아니다. 불교, 유교, 이슬람교 등 모든 종교에 선행이 필수적으로 존재한다. 인간의 선행이 구원에 도움된다는 교리는 모든 종교의 공통적 교리이다. 성경은 선행으로가 아니고 죄인이 예수님의 성령을 영접함으로 새사람이 되는 '거듭남'으로 구원을 받는다고 한다. 따라서 모르몬교는 종교를 사칭하는 사이비 단체이다.

3. 제7일안식일예수재림교회(1863)

제7일안식일예수재림교회(The Seventh Day Adventist)는 일반적으로 토요일에 예배드리는 개신교 중의 하나인 안식교(案息敎)라고 통칭한다. 이들의 창시자와 특수 교리와 한국의 현황을 살펴보자.

1) 창시자 밀러(1782~1849)

안식교 창시자는 미국 독립전쟁 당시 미군 장교로 참전했던 밀러(William Miller, 1782~1849)이다. 밀러는 침례교인인 농민 설교자였다. 그는 침례교인으로 목사가 아니었으나 19세기 격변기에 예수 그리스도의 임박한 재림을 강조하는 농민 설교자였다.

그는 예수님의 재림 시기에 관해 집중적인 성경 연구를 했다. 그는 특히 다니엘의 "70이레 예언"(단 9:24-27)을 골똘히 연구하고 그것이 예수 그리스도의 수난에 의해 일부가 성취된 사실을 확인하고 아직 성취되지 않은 재림의 날짜를 산출해 냈다. 그래서 그는 1831년 뉴욕에서 그리스도의 재림이 1844년 8월 21일에 성취된다고 설교하며 청중들에게 긴박성을 강조했다.

이것은 우리나라의 이장림이 1990년대에 예수 재림을 강조하므로 커다란 사회적 혼란을 일으켰던 것과 비슷한 현상이었다. 군중들은 흥분하고 그날을 대비했다. 그런데 그날에 주님의 재림이 이뤄지지 않았다. 그러자 밀러는 스스로 계산 착오를 했다고 1844년 10월 22일로 다시 발표했다. 그런데 그날도 주님의 재림은 이뤄지지 않았다.

이때 밀러의 주장을 믿고 많은 사람이 공포에 떨면서 재산을 팔아 치우면서 크게 격동하게 된다. 이때 밀러는 주님의 재림이 지상에 실현되지 않은 것은 천국에서 계획이 변경된 것이라고 변명을 했다. 그러자 이 일로 미국 침례교단에서 밀러에게 정지권을 내렸다. 그러나 밀러를 맹신하는 일부 세력들은 여전히 밀러를 추종하면서 천국의 계획 변경 주장을 따랐다.

밀러의 추종자 중에 제임스 화이트(James White, 1821~1881)와 엘런 화이트(Ellen G. White, 1827~1915)가 있었다. 이중 엘렌 화이트 여사는 경건한 감리교도였으나 1840년대 밀러의 재림 설교를 듣고 1846년 안식교 장로인 제임스 화이트와 결혼한 뒤에 여성 설교자가 되었다.

화이트 부부는 밀러의 추종자로 낙인 받고 감리교에서 추방당하였다. 그러나 병약한 엘렌 화이트는 정규 교육을 거의 받은 바 없으나 밀러의 예언적 종말론에다가 신체적 건강을 강조하는 구약 성경 구절 중 많은 내용을 청중에게 설교함으로 많은 호응을 얻게 된다.

1855년 이들 부부는 미시건주 베틀크리크로 이사를 한 후 그곳을 밀러 사후에 제7일안식일교회 본부로 삼는다.

화이트 부인은 1881년에 남편과 사별한다. 그는 홀몸으로 유럽과 오스트레일리아 등을 순방하며 밀러의 재림론을 계속 전파했다. 1863년 안식교는 개신교의 한 교파로 공식화된다. 1874년에는 최초의 선교사를 파송해 안식교를 세계에 알린다. 1903년에 안식교 총회 본부를 워싱턴 타코파크로 이전하였다. 화이트 여사는 안식교에 관한 저서 64권을 영어로 출판했다.

2) 안식교의 특징

안식교의 특징은 창세기 2장 1-3절에 근거해 제7일인 안식일 준수를 강조한다. 그래서 주중 제7일에 해당하는 토요일에 예배를 드린다. 저들은 토요일 예배 전통을 주후 313년 로마 콘스탄티누스 황제가 일요일로 변개시킨 오류가 오늘날 주일예배라고 한다. 그러나 이 같은 주장은 성경도, 역사도 알지 못하는 주장이다. 안식일이 토요일인 것은 맞다. 그래서 유대교는 지금도 구약만 믿기에 안식일을 고수한다.

그러나 기독교는 유대교와 다르다. 기독교의 시작은 주님께서 부활하신 안식 후 첫날(마 28:1; 막 16:2; 눅 24:1; 요 20:1)에 근거하여 주님의 부활을 기념하는 그 주간의 첫날(행 20:7)에 모여 예배드리는 새로운 관행이 생겼다. 사도 요한은 그날을 '주의 날'(계 1:10)이라고 명명한다. 이렇게 사도들이 안식일이 아닌 '주의 날' 예배드리는 일을 시작했다. 그렇게 사도들이 제정한 '주의 날'과 유대교의 안식일이 병행되어 오던 것을 주후 313년 콘스탄티누스 황제가 법적으로 일요일 공휴일을 선포한다. 그러므로 안식교의 '안식일' 고수 주장은 성경적으로, 역사적으로 잘못된 출발이었다.

그러나 안식교에 장점이 있다. 저들은 구약성경에 각종 금지된 음식물 규정을 현대 의학과 접목시켜 육식을 금하고 자극성 있는 음식을 금한다. 이것은 화이트 여사가 도입한 건강관리 제도들이다. 안식교에서 활동한 이상구 박사의 엔도르핀 이론은 이 같은 안식교의 유산이다.

또 철저한 십일조 실천을 강조한다. 그리고 예수 그리스도의 지상 재림 후에 이루어지는 천년왕국설의 후천년왕국설을 철저하게 믿는다. 이와 다른 전 천년왕국설은 필자도 믿기에 유사점이 있어 보이기도 하다.

3) 안식교의 국내 현황

한국 최초의 안식교 교인으로 1904년의 손흥조, 유은현이 있다.

1905년 최초의 안식교 선교사 스미스(W. R. Smith)가 내한하여 1908년 한국 선교부가 발족해 이근억, 정문국이 최초 한국 안식교 목사가 되었다. 1936년 경성요양원이 현재 서울 위생병원으로 발전했다. 또 1907년 순안의 의명(義明)소학교와 사역자 양성소, 1948년에 개원한 현 삼육대학교를 시작해서 그 후로 교단 간행 〈시조〉, 〈교회지남〉이 있고, 삼육학원, 삼육간호전문대학, 삼육산업전문대학, 삼육중·고등학교, 서울과 부산의 위생병원 등이 유명하다.

이들 안식교는 지나친 재림설 강조로 타 교파 교인들을 흡수해 왔기에 보수 교단들로부터 이단시되었다. 이처럼 성경 해석들에 있어서 수많은 문제가 있는 것은 사실이다. 그렇다 할지라도 성경을 불신하는 것이 아니므로 개신교의 한 교파로 인정받고 있는 실정이다.

4. 남북전쟁(1861~1865)과 교파 분열

미국 남북전쟁은 미국의 모든 개신교들을 남과 북으로 분열시켰다. 여기서 남북전쟁의 원인과 결과를 살펴보고 개신교의 분열을 가져온 과거사를 살펴보겠다.

1) 남북전쟁의 원인

미국은 1789년 미합중국으로 독립을 성취했다. 그 후로 계속해서 영토를 넓혀 나가는 팽창주의가 계속된다. 그것이 1803년 루이지애나 구입, 1819년 플로리다 구입, 1845년 텍사스를 미국 땅으로 병합하므로 1846~1848년의 미국과 멕시코 간의 전쟁이 벌어진다. 멕시코 전쟁에 패전한 멕시코는 텍사스, 뉴멕시코, 애리조나, 캘리포니아를 미국에 빼앗긴다.

이렇게 미국의 영토가 확대되면서 지역적 대립이 격화되어 나간다. 과거 식민지를 건설했던 스페인계의 라틴 아메리카 국가들에 대한 유럽 국가들의 재식민지화 운동이 생기면서 유럽 국가들에 대한 반대 운동이 미국의 영토 확장 만행으로 표면화된다.

이때 미국은 전제주의적 유럽 국가들과 다른 민주적 공화제라고 반대 세력을 설득해 나갔다. 그러나 미국이 방대한 영토 확대에 따라 이들 지역에 노예제도를 존속시켜야 한다는 남부 측 세력과 노예제 반대를 주장하는 북부 측 간에 지역적 대립이 심화되어 나갔다. 노예제 문제를 놓고 남북 간의 대립 중에 링컨 대통령(1861~1865)은 공개적으로 노예제 반대를 정치 공약으로 주장했다.

이때 남부 11개 주(州)에서는 미합중국 연방에서 탈퇴하겠다는 운동이 일어났는데도 링컨이 대통령으로 당선되었다. 그러자 1861년 남부 11개 주는 연방을 탈퇴하고 다시금 영국의 도움으로 미국을 분리시키려고 했다. 이때 남부 11개 주의 연방 탈퇴를 거부하는 북부와 링컨 대통령이 남과 북으로 나뉘어 남북전쟁을 5년(1861~1865) 동안 벌이게 된다.

결국 미국의 남북전쟁은 노예제도에 대한 가부 간의 의견 대립으로 인한 극단적인 동족 전쟁이었다.

2) 남북전쟁의 경과

전쟁의 시작은 남부 연합에 가맹한 사우스캐롤라이나주(州) 내에 있는 연방 휘하의 요새를 남부 연합이 1861년 4월 12일에 선제공격함으로 시작되었다. 전쟁이 개시되었을 때 북부 연방 측은 전쟁이 단시일 내로 끝날 것으로 예측했다. 왜냐하면 연방 측의 인구가 우월했고 또 철도가 부설된 교통망도 북부 측이 압도적으로 유리했고 경제력에서도 월등했기 때문이다. 그러나 남부 연합군을 지휘하는 로버트 에드워리 리(Robert Edward Lee, 1807~1870) 장군은 1829년에 웨스트포인트 사관학교 졸업 후 멕시코 전쟁에 참전한 전쟁 경험을 가진 육사 교장이었다.

그는 1861년 남북전쟁이 벌어졌을 때 링컨 대통령의 간청을 뿌리치고 남부의 대의를 따른다고 남군 지휘관의 총사령관이 되었다. 또 T. J. 잭슨 장군도 남부군의 지휘자였다.

북군과 남군이 남부의 수도에서 가까운 리치먼드에서 벌인 전투에서 북군이 패함으로 워싱턴 방어선까지 전면 퇴각해야 했다. 링컨 대통령은 5,500km에 이르는 남부 해안선의 봉쇄를 명하여 유럽 무역에 의존하는 남부 연합의 후방 지원을 차단시켰다. 북군과 남군이 일진일퇴를 거듭할 때 근대전의 성격을 잘 아는 U. S. 그랜트 장군이 북군의 총사령관이 되었다.

북군의 T. W. 셔먼 장군은 애틀랜타에서 조지아주의 해안부로 진군하면서 도시 기능들을 철저하게 파괴시키면서 진군했다. 이 파괴 작전은 종전 후에 오랫동안 남부인들의 원성을 샀다. 남부 연합군은 남부 연합의 독립을 인정하는 영국의 승인을 추진했다. 이 사실을 안 링컨 대통령은 1863년 1월 1일에 "노예 해방 예비 선언"을 공포했다.

이와 같은 링컨의 탁월한 정치 행동으로 영국과 그 밖의 유럽 나라들이 노예를 유지하려는 남부군을 돕는 명분을 잃어버린다. 그 후 1865년 4월 9일 그랜트 장군의 추격을 받던 남부 리 장군과 그 휘하 부대가 버지니아주에서 항복 조인을 한다. 이로써 남부 연합은 소멸이 되고 북군 연방의 승리로 종식된다.

3) 남북전쟁의 결과

미국인들에게 남북전쟁은 건국 이래 최대의 전쟁이었다. 5년 동안 전쟁에서 사망한 남북 장병들이 62만 3천 명을 헤아렸다. 인적 손실은 미국이 모든 전쟁에서 희생된 총합계보다 더 많은 희생이었다. 남부 도시 애틀랜타, 컬럼비아, 리치먼드 등의 도시가 황폐화되었고 철도 약 8,000km가 파괴되었다.

남북전쟁이 미국의 분열을 막는 중요한 전쟁이었음은 틀림없으나 미국인들에게 많은 상흔을 남겼다. 리 장군은 남북전쟁 때 남부군 지휘자로 활약하므로 명예는 추락하였으나 남부인들에게는 영웅으로 기억되었다. 북군 총사령관 U. S. 그랜트 장군은 남북전쟁의 승리자로 기억되며 제16대 링컨 다음에 제18대 대통령(1869~1877)이 되었다.

링컨 대통령은 대통령으로 재임한 기간이 5년(1861~1865)에 불과하다. 미국인 62만 명을 희생시키면서 노예 해방을 강행했다. 그 같은 정신은 순전히 성경 진리대로 모든 희생을 치르더라도 옳은 일을 실천했으므로 미국 50여 명의 대통령 중 최고로 존경을 받고 있다.

4) 남북전쟁과 교회들의 남북 분열

남북전쟁의 국가적 재앙을 겪은 후에도 미국 교회는 또다시 성장을 계속했다. 1985년 현재로 미국의 주요 종교집단의 순위는 다음과 같다.[41]

---

41) 교육 문화사, 세계 대백과 사전 11권, 1994, p. 395.

1위 : 로마 가톨릭 교인   약 5천만
2위 : 침례교회   약 2천 7백만
3위 : 감리교회   약 1천 3백만
4위 : 루터교회   약 8백만
5위 : 그리스 정교회   약 5백만
6위 : 모르몬교   약 4백 80만
7위 : 장로교회   약 3백 60만
8위 : 감독파 교회   약 2백 80만
9위 : 유대교   약 2백 70만
10위 : 처치 오브 크라이스트   약 2백 50만

이 모든 교단이 과거 남북전쟁 때 남과 북으로 분열되었다가 다시 연합하거나 분열 상태를 계속 유지해 가고 있는 상태이다.

여기서는 장로교회들에 직접적 영향을 준 미국 장로교회들이 남북전쟁으로 분열된 사례를 살펴보겠다. 남북전쟁이 시작된 1861년의 일이다.

(1) 장로교

(a) 북장로교(P. C. U. S. A) 신학교

프린스턴신학교, 웨스턴신학교, 맥코믹신학교는 북장로교 구학파로, 레인신학교, 뉴욕 유니온신학교, 어번신학교는 북장로교 신학파로 분열되었다.

(b) 남장로교(P. C. U. S. A) 신학교

컬럼비아신학교, 버지니아 유니온신학교는 남장로교신학교가 된다.

이와 같은 미국 장로교의 분열로 최초에 선교사로 온 언더우드, 마펫, 이들은 북장로교 소속 선교사였고 뒤늦게 대전, 호남 지역 선교사로 온 분들은 남장로교 소속 선교사였으며, 경남 지역 선교사로 온 분들은 호주 소속 선교사들이었고, 함경도 지역 선교사로 온 분들은 캐나다 소속 선교사들이었다. 이렇게 서로 다른 소속의 선교사들이 거의 동시다발적으로 한국 선교를 1885년부터 1890년 사이에 집중하였다.

그로 인해 한국의 장로교회가 많은 장점이 있는가 하면 미국의 분열이 한국에 그대로 전수되어 합동, 통합, 고신, 기장, 대신(백석) 등 숱한 장로교의 분열로 이어지고 있다.

(2) 침례교

미국 침례교의 교세는 개신교 중 단연 1위다. 미국 침례교 역시 한국의 장로교 이상 수많은 파들로 나뉘어 있다. 여기서는 미국 침례교회들의 분열상을 정리해 보겠다.[42]

(a) 제7일 침례교(Seventh Day Baptist)

이들은 구약 10계명 중 제4계명을 지켜야 한다고 믿으며, 주일이 아닌 유대교의 안식일 예배를 드려야 된다고 믿는다.

(b) 원시 침례교(Primitive Baptist)

초대 교회 원시적인(Primitive) 교회를 주장하고 교단이나 총회 조직을 배도한 교회로 보고 철저한 회중주의 정치를 주장한다. 이들의 신학은 극단적 칼빈주의(Hyper-Calvinism)적으로 전적 타락, 전적 예정을 믿는다.

---

42) 김승진, 영, 미, 한 침례교회사, 침례신학대학출판부, 2016, pp. 502~522.

(c) 옛 정규 침례교회(Old Regular Baptists)

이들은 설교 노트나 메모를 사용하지 않고 즉흥적 열정적 설교를 한다. 구원교리에 칼빈주의적이고 여인들의 교회 모임 주관을 허락하지 않는다. 성경은 오직 킹 제임스(King James)역만 고집하고 선교단체나 총회 기관, 주일학교, 부흥회 등을 부인한다.

(d) 자유의지 침례교회(Free Will Baptists)

그리스도께서는 선택받은 자들만이 아니라 모든 사람을 위해 죽으셨다는 알미니안 침례교인들이다.

(e) 일반 침례교인의 일반 연합회(GAGB)

알미니우스 일반 속죄 구원론을 강조하는 침례교이다.

(F) 지방회, 총회, 노회를 부정하는 독립 지역교회 중심을 믿는 침례교회를 독립 침례교회라고 한다.

독립 침례교회들은 전반적으로 근본주의적 보수주의 신앙에다 자유주의 신학에 대해서는 매우 과민하게 반응하는 성향이다. 이들은 신학적 타협이나 세속주의를 배격한다.

① 세계 침례교 친교회(W. B. F)
② 국제 침례교 성서 친교회(B. B. F. I)
③ 남부 지역 침례교 친교회(S. B. F)
④ 미국 보수주의 침례교 연합회(C. B. America)
⑤ 독립 침례교회(I. B. F)

헤아릴 수 없이 많은 침례교회들이 있다.

(3) 감리교

감리교 역시 남북전쟁으로 북감리교와 남감리교로 분열되었다가 다시금 연합감리교로 합해졌다. 우리는 미국 교회로부터 선교를 받앉고 미국 신학교에서 교육받은 이들이 한국 교회의 지도자들로 활동을 하고 있다. 그렇기에 미국 교회의 역사를 아는 것은 우리 한국 교회의 성향을 알 수 있는 좋은 참고가 되는 것이다.

5. 무디의 부흥운동

1) 무디(D. L. Moody, 1837~1899)의 출생과 사역의 기초

무디에 관한 내용은 필자의 《새교회사Ⅱ》에서 이미 20여 년 전에 소개했다.[43]

그렇기에 여기서는 간략하게 요약해서 정리하겠다. 무디는 매사추세츠주(州) 노스필드(Northfield)에서 출생했다. 아버지는 석수(石手)로 가난한 가장이었는데 많은 가족을 남겨놓고 무디가 네 살 때 41세로 눈을 감았다. 가정 형편이 어려워 고향에서 초등학교를 다닌 것이 무디가 받은 교육의 전부였다.

그는 17세 때(1854) 보스턴의 외삼촌이 경영하는 가게에 구두 수선공으로 고용이 된다. 외삼촌은 무디에게 자기가 출석하는 회중 교회에 매 주일 출석해야 한다는 고용 조건을 넣었고 이에 따라 충실하게 교회 출석을 했다. 무디의 성실한 주일 교회 출석으로 1년 후에 입교 허가 신청을 하게 되었다. 그러나 1년간 교회 출석은 잘했으나 신앙 상식이 신통치 않다고 1년간 교인이 되는 기초교육을 받으라고 했다. 이때 주일학교 스승인 킴벌(E. Kimball)로부터 신앙의 기초는 물론이

---

43) 정수영, 새교회사Ⅱ, pp. 448~455.

고 인격적으로 큰 감화를 받아 1년 후에 정교인이 된다.

무디는 주일학교에서 문제아들을 도맡아 자기가 깨달은 성경 지식과 또한 역경에서 살아가기 위한 인생의 중요성을 깨우쳐 줌으로 문제아들을 선량한 사람들로 변화시킨다. 19세(1856) 때 외삼촌의 구둣방 수선공에서 만족할 수 없음을 깨닫고 더 큰 야망으로 시카고 대도시로 옮겨 구두 외판원이 된다. 사람을 잘 설득하는 은사를 가진 그는 이동 구두 외판원 사업이 점점 확장되자 10만 불 목표와 종교 교육을 위한 꿈을 세운다.

그는 플리머스 교회에 가입해 자기에게 영향 준 킴벌을 흠모하며 문제아들의 개선 사역에 주력한다. 무디는 교회 지도자들이 골치 아파하는 문제아들을 회개시켜 선량한 아이로 변화시키는 탁월한 능력을 드러낸다.

무디는 21세(1858) 때 북부 시장 안에 가게를 임대하여 '안식일 학교'(Sabbath School)를 열었다. 이렇게 시작된 안식일 학교를 '노스 마켓 홀'이라고 했다. 이렇게 시작된 주일학교 사역을 위해 자산은 구두 외판원으로 주중에 돈을 벌고 사업가 파웰(J. V. Farwell)에게 교육감직을 맡겼다. 노스 마켓 홀의 안식일 학교는 주일날 주일 학생이 1,500여 명으로 늘어났다. 이렇게 해서 무디는 시카고시에서 주일학생 사역에 있어서 성공한 사역자로 명성을 드러낸다.

2) 무디의 일리노이 스트리트 교회(Illinois Street Church)

무디는 25세 때(1862) 결혼을 한다. 그리고 26세 때 주일학교를 중심으로 한 교회 활동에 주력한다. 그리고 시카고 YMCA회관 증축비로 거액을 기부한다. 무디는 구두 판매 사업을 중단하고 주일학교 중심의 도시 선교사로 사역을 정한다. 30세 때(1867) 아내의 건강문제로 영국을 방문한다.

그때 영국 체류 중에 영국 교회들에서 전도활동을 하면서 많은 환영을 받고 1872년에는 영국 교회들의 정식 초청을 받고 가서 여러 곳에서 전도 집회로 큰 반응을 일으킨다.

그 이듬해에는 복음 가수 생키(Sankey, 1840~1908)가 무디 집회에 감동을 받고 무디와 23년간 동역자가 된다. 이들은 《생키와 무디 찬송가》를 펴낸다.

이들 두 사람이 인도한 영국 전도 집회가 대성공을 거두고, 이들이 귀국한 후에는 전 미국의 순회 전도 집회로 발전된다. 생키의 바리톤 저음이 특출하지는 않았으나 작은 리드 오르간으로 직접 반주하며 영혼을 흔드는 저음 찬송은 청중들의 마음 문을 열게 했다. 그리고 솔직하고 꾸밈없는 인생 밑바닥 인생들로부터 사회 고위층까지 인생의 고난을 해결해 주는 그리스도의 복음에 대한 무디의 설명은 수많은 청중을 변화시켜 나갔다.

무디와 생키가 런던에서 4개월간 전도 집회를 인도할 때 150만에서 200만이 모였다. 이는 미국 전역 각 도시들을 고루 순방하는 전도 집회로 이어졌다. 무디의 성격은 무뚝뚝하고 퉁명스러웠다. 그는 많은 교육을 받지 못했기에 아는 지식도 부족했다. 그의 언어는 세련되지 못했다. 그러나 그는 성경을 문자 그대로 100% 믿고 성경 인물들과 세상 인물들을 대조시켜 가면서 재치 있게 대화를 나누는 식으로 설교를 했다. 그러면서 가끔씩 재치 있는 비평들로 설교를 엮어나갔다. 그래서 다양한 계층 모두에게 기본적인 호응을 얻었다.

3) 무디의 전도자로서 성공

무디는 대중 전도 집회자로 미국의 대도시와 중소 도시 전역을 순회하면서 계속적인 대중 전도 집회 성공을 이어갔다. 특히 전도 집회 때 무디와 생키의 복음 찬송가 판매 대금은 수입원이 125만 달러가 넘었다. 무디는 수입원이 자기에게 배당되는 것으로 고향 노스필드에 여성을 위한 교육기관을 세웠다(1879). 그리고 시카고에 전도 협회를 만든 것(1886)이 후에 무디 성서학원(1889)으로 발전한다.

무디는 평생 수백만 킬로미터 이상 전도 여행을 다녔고 1억이 넘는 청중들에게 설교했다고 한다. 그는 62세 때 캔자스시티의 마지막 전도 집회에서 병을 얻고 세상을 떠났다.

무디는 교육을 많이 받은 박사학위 소지자가 아니다. 그는 순전하고 진실한 인격으로 문제아들을 성경 진리로 변화시키는 산 체험을 전도자로서 실천했다. 그는 돈이 생긴 것을 모두 교육기관에 투자했다. 그가 설립한 무디 성서학원(Moody Bible Institute)은 설립된 지 130여 년이 되었다. 그러나 무디 성서학원을 일반 대학교로 발전시키지 않고 오직 성경과 음악과 선교 과목만 전문으로 가르치는 전통을 고수한다.

무디 성서학원 학생은 전원 장학금 혜택으로 공부하고 기숙사 생활비만 낸다. 필자의 아들, 딸도 둘 다 무디 성서학원에서 공부하고 졸업하였다. 필자가 알고 있는 단견으로는 무디 성서학원은 전 세계에서 가장 건전한 지도자 양성소이다.

무디는 미국이 기독교적으로 형식화될 때 영적 각성을 준 위대한 지도자였다.

6. 나이아가라 사경회(1883)

일명 '나이아가라 대회들'(Niagara Conference)이라고도 한다. 이 모임은 19세기 후반에 온타리오주 나이아가라 온 더 레이크(Niagara on the Lake)에서 1883~1897년까지 정기적인 성경공부 모임을 가진 것에서 이 같은 이름이 생겼다. 이와 같은 정기적인 일정한 기간에 교인들이 성경공부를 하는 모임에 대하여 '사경회'(査經會)라는 이름 또한 만들어냈다. 그리고 나이아가라 사경회는 신학적으로 근본주의(根本主義: Fundamentalism)라는 사상을 만들었다.

필자의 신학 사상은 근본주의 위에 기초를 두고 있다. 여기서 나이아가라 사경회가 형성되기 이전의 준비 모임들과 나이아가라 사경회의 내용과 그 결과물인 근본주의를 살펴보겠다.[44]

1) 회의 시작 동기와 준비 단계

이 회의의 직접적 동기 부여는 영국 전천년주의 사상가 다비(John Nelson Darby, 1800~1882)에게서 시작된다. 다비는 아일랜드 출신으로 트리니티대학에서 뛰어난 성적을 얻고 졸업했다. 그는 아일랜드 국교회에서 사역 중 기성 국교회에 불만을 느끼고 〈그리스도 교회의 본질과 통일성〉이라는 논문(1827)으로 영국 국교회 전체를 경악하게 했다. 그는 플리머스 형제단(Plymouth Brethren)에서 성경공부를 인도하며 형제단을 이끌어갔다.

그는 성경을 영어, 독일어, 프랑스어로 번역하면서 플리머스 형제단의 성경공부를 탁월하게 이끌어갔다. 그는 특히 하나님께서 인류

---

44) E. R. Sandeen, *The Roots of Fundamentalism*, 1970.

구원을 위한 세대(世代)를 7세대로 구별해서 설명하면서 천년왕국(계 20:4~6)을 7세대 중의 한 세대로 설명했다.

이 같은 그의 주장이 세대주의(世代主義: Dispensationalism)의 기원을 만든다. 그런데 같은 플리머스 형제단 중에 뉴턴(B. W. Newton, 1807~1899)과 성경 해석 차이로 결별한다.

그러자 플리머스 형제단이 뉴턴의 개방파와 다비의 수구파로 분열을 한다. 이때 다비는 영국에서 눈을 돌려 북아메리카, 서인도제도, 뉴질랜드 등으로 전도 여행 겸 자기 사상을 보급한다. 그리고 다비의 전천년사상의 정기 간행물인 《사막의 이정표들》(Way marks in the wilderness)을 보급한다. 이 간행물이 1868년에 시작되었다. 이 간행물들로 인해 뜻을 같이하는 여덟 사람이 뉴욕시에서 모임을 갖고 성경공부에 큰 관심을 갖게 된다. 그러나 이들은 정기 모임을 가졌으나 노령으로 다 죽었고 젊은이들이 그 뜻을 계승한다.

1875년 시카고에서 웨스트(N. West), 브룩스(H. Brooks), 어드맨(W. J. Erdman), 파슨스(H. M. Parsons) 등과 두 사람이 더 모여서 1876년 7월에 매사추세츠주 스웸프스코트에서 성경공부를 하기 위해 모이기로 합의한다. 이렇게 해서 모이는 성경공부 모임에 침례교 목사 고든(A. J. Gordon, 1836~1895)도 참여한다. 이때 모였던 사람 중에 고든 목사는 아주 출중한 침례교 교육자요 저술가로 큰 활동을 한다.

그는 브라운대학교와(1860) 뉴턴신학대학(1863)을 졸업하고 6년 동안 매사추세츠 침례교회 사역 후 보스턴 스트리트 침례교회로 갔다. 그는 국내외 사역자 양성을 위한 고든대학교를 설립했고 이는 후에 고든신학교로 발전했다. 그는 많은 저서를 남겼다. 이들이 1883~1897년까지 나아가라 대회를 이끌어갔다.

2) 나이아가라 대회의 내용과 결과

이들은 대회 기간 한 주간 동안 집중적인 성경공부를 했다. 오전에 두 번, 오후에 두 번, 저녁에 한 번 성경공부를 강행했다. 이때의 주제가 "성경을 어떻게 공부할 것인가?", "성령의 위력과 사역", "그리스도의 재림" 등등이었다. 이때 성경을 어떻게 공부할 것인가의 주제는 앞서 소개한 영국의 다비가 간행물로 보급한 내용들이 주된 내용이었다. 이렇게 나이아가라 대회가 약 14여 년간 계속 이어졌다.

이렇게 모여진 나이아가라 사경회 대회는 근본주의(根本主義)라는 다섯 가지 기본 교리를 요약시킨다.[45]
① 예수 그리스도의 동정녀 탄생
② 예수 그리스도의 부활과 신성(神性)
③ 예수 그리스도의 대속(代贖) 사역
④ 예수 그리스도의 재림
⑤ 성경의 권위와 무오성(無誤性) 등이다.

이 같은 5대 근본주의 내용은 지극히 당연한 성경적 내용이다.

이와 같은 5대 근본주의 신앙은 가톨릭 내 보수신앙 고수자도 믿고, 장로교 신학자들도 믿고, 침례교 신학자도 믿고, 순복음 신학자도 믿는 범세계적 신앙이다. 그 내용을 간략하게 정리해 보겠다.

3) 미국 신학자들의 근본주의

(1) 미국 장로교 신학자들

미국 장로교의 최초의 본산지는 제1차 대각성 운동(1726~1770)을 일으키는 운동에 참여한 테넨트 부자였다.

---

45) E. R. Sandeen, *The Roots of Fundamentalism*, 1970.

아버지 W. 테넨트(1673~1746)는 에든버러대학을 졸업하고 1717년 경 미국 필라델피아로 이주해 장로교 목사가 되었다. 그는 1735년 경 자기 아들을 비롯한 15명을 "통나무대학"(Log College)이라는 곳에서 신학교육을 시키고 목사들을 배출시켰다. 그의 아들 G. 테넨트 (1703~1764)는 부흥사 휫필드를 도와 전국 부흥 전도 집회로 이름을 날렸다.

이때 그를 시기하는 장로교 목사들이 길버트 테넨트에 대해 신학교가 아닌 아버지의 "통나무대학" 출신이라고 목사 안수를 거부했다. 그런데 그렇게 시작된 통나무대학을 제대로 된 대학으로 인정받기 위해 길버트 테넨트는 영국을 방문하여(1753~1755) 모금을 했다.

그래서 아버지가 세운 통나무대학 설립 연대인 1746년을 통나무대학이 아닌 미국 뉴저지주 엘리자베스 타운에다 뉴저지(New Jersey)대학이라고 했다. 뉴저지대학은 1756년 프린스턴으로 이전을 하고도 여전히 뉴저지대학이라고 했다. 이렇게 뉴저지대학 시절에는 이 대학이 장로교대학이었다.

바로 이 뉴저지대학 시절에 유명한 장로교 신학자 하지(Charles Hodge, 1797~1878)가 55년간(1822~1877) 교수 생활을 한다. 이렇게 55년 간 뉴저지대학에서 교수 활동을 한 하지는 약 3천 명 이상 제자들을 배출하며 장로교 신학을 가르친다. 그런데 하지 교수가 세상을 떠난 후 1896년에 뉴저지대학의 이름을 프린스턴종합대학으로 승격시킨다. 그래서 하지 교수가 프린스턴대학 교수였다는 말은 뉴저지대학을 격상시키는 호칭인 것이다.

하지 교수는 뉴저지대학 시절에 철저한 근본주의 사상을 가르쳤다. 그렇기에 하지라고 하면 대표적 신학이 근본주의다.

그다음에 프린스턴종합대학으로 승격한 후 프린스턴신학대학에서 하지의 제자인 메이첸(J. G. Machen, 1881~1937) 교수가 탁월한 원어 성경 중심의 신학교수가 된다. 이때 메이첸 교수는 존스홉킨스대학, 프린스턴대학, 독일 마르부르크대학과 괴팅겐대학에서 다양한 신학을 배운 석학이었다.

그런데 1929년 프린스턴신학교가 자유주의 진영으로 재편성되자 철저한 근본주의 신앙을 가진 메이첸 교수는 프린스턴신학대학을 떠난다. 그래서 50여 명의 지지자들과 함께 필라델피아에다 웨스트민스터(West Minster)신학교를 세운다(1929).

이곳 웨스트민스터신학교 출신들이 만든 장로교회가 오늘날 미국 정통 장로교회(Orthodox Presbyterian Church)를 세운다(1936). 이렇게 자유주의를 반대해서 성경을 고수하겠다는 근본주의가 계승된다.

그런데 이들 P. C. O. A보다 더 정통보수 장로교회가 생긴다. 그것은 멕킨타이어(Carl. McIntire)가 세계 에큐메니컬 운동에 맞서서 N. A. E 활동을 거부하며 공산주의 세력과 대결하겠다고 나선 I. C. C를 창설하고 성경 장로교회(Bible Presbyterian)를 세운 것이다. 그렇게 출발한 성경 장로교회 신학교가 훼이스신학교다.

필자는 그 훼이스신학교에서 공부하고(1993~1995) 신학박사 학위를 얻었다. 졸업식 날 세계 각국에서 모여든 졸업생들 앞에 나타난 멕킨타이어 박사는 너무 늙어서 동작이 우둔고 판단이 흐려진 노쇠한 모습이었다. 이렇게 프린스턴, 웨스트민스터, 훼이스신학교들이 모두 장로교 전통에 근본주의 신앙을 계승해 가고 있다.

(2) 기타의 근본주의 신학

근본주의(The Fundamentals)가 공식적으로 전 세계에 알려진 것은 언제인가? 침례교 목사이며 무디 기념교회 목사로(1906~1911) 재직한 딕슨(A. C. Dixon, 1854~1925)이 무디 성서학원 교장인 토레이(R. A. Torrey)와 합동해서 《근본주의》라는 제목의 12권의 팸플릿을 발행했다. 이 근본주의 12권의 팸플릿이 1909~1915년까지 25만 부 이상 전 미국의 목사와 평신도들에게 보급되었다.[46]

이들 두 사람이 근본주의를 주장할 때 이들과 맞서서 치열한 논쟁을 한 자유주의 신학자로 포스딕(H. E. Fosdik, 1878~1946)이 있었다. 포스딕은 침례교 목사이며 유니온신학교 교수였다. 그는 교수 시절에 20여 년간 라디오 강연으로 대중들에게 널리 알려진 유명 명사였다. 그는 철저한 현대주의인 자유주의 사상 강연과 저술서들로 대중들에게 인기를 끌어가면서 근본주의를 비판했다. 포스딕과 근본주의자들과의 논쟁으로 더 유명해진 그는 록펠러가 건축한 초교파 교회인 뉴욕 리버사이드교회 목사로 옮겨 사역하다 은퇴한다.

과거 근본주의를 지켜나간 선조들이 있다. 장로교의 하지, 메이첸, 멕킨타이어이고 그들이 사역한 곳이 프린스턴, 웨스트민스터, 훼이스 신학교다. 또 무디 학원과 시카고의 휘튼대학(Wheaton College)이다. 이들을 뒷받침해 주는 기관으로 기독학생연맹 대학생 선교회(C. C. C), 미국 과학자 협의회(A. C. A, 1970) 아래 1,437명의 현역 과학자들이 성경과 과학을 조화시키고 있다.

또 빌리 그레이엄 부흥사는 근본주의 사상이 너무 과학자들과 타협하는 것을 반대하고 '신복음주의'(New Evangelical)를 제안했다.

---

46) 정수영, 신학의 역사, 명현, 2000, pp. 485~488.

근본주의의 시작과 발전 과정과 현재는 많은 우여곡절을 거듭해 왔다. 필자는 자유주의 신학을 5년 동안 공부한 후 말로 다 할 수 없는 방탕과 타락에 빠지고 죄를 지어도 아무런 가책을 느끼지 못했다. 그러나 근본주의 신학을 4년 동안 공부한 후 새로운 인생으로 거듭났고 주님과 교회를 위해 모든 충성과 노력을 계속해 나가고 있다.

7. 계약신학(Covenant Theology)

계약(契約)이라는 말은 일정한 법률적 효과를 발생시킬 목적으로 두 개 이상의 의사 표시 주체들이 합의에 의해 성립시키는 법률 행위를 뜻한다.

그런데 미국의 장로교 신학교인 프린스턴신학교의 교수였던 C. Hodge와 그의 아들 A. A. Hodge에 의해 '계약신학'이라는 신학이 미국과 전 세계로 퍼져 나갔다. 그래서 한국 내 장로교 보수신학자들이 한국에 계약신학을 보급했다. 여기서는 계약신학의 원조와 계약신학을 발전시킨 대표 학자들과 계약신학의 내용과 비판을 정리해 보겠다.[47]

1) 계약신학의 역사

계약신학 사상이 초기 교부시대(100~500) 교부들에게서는 나타나지 않는다. 또 중세시대(500~1500) 때나 종교개혁시대(1500~1600)에도 나타나지 않는다. 계약사상을 최초로 언급한 것은 근세시대(1600~1800)

---

47) 정수영, 새교회사Ⅱ. 규장문화사, 1993, pp. 371~380.

때의 일이다. 이것이 현대시대(1800~2000)에 미국 하지 부자(父子)에 의해 크게 확대된다.

(1) 최초의 계약사상 주창자 코케이우스(1603~1669)

코케이우스는 독일의 신학자로 브레맨, 프라네게르에서 신학을 가르치다가 나중에는 네덜란드 라이덴에서 가르쳤다. 그는 칼빈주의자였으나 당대의 정통 칼빈주의자들의 주장을 반대했다. 그의 주요 저서인 《Summa Doctrinae De Foedere et Testament Dei》(1648)에서 구속에 관한 성경의 가르침을 요약 설명했다. 그는 타락 이전과 이후의 하나님과 인간과의 관계를 언약이라는 형식으로 설명한다.

에덴동산의 아담과 하와에게는 인간의 순종을 통한 행위로 구원을 약속하셨으나 인간의 범죄로 행위 언약은 무효가 되었다. 다음으로 성부, 성자와의 합의에 의한 은혜의 언약이 구원의 선물로 주어졌다. 이와 같은 은혜의 언약은 연속적인 역사들 단계 속에서 실현되고 있다. 이 같은 사상 속에 구속사와 천년왕국 사상이 도입되었다.

(2) 영국 청교도 신학자 퍼킨스(1558~1602)

퍼킨스(W. Perkins)는 영국 케임브리지대학에서 공부한 후 대학 강사와 설교자로 활약하였다. 그래서 훗날 청교도 지도자들에게 많은 영향을 끼쳤다. 그는 전통 신앙을 중요시했으나 공적으로 장로교 신학이나 정책을 지지한 일은 없다. 그는 목회 쇄신과 경건의 실천에 적극적인 관심을 쏟았다.

그가 대중의 신앙 지침을 위해 쓴 《황금 사슬》(A golden chain, 1590)이라는 저서가 유명하게 알려졌다. 그는 교부학, 로마 가톨릭 신앙, 마술과 점성술 등 다양한 양심상 거리끼는 문제점들에 관해 폭넓은 논쟁을 벌이며, 성경 주석도 많이 썼다. 그의 신앙은 네덜란드 신학자들에게 큰 영향을 미쳤고, 영국에서는 청교도들에게 영향을 미쳤으며, 17세기 유럽에서는 경건주의에 영향을 끼쳤다.

그가 주장한 '황금 사슬' 이론은 로마서 8장 29-30절에 근거한 '미리 아신 자들'의 예지(豫知)와 '미리 정하심'의 예정(豫定)이 된 자를 부르시고(召命), 그들을 의롭다 하시고(義認), 그들을 영화(榮華)롭게 한다는 연결 단어들이 '황금 사슬'이라는 이론이다.

(3) 미국 프린스턴의 하지 부자(父子)

아버지 찰스 하지(C. Hodge, 1797~1878)와 그의 아들 알렉산더 하지(A. A. Hodge, 1823~1886)는 두 부자 모두 프린스턴과 관계가 있다.

그러나 프린스턴종합대학으로 개명된 것은 1896년이다. 그 이전에는 뉴저지대학(College of N. J)이었다. 그렇기에 정확하게는 찰스 하지는 프린스턴 전신인 뉴저지대학 교수였고, 아들 알렉산더 하지는 프린스턴대학 교수가 맞다. 찰스 하지는 《*Biblical Repertory and Princeton Review*》라는 연구지를 창간해 40년 넘게 그의 신학 사상을 발표했다. 그리고 그의 대표작품으로 《조직신학》 3권(1872~1873)이 있다.

그는 장로교 구파(Old School)에 속해서 신파 자유주의 경향을 강력하게 반대하며 성경의 축자 영감과 무오류성을 믿는 근본주의 신학자이면서 칼빈주의 신학자였다. 그리고 그의 아들 알렉산더 하지가 프린스턴대학의 조직신학 교수였으나 그는 아버지의 신학 사상의 계승과 보급에 주력했다.

아들은 학식이 깊지 못해 그에게서 독창적 사상은 나오지 않았다. 이들 부자(父子)는 칼빈 사상 중 계약신학도 보급했다.

(4) 칼빈 신학교 벌콥 교수(1873~1957)

루이스 벌콥(L. Berkhof)은 네덜란드에서 태어나 미국 이민 후 미시건주 그랜드 래피즈 칼빈신학교를 졸업한 후 프린스턴 대학원 과정을 마쳤다.

그는 칼빈신학교 교수로(1906) 30년 동안 기독교 개혁교회 지도자들에게 조직신학을 가르쳤다. 그는 미국 정통 칼빈주의자로 알려진 하지 부자의 영향보다는 네덜란드 칼빈주의 신학자 카이퍼(A. Kuyper, 1837~1920)와 바빙크(J. H. Bavink, 1895~1964)의 견해를 따랐다.

벌콥의 대표 저서로 《개혁 교의학》(3권. 1932)과 《기독교 신학 개론》(1933)이 있으며 두 권 다 한국어로 번역되었다.

2) 계약신학의 내용

계약신학이란 성경 신·구약 전체가 2~3개의 계약으로 요약되었다는 성경 철학에 의해 설명을 해나가는 일종의 성경적 신학을 뜻한다. 개혁신학자들이 처음에는 두 개의 계약을 말했으나 그것이 후대에 더 발전되어서 현재는 세 개의 계약으로 완성되어 있다.

그 세 가지 계약이란 다음과 같다.

(1) 행위 계약(Covenant of Work)

창세기 2장 16-17절, 신명기 6장 5절, 10-12절, 30장 15-20절, 누가복음 10장 28절, 로마서 7장 10절, 10장 5절, 갈라디아서 3장 12절 등을 근거로 하나님은 아담을 인류의 대표자로 삼고 타락하기 이전에 계약을 맺으셨다. 그 계약은 하나님의 명령에 순종하면 영생을 얻고, 불순종하면 영벌을 받는다는 행위에 의한 계약이었다. 그러나 이와 같은 행위 계약은 창세기 3장에서 아담의 불순종으로 파기되었다.

(2) 은혜 계약(Covenant of Grace)

창세기 3장 15절, 12장 1-3절, 15장 6절, 17장 7절, 이사야 53장 10-11절, 누가복음 22장 29절, 요한복음 10장 18절 등을 근거로 인간이 타락한 이후에 하나님이 인류와 맺은 계약이다.

하나님은 창세기 3장 15절에 '여자의 후손'이라는 전 인류에게 주신 은혜 계약을 처음 나타냈고, 창세기 9장에서는 하나님께서 선택하신 노아와 그 아들들에게 은혜의 계약으로 번성하게 했으며, 창세기 12장에서는 아브라함을 선택하신 후 여호와를 믿을 때 의로 여기신(창 15:6) 예수를 믿음으로 구원받는 은혜 계약이 완성되었다.

(3) 구속 계약(Covenant of Redemtion)

하나님께서는 창조 이전에 성삼위 간에 인류 구원을 위한 구속 계약을 맺으셨다. 성부 하나님은 구속을 계획하시고, 성자 하나님은 하나님의 계획을 순종하고 실천하시고, 성령 하나님은 성부, 성자의 사역을 실제로 적용하게 하셨다.

이에 대한 근거로 에베소서 1장 3-14절, 성부의 창세 전 예정, 그리스도의 속량, 성령의 인치심을 설명한다. 또 에베소서 3장 11절, 디모데후서 1장 9절, 야고보서 2장 5절 등을 근거로 제시한다. 이 내용이 칼빈주의 신학자들이 만든 계약신학의 핵심이다.

3) 계약신학의 문제점과 실제적 사실

(1) 계약신학의 문제점들

(a) 성경의 잘못된 주석에 근거한 점들

창세기 2장 15-17절의 아담에게 준 지시는 명령이지 쌍방 간의 계약이 아니다.

신명기 6장 4-17절은 이스라엘 민족에게 준 행위 계약은 될 수 있으나 그것을 전 인류의 행위 계약으로 확대시킨 것은 결정적인 해석상 문제점이다.

창세기 3장 15절, 12장, 15장, 17장의 아브라함과의 언약을 인류 전체와 연관시키는 것은 성경의 바른 해석이 아니다. 에베소서 1장 내용은 구원받은 바울 사도가 자기 같은 핍박자가 그리스도의 사도가 된 과거사를 믿음으로 해석하는 과거사 고백이다. 이 같은 과거사 고백은 반드시 구원받은 자들만이 할 수 있는 고백이다. 이것을 구원받은 바 없는 전체 인류의 구속 계약이라는 억지 해석은 성경 본문을 완전히 왜곡시킨 것이다.

(b) 구약 중심의 성경 해석
① 구약과 신약의 구별이 없고 신약을 구약의 연장으로 보는 성서 해석상의 문제점이 따른다.
② 행위 계약이 은혜 계약으로 발전될 수 있다는 가정이 가능한 신학 논리다.
③ 구약시대 때 교회는 없었다. 그런데 아브라함 때 믿음으로 구원받는 교회가 있었다는 논리는 완전 비성서적이다.
④ 구약의 할례와 신약의 유아세례를 결부시킴으로 초기 신대륙의 청교도 후예들과 미국 건국사에 커다란 오점을 남겼다.

(c) 역사적 사례
초기 청교도들에게 계약신학이 크게 각광을 받았다. 그 확실한 근거가 '메이플라워 서약'(May Flower Compact)이다. 미국 초기 개척자 41

명이 메이플라워호 선상에서 1620년 12월 11일에 체결한 서약은 신대륙에서 영국 정부의 통제를 받지 않고 자신들의 자유에 따라 행동할 것을 서약하는 계약 행위를 실행한다.

그와 같은 청교도들은 영국에서 유아세례를 받은 자들로 자신들은 '계약자'라는 자부심을 가지고 살아갔다. 그런데 1세대 청교도 후손인 2세대들은 유아세례를 받지 못하고 자랐고 '타락한 계약자'(Degeneration of the Covenant) 또는 '절반짜리 계약자'(Half-Way Covenant)가 나왔다.[48]

지금도 유아세례를 받으면 하나님의 계약 백성이 된다고 가르치는 것이 현재의 계약신학 현실이다. 그래서 내용적으로 구원받지 못한 자가 유아세례을 받았고, 예배당 출석만 잘하고, 십일조 헌금만 잘하면 구원받은 줄로 착각하게 만들고 있다.

한국 선교 초기 1890~1900년까지 선교사들이 약 40여 명이 왔다. 그들 중 16명은 청교도 신학의 본산지인 프린스턴 출신이고 또 11명은 똑같은 장로교 신학교 맥코믹(Macormic) 출신이었다. 이들 모두가 청교도의 계약신학 신봉자들이었다. 이들은 교회 출석, 열정적 성경공부, 예배당에서 많은 시간을 보내는 것 등이 신앙심이 깊은 증거라고 착각하며 살아갔다. 그러나 참된 신앙은 거듭난 성도로 어느 곳, 어느 때든지 주님과 동행하는 삶으로 증거되어야 하는 것이다.

---

48) 정수영, 새교회사Ⅱ, p. 374.

8. 세대주의

세대주의((世代主義, Dispensationalism)라는 말은 우주 전체를 하나님의 집으로 보고 여러 가족이 함께 모여 사는 공동체인 집을 잘 다스리고 잘 관리해야 한다는 개념을 우주적으로 확대시킨 개념이다.

1) 세대주의에 대한 성서적 근거

누가복음 16장 1-13절에 옳지 않은 청지기 비유가 기록되었다. 이때 '청지기'라는 말이 원문으로 '오이코노모스'(οἰκονόμος)다. 이때의 청지기는 큰 집의 가정사를 책임지고 돌보는 일을 맡은 Steward 즉 청지기다. 이렇게 큰집을 맡은 청지기는 주인의 뜻에 합당한 관리를 해야만 되는 의무가 주어져 있는 것이다. 이와 같은 가정의 청지기 직분이 있는 것처럼 바울 사도는 고린도전서 9장 16-17절에서 자기는 복음을 전하는 사명을 받았다고 한다. 그런데 이때 쓰인 '사명'이라는 단어가 앞서 쓰인 '청지기'라는 말과 똑같은 '오이코노미안'(οἰκονομίαν)이다. 그런데 바울 사도의 에베소서 1장 9절에 '때가 찬 경륜'이라는 말과 3장 2절의 '은혜의 경륜', 3장 9절의 '비밀의 경륜'이라는 모든 '경륜'이라는 말 역시 '오이코노미안'(οἰκονομίαν)이다.

또 골로새서 1장 25절의 '내게 주신 직분'이라는 단어가 과거 개역한글 성경에는 '경륜'이라고 번역되었던 것 역시 '오이코노미안'(οἰκονομίαν)이다. 또 디모데전서 1장 4절의 '하나님의 경륜'에서도 '오이코노미안'(οἰκονομίαν)이다.

여기 누가복음 16장의 '청지기'나 고린도전서 9장 17절의 '사명', 에베소서 1장 9절, 3장 2절, 3장 9절의 '경륜'이나, 골로새서 1장 25절의 '직분'이나 우리말 번역은 다르게 번역되었으나 원문은 다 똑같은 '오이코노미안'(οἰκονομίαν)이다.

우리말로 번역된 다른 성경들도 마찬가지다. 원문은 다 같은데 표준 새번역 성경은 고린도전서 9장 17절을 '직무'로, 에베소서 3장 2절을 '직분'으로, 골로새서 1장 25절을 '사명'으로 번역했다.

또 공동번역은 고린도전서 9장 17절을 '직무'로, 에베소서 1장 9절을 '계획대로', 에베소서 3장 2절과 골로새서 1장 25절을 '일꾼'으로 번역했다.

이렇게 다른 번역들이 틀린 것이 아니라 같은 원문을 약간 다른 용어로 표현했을 뿐 핵심은 다 같은 뜻이다. 이렇게 여러 곳에서 다 똑같이 공통으로 쓰인 단어가 '오이코노미안'이다. 여기서 우리는 놀라운 공통적 사실을 깨닫게 된다. 하나님께서는 큰 집을 맡기실 때는 청지기로 쓰시지만, 교회나 또는 시대에 따라서 사명을 주시는 것은 시대에 따라 또는 세대(世代)에 따라 각각 다르게 주어진다는 것을 깨닫게 된다. 이렇게 하나님의 섭리를 각 세대마다 각각 다르게 사명을 맡겨 주신다는 전제하에 성경 전체를 해석하려는 신학 입장을 '세대주의' 또는 '경륜주의'라고 한다.

2) 세대주의의 발전 과정

세대주의적 성경 해석법은 아주 오랜 교회 역사 속에 꾸준하게 발전해 온 많은 발전 단계의 역사가 있다.

여기서는 과거 교회 2000년 역사 속에 세대주의에 가까운 신학사상을 표명한 자들의 발자취를 살펴보겠다.[49]

---

49) 정수영, 신학의 역사, pp. 489~497.

(1) 초기 유아기(AD 100~500)

① 유스티누스(Eustatius)를 영어 문헌들에는 저스틴 마터(Justin Martyr, 100~165경), 순교자 저스틴으로 기록되었다.

그는 기독교가 미신 종교라는 오해를 여러 가지 학문적 근거로 변증한 문헌들을 남기며 기독교 전파에 주력하다가 피우스(Pius) 황제에 의해 순교 당한다. 그의 문헌을 보면 구약에는 창조시대, 노아시대, 아브라함 이후 족장시대 등으로 몇 개의 상이한 시대가 있었음을 주장했다.

② 이레나이우스(Irenaeus, 175~195)는 갈리아 지역의 감독으로 그도 역시 영지주의 오류를 반박하는 변증서들을 남겼다. 그의 글에도 구약에는 3시대로 구별되는 시대가 있었고, 또 신약의 복음서 시대는 구약과 다른 시대였음을 설명한다.

(2) 중세 이후 근대시대(1600~1800)

① 피에르 포아레(Pierre Poiret, 1646~1719)

프랑스 신학자 포아레는 《하나님의 시대》(1687)라는 저서에서 성경 전체 역사를 7개의 시대로 구분했다. ① 유아기 = 아담 ② 소년기 = 모세까지 ③ 사춘기 = 선지자 시대까지 ④ 청년기 = 예수님 초림까지 ⑤ 성년기 = 은혜(교회) 시대 초기 ⑥ 노년기 = 은혜(교회) 시대 중기 ⑦ 회복기 = 천년왕국이다.

이 구분이 맞느냐 틀리느냐가 아니라 하나님의 섭리 세계를 7시대로 구분하는 시도가 일찍이 있었다는 사실이 중요하다.

② 존 에드워즈(John Edwards, 1647~1716)

영국인으로 케임브리지대학을 졸업하고 트리니티 교회를 섬겼고 훗날 세인트존스대학의 특별 연구원이 되었다.

그러나 그는 칼빈주의 신념 때문에 기관에서 오래 사역을 못하게 되었다. 그는 30년 동안 40권 이상의 책을 냈다. 그중 가장 유명한 책은 영국 경험론자 철학자 J. 로크(J. Locke, 1632~1704)에 대해 논박하려고 쓴 《Socinians 신조》라는 것이 있다.

그가 쓴 저서에 성경 역사를 세대별로 구별한 내용이 있다.

① 무죄시대 = 아담 창조
② 죄와 비참 상태 = 아담 타락
③ 회복시대 = 족장 시대
　　　　　모세시대
　　　　　이방시대
　　　　　기독교 시대로 세대를 구별했다.

③ 아이작 와츠(Esac Watts, 1674~1748)

아이작 와츠는 런던 비국교파 목사로 찬송가 작사자로 더 유명하다. 그는 칼빈주의의 전적 타락과 부패를 부인하고 이성의 잔재들이 남아 있다고 믿었다.

그는 성경 시대로 ① 무죄 시대 ② 아담 타락 후 시대 ③ 노아 시대 ④ 아브라함 시대 ⑤ 모세 시대 ⑥ 기독교 시대가 있다고 주장했다.

(3) 존 넬슨 다비(J. N. Darby, 1800~1882)

다비는 영국 아일랜드 출신이다. 그는 더블린 트리니티대학에서 뛰어난 성적을 얻고 아일랜드 국(國)교회 사역 중 기성교회에 불만을 품고 〈교회의 본질과 통일성〉(1827)이라는 논문을 발표해 나라 전체를 놀라게 했다. 그는 신부직을 사임하고 플리머스 형제단의 지도자로 활약한다. 그는 플리머스 형제단 내에서도 예언과 교회론의 차이로 형제단의 분열을 가져온다.

그가 믿는 신념 전파를 위해 북아메리카, 서인도제도, 뉴질랜드 등 선교여행을 하며 자신의 세대주의 사상을 보급시켰다. 다비가 발행하는 연구지를 통해 북미 지도자들이 성경공부 모임을 시작하였고 그것이 '나이아가라 사경회'로 확대되었음을 앞에서 설명했다. 다비가 주장하는 성경 시대에는 ① 낙원 시대 ② 노아 시대 ③ 아브라함과 족장 시대 ④ 이스라엘 시대 ⑤ 이방인 시대 ⑥ 성령의 교회 시대 ⑦ 천년왕국 시대로 구분했다.

이 같은 다비의 세대주의 구분은 미국 보수주의자 지도자들에게 많은 영향을 미친다.

(4) 스코필드(C. I. Scofield, 1843~1921)

미국에 세대주의 신학을 크게 보급한 성경학자다. 그는 미시간주에서 태어나 테네시주에 자랐고, 남북전쟁 때는 남부군 총사령관 리(Lee) 장군 밑에서 복무하며 남부 연합국의 십자 훈장을 받았다. 그 뒤 법률 공부를 한 뒤 캔자스주 변호사, 연방 변호사, 세인트루이스에서 변호사로 개업했다. 그런데 그곳에서 알코올 중독자였다가 회개한 장로교 목사를 통해 구원을 받은 후 성경공부에 전념한다. 그는 변호사 개업을 중단하고 댈러스에 있는 조그마한 회중교회 목사로 사역한다 (1882~1895).

그 후 무디의 요청으로 무디 교회를 이어받았다(1895~1902). 그 뒤 다시 댈러스 교회로 돌아왔다(1902~1907). 그는 미국과 영국을 상대로 성경 대회 운동을 전개했다. 1909년 유력한 사업가들에게서 재정적 지원을 받아 세대주의와 전천년주의 입장에서 "스코필드 관주 성경"을 출판했다. 이 관주 성경을 전 미국 교회 전체에 보급시켰다. 이렇게 해서 "스크필드 관주 성경"으로 전 미국에 세대주의 신학사상을 보급시켰다.

이 "스코필드 관주 성경"으로 미국의 침례교회, 성서교회, 독립교회가 모두 크게 영향을 받는다.

스코필드가 주장한 세대 구별은 다음과 같다.

① 무죄 시대(창 1:28-3:21 창조와 타락)

② 양심 시대(창 3:22-8:19 타락 후 홍수)

③ 인간 통치 시대(창 8:20-11:9 홍수 후 바벨탑)

④ 약속 시대(창 11:10-출 18:27 아브라함부터 율법 받을 때)

⑤ 율법 시대(출 19:1-그리스도의 십자가)

⑥ 은혜 시대(행 2:1-계 19:27 성령강림부터 재림)

⑦ 천년왕국(계 20장)

(5) 오늘날의 세대주의

① 고전적 세대주의(다비 때부터 1950년 초)

② 수정된 세대주의(1950년 말~1970년 말)

③ 진보적 세대주의(1980년~현재)

이와 같은 발전 단계를 거치면서 세대주의 세대 구분과 명칭은 계속해서 달라진다.

이렇게 세대주의 구분이 달라지는 것은 인간들이 살아오는 정치 체제가 군주제 → 입헌 민주제 → 사회주의 → 자본주의 등으로 바뀌는 것처럼 성경에 관한 해석 역시 세상에 맞게 해석 방법이 달라져야 하는 필요성 때문이다. 그 결과 오늘날의 세대주의는 다음과 같이 구분한다.
① 천지창조 시대
② 구약 시대
③ 예수의 초림과 신약 시대
④ 예수의 공중 강림과 지상 성도의 공중 휴거 후 공중 혼인 잔치
⑤ 지상 7년 대환난 시대
⑥ 그리스도 재림과 천년왕국 시대
⑦ 백보좌 심판 후 영원한 천국과 지옥 등

필자는 오늘날의 세대주의 주장을 가장 성서적 내용으로 믿는다. 그래서 이 같은 신념으로 요한계시록 강해서를 세 권으로 저술했다.
1권《교회 시대》(계 1-5장)
2권《대환난 시대》(계 6-18장)
3권《새 하늘과 새 땅》(계 19-22장)

3) 세대주의의 장점

세대주의 장점으로 성경 해석의 융통성을 가질 수 있다. 우리는 구약과 신약상의 차이는 물론이고 신약에서도 차이를 느끼는 부분들로 당황하게 되고 해답을 얻지 못할 경우가 있다.

예컨대 창세기 9장 3절에 모든 산 동물은 너희의 먹을 것이 될지라고 했다. 그런데 레위기 11장 3-8절에는 어떤 동물들은 먹지 말라고 금지했다. 또 창세기 17장 10절에 너희 중 남자는 다 할례를 받으라고 했고 할례를 받지 아니한 남자는 백성 중에서 끊어지리라고 했다(14절). 그런데 갈라디아서 5장 2절에는 너희가 할례를 받으면 그리

스도께서 너희에게 아무 유익이 없다고 했다.

또 누가복음 9장 3절을 보면 여행을 위하여 아무것도 가지지 말라고 했으나 누가복음 22장 36절에 전대 있는 자는 가질 것이요 배낭도 그리하고 검 없는 자는 겉옷을 팔아서 사라고 했다.

또 요한복음 1장 17절에 율법은 모세로 말미암아 주어진 것이고 은혜와 진리는 예수 그리스도로 말미암은 것이라고 했다. 그런데 로마서 6장 17절에서는 너희가 법 아래 있지 아니하고 은혜 아래 있으므로 율법이 무용한 것처럼 설명되고 있다.

또 히브리서 7장 11-22절에는 제사장 직분이 아론에서 예수로 바꾸어진 사실을 설명한다. 또 마태복음 5장 17-19절에는 율법이나 선지자를 폐하러 온 것이 아니라 완전하게 하려 함이라고 했다. 그런데 고린도후서 3장 6-11절에는 율법 조문은 죽이는 것이라는 근거로 율법 폐기론 같은 주장도 생겼다.

이렇게 성경을 내용 속에는 서로 충돌이 가능한 내용이 많이 혼재해 있다. 이와 같은 상반된 내용을 획일적으로 이해하려고 하면 이해가 불가능해진다. 이런 때는 성경이 주어지는 각 시대별 차이를 인정하는 '세대'(世代)에 따른 하나님의 경륜이 다름을 믿어야 해소된다. 그렇게 성서 해석에 있어서 문자적, 문법적, 역사적 해석의 다양성과 일관성을 가진 신학을 가질 때 합당한 성서 해석이 가능하다.

만일 성서 해석을 '계약신학'이라는 신학 기반 위에서 해석하려고 한다면 성경에서 '계약' 사상은 구약에만 국한된다. 신약에는 구약의 계약이 완성되었음을 설명하지만 신약성경에는 그 누구도 계약을 주었다는 기록이 없다. 따라서 계약신학은 구약 중심의 신학일 뿐 신약의 더 중요한 진리를 간과하고 있다. 따라서 세대주의 신학이 구약과 신약을 구별시키고 이스라엘과 교회를 구별시키며, 교회 시대와 대환난 시대, 천년왕국을 구별시키는 가장 성서적 신학이다.

이 같은 세대주의 신학을 가르치는 신학교들이 달라스(1924 창설), 그레이스, 탈봇(Talbot), 서부 보수 침례신학교(C. B. C), 리버티대학, 무디성경학교, 바이올라(필라델피아) 등으로 미국 내 보수신앙은 거의 세대주의 신학이다.

제3편 전기 동남아 세상과 교회

제1장 전기 동남아 세상

필자가 말하는 전기란 현대 교회사 1800~2020년 중에서 19세기에 속하는 1800~1900년대를 의미한다.

흔히들 19세기라고 칭하는 1800년대 동남아 세상은 어떠했는가? 한마디로 말해 19세기 전체는 열강국들의 침략시대로 규정할 수 있다.

인도는 영국이 19세기 한 세기 동안 침략 전쟁으로 지배한 끝에 20세기에야 비로소 독립을 얻었고 200년간 침략에 시달렸다.

중국도 영국의 침략으로 아편전쟁이라는 역사에 있어서 씻을 수 없는 비극을 겪는다. 일본은 19세기 초 서방 문화를 개방해 열강에 오른 후에 한국을 식민지화하는 선진국이 된다. 반면 한국은 유교의 공리공론 논쟁이 당쟁으로 확대되면서 세계화에 눈을 닫고 쇄국 정치로 우물 안 개구리가 되었다. 이렇게 동남아 전체가 세상적, 정치적으로 소용돌이치는 속에서도 가톨릭의 필리핀 선교와 개신교의 한국 선교는 전 세계에서 보기 드문 큰 열매를 거두게 되었다.

필자는 제1장에서 19세기 동남아 세상을 살펴보고 제2장에서는 교회의 역사를 살펴보겠다.

1. 인도(India)

인도는 근 330만km²의 방대한 국토에 인구가 14억으로 세계 제2위로 인구가 많은 국가이다. 인도는 힌두(Hindu)와 같은 어원에서 출발한 힌두교 국가 13세기부터 무슬림들이 왕조를 형성하면서 힌두교와 이슬람의 두 종교가 국민들을 구성하고 있다. 인도의 과거 역사는 부족 국가에서 왕조 시대로, 그다음에는 사성(四姓)으로 불리는 카스트 제도가 생기고 힌두시대, 무슬림시대, 무굴제국 시대를 거치면서 봉건제이면서 각 왕국 시대를 열었다.

그런데 18세기 영국이 통상을 시작으로 이권을 시작한 이래 차츰 분쟁에 개입해 무굴 황제의 연합군을 무찌르고 식민 지역을 넓혀 나갔다. 여기서 영국이 인도를 식민지로 만들기 위해 약 100여 년 동안 줄기차게 침략 전쟁을 일으켰던 침략 전쟁사를 정리해 보겠다.

1) 영국과 인도 마이소르(Mysore) 전쟁

마이소르(Mysore)는 인도의 남부 카르나타카주(州) 남부에 있는 인구 50만가량의 공업도시이다. 마드라스의 서남쪽 400km 지점에 있다. 현재는 마이소르 대학과 국립 중앙 식량 기술 연구소 등 연구 기관들이 많은 연구, 학원 도시이다. 그런데 18세기 때는 힌두교 세력을 겪고 이슬람 왕국이 세력을 넓혀 가고 있었다. 새로운 이슬람 왕국으로 세력을 넓혀 나가려 할 때 당시 남인도에서 세력을 넓혀 나가는 영국과 4차에 걸친 전쟁을 하게 되었다.

제1차 1767~1769년, 제2차 1780~1784년 두 차례 전쟁에서 영국은 모두 패하였다. 이 싸움 중 제2차 전쟁 때는 프랑스가 마이소르를 지원함으로 영국과 프랑스 대립으로 확대되었다. 그러나 제3차 1790~1792년, 제4차 1799년 전쟁에서 마이소르 왕을 죽이고 영국은 남인도에서 영국의 기반을 확립했다.

2) 영국과 인도 마라타(Maratha) 전쟁

마라타(Maratha)는 인도 중서부에 살고 있던 인도 유럽계 인종을 뜻한다.

이들이 데칸고원에 마라타 왕국을 세웠으나(1674~1818) 18세기에는 무력해졌다. 이곳에 영국 세력이 진출하자 북인도 최대의 세력을 가진 마라타족들이 연합체를 이루어 영국과 3차에 걸쳐 전쟁을 하게 되었다.

제1차 1775~1782년 때에는 영국이 패배했다. 제2차 1803~1805년, 제3차 1817~1818년에는 마라타 동맹 세력이 패함으로 영국에 예속되게 된다.

3) 영국과 인도 시크(Sikk) 전쟁

시크교(Sikkhism)는 힌두교에서 파생한 한 종파이다. 힌두교의 신애(信愛) 사상과 이슬람의 신비 사상을 혼합하여 창시한 시크교는 인도 서북부 펀자브 지방을 중심으로 오늘날에도 강력한 종교 세력을 확보하고 있다. 펀자브 지방은 시크교 왕국과도 같은 곳이다. 이들 시크교가 무굴제국과 격렬한 항쟁으로 세력을 확보했으나 이들 분쟁을 틈타 영국이 두 차례 걸쳐 전쟁을 일으켰다. 1차로 1845~1846년, 2차로 1848~1849년 두 차례 전쟁으로 시크 왕국을 멸망시키고 영국의 인도 식민지화를 완성한다.

4) 영국의 무굴제국 멸망(1858)

무굴(Mughul)제국은 16세기 전반부터 19세기 중엽까지 인도에 군림했던 인도 역사상 최대의 이슬람 왕조를 뜻한다. 무굴제국이 최대로 왕성했을 때는 인도 반도의 절반 이상의 북부 지역이 무굴제국의 지배를 받았다. 영국은 1765년에 벵골주의 징세 행정권 장악으로 식민화를 시작하여 1857년 인도의 대반란인 세포이의 항쟁이 일어나자 그다음 해에 무굴제국을 정식으로 멸망시키고 인도를 직할 식민지로 만든다.

영국이 인도를 침략해서 최초에 마이소르 전쟁을 일으킨 때가 1767년이었다. 그 후 1858년에 인도인들의 대반란인 세포이 반란(1857)이 일어나자 무굴제국을 완전히 멸망시키고 정식으로 식민지로 만든다. 영국은 인도의 식민지화를 위해 약 100여 년(1767~1858) 동안 수많은 전쟁을 통해 인도를 굴복시켰다. 그렇게 시작된 영국의 인도 식민지 시대가 1946년까지 계속된다.

5) 인도의 독립 투쟁

1885년 인도 국민 회의파가 창립되어 독립을 요구하고, 1906년 전 인도 무슬림 연맹을 결성해 독립을 요청하고, 1919년 간디의 지도하에 무저항 독립 반영 투쟁이 시작되었다. 1946년 영국은 인도 독립을 발표한 후에 1947년 인도, 파키스탄이 분리 독립되고, 1948년 간디가 암살당한다.

2. 중국(China)

중국은 세계 최고의 인구(14억)를 가진 나라이다. 또 중국은 세계 최고의 열강국으로 군림해 온 미국을 넘보며 최고 열강국을 놓고 경쟁하는 나라로 부상하였다. 과거 역사에서는 전혀 볼 수 없는 현상이다.

우리가 중국을 이해한다는 것은 중국 내 변천의 역사가 너무도 다양하기에 그리 쉽지가 않다. 그러나 우리는 중국의 이웃 국가로 중국 내 역사 변천에 따라 다양한 영향을 받아왔다. 여기서는 다양하게 변천된 중국 역사의 윤곽을 살펴보고 현대사에 해당하는 청(淸)나라 역사를 개괄해 보겠다.

먼저 전체적인 중국 역사를 보자.

중국인들의 주장에 의하면, 주전 5000년경(?) 양사오 문화(仰韶文化)가 있었다고 주장하지만 신뢰성은 없다. 또 전설에 의하면 3황(三皇) 5제(五帝) 시대가 주전 1600년경에 있었다고 하나 이 주장도 후대인들이 만든 전설로 역사성이 없다. 중국은 주(周)나라 때(BC 1050) 이후부터 역사성을 제대로 인정받고 있다. 그 후 주전 770년경의 춘추(春秋)시대부터 주전 202년까지의 전국(戰國)시대를 거친다. 이 시기에 공자(孔子, BC 552~479)가 탄생했고 진(秦) 시 황제(BC 221)가 중국 통일 후 만리장성을 쌓는다.

유방이 진을 멸망시키고 한(漢)나라를 세웠을 때(BC 202) 사마천의 《사기》(史記, BC 97)가 완성된다.

한나라가 주후 220~280년에는 위(魏), 촉(蜀), 오(吳) 3국의 경쟁시대를 겪는다.

주후 280년 진(晉)나라가 중국을 통일하고 주후 581 수(隋)나라 양제가 고구려 토벌 후 망하고 주후 618년 당(唐)나라가 등장했으나 중국 역사에 최초의 여자 측천무후(則天武后)가 제위에 올라(690) 나라를 주(周)라고 했다. 당이 망하고(907) 다시 송(宋)을 건국해(960) 중국을 통일한다.

금(金)나라가 송을 멸망시키고(1125), 원(元)나라는 금을 멸망시키고(1271), 주 원장이 명(明)나라를 건국한다(1368). 그다음에 청(淸)나라가 건국되어(1636) 1912년에 청나라가 망하고 중화민국이 수립되었다. 1921년 중국 공산당이 성립되어 장개석과 모택동 간의 권력 투쟁이 계속되어 1949년 모택동이 중화 인민 공화국(중공)을 만들어 현재에 이르고 있다.

1949년 모택동에 패한 장개석이 타이완(대만) 섬으로 옮겨 중화민국을 계승해 오고 있다. 그러나 중공이 대만 정부를 없애고 중국에 합병시키려는 무력 공격에 미국 등 서방 제국들이 반대하고 있는 현실이다.

오늘 필자가 주목하려는 대목은 중국의 청(淸)나라 때(1636~1912)로, 특히 1800~1900년 사이의 19세기의 중국 역사를 살펴보려고 한다.

1) 포르투갈의 마카오 지배(1680)

마카오(Macao)는 중국 남부 주강(株江) 하구에 있는 인구 50만 정도의 항구 도시이다. 이 도시에는 중국의 마각묘(마코마오)라는 사원이 있다. 이 도시에 상륙한 포르투갈인이 1557년 명(明)나라가 시도하는 해적단 토벌에 협력한 대가로 포르투갈인 거주를 허락받는다. 그 후 포르투갈인은 '마각묘'를 '마카오'라고 명명하며 인도의 고아, 말레이시아의 말라카 등 아시아의 무역 기지로 활용해 나갔다.

1623년 네덜란드가 마카오를 공격할 때 포르투갈인이 이를 격퇴시킨다. 이로 인해 신뢰를 얻은 포르투갈은 청나라의 허락을 받고 1680년에 포르투갈의 총독이 마카오 행정을 맡는다. 1887년에는 청나라의 공식 인정을 받고 포르투갈 식민지가 된다. 이때부터 입법 의회 기관이 입법, 행정, 재정의 자치권을 행사한다. 1999년 중국에 반환했으나 그동안 300여 년간 포르투갈의 지배를 받았으므로 주민은 화교이나 공용어가 포르투갈어고 종교는 가톨릭이다. 그래서 가톨릭계 성당, 학교, 병원 등이 지금도 존재하고 있다.

우리나라 최초의 한국인 신부(神父)로 알려진 김대건(1821~1846) 신부가 마카오 신학교에서 6년간(1837~1842) 수학 후에 신부가 되었다. 김대건 신부는 1846년 9월 15일에 죽인 죄수의 목을 베어 머리를 매달아 놓는 군문효수(軍門梟首)형으로 순교 당한다. 1948년 로마 교황청은 103위 성인(聖人) 중 하나로 시성하였다. 지금은 마카오가 중국령이지만 그 내용을 보면 포르투갈인의 지배사로 남아있다.

2) 영국과 중국의 아편전쟁

영국은 중국과 제1차(1840~1842)와 제2차(1856~1860)에 걸친 아편전쟁이라는 수치스러운 오욕의 역사를 남겼다.

이 내용을 간략하게 정리해 보겠다.

영국은 산업혁명으로 모든 물자들이 대량으로 생산되어 국내 소비는 물론이고 해외에 수출해야만 산업이 유지, 발전될 수 있게 되었다. 영국이 인구가 많은 중국이나 인도에 생산된 제품을 수출하려고 외교력을 발휘하자 중국은 광저우(廣州) 1개 항만을 대 중국 무역항으로 허락해 주었다. 그러나 영국으로서는 1개항만으로는 양이 차지 않으므로 청(淸)나라 정부에 사절들을 보내어 다른 항구들의 개방(허락)을 요구했으나 청나라는 이 모두를 거절했다.

한편 영국은 중국제 홍차(紅茶)와 생사(生絲), 도자기 등을 선호함으로 수출은 억제되고 수입은 증대되는 불균형으로 영국의 다액의 은을 중국에 수출하게 되었다. 그런데 1834년까지 중국 무역의 독점권을 가지고 있던 영국의 동인도회사가 영국령 인도에서 아편을 재배하여 정제품을 만들어 영국 민간인 상인들을 통해 중국으로 밀수출시키고 있었다.

영국의 공식 정부는 계속 무역이 증가되어 가는데 반면에 영국의 무역회사는 비공식적으로 부정한 방법으로 아편 수출을 늘려갔다. 그래서 1776년 이전의 아편 밀수출 규모가 200상자(1상자 약 60kg)였으나 1800년에는 2,000상자로, 1830년에는 2만 상자로 밀수출이 확대되어 나갔다. 1837년에는 3만 9천 상자가 중국으로 수출되어 중국인들 200만 명의 아편 흡입자가 발생했다.

이런 일로 영국령 인도에서는 아편 생산으로 수입이 증대되어 나가므로 조용하고, 영국은 중국의 홍차 수입 등으로 영국의 세 수입을 늘려갔다. 그러나 중국 관료들은 뇌물에 눈이 어두워 아편 증대로 국민을 병들어가게 하고 있었다.

이때 중국 정부의 고위직이 영국인이 밀수입시킨 아편 2만 상자를 소각해 버렸다. 이 일을 당한 영국 회사는 중국과 전쟁을 선포해야 한다는 영국 여론을 조성시켰다. 이때 영국 회사의 여론으로 영국 의회가 투표로 전쟁 여부를 결정하게 된다. 이때 영국 퀘이커 교도들과 자유주의파들은 도덕적 이유로 전쟁을 반대했으나 경제적 이유로 전쟁 찬성파도 생겼다. 1840년 4월 영국 의회는 9표 차이로 중국과의 전쟁 승인 결과가 이뤄진다. 이로써 영국 의회는 영원한 수치를 남기게 된다.

그렇게 해서 아편전쟁이 벌어진다. 제1차 아편전쟁은 1840~1842년에 이뤄진다. 영국은 48척의 함선과 4천 명 병력의 함대로 1840년 다구(大沽) 톈진(天津)을 위협했다. 1841년에는 인도 병력 약 1만의 병력을 증파해 양쯔강을 침입하고 난징(南京)을 함락한다. 청 왕조는 더 큰 침략을 두려워해서 1842년 8월에 난징조약으로 영국의 모든 요구를 다 수용한다.

그 결과 중국 내 광저우, 샤먼, 푸저우, 닝보, 상하이 등 5개 항을 허용한다. 또 홍콩(Hong Kong)의 경우 조세, 관세, 자주권, 사법권을 허용하여 영국의 직할 식민지가 된다. 몰수한 아편 대가를 지불하고, 군사비로 거액의 배상금을 지불하고, 각 개항에는 기독교 선교를 인정한다는 등의 조약이었다. 이때부터 230여 개의 섬들로 이루어진 인구 600만 규모의 홍콩은 1997년까지 영국 여왕의 대리자인 총독이 통치했다.

중국이 아편전쟁의 후유증으로 국민이 병들어가는 때 1850~1864년까지 광동성 농민 출신의 홍수전(洪秀全)이 시작한 배상제교(拜上帝敎)라는 신흥 종교 단체가 태평천국 난을 일으켜 난징을 점령했다.

이와 같은 중국민들의 반란은 제2차 아편전쟁(1856~1860)을 유발시킨다. 아편 중독에 병들고 나라를 잃은 중국인들은 영국에 대한 혐오뿐만 아니라 영국인들의 종교까지 배척하는 커다란 오류를 저지르고 말았다. 중국은 그 후에 프랑스에게(1894~1895), 미국에게, 일본에게(1931~1945) 계속적으로 약탈을 당했다.[50]

---

50) 제러미 블랙, 거의 모든 전쟁의 역사, 유나영 역, 서해문집, 2022, pp. 299~305.

오늘날 중국이 세계 경제 대국이 되면서 과거 자기들을 약탈한 서방국가들을 경계하고 적대하는 것도 모두 다 과거사에 비롯된 악몽들 때문이다.

3) 청(淸)나라 전 국토를 침식(侵蝕)한 외국 세력들

중국의 역사 속에는 항상 한(漢)족들이 번갈아 가면서 중국의 맥락을 이어왔다. 그런데 중국의 명(明)나라를 계승한 만주족이 청(淸)나라를 만든 후에 무려 300여 년(1616~1912)을 지배했다. 이들 만주족은 절반은 수렵(狩獵), 절반은 목축, 절반은 농업 등에 종사하며 살아가던 퉁구스계 민족으로 여진(女眞)족이라고도 했다.

여진족의 수장 누르하치(奴兒哈赤)가 조선의 임진왜란(1592~1598)을 전후하여 명(明)나라의 통제력이 허술해진 기회를 틈타 명나라를 무너뜨리고 청(淸)나라를 세웠다. 이들 여진족이 세운 청나라 때 조선을 침입하여(1627) 정묘호란, 재차 침입해(1636) 병자호란을 일으켜 조선 왕 인조가 남한산성으로 피신했다.

이때 남한산성에 포위 속에 갇혔던 왕세자가 삼전도(송파)에 설치된 수항단에서 청 태종에게 치욕적인 항복의 예절을 갖추고 청과 화약을 했다. 조선에서는 그토록 강력한 청(淸)나라가 영국의 아편전쟁으로 휘청거리고 계속해서 외국 국가들에게 영토를 내어주는 조약들을 체결하게 된다.

  1858년 러시아와 아이훈 조약
  1858년 영국, 프랑스와 텐진(天律) 조약
  1860년 영국, 프랑스군이 베이징 점령 후 베이징 조약
       이때 구룡반도, 텐진 개항, 러시아가 우수리강까지 지배
  1871년 러시아가 일리 지방을 점령

	청국과 일본의 청일 통상 텐진 조약
1876년	영국과 즈푸(芝罘) 조약
1881년	러시아와 일리 조약
1884~85년	프랑스와 전쟁
1894~95년	청일전쟁으로 시모노세키(下關) 조약
1898년	러시아가 뤼순, 다롄을 일정 기간 통치하기로 함
	독일이 자오저우만을 일정 기간 통치
	일본과 푸젠 성(福建省) 불 활량 협정
	영국이 주룽반도, 웨이하이웨이를 통치하기로 함
	프랑스가 광저우만을 통치함

이렇게 청(淸)나라 왕조는 존재했으나 중국의 전 국토는 외국 세력들이 모두 다 침식해서 자국의 이익을 위해 중국을 정복해 가고 있었다. 이런 때 중국인 중에서 일어난 국가 위기 극복 운동이 산동성에서 시작된 의화단 사건이었다. 의화단(義和團) 사건은 조선왕조 말기 때 천도교(天道敎) 신앙으로 동학혁명을 일으켰다가 청국과 일본 군대에게 진멸을 당한 것과 매우 유사한 청나라 말기의 사건이다.

4) 의화단 사건과 8개 연합국의 진압

의화단(義和團)은 1900년에 청(淸)나라가 외국 세력들에 의해 국권을 상실하고 온갖 외국 세력들에 의해 국가의 형태를 잃어 가는 데 대한 배외적(排外的) 농민 투쟁이다. 이 사건을 북청(北淸)사변이라고도 한다.

이 내용을 좀 더 알아보자.

중국 산동성 부근에 청나라 중기 때부터 의화권(義和拳)이라는 무술을 통한 종교 조직이 있었다. 그들의 말에 의하면 권술(拳術)을 배우고 주문(呪文)을 외우면 신통력(神通力)을 얻어 칼이나 총에도 상처를 입지 않는다고 했고, 이를 믿는 일종의 무술 신앙 조직이었다. 이들 무술 신앙인들은 청일전쟁(1894~1895) 후부터 이미 들어온 유럽세력들과 함께 나라를 망하게 해나간다는 위기의식을 강하게 느끼고 있었다. 실제로 외국의 값싼 상품들의 대량 유입으로 농민들의 생산품은 외면당하며 농민들의 생활이 파괴되어 갔다.

특히 외국 세력의 배경을 가진 그리스도교의 포교활동은 직접적으로 반감을 일으키는 특권 세력으로 증오의 대상이 되었다. 그래서 의화권 신자들은 자기들이 접하기 쉬운 예배당에 불을 지르고 신도들을 죽이는 반 그리스도교 운동이 퍼져 나갔다. 이 같은 의화권의 행동에 가장 크게 호응을 해주는 세력이 농민들이었다. 그래서 의화권의 반 그리스도교 적대 운동이 농민들과 합세하는 전국적인 반항 운동으로 확대되어 나갔다.

한편 전 세계 여러 나라의 중국 침략은 청나라의 지배층을 수구파와 양무파로 분열시켰다. 수구파란 청나라를 지배하는 서태후(西太后) 등의 만주족으로 귀족으로 예우받는 집권 세력이었다. 그와 달리 양무파는 세계열강들과 손잡고 새로운 세력을 뻗쳐나가는 이홍장 등 과거 명(明)나라의 관료 출신들이었다. 이들 두 세력은 새로운 운동을 전개하는 의화권 운동에 대해 입장이 각각 달랐다. 수구파는 의화권의 외세 배척 운동에 찬성했으나 양무파는 의화단을 탄압하며 반대했다.

이때 의화권은 의화단이라는 이름으로 청조를 돕고 외국을 멸한다는 슬로건을 내걸고 대운하, 철도 연변 등을 중심으로 외국 사조 배척 운동을 전개해 나갔다. 이들 세력은 단기간에 화북(華北) 쪽의 모든 성들과 만주, 몽고까지 세력이 확대되었다. 저들은 예배당 등을 습격해서 불을 지르고, 철도, 전신을 파괴하고, 석유, 성냥 등 모든 외국 물품들을 태워버렸다.

이때 조정은 의화단에 고무되어 국내에 침략해 온 외국 세력들을 축출하려고 1900년 6월에 열강들에게 선전포고를 했다.

베이징까지 침입한 의화단 가운데 10대 소년들이 많았고 그들은 빨강, 노랑 천으로 몸을 두르고 외국 세력 배척운동을 전개했다. 이와 같은 중국 내 의화단 사건은 거국적인 항쟁이었다. 그러자 당시 중국을 침략해서 자기들 나라의 교두보(橋頭堡)를 삼으려던 8개 나라가 연합을 한다.

그 8개 나라가 영국, 러시아, 독일, 프랑스, 미국, 일본, 오스트리아 등으로 연합군을 이루어 다구(大活) 텐진에서 청의 관군과 의화단을 무찌른다. 그리고 8월에는 베이징을 장악한 의화단을 물리치고 의화단에 사로잡혔던 공사관을 구출한다.

서태후와 광서재가 시안(西安)으로 탈출하자 수구파는 무너지고 양무파가 실권을 잡고 외국 연합 세력과 협동해 의화단의 잔류를 학살한다. 이듬해 베이징 조약으로 방대한 배상금을 상환하느라 오랜 세월 동안 고역을 치러야 했다. 중국의 의화단은 반제국주의에 저항한 눈부신 투쟁이었으나 막강한 8개 연합국의 신식 무기의 위력으로 비참하게 꺾이고 말았다.

5) 청 왕조 멸망(1912) 후 중화민국 때 공산당의 항쟁으로 중국 공산당 국가(중공)가 되다

중국이 청(淸)나라란 국체는 있으나 외국 세력들에 의해 관세 자주권을 잃어버리고 외국인들이 징수하는 관세는 외채 지불에 충당되었다. 영국에는 홍콩을, 러시아에는 등베이 등 북방을, 일본에는 타이완을 다 잃은 유명무실한 상태였다. 여기에다 의화단 사건은 청 왕조를 더 궁지에 몰아넣었다.

이때 쑨원(孫文)이 주동하는 혁명운동은 청(淸)의 선통제를 퇴위시키고 중화민국을 건설한다(1912). 쑨원(손문)의 후계자 장개석(蔣介石)은 소련과 단교하고 영국, 미국의 후원으로 국민 정부를 완성했다(1928). 그런데 일본이 만주국 수립으로 중국에 저항하고 소련이 저항할 때 모택동은 소련의 후원으로 장개석과 싸웠다.

일본이 패망하자(1945) 모택동의 공산 세력과 장개석의 국민 정부 간의 투쟁이 일어났고, 장개석 군대의 부정부패로 연전연패하였다. 결국 1949년 모택동에 의한 중화인민공화국이 본토를 장악하고 장개석은 타이완으로 물러났다. 이렇게 시작된 중국 공산당 국가는 현재에 이르고 있다.

3. 일본(Japan)

일본은 한국에서 가장 가까운 중국 다음의 나라다. 그렇기에 과거 역사 속에 중국 다음으로 관계가 많은 나라이다. 지나온 과거 3000년 전 삼국시대 때부터 현재까지 3000여 년 동안에 중국과 일본이 한국을 침략한 횟수가 1천 번에 이른다고 한다. 이중에 중국이 600번, 일본이 400번을 침략했다고 한다. 중국과 일본은 모두 가깝고도 먼 나라이다. 일본의 과거사 중에서 현대사에 해당하는 1800년부터 1900년대의 역사에 대하여 몇 가지로 정리해 보겠다.

1) 끊임없는 침략 전쟁의 일본[51]

일본은 1800년부터 1900년 사이에 70여 년 동안 끊임없는 전쟁으로 국내 백성들을 희생시켜 가면서 주변국 아시아의 여러 나라에 커다란 피해를 주는 침략 전쟁을 계속했다.

일본이 행한 침략 전쟁의 과거사를 요약해 보겠다.

① 대만 출병(1874)

대만이 지금은 중화민국이지만 과거에는 타이완 또는 대만이라는 섬이었다. 1874년 일본인이 타이완섬 남동부에 표류하다가 대만에 도착했다. 그런데 그곳 원주민이 일본인을 오해하고 살해했다. 이것을 근거로 일본은 대만에 군대를 출병시켰다.

② 조선 출병(1871~1881)

일본은 조선에 대한 개방을 요구하며 수많은 배들을 조선 각 곳에 출몰시켰다. 그 결과 1877년 일본 대리공사 하나부사 요시타다(花房義質)가 부임해 왔고 1881년에는 신사 유람단이 일본을 시찰케 했다. 1881년 4월 10일부터 7월 2일까지 12명의 시찰단이 도쿄, 오사카 등지를 시찰하고 돌아왔다.

③ 청일전쟁(1894~1895)

조선은 고대로부터 중국 정부에 사대(事大)사상으로 종주국 예의를 지켜왔기에 청(淸)나라에도 마찬가지였다.

---

51) 한국 교육 문화사, 세계 대백과 사전 24권, 1994, p. 434.

반면에 일본은 메이치 천왕이 왕정을 복고하고(1867) 국력을 신장하기 위해 조선에 그 세력을 확장시켜 나갔다. 이렇게 청, 일의 서로 다른 관계가 임오군란(1882), 갑신정변(1884)을 일으켰고 1894년에는 조선의 동학란으로 고종은 청나라에 원군을 요청해 청나라 군대 3천 명이 들어왔다. 이에 일본은 공사관과 거류민 보호를 이유로 일본군이 조선에 파견되어야 한다고 하면서 일본군이 조선에 들어왔다.

조선 땅에 청나라 군대와 일본 군대가 서로 조선을 점유하겠다고 하면서 일어난 전쟁이 청일전쟁이다. 여기서 패한 청나라는 배상금 2억 냥(兩)을 지불하고 조선에서 일본의 위치를 확인시켜 주었다.

④ 중국 의화단 사건(1900)

이 내용은 앞서 청(淸)나라 소개 때 설명했다. 중국 내 외세 세력 배척 항쟁에 8개 국가가 연합해서 의화단을 진압했는데 8개국 중 하나가 일본이었다.

⑤ 러일전쟁(1904~1905)

이때도 일본이 승리한다. 이렇게 중국, 러시아를 물리친 일본은 1905년에 을사늑약, 1910년에 한일 병합 조약으로 조선을 멸망시킨다.

⑥ 제1차 세계 대전(1914~1918)

연합국 27개 국가와 독일을 중심으로 한 4개국과 싸운 전쟁이다. 이 전쟁으로 독일, 러시아가 170만 명, 프랑스가 136만, 오스트리아가 120만, 영국이 90만, 미군 12만이 전사했다. 이때 일본은 독일에 선전 포고를 했고(1914. 8) 러시아에 출병을 선언했다(1917. 8).

⑦ 만주사변(1931. 9. 18.)

일본은 1931~1932년에 조선을 침략한 후 만주를 청나라에서 분리시켜 만주국을 만들려 했으나 국제연맹이 인정하지 않자 연맹을 탈퇴한다.

⑧ 중일전쟁(1937)

만주 정복 야욕의 연장선으로 이뤄진다.

⑨ 제2차 세계 대전(1939~1945)

일본은 이처럼 계속 이어진 침략 전쟁으로 관계된 국가들에 피해를 주면서 자국의 자본주의를 발전시켰다. 일본은 이와 같이 외국에 대한 침략의 역사를 이어오다가 제2차 대전 때 미국에 의한 인류 최초의 원자폭탄 투하로 패망했다. 그때의 처참한 오류로 더이상 전쟁을 할 수 없도록 헌법으로 정해 놓았다. 그러나 일본이 한국전쟁 덕택으로 국력을 다시 회복한 후 집권당인 자민당은 과거 찬란한 정복의 야욕을 다시 회복시키려고 안간힘을 쓰고 있다.

일본은 제2차 대전 패배 후 미국의 군사 점령에 이어 미국의 아시아에서의 대리인 역할을 담당하고 있으므로 한미 동맹과도 미묘하게 돌아가고 있다.

2) 일본의 선견지명

과거 일본의 역사는 앞에서 설명한 대로 침략 전쟁의 역사였다. 일본은 어떻게 해서 이토록 강대국이 되었는가? 똑같은 동시대의 조선 왕조는 유교의 이념 투쟁으로 사색당파 싸움에 끝없이 서로 죽이고 죽는 국내 분쟁으로 세월을 보냈다. 그런데 일본이 조선보다 월등한 장점이 있었다. 그것은 일찍이 세계를 향한 문호 개방이었다. 일본은 1859년 러시아, 프랑스, 네덜란드, 영국, 미국에 무역을 허가하면서 문호를 개방하고 세계 흐름에 적응해 나갔다.

그런데 같은 때 조선을 보면 고종이 즉위(1863)하고 대원군이 섭정하면서 미국 상선 셔먼호를 대동강에서 불 지르고(1866) 전국에 척화비를 세웠다(1871). 그리고 경복궁 근정전과 경회루를 건축하며 국민의 고혈을 짜냈다. 대원군은 청나라에 납치되었으나(1882) 조정은 이미 친일 세력들로 혼이 빠진 허세만 남아 있었다.

일본은 대 일본제국 헌법 발표로(1889) 국체를 견고하게 세우도록 법적 제도 정치를 완성했다.

4. 조선왕조

조선왕조는 1392년 태조 이성계가 개국한 나라이다. 그 후 27대 왕들을 거치는 519년이 지난 뒤 마지막 왕 순종 때 조선왕조는 망했다. 조선왕조 말기에는 조선이 아닌 대한제국으로 호칭한 것이 현재의 대한민국으로, 우리나라 국호가 되고 있다. 조선왕조 마지막 때인 1800년 이후 1900년 사이에 있었던 과거사 중 의미 있다고 여겨지는 몇 가지 사항을 정리해 보겠다.

1) 오가작통법(五家作通法, 1801)

성종(成宗) 16년(1485) 한명회가 건의한 인보 자치제를 규정한 호적 제도였다. 5가(五家)를 1통(統)으로 묶어서 백성들의 식량 상태를 살피고 그 대책을 수립하려는 호적 제도였다. 이와 같은 오가작통법이 헌종(憲宗, 1834~1849) 때의 가톨릭 신도들을 적발해 내는 조직으로 이용되어 많은 가톨릭교도들을 색출해내서 처형시키는 악법으로 작용했다. 그것이 1801년의 신유교난(辛酉敎難)이었다.[52]

2) 홍경래(洪景來)의 난(1811)

홍경래(1780~1812)는 평안도 용강 출신이었다. 그는 19세 때 평양에서 소과(小科)에 응시했다가 낙방하였다. 조선시대 과거제도에는 문과와 무과에는 또다시 소과와 대과가 있어서 소과에 합격해야만 대과 응시 자격이 주어졌다. 홍경래는 당시 권문세가의 자제들만 합격된다는 정부의 부패상으로부터 자신의 소과 낙방 원인을 찾았다. 그는 정부가 서북인(西北人)들을 차별한다는 명분과 안동 김씨 세도가의 횡포를 개탄하며 전국을 순회하며 봉기 의사를 추진했다.

그는 지식인들에게 접근하기 위해 홍삼 행상을 했고 군자금 조성을 위해 엽전을 위조하고 금광을 경영하기도 했다. 그래서 순조(純祖, 1800~1834) 11년(1811년)에 거사를 거행하기로 계획했으나 당시 선천 부사 김익순(金益淳)에 의해 사전에 발각되었다.

그래서 거사를 앞질러 남진군과 북진군으로 나누어 봉기를 일으켰다. 이때 홍경래 봉기군에 의해 청천강 이북의 8개 읍이 5~6일 만에 난군의 수중에 들어갔다. 그러나 평안도 병마절도사와 중앙에서 파견된 관군 1,000여 명은 반군에 동참한 농민들 1,900여 명을 참살했다. 이 홍경래의 난은 서북지방을 뒤흔드는 대규모 농민 항거운동이었고 당시 정치적 불만을 가진 지도층과 경제적 수탈을 당하는 농민

---

52) 기독교문사, 한국 기독교의 역사 I, 1991, pp. 88~90.

군의 합동 난리였다는 데 의미가 있다.

그리고 이때 선천 부사로 난리 수습을 하지 못한 김익순의 손자가 유명한 '김삿갓'이라는 방랑 시인 김병연(1807~1863)이다.

3) 최제우의 동학(東學) 창시(1860)와 동학 농민 운동(1894)[53]

동학은 서학(西學)으로 간주되는 천주교나 기독교에 대립되는 동양의 민속종교라는 뜻이다.

창시자 최제우(1824~1864)는 몰락한 양반 출신의 경주인이었다. 그는 아내의 고향인 울산에서 행상(行商)을 직업으로 삼고 전국 각처를 돌아다니다 1855년(31세)부터 양산군 천성 내원암에서 수도생활을 시작하여 1860년에 천주(天主)의 도를 깨닫고 동학을 창시한다.

당시 조선왕조 후기에는 각지에서 반란들이 일어나고 외국들의 간섭으로 자주권이 없어지고 정치적 문란으로 사회적 불안과 긴장이 고조되었다. 이런 때 새로 들어온 천주교는 부모 공경을 무시하고 군왕보다 더 높은 천주님 신앙이라는 오해로 정부의 계속된 탄압에 의해 대중들의 신뢰를 받지 못했다.

이와 같은 사회적 배경에서 제세구민(濟世救民)이라는 목표 아래 서학(西學)인 천주교에 반대되는 민족 고유의 종교인 동학(東學)을 제창하게 되었다. 최제우는 민족 신앙인 종래의 풍수(風水)사상과 유(儒), 불(佛), 선(仙)의 교리들을 혼합한 인내천(人乃天), '천심 즉 인심'이라는 사상을 내걸었다. 인내천 즉 '인간이 하늘이다'라는 사상은 인간의 주체성을 강조하는 지상 천국의 이념과 만민 평등의 이상을 표현한다는 사상이었다.

---

53) 정수영, 동학혁명과 민권 사상, 연세대학교 교육대학원 석사논문(1975).

동학은 그 신앙의 구체적 방법으로 21자의 주문을 외우고 칼춤을 추며 "弓弓之之"라는 부적을 태워 마시면 빈곤에서 해방되고 제병장생, 영세무궁한다는 미신 신앙이었다. 한편 동학 종교는 신분이나 적자, 서자 제도 등을 부정하고 비판적이었으므로 현실적이고 서민들에게 큰 위안을 주므로 3남(三南) 지방에 널리 전파되었다.

그러나 최제우는 포교를 시작한 지 3년만인 철종 14년(1863)에 혹세무민 죄로 처형을 당한다.

제2대 교주 최시형(1829~1898)은 비밀리에 교조의 유문을 정리하여 "동경대전", "용담유사" 등으로 교리를 체계화하고 교세를 확장시켰다. 고종 29년(1892)에는 동학의 탄압에 분개하여 전라 감사에게 항의하고 억울하게 죽은 교조 최제우에 대한 신원(伸冤) 운동을 전개했다.

그리고 전국 각지에 세포 조직을 하여 포(包)와 접주(接主)를 세우고, 접주, 대접주로 조직을 확대했다.

동학 종교는 드디어 농민운동으로 일어난다. 고종 31년(1894)에 정치의 부패, 탐관오리의 행패, 세금의 과중 등에 외국 세력의 침투로 국가가 위험에 처했다는 위기의식의 운동이 일어난다. 고종 29년(1892)에 최시형이 억울하게 죽은 교주 최제우에 대한 신원 운동을 전개하자 동참한 이들이 전국에 수천 명에 이르고, 서울 조정 앞에서 40여 명이 신원 탄원 운동을 전개했다.

이때 외국의 배척운동으로 외국인 주택, 교회, 영사관 등에는 외국인은 철수하라는 삐라가 붙게 되어 조정은 크게 충격을 받는다. 동학 교도들의 교조 신원 운동에 반응이 없자 충청도 보은에서 "척왜양창의"(斥倭洋倡義) 5자를 새긴 깃발을 들고 2만여 명이 운집했다.

이 같은 반란의 대규모 집회가 26회를 거듭하며 계속되어갔다. 이

중 전북 고부 군수 조병갑이 만석 보의 수세 징수로 원성이 높은 것에 크게 격분한 봉기도 있었다. 그러나 정부는 이들 동학 봉기를 불손하게 여기고 무시했다. 그러자 전주에서 1,000명의 관군과 보부상군(褓負商 軍)을 동학군이 격파함으로 동학은 종교운동을 떠나 정부 반대 운동으로 확대된다.

이와 같은 동학군은 전주만 아니라 무장, 영광 등으로 확대되어 전라도에 53개 군(郡)을 장악한다. 이때 2대 교주 최시형은 폭력 운동을 만류했으나 노도처럼 번지는 농민들의 분노는 종교 행위가 아닌 폐정 개혁 운동으로 확대되었다.

이때 정부는 청(淸)나라에 동학군 진압을 위한 원군을 초청해 청나라 원군이 6월 8일에 아산만에 도착한다. 그러자 일본은 자기 거류민 보호를 구실로 1만의 군대가 인천에 상륙해 왕궁을 점령한다. 이들 청나라 군대와 일본 군대가 조선 땅에서 청일전쟁을 일으키는 험악한 일이 벌어진다.

동학군들은 이 같은 외세 악화에 대책을 의논한다. 이때 전봉준과 김개남 등은 과격파로, 교주 최시형과 이용구는 온건파로 갈라진다. 드디어 과격파 전봉준이 10만의 호남군을 이루고 손병희의 10만 호서군은 3부로 나누어 논산을 거쳐 공주에서 일본군과 관군이 합동한 연합군과 대결을 한다. 여기서 아무리 많은 농민군들이라 해도 일본군이 신식 무기를 갖췄기에 크게 패하여 퇴각하게 된다.

전봉준이 배반자의 밀고로 11월 순창에서 체포되어 다음 해 3월에 서울에서 처형됨으로 1년에 걸친 동학 운동은 30~40만 명의 희생자를 내고 끝이 난다. 동학의 3대 교주가 된 손병희(1861~1922)는 동학을 천도교(天道敎)로 개칭하고 1897년 교주가 된다.

손병희는 기독교, 불교, 천도교 등 1919년 3.1 운동 때 33인의 민족 대표자로 활동하다가 서대문 감옥에 복역 중 병보석으로 서울 상춘원에서 요양하다 눈을 감는다.

동학운동은 대외적으로 청일 양군을 불러들이는 결과를 가져왔고, 대내적으로 위정자들의 반성과 각성을 촉구하는 갑오경장(1894)을 가져왔다. 그러나 결과적으로 조선왕조를 붕괴시키는 계기를 마련해 주었다. 동학 교리가 '인내천'(人乃天)이라고 하면서 척양, 척왜를 외치면서 외세를 배격한 행위는 교리와 현실이 상반되는 천도교 교리의 허상을 의미한다.

4) 고종(1863~1907) 즉위와 대원군의 경복궁, 근정전, 경회루 재건축

고종(高宗)은 조선왕조 제26대 왕이다. 그가 1863~1907년까지 44년간의 재위 동안에 그의 부친인 흥선대원군 이하응(1820~1898)이 10여 년간 섭정하였다. 대원군의 쇄국정책은 많은 문제를 일으켰다. 그의 쇄국정책은 다른 나라들과 통상, 교역을 하지 않는 외교 정책이었다. 그는 쇄국정책으로 외국 종교인 천주교 유입을 단호하게 배격했고 국내적으로 서원 철폐, 군제 개혁 등을 실시했다. 대원군의 쇄국정책은 가장 실패한 정책으로 며느리 명성황후와 계속된 갈등을 이어갔다.

그러나 대원군의 업적이 지금 최상의 문화재로 남아있다. 그것이 여러 곳의 건축물들이다. 그것이 경복궁의 사업이었다. 경복궁(景福宮)이라는 호칭은 조선왕조 이태조가 중국 황성(皇城)제도를 모방하여 궁궐을 짓게 한 것으로 그 후 정도전이 시경에서 발췌해 경복궁을 지었고, 각종 문들인 광화문, 건춘문, 근정문, 사정전, 편전, 강녕전, 교태전 등은 세종 때(1426) 집현전에서 명을 받아 지은 문들이다.

태종은(1412) 경회루를 창건했고, 명종(1553) 때 강녕전에 불이 나서 사정전, 흠경각, 근정전 이북이 타버렸다. 이듬해 중수했다. 그런데 선조 때(1592) 임진왜란으로 인한 난민의 방화로 궁전들이 모두 불타 없어졌다. 그 후 270여 년 이상을 폐허로 방치되어서 아무도 재건을 하지 않았다. 그런데 흥선대원군이 집권하면서 고종 2년(1865)부터 중건공사를 7년 이상 계속했다.

중건공사비 조달을 위해 당백전을 발행하고 백성에게 노역을 강요했다. 이때 노역 종사자들의 한탄 섞인 노래가 "아리랑"이라는 설도 있다. 그렇게 해서 건축한 경복궁, 근정전, 경회루 등이 오늘의 문화재로 남아있다. 1936년 조선 총독부 건물이 경복궁을 가렸으나 김영삼 정부가 총독부 건물을 훼파시켰다.

5) 태극기를 국기로 정함(1883)

우리나라 국기가 태극기(太極旗)다. 그런데 태극(太極) 사상은 중국 주역(周易)의 핵심 사상이다. 그렇기에 태극 사상은 한국 고유 사상이 아닌 중국과 중국 문화의 영향을 받은 동남아 각국에서도 엿볼 수 있는 동남아 여러 나라의 보편적인 사상임을 알 수 있다. 여기서는 태극 사상의 기원과 태극을 조선의 국기로 정한 사람이 누구인지 살펴보도록 하겠다.

(1) 태극의 기원

유교의 경전이 사서(四書) 삼경(三經)임은 잘 알려진 사실이다. 사서는 논어, 맹자, 중용, 대학을 뜻하고, 삼경은 시경(詩經), 서경(書經), 주역(周易)을 뜻한다. 이중 주역의 계사전(繫辭傳) 상(上)에 나오는 역(易)에 태극 사상이 나온다. 주역에 의하면 우주 만물의 생성 과정이 최초에 태역(太易)이 있었고 그 태역의 시작인 태초(太初)가 있었으며, 그 시작의 때를 태시(太始)라고 하고 그때 생겨진 요소들을 태소(太素)라 하며 그것이 음과 양의 태극(太極)이었다는 것이다. 이와 같은 음양(陰陽)의 두 요소가 만물의 구성요소가 된다는 오운설(五運說)이 태극 사상의 핵심이다.

이와 같은 태극, 오운설에 근거해 북송(北宋) 때 주돈이(周敦頤, 1017~1073)가 역과 중용을 근거로 "태극도"(太極圖)를 만들었다. 이와 같은 "태극도"가 우리나라 국기의 중앙에 음양을 표시하고 네 귀퉁이 막대기들이 8괘를 표시했다.

이와 같은 태극 사상이 기독교에 유입되어 창세기 1장 1절과 요한복음 1장 1절의 "태초"라는 말로 쓰였다. 그리고 우리나라 국기에도 쓰였다.

(2) 태극을 우리나라 국기에 도입한 이

우리나라에는 1883년 이전까지 국기(國旗)라는 것이 없었다. 국기의 필요를 느끼게 되는 것은 고종 13년(1876) 때의 일이다. 고종 12년(1875) 8월에 일본 군함 운양호(雲陽號)가 강화도 동남방 난지도 부근에 정박하고 담수(淡水)를 구한다는 구실로 보트를 타고 수십 명이 마음대로 연안을 탐색하였다. 이때 조선국 수병들이 그들에게 총 포격을 가했다. 그러자 일본 군함 운양호는 보복적으로 맹포격을 가하며 영종진까지 상륙해 살인, 방화, 약탈을 감행했다.

이때 군사력이 약한 조선은 전사자 35명, 부상 16명과 함께 대포 36문, 화승총 130여 점, 총탄 등을 약탈당했다. 그에 반해 일본 측은 2명의 경상자를 냈다. 이때 사건을 운양호 사건이라고 한다. 이로 인해 일본은 고종 13년(1876) 1월에 "운양호에는 일본의 국기가 게양되어 있었는데 왜 포격을 가하였느냐?"라고 트집을 잡았다. 그렇게 해서 양국이 문호 개방에 합의한 것이 강화도 조약(1876)이다.

이때까지도 조선은 국기(國旗)가 무엇인지도 모르고 있었다. 이때를 계기로 조정에서는 국기 제정의 필요성을 인식하기 시작했다.

그 후 고종 19년(1883)에 특명 전권 대사 박영효(1861~1939) 일행이 인천에서 일본 배 메이지 마루(明治丸)를 타고 일본에 갈 때 동승한 서광범, 김옥균 등이 국기의 필요성을 알게 된다. 그래서 배 안에서 세 사람이 국기의 디자인과 배열을 태극 사괘(太極 四卦)로 도안해 국기로 사용하도록 한다. 이들이 8월 14일 고베(神戸)에 도착해 숙소 건물 옥상에다 배 안에서 만든 태극 사괘가 그려진 기를 게양하였다. 이렇게 해서 1883년 8월 14일에 최초의 태극기가 시작되었다. 그 후 1948년 정부가 수립되자 비로소 국기의 도안과 규격이 통일되었고 1950년 1월 25일 문교부 개정 고시로 "국기 제작법"이 공고되었다.

결국 1883년 일본 배 안에서 박영효, 서광범, 김옥균 등에 의해 중국 주역의 태극도를 요약한 것이 현재의 태극기다. 이와 같은 '태극' 표시는 동남아 각국에서 흔하게 볼 수 있다. '태극기'가 중국 주역 사상이기에 중국이 한국을 얕보는 이유도 모두가 약소민족이 당해야만 되는 역사적 유산이라 할 수 있다.

6) 조선 최초의 병원과 학교와 교회

한국 최초의 병원, 학교, 교회는 모두가 미국 선교사들에 의해서 시작되었다. 일본인들은 한국인에게 식민 제국으로서 약탈과 현대화라는 양극단의 공헌을 하였다. 그러나 미국인들은 한국에 병원과 학교와 교회라는 여러 긍정적 기여들을 했다. 이제 그 내용을 차례대로 살펴보자.

(1) 조선 최초의 병원 광혜원(廣惠院 1885)

① 광혜원 설립(1885년 4월 10일)

광혜원의 설립자는 미국 북장로교 의료 선교사 알렌(H. N. Allen, 1858~1932)이다.[54] 그는 미국 오하이오주 델라웨어에서 출생하여 오하이오주 웨슬리언대학 신학부를 졸업하고 마이애미 의과대학에서 의학 박사 학위를 취득했다.

메신저(F. Messenger)와 결혼 후(1883) 북장로교 의료 선교사로 중국 난징(南京)과 상해에서 활동하다가 1884년 9월 22일에 한국 서울 선교사로 온다. 한국의 미국 공사 푸트(L. Foots)는 그를 미국 공사관 무급 의사로 임명하였다. 1884년 12월 4일에 갑신정변이 일어나 수구파의 수령인 민영익(1860~1914)이 자객의 습격을 받아 빈사 상태에 빠졌다. 이때 알렌이 약 3개월 동안 그의 집에 방문 치료해서 완치시켰다.

이때의 신임으로 왕과 왕비의 시의(侍醫)로 임명된다. 그 후 대리공사 포크를 통해 병원 설치안을 정부에 제출해 승인을 받는다. 병원 건물로 갑신정변 때 참살당한 홍영식의 집을 수리해서 사용하였다. 한성 북부 재동에 광혜원을 설립하여 1885년 4월 10일에 개원을 하였다. 이때 사무 주사 2명을 포함 20여 명의 관리와 하인이 업무를 하면서 12개월 동안 1만여 명의 환자를 치료했다.

그 후 스크랜턴과 헤론(J. W. Heron)을 광혜원 의사로, 앨리스(A. Ellers)를 왕비의 시의가 되게 하였다. 그리고 1885년 4월에 한국 선교사로 부임한 언더우드와 아펜젤러에게 준(準) 관료직으로 사역하도록 길을 열어 주었다.

그리고 벙커, 헐버트, 길모어 등을 왕립학교 육영공원 교사로 임

---

54) 기독교문사, 한국 기독교의 역사 I, pp. 177~182.

용하도록 했다. 1885년 고종은 광혜원이 백성들의 치료에 공헌이 많다고 제중원(濟衆院)이라는 이름으로 고치고 알렌에게 당상관(堂上官) 통정대부(通政大夫)라는 벼슬을 주었다. 이것은 정삼품(正三品)의 벼슬이었다. 그러나 알렌은 자기가 고용한 헤론, 스크랜턴, 언더우드 등과 사이가 나빠져서 미국 선교부에 가장 큰 문제로 대두되었다. 알렌은 선교사를 사임하고 1887년 주미 한국 공사 박정양(1841~1905)을 돕는 미국 외국인 서기관으로 연봉 3천 불을 받기로 하고 워싱턴으로 갔다.

그는 워싱턴에서 한국 외교관들에게 열심히 전도했다. 또 청(淸)국이 조선에 외교적 간섭을 하려는 것도 견제하도록 했다. 1890년 다시 주한미국 공사관의 서기관이 되어 7년간 종사하면서 외교관 겸 선교사 일을 겸직했다.

이때 양화진에 외국인 묘지를 확보해 놓는다. 1897년에는 주한 미국 공사로 승진했다. 그러나 한국 선교사들로부터 배척을 받는 것이 루스벨트 대통령 정부와도 마찰이 이어져 1905년 해임을 당하였다. 그는 고향으로 귀국해 병원 개업 후 1932년에 별세했다.

② 광혜원, 제중원의 후신 서울대학교 병원

우리나라 최초의 병원 광혜원이 1885년 4월 10일에 미국 북장로교 의료 선교사 알렌에 의해 시작되었다. 그것을 이후에 고종이 제중원이라 했다.

1907년 대한의원으로, 1910년 한일병합 후 일제가 총독부의원으로, 1928년 경성제국대학 의학부 부속 병원으로, 1946년 광복 후 서울대학교 의과대학 부속 병원으로 종합병원이 되었다.

(2) 조선 최초의 학교들[55]

① 배재학당(1885년 8월)

한국 최초의 선교사로 미국 북감리교 선교사 아펜젤러(H. G. Appenzeller, 1858~1902)가 한국에 1885년 4월 5일에 도착했다.

그는 7월 19일 정동에 한옥을 구입하여 이겸라, 고영필을 교육시킴으로 선교 사역을 시작했다. 고종황제가 1886년에 배재학당이라는 액(額)을 만들어 주고 학생 10여 명을 천거하여 위탁하였다. 이렇게 시작된 배재학당은 공중질서 존중, 국법 준수, 수업료 징수, 자립과 근로정신 함양 등으로 민주시민으로 사대주의나 계급주의를 타파하려는 혁신적인 정신과 기독교 복음을 기초로 했다.

1886년 8월에 예배실 4개의 교실을 갖추고 다음 해 1887년 12개의 기숙사와 작은 벧엘 예배실을 마련했다. 이것이 한국 감리교회의 모교회인 정동제일감리교회로 발전한다. 1895년 9월에 대학부를 설치하여 신학과, 국문과, 영문과를 세웠다.

1902년 아펜젤러 선교사의 순직으로 2대 학장 하운셀 선교사 때 남북 감리교 공동 운영이 시작되었다.

1909년 배재고등학당, 1937년 배재중학교, 1951년 배재중·고등학교로 분리 개편되었고, 1958년 재단법인 배재학당으로 인가를 받았다. 1959년 배재대학 기공식을 거행했으나 1960년 4월 19일 의거로 중단된다. 그 후 1978년에 대전에 배재대학을 설립해 현재까지 발전했다.

---

55) 기독지혜사, 교회사 대사전 I, 1994, pp. 961~963.

② 이화학당(1886년 10월)

미국 북감리교 여성 선교사로 스크랜턴(M. Scranton, 1834~1909) 여사는 5명의 여선교사 중 한 명으로 한국에 왔다. 함께 선교사로 온 미국 북감리교 남자 선교사 아펜젤러가 남자 교육을 위한 배재학당을 창설한 데 자극을 받아 여성을 위한 교육기관 이화(梨花)여학교를 세웠다(1886년 10월). 처음에는 단 1명으로 시작하였다. 당시 조선시대는 남성 중심의 사회 제반 상황으로 학생 모집이 어려웠다. 그래서 하층민이나 고아들을 수용하여 교육을 전개해 나가자 1887년 명성황후가 '이화'라는 학교명을 직접 하사해 주었다.

이화학당은 1886년 개교해서 22년 후 졸업생 5명을 배출할 정도로 사회 인식이 편파적이었다. 그럼에도 불구하고 1910년에는 대학과를 신설했고, 1938년에는 이화여자고등학교로, 1950년에는 여자 중학교와 고등학교로, 대학과는 1910년에서 25년까지 11회에 걸쳐 졸업생 29명을 배출한 후 1925년 아펜젤러 선교사의 딸 A. R 아펜젤러(1885~1950)가 제6대 학당장이 되어 이화여자대학교로 승격시켰다.

그리고 이화여자대학을 정동에서 현재의 신촌 부지로 옮기기 위해 김활란 여사(1899~1970)와 함께 미국에서 기금 운동을 전개했다. 그 결과 1935년에 현재의 신촌 부지로 학교를 옮긴다. 김활란 여사는 1939~1961년까지 초대 이화여자대학 총장을 지내는 동안에 일제 강점기 때 많은 시련을 당한다.

신사참배 강요, 한국어 사용 금지, 창씨개명 등으로 전 국민이 탄압받을 때 1943년 12월 이화여자대학은 전쟁 선전원 양성소로 전락되었다. 김활란 총장은 1961년 정년퇴직하고 명예 총장 겸 재단 이사장으로 봉직하다가 1970년 2월에 별세했다. 그는 장례식 대신 천국 환송 예배를 부탁해 음악회로 장례식을 했다.

③ 경신학교(1886년 3월)

미국 북 장로교 선교사 H. G. 언더우드(1859~1916)가 현 혜화동에 경신학교(更新學校)를 세웠다. 이 학교는 정동에서 숙식하게 했다. 1902년에는 교사를 연지동으로 옮겼고, 1915년에 연희 전문학교 전신 경신학교 대학부가 설립되었다. 1950년 신교육법에 의해 경신고등학교, 경신중학교로 개편되고 1955년 현 소재지 혜화동으로 이전했다.

또 1915년 미국 북 장로교, 남북 감리교, 캐나다 장로교 등이 연희 전문학교로 출범했다. 1944년에는 일제에 의해 경성공업전문학교로 총독부 관리 아래 교수진, 직원들이 추방당했다. 해방 후 1946년 8월 연희대학교로 승격한 후 1957년에 연세대학교로 고친 후 초대 총장에 백낙준 박사가 취임했다. 그리고 세브란스 간호학교를 연세대학교 의과대학 간호학과로, 1962년에 세브란스 병원이 연세대학교 의과대학 부속 병원이 되었다.

(3) 조선 최초의 교회

한국 최초의 교회는 새문안교회이다. 이 교회는 1887년 9월 27일 종로구 신문로 1가 42번지에서 미국 선교사 언더우드가 서상륜, 백홍준의 장로 장립식과 교인 14명이 공식 예배를 드림으로 시작되었다. 언더우드는 그 이전에 자신의 집에서 예배를 드려 왔었다.

또 다른 한국 최초의 교회는 1887년 10월 9일에 아펜젤러가 시작한 정동제일교회였다. 배재학당 학생들이 입교하면서 학생들을 위한 주일학교와 여성들을 위한 저녁예배도 실시되었다.

7) 조선 최초의 전차(1898)

전차(電車)는 가공된 전선이나 제3의 궤조(軌條)에서 전력을 공급받아 전력을 통해 운행되는 여러 가지 방식의 차량과 열차를 뜻한다. 우리나라에서는 조선 최초로 1898년에 서대문에서 청량리까지 왕복하는 노면 전차가 등장했다. 길바닥에는 전찻길이 철로 깔려 있고 공중에 복잡한 전기선들이 거미줄처럼 엉켜져 있었다.

이 같은 노면 전차들이 서울 한복판과 광나루까지 운행되다가 1969년에 모두 폐기되고 현재처럼 지하로 운행되는 전기철도 전철(電鐵) 시대가 서울에는 1974년에, 부산은 1988년에 개통되었다.

8) 대한제국(大韓帝國, 1897)

조선(朝鮮)이라는 국호는 상고 때부터 국명으로 사용해 왔다. 단군 조선, 고조선 그리고 근세조선은 이태조 이래 "이 씨 조선"이라는 모욕을 들으며 518년간(1392~1910) 계속되었다가 망한다. 그런데 조선 말 고종 34년(1897)에 일본의 강요에 의해서 대한제국으로 국호(國號)를 바꾸고, 연호를 광무(光武)로 바꾸고, 과거 왕(王)의 호칭을 황제(皇帝)로 바꿨다. 그 후 순종 때는 연호를 융희(隆熙)로 바꿔서 1910년까지 13년간 국호가 대한제국이었다가 한일 병합 조약으로 대한제국은 멸망당했다.

9) 조선 땅에서 치러진 청일전쟁(1894~1895)

조선은 오랜 역사 속에 중국에 대해 사대(事大)주의 예를 갖추어왔다. 그런 속에 일본은 메이지유신(明治維新) 이후 국력 증강으로 조선에 세력을 확장하기 시작했다. 이 같은 두 강대국 속의 조선은 임오군란(1882), 갑신정변(1884) 등으로 국론이 친일파, 친중파로 분열되었다.

그렇게 유약한 조정에 분개한 농민들이 동학운동을 일으켰다(1894). 조정은 자체 능력으로 동학군을 수습하지 못하고 청(淸)나라에 원군을 요청해 3천 명의 청군이 들어왔다(1894). 그러자 일본은 거류민 보호와 공사관 보호 이유로 1만 명의 군대를 파병하겠다고 했다.

조선의 조정은 친일파 개화당들의 찬성여론으로 국론이 분열된다. 조선 정부는 동학군의 안정세를 이유로 일본군 파병을 거절했으나 일본군은 1894년 아산만 풍도 앞바다에서 청에 선전포고했다. 일본군은 성환, 평양 등에서 청군을 물리치고 요동을 공격하고 해군은 아산만 앞과 황해에서 청군을 격파하고 중국의 여순, 위해위 등을 공격해 점령했다.

다음 해 청나라는 1895년 4월에 시모노세끼 조약(下關條約)에서 배상금 2억 냥(兩)을 지불했다. 그 후 일본은 조선 땅에 아무 저항 세력 없이 조선 조정 대신들을 장악해 나간다. 1905년 10월에 일본은 조선 내각들 중 학부대신 이완용을 대표자로 삼고 외부대신 박제순, 내부대신 이지용, 군부대신 이근택, 농상부대신 권중현 등 을사 5적(五賊)들에 의해 을사늑약을 체결하게 한다.

이때부터 외교권을 박탈당하고 통감부가 조선을 보호한다는 명분으로 조선 통치를 시작한다. 이렇게 해서 일본은 조선왕조를 무력으로 장악한다.

10) 러일전쟁(1904~1905)과 한일병합(1910)

러시아는 유럽에서 남하정책으로 크림 전쟁과 오스만제국과의 전쟁을 통해 어느 정도 성과를 거두었다. 러시아는 또다시 극동에 진출해 청(淸)나라 교섭으로 아무르강 이북을 자기 영토로 확대했다. 그리고 2년 후에는 우수리강 이동의 연해주를 얻어 좋은 항구 도시 블라디보스토크를 건설했다. 또 일본과도 우호조약을 맺고 치시마 열도를 양보하는 대신 사할린의 영유권을 획득했다.

그 후 러시아는 청나라 의화단 사건 때 러시아군이 만주에 대군을 파병하여 의화단 사건이 진압된 뒤에도 철군을 하지 않았다. 이때 일본은 1902년 영국과 동맹을 맺고 러시아의 남진정책을 저지하려고 했다. 그것이 1904~1905년의 러일전쟁이었다. 러시아 국내에서는 계속 이어지는 러시아의 전쟁 중지에 대한 15만 이상의 군중의 시위로 지원 능력이 약화되었고, 또 시베리아의 멀고 먼 육로를 거친 후에 극동에 도달함으로 전략적으로 한반도에서 출범하는 일본군에 비해 열세가 될 수밖에 없었다.

결국 러시아의 패전으로 끝이 났고, 러시아에서는 패전만이 아니라 노동자들 연맹에 의해 200만 명의 총파업이 일어났다. 러시아 노동자들의 계속된 봉기는 1914~1924년 사이에 6만 노동자 파업이 계속되므로 1917년 볼셰비키 군대 3만여 명이 봉기하여 러시아 황제와 각료들을 체포하고 러시아 제국을 종식시킨다.

그 후 러시아는 노동자 운동 대표자 레닌에 의한 공산주의 국가가 된다. 한편 북방에서 남진을 계속하려던 러시아 세력을 꺾은 일본은 1910년에 한일병합 조약으로 조선왕조를 멸망시키고, 일본 제국주의 식민지 시대로 36년간 온갖 악정과 수탈을 계속 이어갔다.

1945년 8월 미국의 원자폭탄 투하로 인한 일본의 패망으로 조선의 해방이라는 상반된 역사를 맞이하게 되었다.

제2장 전기 동남아 교회

앞서 제1장에서는 동남아 세상으로 네 나라를 살펴보았다.

여기 제2장에서는 동남아 교회로 다섯 나라를 살펴보겠다. 더 많은 나라를 폭넓게 살펴야 할 영역들은 후학들의 몫으로 남겨 두겠다.

1. 인도

인도의 기독교 역사는 ① 전승 시대 ② 선교 시대 ③ 현지인 시대로 구분하겠다.

1) 전승 시대

전승 시대라는 말은 단편적 근거를 통해 과거 역사를 확대해석하는 내용들이 여전히 회자되는 내용을 뜻한다.

인도에 일찍이 기독교 복음이 전래되었다는 내용에 대해 단편적 근거들에 의한 전승들이 여러 가지가 있다. 그러나 그 같은 전승이 과연 역사적 사실인지는 확인되지 않고 있다. 그 같은 인도 내 기독교 전승들 몇 가지를 알아보자.

① 예수님의 열두 제자 중 하나인 도마가 인도에서 선교했다.

복음서에는 예수님의 제자 중 하나로 도마가 기록되었다(마 10:3; 막 3:18; 눅 6:15; 요 11:16, 14:5, 20:24, 26, 27, 28, 21:2 등).

그런데 이 도마가 주후 52년 크랑가노레에 도착해 케랄라(Kerala: 오늘날 밀라포의 마드라스 시내)에 도착해 7개 지역교회를 설립한 후 주후 72년에 밀라포에서 순교했다. 이 같은 전승에 따라 마드라스 시내 로마 가톨릭 주교 성당에 도마의 묘지라는 것이 존재하고 있다. 그러나 이 같은 전승은 1600년경 포르투갈인이 남긴 기록으로 알려졌다.

② 시리아어로 기록된 "사도들의 교리"(250년경)

시리아어로 기록된 "사도들의 교리"(Doctrine of the Apostles)라는 문헌에 의하면 "인도와 그에 딸린 나라들과 접경 지역들과 해상 남단까지도 유다 도마로부터 사도의 사역을 받았다. 그는 그곳에서 세운 교회의 인도자이고, 치리자이고, 그곳의 사역자였다"라는 내용이 전승된다. 이 전승의 출처가 명확하지 않고 그렇게 말하는 인도가 오늘날의 인도인지도 확인할 수 없는, 추측성 전승이다.

③ 그 외의 전승들

바르라의 주교 두디(Dudi)가 인도에 복음을 전했다(295~300).

페르시아 요한이 대인도 전체 교회를 대신하여 니케아 신조(325)에 서명했다. 인도 선원 코스마스(552경)라는 이가 말레라는 땅에서 칼리아(오늘날 봄베이) 근처에서 주교 사역을 했다. 또 몬테 코르비노 지오바니라는 탁발 수도사가 인도에서 많은 개종자를 냈다. 1321년 프란체스코 수도사 4명이 봄베이 근처에서 사역하다 순교했다.

이 같은 전승들을 전한 이들은 다 각각 자기가 접한 전승을 역사적 사실이라고 주장한다. 그러므로 전승을 역사로 보기보다는 전승들로 아는 것이 좋을 것 같다.

2) 선교 시대

① 예수회 선교사 자비에르(1506~1552)

이그나티우스 로욜라의 제자로 예수회 설립자 5명 중 하나인 프란체스코 자비에르가 1542년 인도 고아에 도착해 3년간 병자들과 진주 조개잡이 어부들을 상대로 선교하여 수천 명에게 세례를 주었다.

그는 일본에도 선교하였고(1549) 다시 고아로 돌아왔다(1552). 예수회는 그가 개종시킨 수를 70만 이상이라고 주장하여 그를 "해외 선교 수호성인"이라고 한다. 그러나 그는 인도 사역에 종교 재판소를 이용하며 고아 정보도 이용했다. 그의 선교 열정은 탁월했지만 정부를 이용해 자기 선교 반대자를 종교재판을 활용하여 제거한 것은, 과연 그가 정말 해외 선교 수호성인인지 이해가 되지 않는다.

② 예수회 선교사 데노빌리(R. de Nobill, 1577~1656)

예수회 선교사로 인도에 도착해(1605) 36년간 인도 사역을 했다. 그는 선배 동역자들이 개종자들을 포르투갈 사람으로 만들려는 노력과 다르게 힌두교 승려(Sannyasi)처럼 승복을 입고 선교하므로 지역 당국자들은 그를 기독교 배신자로 여기고 성무 중지령을 내렸다. 그러나 그는 유럽인으로 최초로 산스크리트어, 베다(Vedas) 경 베단다(Vedanta) 철학을 배웠다. 1609년 첫 개종자에게 브라만 계급 표시를 지닐 수 있게 했다. 그가 은퇴하여 시력이 나빠질 때 수많은 개종자를 얻었다. 그는 서구식 기독교 문화를 고집하지 않고 현지인들의 문화를 수용한 선교사로 중요한 인물로 기억된다.

③ 독일인들이 덴마크 지원으로 인도 선교

독일 루터교 신도인 치겐발크(B. Ziegenbalg, 1682~1719)와 플뤼챠우(H. Plötschau, 1677~1747)가 할레대학에서 신학을 공부하던 중 선교사로 부름을 받는다. 이들은 덴마크 왕 프레데리크 4세의 지원을 받고 인도 해안 덴마크령인 트란게 바르로 갔다. 이들은 현지에서 힌두교도와 로마 가톨릭교도들에 의해 상상할 수 없는 갖가지 박해와 적대 행위로 당국의 반대를 받았다. 이들은 한차례 논쟁 후 사령관에 의해 4개월 동안 감옥에도 갇혔다.

그러나 두 선교사는 포르투갈어를 쓰는 사람들과 타밀어를 쓰는 사람들을 상대로 학교, 고아원, 성경 번역, 출판 사역, 설교자 양성, 어린이 요리 문답 교육, 회심을 위한 모든 사역을 수행했다. 그 결과 타밀어로 신약성경을 출판하고(1714) 구약성경은 룻기까지 번역했다.

이들은 자기들의 선교 사역 보고를 연례적으로 영국, 독일, 덴마크에 보냈다. 그는 많은 반대 속에서도 유럽의 개신교 국가들에게 해외 선교의 중요성을 일깨워 주는 중요한 사역을 수행하다 죽었다.

④ 개신교 선교사 영국 침례교 캐리

영국 침례교 캐리(Wm Carey, 1761~1834)는 영국 침례교 협회(현재 침례교선교회)의 공식 선교사로 인도 사역을 했다(1793년부터 죽을 때까지).

캐리는 40여 년간 인도 뱅골, 세람포어 등에서 사역을 했다. 특히 세람포어(덴마크 식민주)에서 34년 동안 다방면 선교를 했다. 인도 36개 방언으로 성경 번역, 전도, 교회 설립, 교수, 의료 지원 등을 펼쳤다. 그를 '현대 선교의 아버지'라 부르는 것은 선교 단체의 공식 선교사였기 때문이다.

3) 현지인 시대

현대 교회사가 1800년부터 2020년까지를 살펴보고 있다. 이 시기에 외국 선교사들이 많이 활동했다. 그러나 선교사들에 의해 인도 현지인들이 선교의 열매로 개종을 하고 인도에서 사역했던 괄목할만한 현지인 사역자들이 있다. 그들 중 세 사람만 살펴보겠다.[56]

(1) 라마바이(Pandit Ramabai, 1858~1922)

라마바이는 인도 브라만 계급에 속하는 가정의 딸로 태어났다. 인도의 국민은 카스트라는 계급이 있다. 브라만, 크샤트리아, 바이샤, 슈드라에다 가장 천민인 불가촉천민이 있다. 여기 소개하는 라마바이는 인도 국민 중 최상류층으로 전승되는 브라만 계급의 딸로 망갈로 부근에서 태어났다. 1874년 그녀가 12세 때 남인도 순례 도중에 부모를 잃었다. 그러나 높은 신분으로 계속 방랑 생활을 하면서도 남동생과 함께 힌두교 경전을 암송하며 생계를 이어갈 수 있었다.

그녀는 산스크리트어 실력을 인정받아 콜카타에서 힌두교 학자들로부터 판디타(Pandita, 여성 현자)라고 불렸다. 그런데 그녀는 인도 사회의 개혁을 주장하며 자기보다 낮은 신분의 남자와 결혼함으로 정통주의 브라만에서 벗어났다. 남편은 결혼 2년 후(1882)에 죽었다. 그 후 뱅골에서 그리스도인을 만나 성경을 알게 되었고, 또 고어(Gore)라는 성공회 신부의 도움으로 기독교를 알게 되었다. 1883년에 수녀회의 도움을 받아 영국으로 유학을 가게 되었다. 그는 영국 원티지(Wantage)에서 어린 딸과 세례를 받았다.

---

56) 기독지혜사, 교회사 대사전 Ⅱ권, 1994, pp. 911~91.

1886년 26세 때 미국으로 건너가 유치원 운영 방법을 배웠다. 그녀는 《높은 신분 출신의 힌두 여인》이라는 저서로 자기 과거를 알리고 인도의 높은 신분의 과부들을 교육하려는 데 대한 미국인들의 지원을 호소했다. 그때 라마바이협회가 10년간의 재정 후원을 보장해 주었다. 그 같은 후원으로 인도에 돌아가 여자 기숙사 학교를 푸나에 세웠다. 그에게 배운 여자들이 기독교에 이끌리자 힌두교에서는 그녀에 대한 지원을 끊었다.

1891년에 그는 복음주의자에서 사회 활동가로 변신했다. 그래서 기독교로 개종하는 이들에게 세례를 주었다.

푸나 부근에 사들인 토지는 1896~1897년 전 인도의 기근 때 수백 명의 소녀와 부인들을 구하는 데 요긴하게 쓰였다. 거기서 1,300명이 넘는 묵티(Mukti, 구원) 공동체가 생긴다.

그녀가 마련한 토지는 그녀의 위대한 업적의 중심지가 되었다. 마지막 18년 동안 성경을 마라티어로 번역하였다.

그녀가 죽은 다음 '묵티공동체'는 '묵티선교회'로 다른 선교회들과 밀접한 관계를 유지하는 조직이 되었다. 1971년 묵티선교회는 649명의 회원으로 기반을 잡게 되었다. 라마바이는 인도 선교사들에 의해 현지 인도인이 선교회를 조직하여 지속적으로 선교활동을 하는 기초를 마련해 주었다.

(2) 틸락(Narayan Vaman Tilak, 1862~1919)

틸락 역시 상류 계급인 치트파완 브라만 계급에서 태어났다. 인도의 상류계급은 힌두교 승려들이나 그 가족들이다. 그래서 틸락은 어린 나이에 힌두교 승려인 '사두'가 되었다. 어느 날 여행 중에 외국인으로부터 번역된 성경을 받아 읽어보는 중에 힌두교의 정통성에 의

문을 품기 시작했다.

1895년 33세 때 오랜 방황 끝에 봄베이 외국인 교회에서 세례를 받는다. 그는 미국 마라티 선교회에서 글을 잘 쓰는 재능을 인정받아 글 쓰는 사역에 인도를 받았다. 1904년 42세 때는 목사 안수를 받고 아마드나가르에서 설교자로 사역했다. 그가 가장 탁월하게 사역한 것은 집필 활동이었다. 그는 수백 편에 이르는 서양 운율의 찬송들을 인도인들에게 걸맞은 찬송 수단으로 바잔(Bhajan)을 만들어냈다.

틸락은 서양식 찬송가를 인도어로 번역하기도 하고 서양 운율의 찬송가를 인도인들 정서에 맞는 찬송가로 보급하기도 했다. 가장 뛰어난 작품으로 그리스도의 생애를 인도인 운율에 맞게 작사한 크리스타얀(Christayan)이 있다. 1919년에는 종교 훈련소를 만들어 성숙자와 미성숙자를 훈련시켰다.

(3) 선다싱(Sadhu Sunda Singh, 1889~1929)

선다싱은 인도 펀자브 북부 람푸르의 부유한 시크교(Sikhism)도 가정에서 태어났다.

1902년 13세 때 어머니를 여의고 슬픔에 빠졌다. 한동안 미국 장로교 선교회가 운영하던 미션 스쿨에 다녔으나 어머니의 죽음을 통해 신의 부재를 확인(?)하고 기독교를 신랄하게 비판한 뒤 공개적으로 복사본 복음서들을 불태웠다. 그런데 그와 같은 반항 행동을 한 후 2일 후에 환상 속에서 그리스도를 만나는 체험으로 그리스인이 된다.

그가 그리스도인으로 돌변하자 아버지는 그를 집에서 쫓아낸다. 그 후부터 시크교 성인들이 입는 사두(Sadhu)라는 도포를 입은 채로 길거리에서 설교자가 된다.

그는 주로 힌두교도들에게 열정적으로 복음을 전했다. 1905년 세례를 받고 영국 성공회에 가입했으나 훗날에는 특정 교단에 예속되는 것을 거부했다. 선다싱은 가정을 갖지 않고 아시아 여러 지역을 여행하면서 다양한 계층에 순수하고 원시적인 복음들을 전파했다.

그가 남긴 유명한 체험담이 있다. 그가 추운 겨울에 험한 고개를 넘게 되었다. 그런데 어느 술 취한 이가 눈이 쌓인 길가에서 잠이 들어 동사가 되어 가고 있었다. 이를 먼저 본 사람은 자기도 춥고 힘들다고 몸단속을 하며 스쳐 지나갔다.

그다음에 선다싱이 이미 사체처럼 굳어진 나그네를 등에 업고 눈 속을 걸어 고개를 넘으려고 죽을힘을 다해 눈 속을 헤치며 고개를 넘어갔다. 혼자 고개를 넘기도 힘든데 굳어진 송장 같은 이를 등에 업고 눈 속을 걸어 고개를 넘어가려다 보니까 땀이 비 오듯 쏟아졌다. 선다싱의 뜨거운 체온이 굳어진 송장 같은 이에게 전달되어 고개를 다 넘었을 때 송장 같던 이가 다시 살아났다.

그런데 몇 시간 전에 혼자 살겠다고 총총히 고개를 넘으려던 이는 너무도 추운 날씨로 고개 마루턱에서 동사당한 채 죽고 말았다. 선다싱은 남을 살리려는 것이 자기가 사는 길이라고 가르쳤다.

그와 같은 순수한 신앙으로 살아간 그가 신앙의 고국 서양 국가들을 방문했을 때 너무도 형식적이고 제도적인 종교생활에 큰 비애를 느꼈다고 한다.

2. 중국

중국은 과거에 여러 번 기독교 선교사들이 선교를 하므로 기독교를 접하는 시대가 많았다. 그러나 중국 정치 역사에 따라 기독교 선교 활동에 대해 개방되기도 했고 닫히기도 했다. 현재는 100여 년 동안 공산주의 체제 아래 공식적 교회 활동은 억제되고 모두 지하에 비공식적으로 지역에 따라 형태가 다른 교회 활동이 계속되고 있다. 여기서는 과거 중국의 기독교 선교역사와 현재의 지하교회에 대해 정리해 보겠다.

1) 선교 시대

과거 중국에는 여러 차례 선교사들에 의한 기독교 전파 시대가 있었다.

(1) 네스토리안(Nestorianism) 선교 시대

네스토리우스(Nestorius, 386~451)는 페르시아인 부모에게서 태어나서 안디옥 학파의 교육을 받고 명 설교자로 인정되어 황제가 있는 콘스탄티노플 교회의 총 대주교로 발탁되었다.

이를 시기하고 못마땅하게 여긴 알렉산드리아 감독 키릴로스(376~444)는 네스토리우스 신학 사상을 문제삼아 에베소 공의회(431)에서 네스토리우스를 이단으로 저주하고 면직을 선언했다.

네스토리우스 신학이 이단이었는가? 이에 대한 이해는 현재까지 두 가지 상반된 이해가 계속되고 있다. 그렇게 애매모호한 네스토리안들은 그 시대 황제 측근들의 세력에 의해 페르시아를 중심으로 아라비아, 인도(말라바르 기독교)와 중국의 당나라 때 중국 선교를 열었다.

네스토리안 선교사 알로펜(Alopen)은 시리아 출신으로 중국 당나라 때인 주후 635년 중국에 도착했다.

이들은 당 태종의 도움으로 북경 여러 곳에 예배당을 세우고 성경을 번역하는 등 많은 업적을 남겼다. 그러나 황제가 바뀐 후에는 박해를 받다가 845년경 이후에는 공식적 선교는 단절되고 사방으로 흩어져 지하교회로 된 듯하다. 그 후 13~14세기에 네스토리안 신앙 계승자들이 몽고족들 중 쿠르디스탄 산맥에서 '아시리아 그리스도인들'이라는 무리로 존재함이 드러났다.

(2) 프란체스코 수도사 선교 시대

몬테 코르비노(Monte Corvino, 1247~1328)의 지오바니(Giobani: 요한)는 몬테크리비노(살레르노)에서 출생한 프란체스코 수도사였다.

그는 1291년에 교황 니콜라스 4세(1288~1292)에 의해 동방의 국왕들에게 보내는 편지를 가지고 동방에 파견되었다. 그는 여행 동료로 상인 루카롱가(Peter Lucalonga)를 대동하고 페르시아를 거쳐 인도에서 약 1년을 보냈다. 그리고 1294년에 현재의 베이징인 칸발릭(Khanbalik)에 도착했다.

이때의 중국은 원(元)나라 때로 성종이 이들을 선대하였다. 성종의 선대로 베이징 북서쪽에 있는 텐둑(Tenduk)에서 선교부를 설치하고 성공적인 사역을 전개하였다. 그곳의 영주였던 조지(George)는 전에 네스토리안 신자였으나 지오바니로 인해 가톨릭 신자로 개종했다.

그리고 성종이 루카롱가의 상업성을 인정하고 토지를 기증해 주자 그곳에 세 개의 교회를 설립하였다. 지오바니는 1307년 교황 클레멘스 5세(1305~1314)에 의해 대주교로 임명되었다. 그는 그곳에서 6천 명의 개종자를 얻었다고 한다. 그 외에도 신약성경과 시편을 중국어로 번역했고 중국인 소년 합창대를 조직한 것이 주민들과 칸(汗)에게 인기를 얻었다.

그러나 프란체스코 수도사들이 개종시킨 사람들은 중국인들에게 적대적인 주민으로 고립된 낯선 사람으로 무시당했다. 이들은 1368년 원(元)나라의 멸망과 함께 박해를 받고 사라졌다.

(3) 예수회 수도사 선교 시대

예수회 수도사 자비에르(1506~1552)가 인도 고아에서 3년(1542~1545), 일본에서 2년(1549~1551), 다시 고아로 돌아가(1552) 고아대학에서 사역하던 중 중국을 방문하려다 죽는다.

그의 유지를 본받은 예수회 수도사 마태오 리치(M. Ricci, 1552~1610)가 1583년 자오칭(肇慶) 행정관의 초청을 받고 중국 본토에 들어갔다. 그는 십계명을 중국어로 번역하고 세계 지도, 시계, 서적, 수학 도구 등의 중국인 활용 방법을 보급하여 중국 지식인들에게 감명을 주었다.

1594년에 쑤저우(蘇州)로 사역지를 옮긴 후에는 복장과 예법을 중국 지식인들의 것으로 바꾸었다.

1599년에 사역지를 난징(南京)으로 옮겼는데 그 도시의 식자층들을 통해 널리 알려졌고 상하이(上海) 선교의 아버지라 불리는 서광계(徐光啓)를 가르쳤다. 1600년 베이징을 향해 떠났으나 텐진(天津)에서 구금되어서 1601년에야 북경에 도착했다. 북경에서 황궁 고관들과 지식인들에게 서양 학문을 많이 소개해 주므로 많은 고관을 개종시켰다.

그는 기독교와 유교를 대립되는 신앙으로 보지 않고 유교의 모든 의식들을 허용함으로써 중국 전례 논쟁에 불을 질렀다. 그는 죽었을 때 황제가 하사한 타타르시(市) 묘역에 안장되었다.

마태오 리치 자신은 화려한 사역을 했다. 그러나 명(明)나라 국민은 명나라가 멸망할 때까지(1644년) 심한 기독교 박해를 계속했다.

그 후 청(淸)나라를 이룬 만주족들의 초기 황제들은 기독교에 호의적이었다. 그래서 예수회 수도사들만이 아니라 도미니쿠스 수도회, 프란체스코 수도회의 수도사들까지 활발한 선교활동을 하게 되었다. 그래서 가톨릭 신도들이 25만에 이른다고 했다. 그런데 청(淸)나라 제4대 황제인 강희제(康熙帝, 1654~1722)는 모든 선교사에게 추방령을 내린다.

그 후 한 세기 동안 박해가 계속 이어졌다. 1840년에는 예수회가 상해에 선교 기지를 설치했고, 중국의 선교는 황제적 선교가 아닌 지역 중심의 개신교 선교시대로 19세기를 열게 된다.

2) 현대 개신교 선교 시대

(1) 모리슨(Robert Morrison, 1782~1834)[57]
모리슨은 스코틀랜드 장로교 가정에서 태어났다.

그는 고학을 하다가 1802년 비국교도 대학에 진학해 공부하던 중 회중교회주의자로 변모한다.

모리슨이 런던 선교회에 지원했을 때 선교회는 중국 문서 선교사를 찾고 있었다. 그는 영국에서 거의 알려져 있지 않은 중국어를 배웠다. 1807년 광저우(廣州)에 도착해 중국어에 능통하므로 동인도회사의 국영 기업 통역관이 되었다. 그는 1818년 성경전서 전체를 중국어로 번역했다. 또 그는 중국어 사전을 편찬했다(1821). 그는 소논문

---

[57] 안희열, 세계 선교 역사, 침례신학대학교출판부, 2013, pp. 356~359.

과 찬송가도 썼다. 그는 밀튼이라는 조력자를 말라카에 보내어 영국과 중국에 대학을 세우도록 하고 화교들과 일본 선교를 기대했다. 그는 엄격한 스코틀랜드인으로 중국 선교사의 아버지로 사역하던 중 광저우에서 쓸쓸하게 죽어 갔다.

(2) 존 네비우스(John Livingston, 1829~1893)

네비우스는 미국 북장로교 선교사로 중국 산둥성에서 주로 사역하였다.

네비우스는 영국의 아편전쟁(1841)으로 중국인들이 서양에 대한 부정적 시각으로 인하여 선교에 많은 지장을 받을 때 사역을 하게 되었다. 그 무렵에 영국 성공회 성직자 헨리 벤(Henry Venn, 1796~1873)이 교회선교협의회 총무로 지내면서 '삼자'(三自) 선교 정책을 주장했다. 이는 ① 자치 ② 자급 ③ 자전이었다. 네비우스는 중국 선교 때 중국인들의 오해로 어려운 사역을 40년간 계속하면서 1854년 영파(寧波)에 도착해 헨리 벤의 '삼자원칙'을 근거로 '네비우스 선교 방식'을 만들었다.

① 모든 그리스도인은 스스로 벌어서 살아야 하며 생활과 말로써 이웃들에게 그리스도의 증인이 되어야 한다.
② 선교 방법과 조직을 선교지 그리스도인들이 책임질 수 있는 한도 내에서만 개발해야 한다.
③ 교회는 재정 지원을 할 수 있을 때 가장 적절한 자격(경제적 여유)을 구비한 자를 상근 사역자로 선출해야 한다.
④ 교회당은 선교지의 양식으로 짓되 현지 그리스도인들의 지원을 들여서 지어야 한다는 등의 정책 방안이었다.

노년의 네비우스는 초기 조선의 선교사로 부임한 선교사들에 의해 2주간의 선교 정책 강연을 실시했다(1893). 그 내용이 9가지로 요약된다.[58]

① 광범위한 순회 중심의 개인전도

② 자전(Self-Propagation)

③ 자치(Self-Government)

④ 자립(Self-Support)

⑤ 체계적인 성경 공부

⑥ 엄격한 성경 중심 생활

⑦ 타 지역과 협력하기 위한 선교지 분할 정책

⑧ 소송 문제나 유사 건에 대한 불간섭 원칙

⑨ 주민들의 경제 문제에 대해 언제나 도와줄 마음의 자세 등이 었다.

이와 같은 네비우스의 선교 정책 제시는 조선 장로교 선교사들에 의해 조선장로교회 선교정책으로 채택된다.

(3) 허드슨 테일러(James Hudson Taylor, 1832~1905)

영국 요크셔에서 감리교도의 아들로 태어났다. 중국에 대한 선교에 사명감을 느끼고 의료 훈련을 받은 뒤 단기 선교 요원으로 1854년 상하이에 도착했다. 그때부터 1860년까지 본국에서 그를 파송한 중국 복음화선교회의 턱없는 후원으로 많은 고난과 시련을 겪는다. 이때 그는 중

---

58) 위의 책, p. 389.

국인들의 풍습을 따라 남자 머리의 주위를 깎고 중앙의 머리를 땋아 뒤로 길게 늘이는 변발(辮髮)에다 중국인들의 옷을 입고 다니는 토착화를 시도했다. 그러자 같은 서구 선교사들은 그를 미쳤다고 비난했다.

그는 또 싱글로서 사역의 한계를 느끼고 결혼하려 했으나 그의 외형에 모두 거부당했다. 그러다가 영국 선교사의 딸로 중국에서 태어난 마리아 다이어(Dyer)와 결혼했으나 다이어는 4년 뒤에 죽는다.

테일러는 1860~1866년까지 장기 체류하면서 런던 병원에서 제대로 된 의료공부를 한다. 그렇게 응용 화학과 산부인과 과정을 마치고 왕립 의과대학에서 의사 자격을 얻는다(1862).

그는 또 전 영국을 순회하면서 선교사 동원에 힘쓴다. 그 결과 600명 이상의 지원자 중 102명을 선발하여 중국내지선교회를 조직해 중국 전역에 선교사로 파송했다. 평신도 출신으로 고등 교육을 받지 않은 자들 가운데 "죽으면 죽으리라"는 절대 희생을 각오한 자들인데, 이들을 대상으로 초교파적으로 '중국내지선교회'를 조직했다.

이들의 본부를 중국에 두고 학문적 수준은 떨어지지만 헌신과 희생을 함으로 선교 사역을 실천해 나갔다. 이들에게 가장 큰 고충은 경제적 위기로, 네 번의 위기를 겪었다. 그럴 때마다 기도의 힘으로 이겨나갔다. 그런데 1900년 청(清)나라 황제는 칙령으로 모든 외국인을 죽이고 기독교를 말살하라고 지시했다. 이때 중국내지선교회 선교사 135명과 53명의 자녀들이 무참하게 살해당한다.

그리고 181명의 가톨릭과 개신교 선교사들과 중국인 신자 4만 9천이 희생된다. 당시 테일러는 건강 치료차 스위스에서 머물고 있어서 화를 면했다.

저들 순교의 피는 하늘에 상달되어 1934년에는 중국내지선교회 선교사가 1,368명이 되었다. 그 후 1949년 중국이 모택동에 의해 공산화되자 저들은 중국에서 철수하여 1964년 선교회 이름을 O. M. F(Oversea Missionary Fellowship)으로 바꾸고 아시아 선교단체로 탈바꿈하여 현재에 이르고 있다.[59]

테일러는 1904년 은퇴하여 1905년 후난성의 성도인 창사(長沙)에서 죽었다.

3) 공산화 이후 지하교회 시대

중국에서 공산당이 결성된 것은 1921년의 일이다. 중국의 공산당 이전 중국 내 개신교 신학자들이 8,518명이고 기독교인이 300만 명이었다. 그런데 공산당이 결성된 지 5년 후인 1926년에 개신교 선교사들이 300명으로 줄어들었고, 1924~1934년 사이에 29명의 개신교 선교사들이 살해당했다. 1949년 모택동의 중화민국공화국 이후 개신교 선교사들은 전부 철수하였고 가톨릭 선교사들도 계속 추방당했다. 1958년 이후 눈에 보이는 교회가 1966년 문화 대혁명의 홍위병들에 의해 완전히 파괴당하였다.

그 이후로는 숨은 그리스도인들의 많은 지도자가 감옥에 가게 되었고, 교인들은 새날이 올 때를 기대하며 지하교회로 계속되고 있다. 현재의 중국 지하교회 성도들의 숫자 파악은 전혀 알 길이 없는 추측성 숫자에 불과하다.

우리는 공산화의 위기를 너무 모르고 살아간다. 러시아의 공산화,

---

59) 안희열, 세계선교역사, pp. 390~395.

중국의 공산화의 역사를 제대로 잘 알아야 하는데 남한의 좌파 정치세력은 공산주의의 이상적 신념에만 몰두해서 북한의 공산주의를 한 민족 개념으로 안일하게 상상한다. 참으로 무서운 공산주의의 정체를 그리스도인들이 제대로 똑바로 알아야 할 절대적 필요성을 느낀다.

3. 일본

일본의 인구는 1억 2천만이다. 이들 중 절대다수는 유물론과 결합된 신도(神道)이고, 전 국민 대다수가 불교도다. 기독교인 숫자는 가톨릭, 정교회, 개신교들을 모두 포함하여 전 국민의 1%도 안 되는 미미한 소수이다. 과거에 수많은 선교사들이 일본에 가서 선교를 실시했기에 선교사들의 역사가 있으나 열매는 일시적이었다가 사라졌다. 오늘날의 일본 국민을 이해하면 과거 선교역사에 비해 너무나 열악한 기독교회의 근본 원인을 이해할 수가 있다.

여기서는 과거 역사에 계속된 선교역사와 그로 인해 일본인 신학자로 알려진 소수 몇 사람을 정리해 보겠다.

1) 선교 시대

(1) 중세기 때

1549년 8월 15일에 예수회 선교사 프란체스코 자비에르가 개종 신자들 2명에 의해 일본에 입국했다. 자비에르는 2년간 선교로 많은 신자들을 얻었다고 한다. 그러나 1587년 히데요시 정부가 핍박을 시작하고 임진왜란(1592~1598)을 일으킨 도쿠가와 왕조는 1640년까지 가톨릭 신자 15만을 죽였다고 한다. 이때 임진왜란에 끌려간 조선 여인 중 신앙을 지키다 순교한 역사가 있다. 그 후 일본은 250년을 쇄국정책으로 일관했다.

(2) 근세 시대 이후

1859년 이후에 개신교 선교사들이 일본에 진출했다. 이때의 각 교파별 선교사들이 일본에서 선교했다. 근세 이후 일본에 선교 사역을 했던 선교사들을 교파별로 정리해 보자.

ㄱ. 장로교 계열

① 헵번 박사(James Curtis Hepburn, 1815~1911)

헵번 박사는 프린스턴대학 시절에 회심한 후 의료 선교사로 결심한다. 부부가 장로교 선교회에 가입해 자바, 싱가포르, 아모이에서 5년 동안 선교활동을 하다가 병이 들어 귀국했다.

그 후 1859년 일본 개신교 선교사로 다시 일본에 갔다. 당시 일본은 쇄국정책에 의해 선교사들의 선교활동을 금지했다. 그는 절에 들어가 열심히 일본어를 배웠다. 그는 일본에서 선교사역을 하지 못하고 진료소를 열어 의료 진료를 하면서 최초로 일영(日英)사전을 편찬해 냈다. 그리고 메이지 가쿠인대학교의 설립을 도우면서 1888년 일본어 성경 번역 사업에 중요한 역할을 했다.

헵번 박사는 일본의 개신교 선교사 제1호이지만 선교의 기초를 닦기만 했다. 또 장로교 선교사로 ② 버벡(Guido Verbeck) 박사와 ③ 개혁교회의 브라운(S. R. Brown) 박사도 있다. 이들의 일본 선교 활동은 모두 선교의 기초를 닦고 일본인들을 개인적으로 개종시키는 사역들로 국한되었다.

ㄴ. 가톨릭 계열

1859년 9월 지라르 신부가 입국해 음성적으로 선교 활동을 해나가던 중에 1862년 일본 최초의 가톨릭교회를 세우고 났을 때 과거 17세기 가톨릭 신도들의 후손들이 자기 신분을 드러내기 시작했다. 1873년 기독교 금지령이 철회되면서 박해도 중단되었다.

ㄷ. 침례교 계열

1860년에 침례교 최초의 선교사가 일본에 도착했다. 기독교 선교가 일본 국법으로 불법으로 금지된 상태인데도 불구하고 선교 사역을 비밀리에 진행했다. 그 결과 1864년 최초의 개종자 침례의식을 행했다. 그리고 1872년에는 일본 요코하마(橫浜)에 최초의 침례교회가 세워졌다.

일본 침례교 초기 선교사의 이와 같은 공적으로 일본어 성경에는 세례(洗禮)라고 표기하지 않고 침례(浸禮)라는 원문에 따라 밥티스마(Baptisma)로 표기되어서 사용해 오고 있다. 일본어 성경은 한국어 성경보다 한발 앞선 원문을 따른 전통을 계승하고 있다.

ㄹ. 정(正)교회 계열

러시아 정교회 사제로 일본에서 선교 사역을 한 니콜라이(Nicolai, 1835~1912)가 있다. 그는 후카이도 러시아 영사관 전속 사제로 지원하여 1861년에 일본에 도착했다. 당시 기독교 선교가 금지되어 있으므로 일본어와 중국어 습득에 주력했다. 비밀리에 선교 활동으로 1868년 최초로 일본인 개종자 세 명을 얻었다. 그 세 명이 사무라이 사와

베, 의사 사카이, 우라노였다. 1873년 기독교 규제 금지법이 해제되자 도쿄로 이사하여 주교좌 성당을 건축하였다. 그의 공로가 인정되어 1880년에 러시아 정교회 주교, 1906년에는 대주교로 축성을 받았다. 그는 일본인들 기호에 맞는 토착적 종교에 주안점을 두고 주로 유망한 일본 청년들을 교리문답 교사로 양육한 후 일본 젊은이들에게 전도하도록 하였다.

러일전쟁(1904~1905) 때는 사역에 심한 장애를 받았다. 그러나 그가 죽을 때는 일본인 개종자가 3만 명이 넘었다. 그의 공로로 일본에 정교회 세력이 막강하다.

ㅁ. 개신교 선교사들에 의한 기독교 단체들

1873년 기독교 규제법이 해체된 후 개신교 선교사들이 일본 각 지역에서 기독교 단체를 조직해 선교 활동을 전개했다.

요코하마에서 벨러프(John Ballagh) 목사가 사역했고, 삿포로에서는 클락(William Smith Clark, 1826~1886) 박사가 사역했다. 1876년 7월 일본은 새로운 식민지가 된 삿포로에 미국과 유사한 대학을 설립하려고 미국 매사추세츠 농경대학 학장이었던 클락 박사를 초청하였다. 그는 실험농장을 세워 곡물, 나무, 농경법 등을 전수시키며 그 기간에 16명의 학생들을 기독교로 개종시켰다.

클락이 남긴 고별사로 "젊은이여, 야망을 가져라"(Boys be Ambitious)는 말은 매우 유명한 명언이 되었다. 그는 개종시킨 일본 학생들에게 "예수를 믿는 신자들의 언약"에 서명하도록 하고 그 서명자들은 삿포로 밴드(Sapporo Band)단을 만들어 전도 활동을 하게 했다. 그들 가운데 가장 잘 알려진 성경학자가 우치무라 간조(內村鑑三)였다. 그뿐만 아니라 기독교 단체들이 조직되면서 수많은 젊은이들을 개종시

컸다. 그 같은 단체가 나가사키(長崎)에서는 버벡(G. Verbeck) 박사, 코마모토(態木)에서는 구세군의 제임스(L. L James) 대장에 의해 조직되었고, 히로사키 등지에서는 1880~1889년 사이에 여러 개신교 단체들이 급성장하였다.

(3) 일본인 기독교 지도자

일본의 선교사들이 현지 일본인을 개종시키자 그들이 일본 기독교 지도자로 활약하였다.

① 우치무라 간조(內村鑑三, 1861~1930)

그는 사무라이 가문에서 태어나 삿포로 농과 대학에 들어가서 클락 박사 제자들의 열성적인 전도로 그리스도인이 된다. 그는 1881년 일본 최초의 독립교회를 세웠다. 1884~1888년에 뉴잉글랜드에서 지낸 후 다시 귀국해 서양 문학과 일본 문화를 탁월하게 비교 설명해냈다. 그는 사회 정의를 예언하고 사회, 정부, 교회, 선교 단체들의 해악도 비판했다.

그는 '무키오카이'라 부르는 일본 무교회(무교단, 무예배당, 무사례)의 창시자로 알려졌다. 또한 22권으로 된 성경주석을 유산으로 남겼다.

② 니지마 조(新島襄, 1843~1890)

그는 도쿄의 사무라이 가문에서 태어났다. 도쿄 선교사들에 의해 서양을 알고 일본에 서양 학문을 보급할 결심으로 1864년 밀항선을 타고 미국 보스턴에 도착했다. 그곳에서 선주(船主)와 친구가 되어 고등학교를 다니던 중 개종하여 신학교 공부를 한다. 1874년 미국 회중교회 일본인 선교사로 귀국한다. 그는 불교가 왕성한 교토(景都)에

1875년 도시샤(同志社)라는 기독교 학교를 세웠다.

그리고 기독교 단체로 기독청년회(Y.M.C.A, 1880), 성서 유니온(1884), 기독교 면려회(1886), 성서공회(1890) 등의 초교파 단체들이 생긴다. 1900년도에 진입하면서 일본에는 산업화로 변화되면서 사회 사역 문제가 심각하게 등장한다. 이와 같이 일본 사회에 심각한 문제가 일어나는 가운데 영향력을 발휘할 기독교 지도자가 등장한다. 그가 바로 가가와 도요히코이다.

③ 가가와 도요히코(賀川豊彦, 1888~1960)[60]

그는 부유한 내각의 각료였던 아버지와 기생 사이에서 태어난 사생아였다. 하지만 아버지는 그를 공식적으로 아들로 받아들였다. 그가 5세가 되기 전 부모가 모두 사망했고 고베(神戶)의 유서 깊은 집안에서 어린 시절 고독과 비극 가운데 성장했다. 그는 시코쿠(四國)학교에 다닐 때 두 명의 선교사들을 알게 되었고 그들을 통해 15세에 기독교로 개종하자 집안에서 쫓겨났다. 그러나 그리스도의 사랑에 대한 강렬한 체험이 그로 하여금 그리스도의 사역자로 인생길을 가게 한다.

도쿄 장로교대학 2학년 때 결핵으로 사경에 이른다. 죽을 위기에 고베 신학원에 입학하여 기적적으로 살아난다. 그는 생활 근거지를 도시 빈민가로 옮겨 매춘, 빈곤, 착취 속에 있는 주민들을 대상으로 선교사역을 시작한다. 1919년부터 15년 동안 빈민가와 노숙인을 상대로 사역을 한다. 노숙인들 사역 중 가장 힘든 것은 노숙인들의 식생

---

60) J. M. Trout, Kagawa, Japanese Propher, 1959.

활이 고르지 못함으로 자주 생기는 변비증(便秘病) 환자였다.

그는 꼬챙이로도 파낼 수 없는 환자들의 항문을 입의 침으로 녹여서 빨아내는 사역을 수행했다. 그는 노동운동의 지도자로 최초의 농민조합을 결성했고, 1926년에는 빈민가를 폐지하는 입법을 통과시켰다.

가가와는 신비주의자, 금욕주의자 그리고 평화주의자로 알려졌으나 그는 사회 운동가로 영향력을 크게 발휘했다. 그는 자신 인생의 목적을 "10만 명의 가난한 사람들의 구원, 9백 43만 명의 가난한 사람들의 구원, 2천만 소작농들의 자유"라고 선언했다. 그는 사는 동안 교회 지도자이자 애국자로 끝까지 일본을 사랑한 사도였다. 그의 많은 저서로 《해 뜨기 전에》(1925), 《그리스도와 일본》(1934), 《생명의 법 사랑》(1930) 등이 있다.

2) 현대 일본 교회

과거 일본이 침략을 일삼던 중세시대가 있었다. 그런데 근세시대 1873년 이후 기독교 금지령이 해제된 후 1930년까지 훌륭한 기독교 지도자들이 출현했다. 그러나 1930년대 일본의 군국주의는 일본뿐 아니라 조선과 만주, 중국 등 주변국들에게 또다시 해악을 자행한다. 그리고 1941년에는 일본 내 32개의 개신교 집단들을 '일본 연합 기독교회'라는 교단(敎團)으로 강제 통합시킨다. 그와 같은 영향이 지금 한국에는 장로 교단, 감리 교단, 침례 교단 등으로 통용되어 오고 있다.

미국의 입법부를 의회(議會)라고 부른다. 전 세계에서 입법부를 국회(國會)라고 부르는 나라는 한국뿐이다. 마찬가지로 각 교단(敎團)이라는 말도 일본의 잔재이다.

일본이라는 나라에 선교사가 들어온 것은 한국보다 훨씬 앞섰다. 그런데 일본의 전체 기독교인은 전 국민의 단 1%도 안 된다. 일본 국민 대다수는 불교와 신도(神道)의 신도들이다. 일본인들이 믿고 있는 불교는 신(神)이 없는 각자의 깨달음이 존중되는 종교이므로 각자의 주장을 통제하려는 정치제도가 생기게 되었고, 신도(神道)는 모든 존재의 근원에 신(神)들이 있다는 다신교(多神敎)를 의미한다.

그런 국민들의 정서 바탕 위에 절대신 유일신이란 성립되기가 불가능하다. 일본에는 8만 7천 개의 신들이 존재한다고 한다.[61]

일본은 근면해서 경제대국을 이뤘으나 영적으로 매우 불행한 나라이다.

4. 조선

필자는 현대 교회사를 저술하고 있다. 현대 교회사는 1800년에서 2020년을 조명하고 있다. 그 사이를 전기(1800~1900)와 후기(1900~2020)로 나눠서 정리해 가고 있다. 여기서는 조선시대의 교회사와 한국 교회사로 분리해서 따로 저술하려고도 했었다. 그러나 한국교회사에 대한 책들이 수없이 많고 불필요한 논란이 따를 것 같다. 그래서 1940년대 이전의 조선시대 역사의 윤곽만 살피고 넘어갈 것이다.

1) 조선 천주교(天主敎) 약사

(1) 선교사 이전 천주교 교인들

---

61) 선교사들의 구전으로 문헌적 증거는 없다.

⑵ 최초의 천주교 신자(1784)에 의한 천주교 활동

⑶ 선교사 시대와 핍박의 역사

2) 조선 개신교(改新敎) 약사

⑴ 선교사 이전 개신교 접촉사

⑵ 최초의 선교사들

① 장로교

    ㉠ 북장로교(1885 언더우드)

    ㉡ 남장로교(1892 레이놀즈)

    ㉢ 호주 장로교(1889 데이비스)

    ㉣ 캐나다 장로교(1893 매켄지)

② 감리교

    ㉠ 북감리교(1885 아펜젤러)

    ㉡ 남감리교(1895 리드)

③ 침례교(1889 펜윅)

④ 성공회(1890)

⑤ 안식교(1903)

⑥ 성결교(1907), 구세군(1907)

⑦ 기타

3) 외국 선교사들의 선교 정책과 한일병합(1910) 후의 시련

① 네비우스의 선교 정책

② 감리교의 선교 정책

③ 침례교의 토착화 정책

④ 기타 선교사들

⑤ 대부흥 운동(1907)과 백만인 구령 운동
⑥ 한일 병합 후의 시련들
⑦ 한국 교회와 민족 운동
⑧ 교회의 교파 운동

4) 해방과 민족 분열과 교파 분열

5) 한국전쟁과 교단의 분열

필자는 한국교회에서 왜 가톨릭교회가 강세인가? 왜 개신교들 중 장로교가 압도적으로 많은가? 왜 오순절 교회들이 급부상했는가? 이와 같은 내용을 한국교회사에 저술하려 했으나 그 사역은 후학 여러분께 맡겨야 하겠다.

5. 필리핀(Philippines)

동남아 교회들 중 필리핀을 잘 알아야 하는 이유가 있다.

필리핀은 국토 구성 자체가 다양하므로 국민들, 신앙들, 사상들이 다 다르다. 필리핀은 전체가 7,100여 개의 섬들로 구성되어 있고 그중에서 약 11개의 큰 섬들이 주축이 된 나라이다.

이처럼 국토가 섬들로 구성되었기에 기본적으로 섬 주민들의 특성인 물활론(hylozoism)이라는 범신론이 모든 국민의 기본적 신앙이다.

이와 같은 토착신앙 위에 역사 속 다양한 선교라는 미명으로 어떤 종파, 어떤 교파가 먼저 접촉했느냐 하는 과거사에 따라 각각 다른 신앙 양식들을 가지고 있다. 그러한 터 위에 또 새로운 세력이 침투하려고 하면 구세력과 신세력 간의 갈등이 정치 문제화되면서 계속되어가고 있다.

그렇기에 필리핀 국가나 필리핀 교회는 인도, 중국, 일본, 한국 등과는 전혀 다른 시각으로 이해해야 한다는 사실을 염두에 두고 접근해야 한다.

여기서는 필리핀의 국가적, 정치적, 교회적 역사를 통일적으로 설명 할 수 없으므로 전체 대표적 흐름만 부분적으로 정리해 보겠다.

1) 필리핀 역사와 국민 구성

필리핀은 태평양과 남중국해 사이에 있는 7,100여 개의 섬들로 구성된 군도(群島)의 나라이다. 이렇게 많은 섬 중 중북부의 루손섬과 남부의 민다나오섬이 전 국토 면적의 66%를 차지한다. 그리고 중부에 비사인 제도에 7개의 섬이 자리하고 있다. 필리핀이라는 국명은 16세기 중엽 스페인의 탐험가가 이 섬들을 발견하고 당시 스페인 황태자 펠리페의 이름을 헌정한 데서 비롯되었다고 한다.

그 후 수많은 나라와 종교들이 각 섬들에 들어가 자기들의 근거지들을 만들어 갔다. 그래서 원주민인 신(新) 말레이 계통이 있고, 그 외에 중국, 스페인, 일본, 미국 등 다양한 민족들이 유입되어 현재는 80개 이상의 다민족과 134개의 다양한 언어들이 공존하고 있다. 공용어는 필리핀어와 영어이다.

2) 필리핀의 선교 역사와 정치화의 연속

현재 필리핀 국민은 약 6천 5백만 정도가 된다. 이들 국민 중 약 85%가 가톨릭교도들이다. 필리핀에 이토록 가톨릭교도가 많은 원인이 있다. 그것은 필리핀을 식민지화하려는 스페인의 국가 정책과 달리 이곳에 선교사로 입국한 프란체스코, 도미니쿠스, 예수회, 아우구스티누스 수도사들은 탁발수도사로 국민들 입장에서 선교를 진행했기 때문이다. 이들 가톨릭 수도사들은 탁발수도(托鉢修道)로 선교를 해나갔다. 탁발수도회는 개인이나 공동체의 소유를 인정하지 않고 구걸이나 혹은 노동으로 생계를 유지해 가며 선교 활동을 하는 것을 뜻한다.

탁발수도사들은 수백 년간 계속 이어졌다. 최초로 1565년의 아우구스티누스 수도사 5명의 선교로 시작해서 점점 자리를 잡아갔고 17세기에는 모든 가톨릭 수도사들이 거의 다 필리핀 선교를 하게 되었다. 이들이 처음에는 탁발수도로 선교하므로 국가가 이들에게 생활비, 음식, 광활한 땅을 제공하였다. 그러자 점점 부유해지면서 독선적 세력으로 비대해졌다.

저들은 선교사들만이 교회 지도를 하고 현지인들을 사제로 키우지 않았다. 1776년 왕은 탁발수도사 밑에 현지인 사제들은 보좌 신부들만 되도록 법령을 발표했다.

이렇게 특권을 가진 탁발수도사들의 특권에 의한 부패에 대해 현지인 신부들은 다양한 저항과 폭동을 일으켰으나 왕권은 탁발수도회를 옹호했다.

필리핀교회를 보면, 1841년 드라크루즈(De La Cruz, 1815~1841) 순교 사건이 일어난다. 드라크루즈는 케손 섬에서 태어나 수도회에 가입하려고 마닐라로 갔지만 본토인이라는 이유로 배척을 당한다. 그는 케손 고향에서 성 요셉 성심회라는 형제회를 조직하여 활동했으나 정부 승인을 못 받아 비밀리에 활동하다가 체포되어 처형당한다. 필리핀 정부와 탁발수도사들 간의 결탁으로 가톨릭 세력은 성장해 갔으나 정부와 가톨릭의 부패로 국민들의 저항을 받게 된다.

1898년 부패한 가톨릭 국가와 결탁한 스페인과 미국 사이에 전쟁이 벌어졌다. 전쟁에 패한 스페인은 필리핀을 미국에 넘겨준다. 이때부터 개신교 선교사들이 필리핀에 진입한다. 그리고 필리핀의 왕정제도도 공화제로 바뀐다.

　필리핀 국민은 탁발수도회를 내쫓는다. 필리핀 혁명의회는 탁발수도회 토지를 몰수하고 필리핀 독립교회(P. I. C)를 결성해 과거 로마 가톨릭교회와 단절한다. 그런데 1906년 대법원은 필리핀 독립교회가 차지한 과거 로마 가톨릭 재산을 가톨릭에 되돌려 주라고 판결한다. 필리핀 독립교회는 유니테리안주의와 합리주의 교회로 전락하고 또다시 가톨릭 세력으로 회귀한다. 그 결과 필리핀은 가톨릭 세력이 소유한 막대한 재산으로 학교, 병원들을 설치해 놓고 정부와 결탁된 종교로 맥을 이어가고 있다.

　개신교가 필리핀에 선교하기 시작한 것은 1899년 이후부터다. 개신교 선교사들은 이미 굳어진 가톨릭 지역에 선교할 의지가 없었고 필리핀 남부 이슬람교도들이 있는 곳이나 물활론을 믿는 부족들에게만 갔다. 그래서 개신교 선교사들은 과거 가톨릭이 힘지여서 손대지 않았던 곳으로 틈새 선교를 해가고 있다.

3) 오늘날의 필리핀 현실

　필리핀 국민은 6천 5백만이다. 대표적 종교는 전 국민 85%가 정부와 결탁된 가톨릭교도들이다. 나머지는 이슬람이 있고, 개신교는 수많은 교파들이 군소 교단을 형성했으며 개신교들 중에 마날로(F. Manalo, 1886~1963)가 가톨릭, 감리교, 장로교, 안식교를 다 거친 후 1914년에 이글레시아 니 크리스토(Iglesia ni kristo) 교단을 만들었다.

그는 주후 70~1914년 사이에는 교회가 존재하지 않았고, 자기는 계시록 7장 1-3절의 동방의 천사라고 주장하면서 독특한 건축양식의 예배당으로 성경 예언들이 필리핀에게 어떻게 적용될 것인가를 가르쳤다. 이 같은 신생 종교인이 350만이라고 자랑한다.[62]

한국의 신천지와 비슷한 이질적 종교 단체가 현 필리핀에서 인기를 얻고 있다.

---

[62] A. L. Tuggy & R. Toliver, Seeing the Church in the Philipines, 1972

제1편

전기(1800~1900) 세상과 교회를 마치며

우리가 흔히 말하는 19세기를 전기 세상과 교회로 구분하여 살펴보았다.

전기에 속하는 19세기의 유럽, 북미, 동남아의 세상과 교회는 전 세계 모든 곳에서 전쟁과 혼란이 계속된 참으로 극난한 세대였다. 인류 역사 중에 19세기가 가장 험악하고 어려운 때였던 것 같다.

그렇게 어려운 세대 속에서도 교회가 전 세계로 퍼져 나가는 놀라운 하나님의 섭리를 발견하게 된다. 20세기에 속하는 1900년대에서 2000년의 후기시대에는 더 많은 어려움이 계속되었다. 그것이 제1차, 제2차 세계 대전이었다. 이렇게 엄청난 희생을 치르고 난 후에 탄생된 것이 국제연맹(UN)이다. UN 탄생 이후에는 특정 국가가 인류의 보편적 원리를 벗어나 독단적 행위를 시도하면 전 세계의 지탄을 받게 된다. 그렇게 세계를 통제해 오던 UN의 위력이 최근 러시아 푸틴의 사악한 침략 야욕으로 힘을 잃을 위기에 처해 있다.

이때 20세기 신생국들과 교회들은 과거에 발언권도 없었던 수난의 역사가 후기(199~2000) 역사 속에서 새롭게 등장한다.

필자는 후기 세상과 교회를 이렇게 정리하겠다.

제2부

후기(1900~2020)
세상과 교회

제1편 후기 유럽 세상과 교회

제1장 후기 유럽 세상의 정치, 군사, 외교

후기 유럽 세상은 1900~2022년에 해당된다. 이 시기에 제1차 세계 대전(1914~1918)과 제2차 세계 대전(1939~1945)이 일어난다. 그런데 양차 대전은 전 세계를 완전히 뒤바꾸어 놓는다. 즉 제2차 대전 이전의 세상은 국가 대 국가 간의 문제로 한 지역적 문제로 국한되었다. 그러나 제2차 대전 이후의 세상은 정치적, 군사적뿐만 아니라 사상적, 문화적, 종교적인 모든 문제가 전 세계적으로 공통적 영향을 받는 세계화 시대로 뒤바뀐다. 그 내용을 살펴보자.

1. 제1차 세계 대전(1914~1918)

제1차 세계 대전은 인류 역사상 최초로 각 국가들이 하나의 연합세력을 이루어 또 다른 연합세력 국가들과 전쟁을 치렀다. 세계 대전 이전에는 대체로 국가와 국가 간의 전쟁이었으며 전쟁이 벌어지는 것은 일부 사람들에 의해 전쟁이 촉발되었기 때문에 전쟁의 피해가 일부 사람들에게 국한되었다. 그러나 제1차 세계 대전은 세계의 수많은 나라를 끌어들였고 전쟁에 사용된 독가스, 전차, 비행기의 폭격 등으로 일반 국민에게도 심각한 영향을 주었다.

제1차 세계 대전에 참여한 국가들 가운데 독일, 오스트리아, 오스만제국, 불가리아 4개국이 동맹을 했고, 나머지 27개국은 연합국을 형성해 저들과 싸웠다. 이렇게 동맹국 4개국과 연합국 27개국이 4년간 전쟁을 치른 결과는 너무도 큰 인명 피해를 가져왔다. 4년 만에 독일과 러시아에서 각각 약 170만 명이 전사했고, 프랑스가 136만, 오스트리아가 120만, 영국이 90만, 미국이 13만가량 전사자를 냈다.

이렇게 20세기 초반에 일어난 제1차 세계 대전은 수많은 희생을 낳은 제2차 세계 대전이라는 부정적 결과로 이어지고, 또 국제연합(UN)이라는 긍정적 결과도 가져온다.

2. 밸푸어(Blafour) 선언

밸푸어(Arthur James Balfour, 1848~1930)는 영국 케임브리지대학을 졸업한 철학 학도였다.

1874년 26세에 보수당 하원으로 정계에 입문해 1902년에는 수상이 되었다. 보수당 당수 자리를 넘겨준 후 제1차 세계 대전 중에 해군 장관, 외무부 장관직을 수행했다. 그가 영국 외무부 장관 시절의 제1차 세계 대전 중에 영국 내에서 활동하는 유명한 은행가 로스차일드(The Rothschilds) 가문은 보험회사를 경영하는 재벌가를 통해 팔레스타인이 독립할 수 있도록 요청을 받는다. 이들 로스차일드 가문은 유대인으로 영국, 오스트리아, 프랑스 각국에서 금융시장을 지배하는 재벌들을 형성하고 있다. 이들은 국제적인 프리메이슨(Free Mason)을 조직해 유대민족의 주도권을 형성해 가고 있다. 이들이 영국 외무부 장관인 밸푸어에게 팔레스타인의 독립을 요청했다.

또 다른 유대인 과학자가 있었다.[63]

그는 바이츠만(Chaim Weizmann, 1874~1952)이었다. 그는 러시아에서 태어나 독일에서 공부한 후 영국의 맨체스터에서 화학자로 활약을 했다. 바이츠만은 영국에서 110개의 특허를 취득할 정도로 많은 공헌을 했다. 그는 많은 공헌에 대한 영국 정부의 보상에 대해 개인적 보상이 아닌 팔레스타인에 유대인 국가 건설 지원을 요청한다.

밸푸어 외무장관은 로스차일드 가로부터 끈질긴 요청을 받아오던 차에 바이츠만의 요청을 받았고, 드디어 제1차 대전 중에 영국은 유대민족의 국가를 승인한다는 약속을 하게 되는데 이를 "밸푸어 선언"이라고 한다.

그러나 영국은 이집트 주재 영국 고등 판무관 맥마흔(MacMahon)과 메카의 칼리프 후손인 후세인이 시리아 서부를 제외한 아랍인이 거주하는 곳에 대전이 끝난 후 독립 국가 건설을 지지하기로 약속한 "맥마흔 선언"(1915년 10월)을 했다.

그뿐만 아니라 영국은 프랑스, 러시아에게는 전쟁이 끝난 후에는 중동의 오스만제국 내 영토를 분할하겠다는 "사이크스 피코 협정"(1916)도 맺었다.

---

63) 조선일보, 2022년 10월 4일, "인문 기행", 홍익희 "신 유대인 이야기".

영국은 유대인에게는 "밸푸어 선언"(1917년 11월)을 해 주고 프랑스, 러시아에는 "사이크스 피코 협정"(1916)을 해줬다. 이렇게 각각 다른 공약들에 의해 오늘날 유대 민족과 아랍 민족이 팔레스타인 땅을 놓고 서로 자기 영토라고 분쟁을 계속해 가고 있다.

바이츠만은 "밸푸어 선언"을 믿고 1918년 제1차 세계 대전 직후에 팔레스타인에 유대인 6만 미만일 때 미래 세계를 내다보고 예루살렘에 히브리대학과 하이파(욥바)에 테크니온 공대를 세웠다.

히브리대학은 화학, 미생물학, 유대 민족을 연구하는 학교로 시작해 현재는 4곳에 캠퍼스를 두고 노벨상 수상자 8명, 총리 4명을 배출한 학교로 성장했다. 또 하이파의 테크니온 공대는 1924년 개교한 이래 4차례 중동 전쟁 기간 동안 무기 개발에 결정적 공헌을 해오고 있다. 바이츠만은 1948년 이스라엘 독립 때 초대 대통령이 되었다.

우리는 영국이 국제적으로 매우 교활한 2중, 3중 외교를 했다는 사실을 놓고 성직자다운 평가만 할 것이 아니다. 정치외교를 통해 인간을 보면 근본 성격 자체가 자기 이익을 위해서는 얼마든지 변신할 수 있는 이기적 동물이다. 핵심은 그 같은 성향을 잘 활용해서 자기 민족과 자기 조국을 되찾은 로스차일드 경제가나 바이츠만, 아인슈타인 같은 과학자들이 있었다는 사실이 크게 배워야 할 교훈이다.

신앙에는 국경도, 사상도, 민족도 초월해야 한다. 그러나 신앙인에게는 민족정신이 있는 정상이다. 예수님의 인류 구원 신앙은 유대 민족, 로마 민족, 헬라 민족 등등을 초월해야 한다. 바울 사도의 신앙은 민족을 초월하지만 그는 자기 동족 이스라엘에 대한 관심을 로마서 9장부터 11장을 통해 피력한다. 오늘 우리도 신앙은 우주적이되 관심은 민족적이어야 함을 배운다.

3. 바티칸 시국(市國)으로 개편(1929)

여기서는 전 세계에서 오직 하나밖에 없는 로마 가톨릭 종교가 교황을 통치자로 인정하는 시(市) 규모의 나라를 이루고 있는 바티칸(Vatican) 시국(市國) 내용을 살펴보겠다.

1) 거짓 문서로 시작된 광대한 교황령(敎皇嶺)

기독교를 로마 국교로 채택한 콘스탄티누스(280~337) 황제는 330년에 로마제국 수도를 이탈리아 로마에서 터키인 콘스탄티노플로 천도했다. 이때 로마 황제가 당시 로마 교회 감독이었던 실베스터(314~335)에게 로마시와 로마시 서쪽 지역을 실베스터에게 기증했다는 콘스탄티누스 증여문서(Donation of Constantine)라는 불확실한 문서를 근거로 로마 교회는 현 베드로 대성당과 부속 건물들을 계속 소유해서 증축과 개축을 계속해 왔다.

콘스탄티누스 증여문서가 4세기 때 작성된 것이 아닌 8세기 이후의 조작 문서였음이 16세기 로렌조 발라(Lorenzo Valla, 1407~1457)라는 문헌 학자에 의해 밝혀졌다. 그러나 16세기 때는 이미 싼 피에트로 대성당과 바티칸 궁전 등 수많은 건축물들이 자리 잡고 있은 후였다. 로마 가톨릭교회는 싼 피에트로 대성당과 바티칸 궁전을 법적 재산으로 소유하기 시작하며 점점 더 많은 영지들을 기증받아 "베드로 세습령"(the patrimony of Peter)들을 확대해 나갔다. 이 같은 "베드로 세습령"은 프랑스 페팽 3세(715~768) 때인 756년에 시작해서 이탈리아

'리소르지멘토'로 강제 반환한 1870년까지 계속되었다. 교황령은 시칠리아섬부터 이탈리아 카프리섬, 가에타, 티볼리 등 이탈리아 전 국토 중 가장 좋은 땅들을 계속해서 교황령(Papal States)으로 넓혀 나갔다.

그런데 프랑스 샤를 8세, 또 독일의 카를 5세, 프랑스 나폴레옹 등등은 교황령을 무시하고 이탈리아를 정복함으로 교황들과 대결하였다. 그렇게 정치 세력에 의해 교황령(Papal States)이 흔들리자 이탈리아 국민들을 통해 이탈리아 국토가 로마 가톨릭에 지배되는 것에서 벗어나는 이탈리아 통일에 대한 리소르지멘토(Risorgimento) 운동이 일어난다. 이 운동은 1815년부터 1870년까지 계속 발전해 나갔다.

2) 이탈리아 국가와 교황청과의 투쟁기

이탈리아 국민들의 '리소르지멘토'의 카도르나 장군이 1870년 9월 20일에 6만의 이탈리아 왕국 군대를 이끌고 강제로 로마 성을 포위했다.

이때의 교황은 제255대 비오 9세(Pius Ⅸ, 1846~1878)였다. 교황은 바티칸 궁전에 틀어박혀서 이탈리아 왕국 정부와 일체의 교섭을 거부하였다. 그뿐만 아니라 교황령의 이탈리아 반환을 요청하는 정부 당국자들에게 파문을 선포했다. 그러자 이탈리아 정부는 그해 10월 2일 로마시를 포함한 주민들에게 교황령 반환에 대한 주민 투표를 실시했다. 그 결과 반환 찬성표가 13만 3,681표, 반대표가 1507표로 압도적 다수가 교황령의 이탈리아 국토 반환에 찬성했다.

그다음 해 1871년 5월 이탈리아 의회는 교황에게 바티칸, 라테라노 궁전, 카스텔간돌프 궁전 등의 가톨릭 소유권을 인정해 주고 여타의 교황령은 이탈리아 국가로 환원해 주며 저들이 차지할 궁전들의 경영비로 조성금(助成金) 지급을 결정했다.

그러나 당시의 교황 비오 9세는 이를 완강히 거부했다. 그의 후임 교황들 역시 이탈리아 의회 결정을 거부했다. 그의 후임 교황 제256대 레오 13세(1878~1903), 제257대 비오 10세(1903~1914), 제258대 베네딕토 15세(1914~1922), 제259대 비오 11세(1922~1939) 등 계속해서 역대의 모든 교황들이 교황령 반환을 거부했다. 그런데 비오 11세는 이탈리아 파시즘의 창시자 무솔리니(B. Mussolini, 1883~1945)가 1922년에 쿠데타로 수상에 오른 자와 협상을 한다. 그것이 수상 무솔리니와 교황청 대표 스팔리가 합의한 1929년의 "라테란 협정"이다.[64]

이 "라테란 협정"으로 대부분의 교황령들을 이탈리아에 환원하고 바티칸 시국으로 오늘에 이르게 되었다.

3) 바티칸 시국(市國)의 상태

바티칸 시국(Vatican City State)은 이탈리아 로마시 안에 1개의 구(區)를 차지하는 로마 교황이 통치하는 세계 최소, 유일의 독립 국가를 뜻한다.

바티칸 시국의 면적은 0.44km²이고 인구는 약 1천 500명 미만이다. 정식 명칭은 바티칸 시국이고 국제연합에서는 '교황좌'(敎皇座)라고 한다. 이곳 주거인 대부분은 교황과 성직자들이고 화려한 복장의 스위스인 용병(傭兵) 1,000여 명이 교황청을 지키고 있다.

주된 건물은 산 피에트로(성 베드로) 대성당, 라테라노 대성당, 산타마리아 대성당, 카스텔 간돌포 교황 궁정 등과 시스티나 성당 등이 있다.

---

64) 정수영, 중세교회사Ⅰ(교황의 역사), 쿰란출판사, 2015, pp. 406~415.

또한 세계의 보물들이 간직된 미술관, 박물관, 도서관 등이 있다. 이중에서 산 피에트로 대성당은 330년에 착공되어 증축을 계속하여 1667년까지 브라만테, 미켈란젤로, 베르니니 등의 예술가들에 의해 약 1,000년 이상 증축을 계속한 세계 최대의 그리스도교 건축물이다. 또 바티칸 궁전은 그레고리오 11세(1370~1378) 때부터 교황의 궁전으로 쓰이면서 증축과 개축이 계속되어 현재 면적 5만 5,000㎡가 되었다. 그리고 시스티나 성당은 교황 선거, 추기경 회의 등 교황청의 중요한 회의가 개최되는 장소이다.

또 바티칸 시국은 규모가 작아도 하나의 독립 국가이다. 그래서 전 세계 각국에 바티칸 시국에서 파송하는 대사(大使)들이 있고 바티칸 시국에는 전 세계 각국에서 파송된 대사들이 주재하고 있다. 우리는 바티칸 시국을 어떻게 보아야 하는가? 전 세계 여러 국가 중 유럽 국가들을 보면 특정 종교가 나라의 국교(國敎)인 경우가 있다. 독일과 북반구 나라들은 루터교가 국교이고, 영국은 성공회가 국교이며, 이탈리아, 스페인, 포르투갈은 가톨릭이 국교이고, 프랑스는 헌법으로 가톨릭만 허용하는 국가이다.

신대륙 국가 중 남미의 모든 나라는 가톨릭이 국교이다. 가톨릭이 국교인 나라들은 바티칸 시국에 대사를 상주하도록 한다. 가톨릭은 종교 중 하나이면서 국가 형태를 갖추고 있다. 그런데 요한계시록 13장에는 바다 짐승으로 상징되는 정치세력과 땅의 짐승으로 상징되는 거짓 선지자가 대환난 시대를 장악한 후 망하게 되는 바벨론(17-18장)인 로마 세력으로 예언되었다. 이 내용은 필자의 저서로 밝혔다.[65]

---

65) 정수영, 대환난시대(요한계시록 강해2), 쿰란출판사, 2022.

4. 제2차 세계 대전(1939~1945)

제2차 세계 대전은 1939년 9월 1일에 시작되어 1945년 9월 2일에 종식된 전쟁이다. 제2차 세계 대전의 원인과 진행 과정과 결과는 인류 역사에서 가장 큰 비극들을 만들어냈다. 그렇게 큰 희생으로 만들어진 수많은 참극의 역사들도 헤아릴 수 없이 많지만 그로 인한 비극만이 아니라 긍정적 요소들도 많이 생겨났다.

세계는 1. 2차에 걸친 세계 대전으로 인명 피해, 재산 피해, 국토 황폐화라는 부정적 결과들을 만들어냈다. 그러나 그 같은 희생을 치른 결과 UN이 결성되어 전 세계가 동등하게 자기 목소리를 낼 수 있게 되었고, 과거 식민 지배국들이 신생 국가로 독립하는 긍정적 결과들도 만들어냈다. 또 사상적으로 무사안일한 생각이 아니라 극한적 고통 속에서 빚어진 진실한 사상들도 다양하게 표출되었다.

이 모든 것을 감안하면서 6년간 계속된 제2차 세계 대전을 다시 한번 정리해 보도록 하겠다.

1) 전쟁의 양상

제2차 세계 대전은 독일(히틀러), 이탈리아(무솔리니), 일본(천황)의 3개국이 동맹국을 이루었고, 그 이외 영국, 프랑스, 소련, 미국 등의 약 60여 개 국가들이 연합군을 이룬 약 1억 명이 넘는 군사들이 동원된 전쟁이었다.

6년 후 전쟁 결과 군인 2,500만 명, 민간인 4,900만 명 등 모두 7천 400만이 희생되었다. 그리고 전쟁은 서방측과 동양측으로 분리되어 진행되었다.

① 서방측 전쟁

독일과 이탈리아가 동맹국이 되고, 영국, 프랑스, 소련, 미국 등이 연합군을 이루어서 주로 서유럽과 중동, 아프리카 북부에서 전쟁이 이뤄졌다.

② 동양측 전쟁

일본 한 나라가 중국, 소련, 미국의 연합군과 싸웠다.

2) 전쟁 중의 큰 사건

(1) 서방 측 세계

① 독일의 폴란드 정복 후 히틀러와 스탈린이 분할(1939년 9월)

이렇게 해서 제2차 대전은 히틀러에 의해 시작되었다.

② 독일군 5주 만에 파리 함락(1940년 6월)

히틀러가 벨기에, 네덜란드, 룩셈부르크 등 3개 중립국을 침공하자 영국은 체임벌린 수상이 실각하고 해군 장관을 지낸 처칠을 수상으로 취임케 한다.

처칠은 위대한 대웅변으로 전투력이 약한 영국민에게 투지를 갖도록 모범을 보이며 독려했다. 당시 독일 항공기는 2,000여 대였으나 영국은 900대에 불과했다. 1940년 8월 독일 폭격기들은 전투기의 엄호 아래 영국 해안을 집중적으로 포격했다. 이때 영국군이 95대를 잃었고, 독일군은 236대를 잃었다. 9월의 제2차에 영국이 286대를 잃었고, 독일이 380대를 잃었다. 그 후 독일은 런던에 주야로 맹폭을 했다. 그러나 처칠은 방공호 속에서 전황을 설명하며 국민들의 사기를 진작시켰다. 독일은 더이상 공중전을 계속할 수 없을 정도로 항공기를 상

실한 후 공격 목표를 소련으로 돌린다.[66]

③ 독일의 소련 침공

독일의 히틀러와 소련의 스탈린 간의 최대 격전으로 알려진 스탈린그라드(현 볼고그라드) 전투가 있다.[67]

이 전투는 1941년 6월부터 1943년까지 3년여 동안 공방전이 계속되었다. 독일군은 기갑, 보병, 공병, 공군의 지상 지원이 잘 조화된 협동 작전을 펼쳤고, 소련군은 육군에 의한 근접전으로 독일군의 협동 작전을 할 수 없도록 했다. 이때의 공방전으로 소련군 110만 명, 독일군은 80만 명 이상이 희생되면서 수많은 화제들이 영화로 만들어졌다.

④ 노르망디 상륙 작전(Normandy Invasion)(1944년)

미국, 영국은 미국의 아이젠하워 장군을 육·해·공군 합동 사령관으로 하여 1944년 6월 6일 항공기 1만 대의 엄호를 받는 4천 척의 선박과 1,200척의 전함으로 프랑스의 노르망디에 상륙한다.

이때 노르망디에는 15만 6천 명의 병사와 2만 대의 차량을 상륙시킨다. 미국의 아이젠하워 사령관과 영국의 몽고메리 지상군 사령관이 연합군측 지휘자이고, 독일에서는 육군 원수 룬트슈데트가 60개의 사단을 통해 프랑스를 방어하고 있었다. 그 가운데 10개의 기갑사단을 히틀러가 직접 통제했다. '사막의 여우'라는 별명을 얻은 롬멜은 해안 방어를 담당했다.

노르망디 상륙작전에서 독일군은 참패를 당한다. 연합군은 1944년 8월 25일에 파리를 해방시킨다. 1944년 12월 벌지 전투에서 독일군이 최후 반격을 시도했으나 허사였다.

1945년 2월 미국 루스벨트, 영국 처칠, 소련의 스탈린이 크림반도

---

66) 정토웅, 세계 전쟁사, 가람기획, 2010, pp. 307~309.
67) 이형기, 세상의 지식, 지식과 감성, 2018, pp. 193~194.

의 얄타(Yata)에서 독일의 분할을 결정한다. 이렇게 해서 이탈리아 무솔리니는 4월에 총살형으로 처형되고, 독일의 히틀러는 5월에 베를린에서 자살한다. 그러자 5월 7일 되니츠 제독은 독일 잔여군 약 200만 명과 함께 무조건 항복한다. 이로써 서방측 세계의 제2차 대전이 끝이 난다.[68]

(2) 동양 측 세계

① 일본의 진주만 기습(1941년 12월 7일)

일본은 1931~1941년에 과거 낡은 무기들을 버리고 전함 10척, 항공모함 10척, 순양함 38척, 구축함 112척, 잠수함 65척으로 서양 열강들과 손색없는 해군력을 갖추었다. 그리고 공군이 아닌 육군이 1,500대, 해군이 3,300대의 항공기를 보유하고 있었다. 또한 만주, 중국에서 전투 경험을 가진 총 병력 75만 명을 갖추고 있었다.

이들은 자신감을 갖고 1941년 12월 7일에 선전포고 없이 진주만, 필리핀, 말레이를 동시에 공격했다. 이들이 미국 태평양 함대 7천의 전함 중 5척을 격침시키고 200여 대의 항공기들을 파괴시켰다.

② 1942년 2월 15일 싱가포르에서 영국군 수비대가 항복하고, 4월 9일에는 필리핀의 미군 수비대도 항복했고, 3월 8일에는 인도네시아를 완전 점령했다.

일본은 단 한 척의 손상도 없이 태평양에서, 동남아에서 전승을 이루었다. 일본은 그 후 5개월 이상 태평양의 주인 노릇을 했다.

그러나 미국은 일본보다 10배 이상의 공업력을 가진 나라였다. 그

---

68) 정토웅, 세계 전쟁사, pp. 328~331.

래서 진주만 기습의 피해를 신속하게 회복해 나갔다. 그래서 일본이 정복했던 필리핀을 탈환하고 하와이, 마셜 군도, 마리아나 군도, 사이판, 괌섬들을 점령했다.

③ 일본의 가미가제(神風), 특공대 시작(1944년 10월)

1945년 4월 오키나와에서 태평양 전쟁 중 최후 전투를 벌인다. 이때 가미가제 공격으로 미국의 36척의 함선이 격침되고 368척이 파손된다. 그러나 미군 1만 3천 명, 일본군 11만 명의 희생으로 미군이 승리한다. 드디어 1945년 8월 6일 미국이 최초로 원자폭탄을 히로시마에 투하하여 히로시마 시민 42만 중 38%인 15만 9천이 사망한다.

이중에서 한국인 약 3만 명이 사망자에 포함된다. 또 8월 9일에 나가사키 원자폭탄으로 약 7만 4천 명이 사망한다. 이때 일본 천황은 8월 10일에 연합군 측에 무조건 항복 의사를 전하고, 8월 15일에 항복 문에 서명함으로 패망국이 된다. 한편 소련 스탈린은 8월 8일에 일본에 선전포고한 후 최후 순간에 끼어들어 전리품을 챙긴다.

이와 같은 일본 군대의 침략 행위를 소재로 한 영화들이 있다. 1941년 12월 7일 일본 해군의 진주만 공격을 소재로 그린 "진주만"(Pearl Harbor) 또 2차 대전 중 일본인들에게 포로가 된 영국 포로들이 타이와 미얀마의 국경 가까운 곳에 양국을 잇는 "콰이강의 다리"(The Bridge on the Rover Kwai)가 있다.

또 서방측에서 일어난 "스탈린 그라드", 전쟁상과 노르망디 상륙작전을 소재로 한 "라이언 일병 구하기"도 있는데, 전쟁의 참상 소개보다는 전혀 다른 의도로 각색되었음을 느낀다.

3) 제2차 세계 대전의 집단 살육과 인권과 정의

제2차 세계 대전은 전 세계 약 60여 개국들이 참여해 6년 동안에 1억 명이 넘는 군사들이 동원되었다. 전쟁이 끝난 후 군인, 민간인 7천 400만 명이 희생되었다. 전쟁 중에 독일 나치가 유대인과 집시들, 슬라브인들, 동성애자들 1천 5백만 명을 정교한 집단 학살 정책에 의해 제도적으로 희생시켰다. 제2차 세계 대전 직후에 뉘른베르크와 도쿄에서는 전범 재판을 열어 국제사회는 문명화된 세상에서 인명을 경시한 저들에게 유죄를 선포하고 그들을 처벌하도록 했다. 하지만 제2차 세계 대전이 참여했던 많은 나라들은 처벌 규정을 어겼다.

일본에 떨어진 원자폭탄에 대한 도덕적 문제가 제기되었고, 나치의 유대인 학살에 대한 희생을 보면서도 곧 무감각해졌다. 20세기 후반에 일어난 각 곳의 정교한 집단 학살 정책에 의한 희생이 계속되었다.

1915년 튀르크인들이 아르메니아인 200만 명을 학살했다. 또 제1차 대전 때 유고슬라비아 국가인 보스니아에서 인종 청소, 성폭행, 대량학살이 자행되었다. 캄보디아에서는 1975~1979년에 크메르루주가 주민 1백만 명을 학살했다. 르완다에서는 1994년 4~7월 사이에 투치족 1백만 명가량이 학살되었다.

아프리카 북동부 수단 서부에 있는 다르푸르(Darfur)에서는 2003년부터 시작되어 아프리카인 5백만 이상이 생존을 위협받거나 살해당하는 분쟁이 일어났다.[69]

---

69) 캔디스 고처 린다 월튼 저, 황보영조 역, 세계사 특강, 삼천리, 2013, pp. 536~541.

우리는 제2차 세계 대전으로 더이상 인간의 대량 희생은 일어나지 않을 것으로 믿어왔다. 그러나 세계 역사의 현장은 지금도 여전히 살상이 계속되고 있다. 그것이 러시아 대통령 푸틴 같은 살인마가 우크라이나에서 벌이고 있는 현장이고, 북한의 김정은이 되풀이하는 미사일 발사 행위다. 남한 국민은 핵폭탄을 머리 위에 올려놓고도 태연한 국민들이다.

5. 국제 통화 기금(IMF)과 국제연합(UN) 성립

제2차 세계 대전은 전 세계인들에게 커다란 희생을 가져왔고 많은 곳이 파괴되는 손실도 따랐다. 그러나 또 긍정적으로 표출된 인류들의 각성도 뒤따랐다.

여기서는 제2차 세계 대전 후에 만들어진 후 오늘날까지 긍정적인 영향을 미치는 국제적 기구들 세 곳을 살펴보겠다.

1) 국제 통화기금(International Monetary Fund, IMF)

제2차 세계 대전으로 전 세계 곳곳에서 수많은 살육이 자행되고 있었다. 그런 속에서도 세계 경제인들은 종전 후에 따르는 세계 경제 재건책을 의논하고 협의하는 모임을 가졌다.

1944년 7월에 연합국의 지도력을 가진 미국, 영국의 주도로 미국의 뉴햄프셔 주(州) 북부에 있는 작은 휴양지 브레턴우즈(Bretton Woods)에서 44개국 대표들이 모였다. 세계 경제가 세계 전쟁으로 국제 통화 체제의 혼란을 야기함으로 각국에 외환 제한과 무역 통제를 초래했던 경험들을 토대로 국제 금융 문제를 국제 협력에 의해서 해결하고 각국의 완전 고용과 생활 수준을 향상케 하므로 세계 경제의 균형 확립을 기한다는 데 목적이 있었다.

이렇게 건설적이고 좋은 목적으로 세계 경제인들은 전쟁 중에도 종전 후의 경제 재건책을 의논했다. 이때 미국의 주도로 "브레턴우즈 협정"(Bretton Woods Agreement)을 채택한다.

이때 채택된 안은 적자를 낸 나라에 대한 대출은 흑자를 낸 나라의 예금으로 충당하되 금은 사용하지 않는다. 또 적자를 낸 국가에 대해서는 일정한 한도의 과징금이 부과되거나 평가 변경 또는 수입 제한을 한다. 이와 같은 내용을 골자로 IMF가 1947년에 발족했다. 이와 같은 IMF에 한국은 1955년에 가입했고 현재 전 세계 170개국이 가입하고 있다. 한국은 1991년도 김영삼 정부가 국가 채무가 확대되어 IMF 제재로 불이익을 당하게 되었을 때 김대중 정부가 금 모으기 운동으로 극복했다.

2) 국제연합(United Nations: UN, 1945)

제1차 세계 대전(1914~1918) 때 국제 평화의 안전 유지를 목적으로 국제연맹이 설립되었다.

그러나 국제연맹은 제2차 세계 대전(1939~1945)을 막지 못했다. 그래서 제2차 대전이 계속되는 전쟁 속에서 연합국 외무상들을 중심으로 이 문제를 다루었다.

1차로 1943년 10월 모스크바에서 미국, 영국, 소련이 모였고, 2차로 1944년 8~10월 미국 워싱턴 교외의 덤버턴 오크스(Dumbarton Oaks)에서 중국이 포함된 4개국이 모였으며, 3차로 1945년 2월 크림반도의 얄타(Yalta)에서 미국, 영국, 소련의 3개국 정상들이 모여 의견 일치를 보았다.

그리고 미국, 영국, 소련, 중국 4개국 초청으로 1945년 4월 25일부터 연합국 전체회의가 샌프란시스코에서 개최되었다. 그리고 1945년 10월 24일에 5개국을 포함한 29개국이 정식으로 발족하게 되었다.

이렇게 시작된 UN은 상임이사국은 종신국으로 미국, 영국, 프랑스, 소련, 중국이 고정되어 있고 비상임이사국은 2년 기한으로 매년 5개국씩 갱신하는데, 비상임이사국은 아프리카에서 3개국, 라틴 아메리카와 중근동 아시아에서 각 2개국, 서유럽에서 2개국, 동유럽에서 1개국 비율로 총 10개국을 총회에서 선임한다고 되어 있다.

UN의 매우 독특한 특징이 있다. 가맹국들은 국가의 크기, 인구 수, 경제력과 상관없이 모든 가맹국들은 단 1국 1표의 원칙을 가진다는 것이다. 그래서 상임이사국 안은 전체 회의에서 투표로 결정을 한다. 총회는 가맹국의 과반수 이상이 정족수이고 평화와 안전, 이사국 선출, 가맹의 승인, 예산 등의 중요 문제는 가맹국의 3분의 2 다수로 결정한다.

한국은 1991년 9월에 남, 북한이 공동으로 UN에 가입되었으나 그 이전에 1948년 제3차 UN총회에서 한국을 한반도에서 유일한 합법 정부로 승인했다.

또 1950년에는 한국 전쟁 때 안전보장이사회 상임국 소련이 불참한 가운데 UN군 파견 결의를 하여 공산화를 막았다. 또 1951년 UN 총회는 중공군의 한국전 개입 규탄안 채택 후 중공에 금수(禁輸) 조치를 결정했다. 또 1953년 UN에 의해 한국 휴전이 성립된 채 오늘날까지 판문점에서 UN 감시단이 계속 활동하고 있다.

그동안 한국은 수많은 기회 때마다 남북한 동시 UN 가입과 주한

UN군의 존속, 남북 대화 등을 제의해 왔으나 북한은 주한 미군 철수를 강조함으로 성사되지 못했다.

그 같은 북한의 주장은 현재까지도 계속되는 현실이고, 그 같은 주장에 대해 한민족 공동체라는 민족주의 우월주의자들이 한국의 좌파세력을 이끌어가고 있다.

3) 국제올림픽위원회(International Olympic Committee: IOC, 1894)

국제올림픽위원회는 1894년 6월 23일 프랑스 P. 쿠베르탱에 의해 창설되었다.

처음 창설되었을 때는 하계(夏季) 올림픽 대회만 열렸다. 우리나라에서는 1988년에 제24회 하계 올림픽 대회가 열렸고 또 2018년에 강원도 평창에서 동계 올림픽 대회도 개최했다.

올림픽은 어떠한 국가, 개인, 인종, 종교 또는 정치적 이유로 차별받지 아니하고, "모든 참가자는 이기는 데 있는 것이 아니라 참가하는 데 의의가 있다"고 되어 있다.

그런데 오늘날의 올림픽위원회(I. O. C)는 국제적으로 흥행을 통한 자금 확대로 변질되었고, 올림픽 참가 선수들에게도 성공과 돈을 버는 수단으로 전락되었다. 그럼에도 불구하고 전 세계 올림픽 대회는 세계인 모두가 다 똑같은 인류임을 실감하게 하는 매우 좋은 장점이 있는 것이 사실이다. 단점만 보지 말고 장점을 선양시켜 나가는 긍정적 시각을 가져야 할 것 같다.

6. 유럽 공동체(European Community : EC)

제2차 세계 대전이 끝난 후에 미국은 전쟁으로 폐허가 된 유럽에 약 132억 달러를 원조 기금으로 제공해 준다(1948년 4월).

이 자금은 유럽 여러 나라의 경제부흥과 무역 자유화 등을 수행할 목적으로 삼았다. 이때 유럽에서는 18개국이 '유럽 경제 협력 기구'(Organization for European Economic Cooperation:OEEC)를 조직했다. 이것이 1961년 9월에 '유럽 경제 개발 기구'(OECD)로 개편된다.

이와 다르게 유럽 내에서 1957년 가맹국 6개국(프랑스, 이탈리아, 서독, 벨기에, 룩셈부르크, 네덜란드)을 통해 '유럽 경제 공동체'(EEC)가 창설된다.

그 후 1972년에는 영국, 아일랜드, 덴마크가 '유럽 공동체'(EC)에 가입하고 1981년에 그리스, 1986년에 스페인과 포르투갈이 가입함으로 EC 가맹국은 12개국이 되었다. 이들 EC 12개국들은 서로 공통적으로 사용하는 공통 화폐로 유로(EUR) 화(貨)를 사용하고 있다.

7. 북대서양동맹(NATO, 1948년 8월)

제2차 세계 대전 후 미·소의 냉전(冷戰)이 격화되는 가운데 영국, 프랑스, 벨기에, 네덜란드, 룩셈부르크 등 서방 5개국은 미국의 의향을 받아들여 경제, 사회, 문화적 협력과 더불어 집단적 자위를 위한 브뤼셀 조약을 맺었다.

그 후 5개국 외에 미국, 캐나다, 노르웨이, 덴마크, 아이슬란드, 포르투갈, 이탈리아 등 7개국이 추가로 북대서양 조약에 참여했다. 1952년에 그리스와 터키가, 1955년에 서독이, 1981년에는 스페인이 가입함으로 16개국이 되었다. 그러나 프랑스가 1966년에 탈퇴했다. 이 동맹의 주목적은 북대서양 지역에 있는 자본주의 사회를 보호하기 위한 군사동맹을 의미한다.

이들 회원국 중 하나 또는 둘 이상의 가맹 당사국에 대한 무력 공격은 전(全) 가맹국들에 대한 공격으로 간주한다.

그래서 북대서양 지역의 안전 유지를 위한 병력 사용이 포함된다. 이와 같은 NATO군의 중추군은 역시 미국이다. 북대서양군이 1950년에 조직되어 사령부가 파리에 있다가 프랑스의 탈퇴로 브뤼셀로 옮겨졌다. NATO는 미국을 맹주로 한 자본주의 옹호를 위한 군사동맹을 이루어 소련을 중심으로 한 동유럽 8개국들(동독, 알바니아, 불가리아, 체코, 슬로바키아, 헝가리, 폴란드, 루마니아)로 바르샤바(Warsaw) 조약기구(1955)와 대결을 해가고 있다.

NATO가 자본주의 보호와 사회주의 진영과 대치되는 것은 국제연합의 집단 안전보장 체제의 기본을 무너뜨리는 일이다. 결국 NATO와 바르샤바 조약은 두 기구 모두가 UN의 국제연합 헌장을 무시하는 조직으로 존속되고 있다.

8. 동·서독의 분리(1949)와 통일(1990)

1949년 북대서양조약기구(NATO) 발족은 독일을 동·서독으로 분리케 하는 결정적 요인이 된다. 그 결과 1949년 5월에 서독이 독일 연방 공화국(민주주의)으로, 10월에 동독이 독일 민주 공화국(공산주의)으로 분열된다. 서독은 1950년 한국전쟁 때 특수 경기에 힘입어 급속한 경제 재건을 이룩했으나 동독은 소련, 폴란드에 대한 배상 지불로 경제 재건이 뒤처지게 된다.

동독인의 계속된 서방 탈출은 1961년 베를린 장벽을 만든다. 그 후 동구권의 공업국을 이루어 동 서독이 경쟁하며 성장하여 1973년 동·서독이 동시에 UN에 가입한다. 그래서 '하나의 민족, 두 개의 국가'로 굳어지는 듯했다. 1990년 동독 총리와 소련의 고르바초프 대통령과의 회담으로 통독 안이 추진되어 1990년 10월 3일에 독일이 하나로 통일되었다.

독일은 분열된 지 41년 만에 통일되었으나 한국은 분열된 지 72년이 지났지만 통일의 희망이 보이지 않는다.

제2편 1945년 이후 현재까지 세계화 시대

1945년은 제2차 세계 대전이 끝나는 시기이다. 제2차 세계 대전의 유산으로 가장 큰 공헌은 UN의 탄생이다. UN의 탄생으로 전 세계 신생국가들이 탄생하였고, UN의 출범으로 세계 국가들로 하여금 각자 주권국가의 특권을 행사하게 하는 제도적 장치가 마련되었다.

UN 탄생 이전에는 힘을 가진 강대국들이 일방적으로 약소국가들을 침략해도 바다 건너 불구경만 할 정도였다. 그러나 UN의 탄생으로 전 세계를 서방측, 동구권, 중동권, 아시아권, 아프리카권, 북미권, 남미권, 대양주권으로 세계를 블록(block)화로 개편시켰다. 그러나 민주주의 세력은 공산주의와 공동 대응하려는 NATO가 구성되고(1948년) 공산주의 국가들은 바르샤바조약기구(1955)로 맞섰다. 그와 같은 양대 진영의 대결장이 동·서독의 분리였다(1949년).

이렇게 세계의 블록화와 양대 진영의 대결은 제2차 세계 대전 이후 전 세계가 하나의 세계로 세계화(World-Wide)되는 세상으로 개편된다.

그렇기에 1945년 이후의 세상은 전 세계가 다 똑같은 문제를 안고 살아가는 초국가(超國家)에 의한 세계로 살아간다. 이 같은 역사 이해는 전 세계 역사 전문가들의 공통 의식이다.

필자는 두 역사 전문가들의 견해를 그대로 수용한다. 하나는 민음사가 번역 출판한 《세계사》 3권이다. 민음사는 미국 하버드대학 C. H. 베크가 편찬한 세 권의 《세계사》를 출판했는데 그중에서 제3권이 이리에 아키라(Akira Iriye)가 편집한 "1945 이후"(서로 의존하는 세계)이다.[70]

또 다른 자료는 이언 커쇼(Ian Kershaw)가 저술한 《유럽 1950~2017》이다.[71] 이 두 자료에 근거해 필자는 1945~2023년을 연도별로 주된 제목만 정리하겠다.

(1) 1945년 이후
UN에 의한 전 세계의 블록(Block)화

(2) 1950년대
양대 진영의 대립이 한국전쟁(1950. 6. 25~1953. 7. 27)으로 상반된 양상을 나타낸다. 즉 한국전쟁의 비극을 통해 민주 진영의 서독과 일본은 경제 재건으로 만회를 하게 되지만 공산 진영의 동독과 중공은 후진을 면치 못한다.

(3) 1960년대
인터넷의 발명으로 전 세계가 하나로 연결되고 TV의 발명으로 전 세계 정보를 동시에 공유하게 된다.

(4) 1970년대
전 세계가 석유 파동으로 원자력 발전소 시대로 발전한다. 그래

---
70) 하버드 C. H 베크, 세계사: 1945 이후, 이동기·조행복·전지현 역, 2018.
71) 이언 커쇼, 유럽 1950~2017, 김남섭 역, 이데아, 2021.

서 미국, 소련, 일본 등에서 석유 없이도 동력이 가능한 세상으로 달라진다.

(5) 1980년대

전자제품과 자동차 산업이 크게 육성된다. 그래서 집집마다 개인 자동차 시대가 된다.

(6) 1990년대

전 세계는 기후 문제, 생태계 문제, 환경 문제, 도시화 문제를 의식하고 많은 연구와 대책들이 세계적 문제가 된다. 이에 대한 보다 상세한 설명은 두 책에 모두 설명되어 있고 또 각 분야를 보면 다양하고 많은 연구서가 계속해서 쏟아져 나오고 있는 현실이다.

(7) 2000년대

2000년대에는 그동안의 국제화가 큰 충격을 받는 사건이 벌어진다. 2001년 9월 11일 빈 라덴의 이슬람 극렬주의자들에 의해서 뉴욕 세계 무역 센터가 공격을 받는다. 이 폭격으로 뉴욕센터에서 3천 명이 희생되었다. 세계가 경악했고 미국은 2003년 부시 대통령의 강압으로 이라크 전쟁을 벌였다. 이라크 전쟁으로 빈 라덴은 사살했으나 이라크 15만, 미군 3천의 희생도 따랐다.

더 중요한 것은 미국이라는 초강대국의 이라크 전쟁이 종전 후 오늘날까지 세계의 비난을 받는 실책이었다는 사실이다. 이만큼 세계인의 의식 수준이 달라졌다.

(8) 2010년대

여기서 두 가지 통계 자료로 세상 사람들의 의식 상태를 생각해 보자.

① 인구 증가에 대한 공포

1950~2010년의 세계 인구 증가 현황[72]

기 간	인구 증가
1950~1955	46억 8천여만
1955~1960	51억 9천여만
1960~1965	61억 6천여만
1965~1970	70억 8천여만
1970~1975	75억 1천여만
1975~1980	81억 7천여만
1985~1990	88억 8천여만
1990~1995	84억 5천여만
1995~2000	80억 4천여만
2000~2005	79억 3천여만
2005~2010	79억 2천여만

이 통계는 UN 인구 조사 통계로 인구가 줄어가고 있다는 것을 보여준다.

② 세계 인구 대비 주요 종교의 신자 비율[73]

종교에서는 근본주의를 중심한 보수신앙과 종교적 다원주의로 양분되어 가는 양상이다(단위:%).

---

72) 하버드. C. H. 베크, 세계사, p. 424.
73) 위의 책, p. 687.

종교 \ 연도	1900	1970	2000	2010
불가지론	0.19	14.68	10.70	9.81
불교	7.84	6.36	7.32	7.16
중국전통종교	23.46	6.16	6.99	6.30
기독교	34.46	33.24	32.43	32.81
힌두교	12.53	12.53	13.47	13.76
이슬람교	12.34	15.62	21.08	22.51

여기에서 보면 기독교는 현상을 유지하면서 약간씩 쇠락해가고 이슬람은 계속해서 급상승되어 가고 있음을 알 수 있다.

(9) 2020년대

우리는 2020년대 초부터 전 세계가 코로나19 대유행으로 세계가 한 이웃임을 절실하게 체험했다. 그리고 2022년에 시작된 러시아와 우크라이나의 전쟁은 단지 두 나라만의 전쟁이 아니라 전 세계가 영향을 받아 모두가 경제적 추락으로 곤두박질하고 있다. 이 같은 불안한 위기는 2020년대 한 세대 전반 동안 계속될 전망이다.

이런 위기 때 우리는 무엇에 관심을 가져야 할 것인가? 깊이 고뇌하며 그 해답을 성경에서 찾아내고 신앙으로 해결하도록 지혜를 모아야 할 것 같다.

제1장 세계화 시대의 철학, 문학, 사상

제2차 세계 대전 이후의 세상은 초국가(超國家) 시대로 돌변했음을 앞서 설명했다.

과거에는 각 국가적 단위로 생각해 왔던 견해들이 초국가에 의한 시대에는 모든 것이 전 세계적으로 공통적 영향을 받게 된다. 세계화 시대에는 유럽 사상이 유럽에 국한되지 않고 아메리카, 동남아, 중동, 아프리카, 호주 등 모든 세계에 다 똑같이 영향을 주고받는다. 남미의 조그마한 나라에서 일어난 일이나 아프리카에 알려지지 않았던 나라의 문제가 곧 세계적 문제로 확산된다. 이 같은 세계화는 긍정적 요소와 부정적 요소를 동시에 발휘한다. 이제 그 같은 사례들을 차례대로 살펴보겠다.

1. 클라우제비츠(Karl Von Clausewitz, 1780~1831)

클라우제비츠는 독일의 북동부 영토인 프로이센(Preussen) 출신의 군인이었다. 그는 군제(軍制) 개혁자요 군사 이론가였다. 그가 살아생전에 쓴 군사이론 유고 원고를 그의 사망 후 그의 아버지가 유작집으로 8권까지 간행했다. 그 책들이 오늘날 전쟁이론의 고전이 되는 《전쟁론》으로 세상의 사상서로 전승되고 있다.

인류 역사는 전쟁의 역사라고도 한다. 세상 모든 이들이 소중하게 여기는 《전쟁론》 저자와 내용을 알아보자.

1) 클라우제비츠의 생애(1780~1831)

클라우제비츠는 프로이센 왕국 마그데부르크시에서 떨어진 부르크(Burg)에서 태어났다. 할아버지는 할레 대학교 신학 교수였고, 아버지는 군인 소위로 7년 전쟁에 참가했다가 중상을 입고 퇴역하여 왕실의 수세관(收稅官)이 되었다.

그는 12세 때 융케르(Junker)로서 입대하였다. 융케르란 중대 기수 또는 군기(軍旗)를 맡은 소년병을 의미한다. 이들 군기 맡은 기수병은 귀족이거나 또는 귀족 칭호를 갖는 가정의 자녀라야만 가능했다. 군기는 매우 무거운 것으로 일반 행진 때는 하사관이나 병사가 맡고 시내를 행진할 때 아직 나이도 차지 않은 클라우제비츠가 이를 맡았다고 한다.

그는 15세(1795) 때 소위로 임관된다. 그런데 프로이센이 대프랑스 동맹에서 탈퇴하자 부대는 위수(衛戍) 지역으로 물러나 1801년(21세)까지 물러나 있었다. 이 무렵에 사상적, 문학적 교양이 모자람을 깨닫고 군무의 여가 때 독서에 주력한다. 21세(1801) 때 베를린의 보병 및 포병 사관양성학교에 입학해 23세(1803) 때 졸업한다. 사관양성학교 졸업 후 당시 프리드리히 대왕의 동생 페르디난트의 아들의 부관으로 궁정을 출입하게 된다.

이때 5년 후에 아내가 된 브륄 백작의 큰딸 마리를 알게 되는데 마리는 선왕 프리드리히 빌헬름 2세의 왕비를 섬기는 관리였다. 25세(1805) 때 대위로 진급하고 마리와 약혼한다. 26세 때 프로이센과 러시아가 동맹군을 형성해 프랑스와 전쟁이 벌어진(1806~1807) 전투에 참여했다가 프랑스에 패해 전쟁 포로로 프랑스로 호송되었다가 28세 때 베를린으로 풀려난다. 이때부터 프로이센은 프랑스의 지배를 받는다.

29세(1809) 때 육군성 샤른호르스트 중장의 비서가 되었다가 소령으로 진급하여 신설된 베를린사관학교 교관이 된다(30세). 이때 군사학을 강의할 때 당시 15세인 황태자(후에 프로이센 왕 프리드리히 빌헬름 4세)에게 강의했다. 그리고 마리와 결혼을 한다.

클라우제비츠가 30세(1810)부터 32세(1812)까지 황태자에게 행한 군사학 강의록이 훗날 《전쟁론》의 일부가 된다.

32세(1812) 때 프로이센 왕이 나폴레옹과 손잡고 러시아를 공격하자 프로이센 편을 떠나 러시아군에 참여해 끝까지 저항한다. 그래서 러시아군 기병 군단의 참모장 활동을 하다가 다시 프랑스 포로가 된다. 34세(1814) 한때 중령까지 진급했던 그가 포로 석방 후 대위로 강등된다. 1815년(35세) 나폴레옹이 실각되자 클라우제비츠는 제3군단 참모장으로 출전을 한다.

그리고 36세(1816) 때 베를린의 일반 사관학교 교장이 되어 12년 동안 재직한다. 그는 12년 동안 사관학교 교장 시절에 그가 직접 참가한 5대 전쟁과 약 130여 회의 전투경험을 근거로 《전쟁론》의 전사를 저술한다. 클라우제비츠는 50세 때(1830) 폴란드가 러시아에 대한 반란을 획책할 때 참모장으로 폴란드 위기를 대비하려고 했다.

프로이센은 그나이제를 제4동방 군단장으로, 클라우제비츠를 참모장으로 하여 폴란드 위기를 대비하려고 했다. 그런데 1831년(51세 때) 유럽에 널리 퍼진 콜레라로 20년 지기(知己)인 그나이제가 병사한다. 그 후 폴란드 반란은 러시아군에 진압되어 프로이센군은 브레슬라우의 제2 포병감으로 복귀했다. 그러나 그도 콜레라로 51세로 급사한다.

그의 유해는 브레슬라우 육군 묘지에 묻혔다가 140년 후인 1971년에 고향 부르크로 옮겨졌다. 1832년 클라우제비츠의 아내 마리가 남편의 유작집 10권을 편찬, 간행을 3년간 계속해서 8권까지 간행했다.

그리고 아내도 1836년(57세)에 세상을 떠나 남편 곁에 묻혔다가 함께 이장되었다.

2) 전쟁론의 내용

이 내용은 번역본을 근거로 요약해 보겠다.[74]

《전쟁론》은 전체가 8편이다. 제1편 전쟁의 본질, 제2편 전쟁의 이론, 제3편 전략 일반, 제4편 전투, 제5권 전투력, 제6편 방어, 제7편 공격, 제8편 전쟁 계획 등이다.

이 내용 중에 필자가 중요하다고 생각하는 내용 몇 가지를 발췌하여 요약 정리해 보겠다.

전쟁의 정의(定義)를 확대된 결투라고 한다.

이것을 세분해서 28항목으로 재설명한다. 전쟁이론은 계속해서 변천하고 발전되어 가는 사실을 열거한다. 그것이 전쟁 술(術)인 실행 능력과 전쟁 학(學)인 지식이 서로 분리된 것 같으면서 하나인 사실이기 때문임을 설명한다. 또 하나 우리가 배울 사실이 있다. 그것은 전략(戰略)과 전술(戰術)이 구분된다는 사실이다.

전략은 모든 군사적 활동에 대해서 전쟁의 목적과 목표를 설정하는 것인데, 이것은 군대에 있는 것이 아니라 정부에 있다는 것이

---

74) 클라우제비츠, 전쟁론 I.II, 허문순 역, 동서문화사, 2016.

다. 그와 같은 정부의 전쟁 계획에 뒤따라가는 전쟁에서 이기기 위한 기술과 방책으로 전쟁법과 병사 사용법이 뒤따르는 것을 전술이라고 한다.

전략의 요소에는 다섯 가지가 있다.

① 정신적 요소 ② 물리적 요소: 전투력의 양과 그 편성 ③ 수학적 요소: 밖에서 중심으로 향하는 구심적 운동과 또 중심에서 밖으로 향하는 이심적(離心的) 운동을 뜻한다. ④ 지리적 요소: 지형의 우세한 지점, 산지, 하천, 숲 등을 고려해야 한다. ⑤ 군대 유지에 필요한 자재의 통계적 요소 등을 알아야 한다.

이 같은 내용을 보면서 소위 정치를 하려는 사람들이란 무조건 대중의 인기로 정해지는 다수 선거제도보다는 국가를 섬기겠다는 애국정신이 갖춰진 인물들로 자타가 인정할 수 있도록 검증된 사람들이 정치를 하도록 법제화하는 것이 필요하겠다는 생각이 든다.

여기서 100여 년 전의 클라우제비츠의 《전쟁론》 제5편의 〈전투력〉 설명과 우리나라 국제 정치 및 전쟁 연구가 이춘근 박사의 〈전쟁과 전략〉에 관한 설명을 비교해 보겠다.

먼저 클라우제비츠는 전투력을 ① 병사의 숫자의 다과와 그 편성 ② 전투력의 상태로, ㉠ 전장(戰場)의 상태 ㉡ 사령권(司令權) ㉢ 전역(戰役)을 말한다.

100년 전의 전투력은 전투지의 상황과 그것을 지휘하는 자의 지휘력과 전쟁 동원령을 의미했다. 100년이 지난 현대의 전쟁(戰爭)의 기본 원칙이 무엇인가? 이춘근 박사는 아홉 가지로 설명한다.[75]

---

75) 이춘근, 전쟁과 국제정치, 북앤피플, 2020, pp. 433~443.

① 목표의 원칙 : 승리 ② 공격의 원칙 ③ 지휘 통일 ④ 병력의 집중 ⑤ 중요한 곳에 더 많은 병력, 덜 중요한 곳에 소수의 병력을 배치하는 경제의 원칙 ⑥ 기동의 원칙 ⑦ 기습의 원칙 ⑧ 기습을 보완하는 안전의 원칙 ⑨ 전투 수행 병사들에게 명령은 단순해야 하는 단순의 원칙을 말했다.

이 두 전쟁 전문가들의 이론을 보면 유사성과 공통성을 발견하게 된다.

또 클라우제비츠는 공격보다는 방어가 훨씬 중요함을 설명한다. 클라우제비츠는 "전쟁이란 다른 수단으로 하는 정치의 연장이다"라고 하였다. 그는 직접 참가한 5대 전쟁과 약 130여 회의 전투경험을 근거로 전쟁에 대한 일정한 규칙과 이론을 만들어 내고 "이론은 교의가 아니고 관찰이어야 한다"라는 명언을 남겼다. 이 책은 출간한 이후 100여 년이 지난 지금까지 거의 모든 국가의 군사 교육기관에서 군사학 강의 교본으로 사용되고 있다고 한다. 클라우제비츠는 전 세계 군사학교에 큰 영향을 주고 있다.

2. 키에르케고르(Soren A. Kierkegaard, 1813~1854)

키에르케고르는 덴마크 코펜하겐에서 출생한 철학자요 저술가다. 그는 41세로 짧은 인생을 살았으며, 살아 있는 동안에 철학자와 저술가로 살아갔다. 그가 살았을 때는 덴마크 내에서만 알려졌고 국외에서는 거의 알려져 있지 않았다. 그런데 그의 사후에 그의 저서들이 1909년에 독일어로 번역되어 알려지면서 당시 신진 신학자 K. 바르트와 M. 하이데거, K. 야스퍼스 등에 의해서 크게 확산된다. K. 바르트에 의해서 변증법 신학으로 M. 하이데거와 K. 야스퍼스에 의해서 실존철학으로 크게 발전되는데, 이들 사상의 기초가 키에르케고르이다.

사실 키에르케고르의 생존시에는 덴마크 국내에서 2류 정도의 신진 철학자로 신문에서는 무시당하는 비평을 받았고, 종교계에서도 비웃음을 당하였지만 그는 세간의 흐름에도 전혀 굴하지 않았다. 오히려 그는 세상의 비웃음에 당당하게 맞서서 국민들의 비자주성과 당시의 국교인 루터교 신앙의 위선적인 요소들을 혹독하게 비판하였다.

그리고 다른 한편 절망적인 때 단독자(單獨者)로서 신(神)을 추구하는 종교적 실존의 존재 방식을 《죽음에 이르는 병》에서 추구하였다. 그의 생존시에 이 책은 별다른 빛을 보지 못했다. 그러나 그의 사후에 번역본들에 의해 그의 사상은 전 세계로 크게 확산되었다.

여기서는 그의 번역본에 근거해 그의 생애와 사상을 살펴보겠다.[76]

1) 키에르케고르의 생애

키에르케고르는 덴마크 코펜하겐에서 7형제 중 막내로 태어났다. 아버지는 모직상으로 자수성가한 부유한 상인이었고, 어머니는 그 집안의 가정부였다가 후처가 된 여인으로 어머니가 45세 때 키에르케고르를 낳았다. 이와 같은 가정적 출생 배경 탓인지 어린 시절부터 노인과 같은 우울증 기질을 가지고 있었으나 친구와 사회관계 교제에서는 쾌활하고 유머가 넘쳤다.

---

76) 키에르케고르, 죽음에 이르는 병, 강석위 역, 동서문화사, 2016.

그는 덴마크 국교인 루터교도(국민의 97%) 관습에 따라 출생 후 한 달 후에 유아세례를 받았고, 15세(1828) 때 뮌스타 사제에 의해 견신례를 받았다. 견신례(堅信禮: Confirmation)란 가톨릭의 의식이다. 가톨릭은 사도행전 8장 14-17절의 "안수하매 성령을 받는지라"는 구절과 사도행전 19장 1-7절의 "안수하매 성령이 임했다"라는 구절을 근거로 사제가 안수하면 성령을 받는다고 믿는다.

그 후 가톨릭에서 분리된 루터교와 성공회는 유아세례와 견신례를 시행해 오고 있다. 그리고 가톨릭에서는 세례로 구원받고 견신례로 성령을 받는다고 믿고 있다. 그러나 유아세례나 견신례는 신학 성경에 근거가 없는 것이고 교회가 3~5세기 때 성경을 억지로 해석하여 만든 새로운 의식이다. 키에르케고르는 루터교 교리에 따라 유아세례와 견신례를 받았다.

그는 17세(1830) 때 코펜하겐대학에 입학했다. 거기서 신학과 철학을 공부했고 28세(1841) 때 "소크라테스 연구"로 석사학위를 받는다. 그 사이에 24세(1837) 때 자기보다 10년 연하의 14살짜리 레기네 올센을 만나 사랑의 포로가 되어 27세 때 약혼을 했으나 28세 때(1841) 약혼을 파기한다. 그가 약혼을 파기한 것은 그가 여인을 사랑하는 것이 사실이지만 또한 신앙인으로서 볼 때 여전히 내면적으로 죄의식 때문에 사랑과 죄의식 사이에 갈등을 느꼈기 때문이다.

이것을 종교적으로 판단한다면 대단한 양심의 사람이라고 말할 수 있을 것이다. 그러나 성경적 판단에 의하면 성경의 진리를 제대로 모르는 종교에 대한 무지의 탓이다. 성경은 자기 속에 있는 죄성만 계속해 주목한다면 "오호라 나는 곤고한 사람이로다 이 사망의 몸에서 누가 나를 건져내랴?"(롬 7:24) 하고 좌절할 수밖에 없다. 그러나

'성령의 법'이 죄와 사망의 법에서 우리를 해방했으므로 그리스도 예수 안에 있는 자는 결코 정죄함이 없다(롬 8:1-2)고 믿는 것이 바른 그리스도인인 것이다. 키에르케고르가 유아세례를 받고 견신례를 받았으나 그는 루터교의 종교의식을 거쳤을 뿐 성경적 성령의 법을 모르는 종교인에 불과했다.

그는 29세(1842) 때부터 약혼녀였던 레기네 올센과의 파혼으로 인한 정신적 갈등을 베를린에 가서 철학자 쉘링의 철학 강의와 수많은 오페라 관람으로 위안을 받고 귀국하여 저술가로서 활동을 시작한다. 29세(1842)에서 34세(1847)까지 《유혹자의 일기》, 《이것이냐? 저것이냐?》, 《두려움과 떨림》, 《세 개의 교회적 강화》, 《불안의 개념》, 《인생 행로의 여러 단계》 등 많은 글을 발표한다.

그가 발표한 대표적인 작품으로 세 가지를 들 수 있다.
① 《이것이냐? 저것이냐?》(30세, 1843)
  인생을 한 단편으로 보는 견해
② 《불안의 개념》(31세, 1844년)
  원죄 교리를 단순히 심리학적으로 고찰한 내용
③ 《죽음에 이르는 병》(36세, 1849)
  불안이 곧 죽음에 이르는 병이라고 했다.

그는 30대에 왕성한 활동을 했다. 그는 모든 철학적 저술들을 익명으로 발표했다. 그리고 자신의 작품이 그리스도교의 교화적 강화(講話)로 사용되기를 바랐다. 그 후 시골 목사가 되어 조용한 생활을 하고 싶어 했다. 그런데 그의 작품과 인물이 중상모략으로 격렬한 논쟁이 생기게 되었다. 그는 이때 그리스도교도로서 새로운 정신활동과 저술을 해야겠다는 의욕이 생겼다. 그렇게 만들어진 것이 《죽음에 이르는 병》이다. 그는 41세(1854)로 세상을 떠났다.

2) 키에르케고르의 사상

여기서는 그의 대표적인 두 가지 저서로 그의 사상을 살펴보겠다.

(1) 불안의 개념

키에르케고르는 코펜하겐 대학에서 신학과 철학을 공부했다.

그의 석사논문은 "소크라테스 연구"였다. 그렇기에 그의 철학적 소양은 충분히 이해가 된다. 그런데 그는 자신이 배운 신학에 근거해 성경에 비롯된 '원죄'(原罪) 사상을 근거로 '불안'의 개념이라는 철학서를 저술했다. 그는 가톨릭이나 정교회나 개신교 등 기독교 전체가 공통적으로 믿고 있는 '원죄' 교리가 너무 당연시되었으나 막연함을 지적한다.

그리고 '원죄'와 비슷한 사상은 그리스의 철학자들에게서도 엿볼 수 있음을 여러 사례를 들어 설명한다. 그는 '원죄' 사상을 인간의 심리(心理)적 상태로 분석한다. 그래서 그는 원죄가 타락을 가져온 '불안'(不安) 심리라고 한다. 그는 '불안'에 여러 유형이 있음을 설명한다.

불안의 유형을 다섯 가지로 분류해서 설명한다.
① 객관적 불안
아담이 범죄하므로 죄가 이 세상에 들어왔다. 이렇게 아담으로 인해 인간과 피조물 세계에 영향을 미치게 된 작용들을 객관적 불안이라고 한다.
② 주관적 불안

주관적 불안이란 아담의 범죄 이후 각 세대별로, 역사적 관계 속에서, 남성과 여성의 차이에서 느껴지는 불안이 각각 다르기에 그것을 주관적 불안으로 분류한다.

③ 죄의식 없는 결과의 불안

그리스도인이 아닌 일반 세상 사람이나 타 종교인들에게는 성경적 개념의 '죄'의식이 아닌 결과로 나타난 것을 통해 죄의식을 가진 불안이 있다는 것이다.

그 같은 불안은 과거의 것, 현재의 것, 미래의 것, 영원한 것의 구별을 모르는 ㉠ 무정신의 불안, ㉡ 운명으로 규정되어 있는 불안, ㉢ 양심의 가책으로 인한 불안이 있다고 했다.

④ 죄의 결과를 인식함으로 오는 불안

이것은 기독교 신앙인들이 성경에 근거해 '죄'라는 개념을 깨달은 후에 성경적 기준에 도달하지 못하는 죄의식에 따른 불안을 말한다. 여기에는 ㉠ 악에 대한 불안 ㉡ 선에 대한 불안 ㉢ 육체적, 심리적 불안 ㉢ 정신적 불안 등이 있다.

⑤ 신앙을 통한 구원 후의 불안

신앙인은 예수님의 성령을 모심으로 변화된 새사람이다. 그렇기에 죄 문제를 해결받는 구원자들이다. 그렇게 구원받은 자인데도 여전히 불안이 따른다. 그것은 그리스도처럼 장성한 분량을 추구(고전 13:11)하는데도 불구하고 목표에 도달하지 못함에 따르는 불안을 뜻한다.

키에르케고르의 다섯 가지 유형의 '불안의 개념'을 성경과 각 교파들의 교리와 또 철학자들의 견해들까지 덧붙여서 매우 심도 있게 설명했다. 이와 같은 키에르케고르의 불안의 개념은 성경과 교리와 철학 등을 근거로 매우 구체적으로 세분시켜서 대중이 잘 이해할 수 있게 설명해 주는 커다란 장점이 있다. 그러나 그의 불안의 개념은 성경적인 개념은 아니다. 성경에서 깨우치는 진리가 무엇인가?

바울 사도는 로마서 5장 12-21절에서 한 사람으로 말미암아 죄가 세상에 들어왔고 그 죄가 사망을 가져왔다고 했다. 그러나 로마서 6장 전체에서는 그리스도와 연합된 성도들에게는 그리스도와 함께 살고 그리스도와 함께 살아가는 새 생명들이다.

그와 같은 그리스도인이 구원 이전이나 구원 이후에도 동일한 '불안'을 안고 살아간다는 논리는 단순히 심리적(心理的) 분석에 불과하다. 그의 불안의 개념은 비그리스도인들에게는 매우 합리적으로 납득이 되는 좋은 설명이다. 그러나 '그리스도와 연합'된 그리스도인들의 심리 속에는 불안이 있는 것이 아니라 그리스도의 뜻을 미처 성취해 드리지 못하는 아쉬움은 있을지언정 그것을 불안이라고 표현할 수는 없는 것이다.

(2) 《죽음에 이르는 병》

이 저서는 그의 대표적인 저서다.

키에르케고르는 《죽음에 이르는 병》에서

① 절망이 죽음에 이르는 병이라고 했다.

그는 인간을 '정신'이라고 보고 그 정신이 어떤 것과 관계를 갖고 있느냐에 따라서 ㉠ 자신이 자신의 소유자임을 자각하지 못하는 경우와 ㉡ 절망하므로 자신이고자 하는 것을 포기하는 경우와 ㉢ 절망하므로 자신을 이루는 경우가 있다고 했다.

이렇게 인간의 정신이 어떤 것과 관련을 갖느냐에 따라서 달라지는데 ㉡의 경우처럼 절망은 '죽음에 이르는 병'이라고 했다.

② 절망은 모든 인간이 가지고 있다는 보편성이 있다.

인간이 보편적으로 가진 불안은 인간이 그리스도인이 되어 있지 않는 한 보편적으로 가지고 있는 일반성이다.

③ 절망에는 여러 형태가 있다.

㉠ 의식하고 있는 절망으로 유한성, 가능성의 결핍, 필연성의 결핍 등등이 있고 ㉡ 자기가 절망하고 있다는 것조차 모르는 절망 ㉢ 영원한 것에 대한 절망 ㉣ 절망해서 자기 자신이고자 욕구하는 반항의 절망 등이 있다.

절망은 죄(罪)이다. 죄가 이미 용서되었는데도 절망(좌절)하는 것 역시 죄다. 키에르케고르는 《죽음에 이르는 병》에서 철학 형식으로 그리스도교를 설명하는 신학자라기보다는 설교자다운 작품을 남겼다. 성도들에게 '구원'을 설교하려는 모든 목사들은 《죽음에 이르는 병》이라는 키에르케고르의 저서를 정독하는 것이 좋겠다는 생각이 든다.

이와 같은 키에르케고르의 사상이 K. 바르트의 변증법 신학으로, M. 하이데거와 K. 야스퍼스에 의한 실존철학으로 발전된다.

특히 K. 바르트의 변증법 신학은 뒤에 다시 살펴보겠지만 20세기 전 세계의 가톨릭, 개신교 모두에게 커다란 영향을 미친다.

3. 프로이트(Sigmund Freud, 1856~1939)

프로이트는 매우 유명한 인물이지만 매우 큰 해악을 끼친 인물이다. 프로이트는 과거 오스트리아령이고 현재 체코슬로바키아의 작은 마을에서 유대인 부모의 아들로 태어났다. 그는 독일 빈으로 이사하여 의학을 공부한 후 정신 분석학을 창시했다.

1) 프로이트의 생애

그는 모직물을 다루는 상인의 아들로 태어났다. 그에게는 배다른 형이 둘이 있었고, 친동생으로 남동생 둘과 여동생 다섯이 있었다. 시골에서 출생했으나 4세 때 부모가 빈으로 이사하여 그의 대부분의 생애를 빈에서 보냈다.

10세(1866)에 빈의 김나지움에 입학하여 전 과정을 대부분 수석을 유지하면서 17세(1873)에 최우등으로 명예롭게 졸업했다. 그리고 18세(1874) 빈대학 의학부에 진학했다. 대학 생활 중 신경 해부학을 연구하는 중에 반(反)유대주의 분위기로 인해 고통을 겪는다.

대학생활 기간에 뱀장어의 생식선 형태와 구조(21세), 칠성장어 유충의 척추신경 마디 체모에 대한 조직학(22세), 가재의 신경 세포에 관한 연구논문을 발표한다.

그리고 J. S. 밀의 사회 문제, 플라톤의 논문을 독일어로 번역한다. 25세(1881) 때 의학박사 학위를 받고 빈의 종합병원 의사로 취직한다. 종합병원에서 26세부터 30세까지 외과, 내과, 피부과, 이비인후과, 안과, 신경병리학과, 소아과 등 다방면에서 근무를 한다.

그리고 30세(1886)에 빈에서 병원을 개업하고 결혼한다. 병원 개업 후 최면 치료 기술로써 정신 분석학을 확립하는 논문들을 계속 발표한다. 44세(1900) 때 《꿈의 해석》을 발표한 후 프로이트에 관심을 가진 사람들이 모여 1910년(54) 국제정신분석학회설립 후 초대 회장으로 C. G. 융을 선임한다.

제1차 세계 대전(1914~1918) 후 66세(1922) 때 입천장의 구개암(口蓋癌) 수술을 받기 시작하여 83세(1939)로 죽을 때까지 33번의 수술과 방사선 치료를 받는다. 이 수술로 발음이 불완전하고, 청력도 잃고, 체력이 매우 약화되었다. 70세(1926) 때 브란데스, 아인슈타인, 로맹 롤랑 등으로부터 축전을 받고 은퇴 성명을 발표한다.

77세(1933)에 히틀러 정권 수립 후 그의 정신분석 서적들이 금지도서가 되고 80세 때 게슈타포에 의해 전 재산을 압수당한다. 82세(1938) 때 나치가 오스트리아에 침입했을 때 그의 학문을 존중하는 나치스 당원들의 도움과 루스벨트와 무솔리니의 협조로 런던으로 망명한 후 83세(1939)에 구개암 악화로 사망한다.

2) 프로이트의 사상

프로이트의 사상을 전기와 후기로 나눈다.

전기는 "무의식 심리학"이라고 부르는데, 이때의 작품들인 《꿈의 해석》(1900), 《일상생활의 정신병리》(1901), 《성(性) 이론》(1905) 등에서 정신병의 분석을 시도하였다.

이렇게 전기에는 인간의 마음이라는 것을 의식, 전의식(前意識), 무의식이라는 세 가지 의식을 토대로 하여 인간을 이해한다. 그렇기에 인간의 행동은 의식된 심리학에 의한 것이 아니라 의식을 근거로 이해하려는 주장이다. 프로이트의 대표적인 저서 《정신분석 입문》에서

그가 주장한 내용의 결론만 소개해 보겠다.[77]

이 책은 1915~1917년 사이에 의사와 일반 청중을 대상으로 한 강의를 토대로 한 내용이다. 그는 인류 역사에 3대 가슴 아픈, 대 사건이 있었다고 한다. 첫 번째는 코페르니쿠스에 의해 지구 중심의 세계관이 깨어지고 우주 중심의 우주관이 생겨난 일이다. 두 번째는 다윈의 진화론에 의해서 인간은 신이 만든 창조물이 아니라 원숭이에서 진화했다는 진화론으로 인간의 자존심에 상처를 주었다. 세 번째는 자신이 정신분석을 통해 인간은 자아의 통일이 불가능한 무의식에 끌려다니는 가엾은 동물이라는 점을 밝혀냄으로 인간에게 세 번째 아픔을 주었다고 했다.

그리고 프로이트의 대표 저서로 《꿈의 해석》(1900)[78]이 있다.

그전까지 인간들은 꿈은 무의미한 현상으로 취급하고 무시해 왔었다. 프로이트는 꿈을 억압된 욕망의 충족이 평소에는 잠재의식 상태로서 간직되어 있으나 그 잠재의식이 시각적으로 나타나거나 왜곡되어서 나타나거나 상징화되어 나타나는 대리물(代理物)이라고 규정한다.

그는 인간이 정신적 균형을 이루기 위해서 꿈이 필수적이고, 행위의 대체물이므로 마음의 짐을 덜어주고 인간의 수면을 보호하며, 카타르시스의 역할을 하는 것이라고 했다.

프로이트는 그동안 꿈을 미래를 예시해 주는 암시라고 과대평가하거나 또는 꿈을 '개꿈'이라고 경시하는 풍조를 다 불식시켰다. 그리고 그의 《꿈의 해석》을 통해 정신의학, 심리학, 문학, 예술, 사상 등 다양한 분야에 크나큰 영향을 미쳤다고 할 수 있다.

---

77) 프로이트, 정신분석 입문, 김양순 역, 동서문화사, 2016.
78) 프로이트, 꿈의 해석, 김양순 역, 동서문화사, 2016.

프로이트의 후기 사상으로 구별하는 것은 충동론이다. 앞서 전기 사상을 장소론이라고 한다면 후기의 충동론이란 무엇인가?

앞서 전기의 장소론에서 마음이라는 것이 의식, 전의식, 무의식이 담겨 있다고 했으나 후기의 충동론에서는 마음이 에스, 자아, 초자아의 세 가지 심급(審級)이 있다는 것이다. 프로이트가 설명하는 충동론에는 자기 보존의 충동과 성(性) 충동이 있다. 이 같은 성 충동을 설명하기 위해 범성욕설(汎性慾說) 이론을 만들었다.

프로이트의 범성욕설은 그의 생전에 가장 많은 욕과 비난을 당한 이론이고 그의 사후 오늘날까지도 오해를 많이 받는 이론이다. 왜냐하면 천진난만한 유아들이 성욕에 의해 충동적으로 행동한다는 주장으로 많은 오해와 비난을 받게 되었기 때문이다. 그렇다면 프로이트의 "범성욕설"은 무슨 내용인가? 갓난 어린아이들이 무엇을 빠는 본능적 행위가 그 본질에 있어서는 성적인 행위의 변형이라는 것이다. 입술이 닿는 엄마의 젖꼭지만 아니라 손가락, 또는 발가락을 빠는 것은 일정한 성질의 쾌감을 불러일으키는 성적 행위라는 것이다.

프로이트는 성적 충동의 단계에 대하여 다음과 같이 설명한다.

첫 단계: 태어나서 입이나 입술로 빤다든지 핥는다든가, 무는 행위 등으로 쾌감을 느끼는 구순기(口脣期)가 있다.

두 번째 단계: 한 살 반부터 세 살쯤 될 때 항문이 성적 긴장과 만족을 주는 시기로 배변이나 배설물에 강한 쾌감을 느낀다는 것이다. 그래서 이 시기를 항문기(肛門期)라고 한다.

셋째 단계: 네 살이 될 때부터 남자아이는 자기의 성기를 가지고 논다. 이때는 다만 성기를 만지고 보는 정도일 뿐 성적인 관심과는 성질이 다르다. 이 단계를 남근기(男根期)라고 한다.

남근기의 남자아이는 성기에 대한 관심과 쾌감이 높아지며, 차츰 가장 가까운 여성인 어머니에 대한 애착을 무의식중에 느끼고, 반대로 아버지에 대한 관심은 무의식중에 얕아지며 때로는 미워하기까지 하는 복잡한 심정을 '오이디푸스 콤플렉스'(Oedipus Complex)라고 한다.

그리스 신화에 나오는 레베 국왕은 자신의 아버지인 줄 모르고 부왕(夫王) 라이우스를 죽인 뒤에 그의 아내와 결혼을 하는데 그녀는 사실은 자기 어머니였다. 이 사실을 뒤늦게 깨달은 오이디푸스는 자기의 불륜의 죗값을 치르기 위해 두 눈을 도려내고 여러 나라로 떠돌아다닌다는 신화를 소재로 프로이트는 '오이디푸스 콤플렉스'라는 정신분석 용어를 만들어냈다.

같은 시기의 여자아이들에게는 '엘렉트라 콤플렉스'(Electra Complex)라고 해서 여자아이가 어머니를 질투하여 아버지에게 애정을 품는 것으로 표현을 했다.

이렇게 자기의 몸을 자기가 자극함으로 생기는 쾌감을 추구하는 전성기기(全性器期)를 0~5세까지 거친 후 성적 잠재기로 6~11세, 12세부터는 성의 개화기에 이성애(異性愛)로 발전된다는 것이다. 이와 같은 프로이트의 범성욕설(汎 性慾說)은 모든 인간을 완전 성(性) 덩어리로만 보는 지극히 단편적이고 동물로만 이해하는 진화론적 사고이다. 성경은 인간이 하나님의 형상대로 창조된 존재로 육체는 본능에 의해 영위되지만 영혼은 하나님의 속성을 가진 거룩한 본성이 있음을 설명한다.

프로이트의 범성욕설은 영혼이 없는 육체만을 이해한 매우 잘못된 이론이다.

4. 존 듀이(John Dewey, 1859~1952)

존 듀이는 미국의 철학자이자 교육학자이다. 과거의 교육은 지식 중심, 환경 중심, 교사 중심, 학생 중심의 교육이었다. 그러나 듀이에 의해서 생활 중심, 성장 중심의 교육철학이 등장하게 된다. 여기서 듀이의 생애와 사상을 살펴보겠다.

1) 존 듀이의 생애

존 듀이는 1859년 10월에 미국 버몬트주 벌링턴 마을에서 식료품을 경영하는 부모에게서 네 명의 아들 중 셋째로 태어났다. 15세에 벌링턴고등학교를 졸업하고 버몬트대학에 진학하여 19세 때 대학을 졸업하고 펜실베이니아주 오일시티고등학교 교사가 된다.

22세 때 존스홉킨스대학원에 입학해 철학을 연구한다. 24세 때 "칸트의 심리학" 학위 논문으로 철학박사가 된다. 미시간 대학 철학 전임 강사로 활동 중에 제자 치프민과 결혼한다.

28세 때 미네소타대학 철학 교수가 된다. 34세 때(1894) 시카고대학 철학, 심리학, 교육학 주임교수가 된다. 시카고대학에서 자신의 사상을 바탕으로 실험학교를 7년 반을 경영한다.

44세 때(1904) 시카고대학을 사임하고 컬럼비아대학 철학과 교수가 된다. 45세 때(1905) 미국 철학 회장이 되고 55세 때(1915) 미국 대학교수연합을 창설하고 초대 회장이 된다.

1919년(59세)에 일본 방문 후 이어서 중국을 방문(1921)하여 전쟁 추방 운동에 관여한다. 그 후로 터키, 멕시코, 소련 등의 교육 사정을 시찰한다.

67세(1927) 때 부인 치프먼이 사망한다. 그 후 86세(1946) 때 그랜트와 재혼한다. 그리고 92세(1952)로 뉴욕에서 폐렴으로 사망한다. 그는 생애 동안 수많은 저서를 출판했다. 여기서는 그가 철학 교수로서 저술한 《철학의 개조》(1920) 내용과 그의 대표 명저라 할 수 있는 《민주주의와 교육》(1916) 두 권의 내용을 통해서 그의 사상적 면모를 살펴보겠다.

이 두 권의 저서는 번역본에 근거해 살펴보겠다.[79]

2) 존 듀이의 사상

(1) 철학의 개조

듀이는 1919~1920년 일본 도쿄대학에서 강연하고 중국 베이징에서 연속 토의를 했다. 그 내용이 《철학의 개조》라는 저서이다. 존 듀이는 22세 때 존스홉킨스대학원에 입학해 철학을 공부한 후 24세 때 칸트를 연구한 논문으로 철학박사가 된다. 그 후 미시간대학 철학 교수로, 시카고대학 교수로, 컬럼비아대학 철학 교수 등 평생을 철학 교수로 활동했다. 그렇게 평생 철학을 가르친 경험의 산물이 《철학의 개조》이다.

《철학의 개조》는 8장으로 구성되었다.
제1장: 철학관의 변화, 제2장: 철학 재구성의 몇 가지 역사적 요인, 제3장: 철학 재구성의 과학적 요인, 제4장: 경험 관념 및 이성 관념의 변화, 제5장: 관념적인 것과 실제적인 것의 관념의 변화, 제6장: 논리

---

[79] 존 듀이, 민주주의와 교육 철학의 개조, 김성숙, 이귀학 역, 동서문화사, 2016.

학 재구성의 의의, 제7장: 도덕 관념의 재구성, 제8장: 사회 철학에 관한 재구성 등이다.

　이상의 내용에서 느끼는 것처럼 그는 철학을 이론에 국한하지 않고 실천 분야와 함께 관심을 기울인 철학자였음을 알 수 있다. 그래서 그는 미시간대학 교수 시절 경험한 윤리학과 시카고대학 교수 시절의 7년 반에 걸친 실험학교 경험의 교육이론과 컬럼비아대학 교수 때의 사회 철학과 만년의 논리학을 가지고 《철학개조》 내용의 논리로 체계화시킨다.

　듀이는 철학을 하나의 관념 정도로 보지 않고 인간 행동의 중추적 기능으로 본다. 인간의 행동에 영향을 미치는 요소로 정치, 경제, 학문, 예술, 종교의 다섯 가지 영역이 교육과 사회 문화 환경과 자연 환경에 의해서 각각 다르게 형성됨을 지적한다. 그래서 철학은 단지 이론만으로 끝나는 것이 아니라 항상 교육이라는 실천의 장에서 시발됨을 설명한다.

　그런데 지금까지의 교육은 교실 안에서 학생이 교사의 강의를 듣고 필기하기 위한 교육에 머물러 있다. 교육이 참된 교육이 되려면 정치, 경제, 학문, 예술, 종교 등이 실천되는 사회 전반에 걸친 생활 중심의 교육이 되어야만 한다. 듀이가 추구하는 교육은 현재 한국인들이 좋은 직장, 좋은 보수를 누리기 위한 목적 달성을 위한 교육이 아니다. 듀이의 교육 목적은 전 국민이 모두 다 고르게 성장할 수 있는 민주주의 실현과 민주적 사회의 성장을 목적으로 하는 교육이 되어야 함을 강조한다. 그 같은 교육 목적을 달성하려면 철학관이 달라져야 함을 여러 가지 면으로 설명한다.

　그의 《철학의 개조》는 결국 교육 목적 달성을 위하여 필요한 이론들을 과학적으로, 경험적으로, 실제적으로 설명한다.

여기서 우리가 크게 배울 점이 있다. 세간에는 존 듀이의 교육이론이 너무 이상적이고 낙천적이라고 비판하는 이들도 있다. 한국은 세계적으로 교육열이 높은 나라임에 확실하다. 그러나 자기 자식들이 좋은 직장, 높은 수입이 보장되는 좋은 직업을 얻기 위해 좋은 학교를 가야만 한다는 교육열은 분명히 병든 것이다.

사람의 가치를 수입에 따라 달라진다고 보는 것은 유물사관이다. 사람의 참된 가치는 하나님의 형상을 회복함으로 인간을 만드신 하나님의 뜻에 부합된 인간성 회복 여부에 달려 있다. 우리나라 정치인들은 경제인만큼도 못한 부족한 부류들이고 우리나라 교육가들은 순수한 교육가들이 아닌 좌우 이념에 치우친 편파적 교육가들이 많다. 여기에다 종교인들이 입으로는 미래의 천국을 설교하지만 그들의 삶은 현실문제에 집착해서 살아간다. 존 듀이의 《철학의 개조》는 과거의 이론적 철학이 현실에 맞는 철학으로 바뀌어야 한다고 역설했다. 필자는 철학만이 아니라 신학도 개조되어야 한다고 생각한다.

(2) 민주주의와 교육

존 듀이는 56세(1916) 때 《민주주의와 교육》을 저술했다.

이때는 제1차 세계 대전(1914~1918)이 진행되고 있을 때였다. 듀이는 세계가 독재자에 의해서 개인의 의사가 말살된 채 전쟁에 끌려가 희생당하는 현상을 보고 개인의 의사가 존중되는 《민주주의와 교육》을 저술한다.

책 내용은 전체적으로 26장으로 구성되었다. 그러나 책을 내용적으로 분류한다면 크게 두 가지로 분류할 수 있다고 본다.

(가) 교육의 목적 설명으로

1) 생명에 필요한 것
2) 사회 기능으로서의 교육
3) 지도자 양성으로의 교육
4) 성장을 목표로 한 교육
5) 준비, 개발, 능력 배양을 위한 교육
6) 좋은 점을 보수하고 더 발전하기 위한 진보로서의 교육
7) 교육에 대한 민주적인 생각 등을 설명한다.

(나) 교육 목적을 위한 방법으로
1) 흥미와 훈련
2) 경험과 생각
3) 교수법의 본질
4) 교재의 본질
5) 교육 과정에서의 놀이와 일
6) 지리와 역사의 의의
7) 교육 과정에서의 과학
8) 노동과 여가
9) 개인과 세계
10) 교육의 직업적 측면 등을 설명한다.

존 듀이의 교육이론은 절대주의적인 사고방식이나 태도를 배척하고 실험주의적이고 민주적인 미국 교육철학에 큰 영향을 끼쳤다. 한국의 교육 정신에서 잘못된 성공주의가 크게 깨달아야 될 과제라고 본다.

5. 막스 베버(Max Weber, 1864~1920)

베버는 독일의 사회학자요, 경제학자이다. 그가 저술한 《프로테스탄티즘 윤리와 자본주의 정신》은 마르크스주의 유물사관과 비교되는 종교사회학적 논리로 마르크스 사상을 보완하는 큰 의미를 지니고 있다. 여기서는 막스 베버의 생애와 사상을 요약해 보겠다.

1) 막스 베버의 생애(1864~1920)

베버는 독일 튀링겐 지방 에르푸르트에서 아마포(亞麻布) 상인의 가계를 이어가는 국민 자유당 의원인 아버지와 경건한 청교도인 어머니 사이에서 맏아들로 태어났다. 12세 때 폭넓은 독서로 〈황제와 교황의 지위를 중심으로 본 독일사〉, 〈콘스탄티누스에서 민족이동까지의 로마 제정시대〉라는 수필을 썼다. 18세(1882) 때 하이델베르크대학에 진학하여 법학, 역사, 경제학, 철학 등 다양한 공부를 했다.

대학 졸업 후 한동안 사법관 시보(試補)로 법원에 근무했으나 25세(1889) 때 베를린대학교에서 중세 사회사 연구로 박사 학위를 얻고 28세(1892) 때 베를린대학교 교수가 되어 로마법과 상법을 강의하기 시작했다. 그 후 30세(1894)에 프라이부르크대학교 경제학 교수로, 33세(1897)에는 하이델베르크대학교 교수로 옮겼다. 이렇게 대학 교수로 그가 가르치는 주된 강조는 경제에 관계된 내용이었다.

이때 '중세 상사 회사(中世 商社 會社) 사회론', '로마 농업사', '국민 국가와 경제 정책' 등을 주로 교수했다. 이 시기에 그의 관심은 독일 국민과 국가를 러시아의 무제한적 전제 지배 사상인 차리즘(tsarism)과 영국과 프랑스의 제국주의 성향으로부터 지켜내고 부르주아적 근대화를 추진하려는 것으로, 이에 집중하였다.

베버는 이 같은 당면한 독일국가의 문제를 해결하려는 목적으로 사회정책학회나 복음파(福音派)사회회의에 속하였다. 그리고 양극단의 두 세력과 대항하여 중도 세력을 결집하려고 했다. 당시 독일에는 반봉건적이고 보수적인 귀족적 영주 세력의 수구적인 주장과 급진적인 사회주의 운동의 양대 세력이 대립해 가고 있었다.

베버는 이와 같은 신(新), 구(舊) 세력 간의 갈등 속에서 "국민·국가와 경제 정책"을 제시한다. 그는 "국민은 권력 이해(利害)에 봉사해야만 되는 현실정치의 정책의 과제들이 무엇인가를 알아야만 한다. 그러기 위해서는 경제적으로 상승하고 있는 정치 현실의 이해를 위해 국민의 정치 교육이 필요하다"라고 역설한다. 이렇게 국민과 경제 이해를 위해 분투하려던 그에게 34세(1898) 때 신경질환 병세가 나타난다. 그래서 35세(1899)부터 40세(1904)까지 유럽 몇 곳으로 가서 요양생활을 하게 된다. 그동안 미국을 방문하고 크게 깨닫게 된다. 그렇게 해서 40세에 저술한 것이 《프로테스탄티즘 윤리와 자본주의 정신》이다.

1910년에는 독일사회학회를 설립하고 "세계 종교의 경제 윤리"도 연구한다. 50세(1914) 때 제1차 세계 대전이 일어나자 자원하여 하이델베르크 육군병원 위원이 되어 군 복무를 한다. 군 복무 퇴임 후 세계 종교들을 연구해 유교와 도교, 힌두교와 불교, 고대 유대교 등을 차례로 발표한다.

54세(1918)에 빈대학교 객원교수, 55세(1919)에 뮌헨대학교 교수 등으로 활약하다가 56세(1920)에 폐렴으로 사망한다.

2) 막스 베버의 사상

베버의 작품들은 그의 해박한 지식으로 경제학, 정치학, 사회학, 법학, 종교학, 역사학 등 매우 다양하다. 그 모든 것들이 각각 큰 공헌을 하였다. 여기서는 《프로테스탄티즘 윤리와 자본주의 정신》으로 국한하겠다. 이 내용은 동서문화사가 출판한 책에 근거하겠다.[80]

베버는 사회학자요 또 경제학자이다. 그렇기에 베버가 살아갔던 당시 독일의 사회 현상과 이웃 유럽 몇 나라들의 사회 현상을 그가 주장하는 사상의 근거로 삼는다. 그는 일생 동안 경제학 교수로 경제문제를 연구했다. 그래서 경제문제의 결과를 단지 사회 현상에 의한 결과가 아니라 과거 유럽 사회 역사 속에 존재해 왔던 유대교, 가톨릭, 개신교들의 종교성의 결과로 분석한다.

예컨대 왜 유대인들은 경제적으로 전 세계에서 특출하게 주도권을 장악하게 되었는지, 왜 가톨릭교도들은 개신교도들보다 교육열이 떨어지는지, 왜 가톨릭교도들보다 개신교도들의 경제 진취력이 높은지 묻고 이 같은 문제점에 대한 해법으로 제시한 책이 《프로테스탄티즘 윤리와 자본주의 정신》이라는 저서인 것 같다.

이 같은 그의 저서를 통해 눈에 띄는 몇 가지 자료들이 있다. 그 자료를 그대로 옮겨 보겠다. 먼저 그가 살아갔던 당시의 1895년경의 상황 통계다.

---

[80] 막스 베버, 프로테스탄티즘 윤리와 자본주의 정신, 김현욱 역, 동서문화사, 2016.

(1) 세 종교의 교육열 도표

1895년 바덴(Baden, 독일 남서단 바덴뷔르템베르크주(州)의 옛 지방명)을 예로 든다. 이 당시 도시 인구 비율이 가톨릭이 61.3%, 프로테스탄트가 37.0%, 유대인이 1.5%였다. 그런데 이들 세 종교인들의 고등학교 이상의 교육 현상을 보면 프로테스탄드가 48%, 가톨릭이 42%, 유대인이 10%로 나타난다. 이 통계에서 프로테스탄트가 가톨릭보다는 교육열이 높다는 설명이다.

이 같은 통계는 바덴 시만이 아니라 프로이센, 바이에른, 뷔르템베르크, 라이히슬란트, 헝가리에서도 같은 현상이라고 했다.

(2) 세 종교의 과세 대상이 된 자본액 비교

1895년 바덴 시민에게 과세된 자본액은 1위가 유대인 1,000명당 400만 마르크로 단연 선두이고, 2위가 프로테스탄트 1,000명당 과세액이 95만 4,060마르크였고, 3위 가톨릭은 1,000명당 58만 9천 마르크였다는 것이다.

이 같은 통계를 근거로 경제 추구력으로 볼 때 유대인은 그 누구도 추종할 수 없는 경제 동물이고, 가톨릭이 역사가 훨씬 오래되었으나 경제 추구력은 프로테스탄트인 개신교가 우월하다는 결론을 갖게 된다. 그렇다면 프로테스탄트가 왜 가톨릭보다 경제 추구력이 높은가? 그에 대한 문제의식을 정확하게 확인하기 위해 독일이 아닌 유럽의 다른 나라들의 역사를 추적한다. 칼빈주의가 시작된 16세기의 제네바와 스코틀랜드, 그리고 17세기의 네덜란드와 신대륙의 뉴잉글랜드, 그리고 영국은 청교도주의가 유례가 없을 정도로 팽창시기였다.

이들 청교도주의에 영향받은 전 세계는 교육열이 높고 경제력도 월등하게 높아졌다. 반면에 프로테스탄트보다 몇 배 이상의 역사를 가진 가톨릭 국가들은 교육열도 낮고 경제적 문제에 대하여 애착도 보여주지 않는다는 것이다.

베버는 여기서 프로테스탄티즘의 윤리의 근원인 루터나 칼빈에게서 사상적 근거를 찾으려고 한다. 베버는 루터에게서 천직(天職: Calling)이라는 개념의 문제점을 지적한다.

우리말의 천직이라는 말은 타고난 직업이나 직분을 뜻한다. 이와 같은 천직이라는 개념이 가톨릭 국가가 우세한 나라들에서는 발견되지 않는데, 프로테스탄트가 우세한 국가들에서는 이 사상이 나타난다. 루터는 성직(聖職)이라는 사상을 부인하고 만인 평등의 '만인 사제 사상'으로 종교개혁을 이루었다.

루터는 천직에 해당되는 단어로 독일어 'Beruf'를 사용했다. 이 단어가 영어로는 'Calling'이고 네덜란드어로는 'beroep', 덴마크어로 'Klad', 스웨덴어로는 'Kallese' 등으로 쓰이지만 이 단어들은 결코 세속적인 의미의 직업이라는 뜻이 아니다.

그렇다면 루터가 사용한 '천직'이라는 단어는 어디에서 비롯된 말인가? 성경에는 '부르심'이라는 개념이 있다. 이 '부르심'이라는 단어는 '클레시스'(κλησις)다. 이 단어가 신약성경 여러 곳에 쓰였다(롬 11:29; 고전 1:26; 엡 1:18, 4:1, 4; 빌 3:14; 살후 1:11; 딤후 1:9; 히 3:1; 벧후 1:10 등).

이때 쓰인 '클레시스'는 순수한 신앙적 개념으로 사도가 선포한 복음을 통해 부르심을 받았다는 신앙적 개념일 뿐 세속적인 직업과는 전혀 관계없는 개념이다.

그런데 왜 성경의 진리가 세속적인 직업에 '천직'이라는 개념으로 와전되었는가? 이것이 루터의 사상인가? 아니면 후세인들의 이기적 남용인가? 이 문제가 규명되지 않은 채 프로테스탄티즘으로 계승되고 있는 것이 사실이다.

두 번째는 칼빈의 선택교리에 의한 공동체 개념을 지적한다.

칼빈의 사상에 선택받은 자들이 구원을 위해서는 신의 규율에 합치되는 공동체에 가입해야 됨을 《기독교 강요》(Ⅲ권)에서 강조했다. 이렇게 공동체에 가입만 하면 세속 활동을 해도 구원받은 자라는 확신을 가지고 살아간다.

이 같은 공동체 개념이 청교도들에 의해 개인의 행복이나 나의 행복보다는 '다수자의 행복'을 우선시해야 한다는 금욕주의 형태로 발전한다. 청교도주의는 피조물의 신격화 거부와 인간 생활 전반에 걸쳐서 오직 신만이 지배해야 한다는 금욕주의가 만들어졌다. 칼빈의 사상이 청교도주의로 발전되었고, 청교도주의는 금욕적인 종교를 만들었다.

금욕주의는 필연적으로 근면을 위한 '근로'(industry)와 물질의 절약(frugality)을 낳게 마련이다. 이렇게 근로와 절약으로 자연히 재산이 불어나게 되고 또 재산이 불어나면 '종교 신앙'이 약화되는 것이 사실이다. 이 같은 모순점의 해법을 찾으려면 신약성경에서의 '자족'의 '비결'(빌 4:11-13)에서는 찾을 수 없고 자연히 구약의 족장들의 사례에서 그 사례를 활용해야만 한다. 그래서 칼빈주의 대표 신학이 구약을 중심한 '계약신학'(Covenant Theology)이 되는 것이다.

베버는 프로테스탄티즘이 종교적 이념에서 출발되어 자본주의를 일으키는 데 공헌한 긍정적인 면을 프로테스탄트 신조들과 개신교에서 찾아낸다. 그러나 이것이 인간의 지속적인 성격이나 습성을 중심한 '에토스'(ethos)에 근거한 마르크스의 유물사관보다는 우수하지만 성경의 본질적 사상과는 차이가 있음을 냉철하게 밝혀낸다.

6. 야스퍼스(Karl Jaspers, 1883~1969)

야스퍼스는 독일의 실존철학을 대표하는 철학자이다. 그는 본래 베를린 괴팅겐, 하이델베르크 각 대학에서 의학을 공부하고 〈향수와 범죄〉라는 논문으로 의학박사 학위를 받은 하이델베르크대학교 정신과 교수였다. 그런데 그가 30세 (1913) 때 키에르케고르의 작품을 읽고 철학에 관
심을 가지면서 38세(1921) 때 철학 교수가 된다. 의과대학 교수가 철학 교수로 변신하는 야스퍼스의 생애와 사상을 살펴보자.

1) 야스퍼스의 생애

야스퍼스는 오늘날 독일의 북서쪽 북해 연안에 가까운 올덴부르크에서 태어났다. 그는 은행가의 아들로 태어나 18세 때 변호사가 되려고 하이델베르크와 뮌헨대학에서 3학기 동안 법학을 배웠다. 그러나 19세 때 이탈리아, 스위스 여행 중에 의사가 되려고 결심하고 그때(1902)부터 25세(1908년)까지 베를린, 괴팅겐, 하이델베르크 각 대학에서 의학을 공부한다.

그래서 25세 때 하이델베르크대학의 정신과 교수로 활약하며 30세(1913) 때 《정신 병리학 총론》을 저술해 냄으로 정신 병리학자로서의 면모를 드러냈다. 그리고 이때 최초로 키에르케고르의 작품들을 읽고 막스 베버와 관계를 가지면서 철학에 관심을 갖게 된다.

37세(1920) 때 막스 베버가 죽었을 때 그와 나누었던 친분관계를 근거로 추도연설을 한다. 그리고 자기도 철학자가 되기로 결심한다.

38세(1921) 때 철학과 원외 교수가 된다. 그 후부터 철학적 사색에 몰두한다. 38세에 철학 교수가 되어 10년 후인 48세(1931) 때 《현대의 정신적 상황》과 그의 주요 저서인 《철학》 전 3권을 발표한다. 이로써 실존철학자로서의 명성을 드러낸다. 50세(1933)에는 그의 아내가 유대인이라는 이유로 나치스에 의해 대학 운영에서 쫓겨나고 54세 때는 교수직에서 추방당한다.

그러나 55세(1938)에 프랑크푸르트에서의 강연을 《실존 철학》으로 간행하고 제2차 세계 대전 종료까지 침묵할 것을 강요당한다. 62세(1945)에 히틀러 정부가 망하고 미군이 주둔할 때 다시 대학에 복직하고 "대학 부흥"을 강연하고 전쟁 중에 독일인이 지은 죄를 반성한 "죄의 문제"를 강의한다.

그는 48년 동안 살아갔던 하이델베르크를 떠나 64세(1947) 때부터 스위스 바젤대학 교수로 활동하며 국제 회합 활동과 라디오 방송으로 하이델베르크와 바젤 방송으로 강연과 저술 활동을 계속한다. 그는 하이데거와 함께 전쟁 전후에 독일에 큰 영향을 끼친다.

그의 강연과 저술들로 독일인들에게 큰 영향을 미치므로 75세(1958) 때는 독일 출판 평화상을 수상한다. 그는 철학뿐 아니라 〈비그리스도교적 종교와 서유럽〉(1954) 〈비신화화의 문제〉, 〈계시와 마주친 철학적 신앙〉 등 기독교 관계 논문을 발표했고, 또 〈원자폭탄과 인간의 미래〉, 〈독일 연방국은 어디로 나아가는가?〉 등등 정치적 문제에 대한 글들을 발표했다. 그러나 그의 주된 공헌은 실존주의 철학에 독특한 개념들을 창안해 낸 것이라 할 수 있다. 그는 86세(1969)로 스위스 바젤에서 세상을 떠났다.

2) 야스퍼스의 사상

그가 만들어낸 독특한 개념들이 있다. '실존조명'(實存照明), '암호해독'(暗號解讀), '포괄자'(包括者), '한계 상황'(限界 狀況) 등 너무 난해한 개념들이다. '실존'(實存)이라는 우리나라 말의 뜻은 '현실존재'라는 말을 줄인 말로 한국에서만 사용하는 말이다. 이와 같은 실존철학의 시조가 키에르케고르이고 실존철학을 발전시킨 철학자가 야스퍼스와 하이데거다.

다 똑같은 실존철학자이지만 야스퍼스는 인간 존재에 국한하는 특징이 있는가 하면 하이데거는 인간 존재의 분석을 통해서 존재의 의미를 밝히는 차이가 있다. 여기서 난해한 야스퍼스 저서를 번역하고 그의 사상을 해설한 전문가의 설명을 필자가 이해되는 부분만 요약해 보겠다.[81]

(1) 실존이라는 개념과 그 역사적 배경

실존(實存)이라는 말은 '실제로 존재한다'는 뜻이다. 그런데 독일어의 실존이라는 말은 '엑시스텐츠'(Existenz)로 이 말은 헬라철학에서 '본질'(에센티아 = '어떤 것이 어째서 있는가?'라고 할 때의 '어째서')에 대하여 '존재'(엑시스텐티아 = '어떤 것이 존재한다'는 그것)를 의미하는 말이다. 즉 '존재'하는 것이란 모두 '본질'과 '존재'(실존)로 이루어졌다는 헬라철학의 개념들이다.

이와 같은 헬라철학을 좀 더 다른 각도로 설명한 것이 '실존철학'이다. 실존철학의 시조는 키에르케고르이지만 실존철학을 더 크게 발전시킨 것이 야스퍼스, 하이데거, 사르트르다.

---

81) 카를 야스퍼스, 철학학교, 비극론, 전양범 역, 동서문화사, 2016(3쇄).

세 사람이 다 똑같이 '실존'을 말하는데 세 사람이 말하는 '실존'의 내용은 각각 다르다. 이들이 말하는 '실존'의 개념의 차이를 구별한다면 사르트르가 인간에게는 '실존'이 '본질'에 우선한다고 할 때 말하는 '실존'은 모든 존재하는 물체들 전체를 뜻한다. 그러나 야스퍼스가 말하는 '실존'이란 '물건'들을 '존재'한다고 하지 않고 어디까지나 사색할 수 있는 인간들 각각의 개별적 고유한 존재에게만 '실존'이라는 개념을 사용한다.

야스퍼스가 '실존'을 인간에게만 한정해서 사용하는 것은 키에르케고르의 영향을 그대로 계승하기 때문이다. 키에르케고르는 인간의 절대정신을 가진 개인의 실존(존재)을 무시하고 보편적인 본질만을 문제 삼는 헤겔 철학에 반항한다.

키에르케고르는 진리는 어디까지나 실존하는 개인의 주체성에 있다고 강조했다. 키에르케고르는 "진리를 묻는 것은 실존하는 정신"이며 "진리를 묻는 자는 자기가 실존하는 단독 인간이라는 것을 인식하는 것"이라고 했다.

이렇게 "인간이 실존하는 존재"라는 개념을 최초로 시작한 것이 키에르케고르이므로 그를 실존철학의 아버지라고 부른다. 그리고 그 뒤를 따라 야스퍼스, 하이데거, 사르트르 등이 약간씩 강조점이 다른 실존철학을 발전시킨다. 여기서는 야스퍼스에게만 국한하여 '실존'의 개념을 알아보도록 하자.

(2) 야스퍼스의 세 가지 실존 개념의 규정

야스퍼스는 《철학 입문》, 《철학 학교》 등의 저서에서 '실존'을 자세하게 규정한다.

야스퍼스는 '실존' 개념을 세 가지로 규정한다.

① 결코 객관이 되지 않는 것

그에 의하면 실존을 눈앞에 볼 수 있는 사물들처럼 객관화하거나 나와 동떨어진 대상으로 볼 수 없는 것이라고 한다. 실존은 인간을 동물의 일종으로 대상화하는 인류학이나 또 인류학의 지식을 섭취해서 철학적 분석을 하는 철학적 인문학과는 전혀 관계가 없다고 한다. 실존은 무(無)와 같고 그것을 있는 것으로 이해하는 것은 허망할 뿐이다.

② 내가 사고하고 행동하는 근원

나를 동물적인 인식으로 유기적 생명으로 대상화하거나 과학적으로 탐구하거나 진리를 배움으로 의식되는 일반적 배움이나 전체적 진리에 도달하려는 정신으로 대상화할 수는 있다. 그러나 실존은 그와 같은 대상화에 따라 파악된 것이 아니라 자기 존재의 암흑의 근거인 것이다.

③ 자기 자신에게 관계되고 또한 자신의 범위에서 초월자와 관계되는 것이다.

실존은 자기 자신에게만 관계된 것이다. 그런데 자기 자신에게만 관계로 끝나지 않고 자신을 넘어서는 초월자의 지지를 받는 것이어야 하며, 초월자에게로 귀의하는 관계가 되는 것을 진실로 자각하는 단계가 처음으로 실존하는 단계이다.

야스퍼스 사상에 대한 감상을 적어본다. 실존철학의 아버지인 키에르케고르는 신앙인이다. 야스퍼스 역시 신앙인이다. 신앙인들은 그가 사용하는 용어들이 성경적이고 신학적이다. 그러나 키에르케고르나 야스퍼스는 철학세계에서 사용하는 철학용어로 성경 내용을 설명했다고 느껴진다. 성경에서 '거듭난 자'는 '그리스도와 연합'되었다고 한다(롬 6:1-11).

야스퍼스는 거듭난 자를 '실존'으로, 그리스도와 연합된 자를 '초월자에게 귀의'로 설명한 것 같은 깨달음을 얻었다(비전문가의 졸견이다).

본서는 《현대 교회사》다. 필자는 '현대교회'를 이해하려면 현대인들에게 영향을 끼친 정치와 사상가들을 동시에 이해해야 한다는 생각으로 철학, 문학, 사상을 살펴보고 있다. 여기서는 야스퍼스와 똑같은 실존주의 철학자들 두 사람의 사상을 살펴보자.

7. 하이데거(Martin Heidegger, 1889~1976)

하이데거는 야스퍼스(1883~1969)와 거의 동시대를 살아간 인물이다.

하이데거는 독일에서 태어나 20세(1909)에 주교(主敎)가 되려고 프라이부르크대학에 들어가 신학을 공부했다. 그런데 신학 공부 도중 아리스토텔레스 철학에 감명을 받고 22세 때 철학 공부로 전향한다. 26세 때 모교의 객원 강사가 되고 34세(1923)에 마르부르크대학 교수가 된다.

이때 신약성서학자인 R. K. 불트만과의 교제를 통해 서양 철학의 근본적 기조를 체득하게 된다. 이 무렵에 그동안의 철학 강사, 교수의 경험을 바탕으로 38세(1927) 때 그의 대표작인 《존재와 시간》을 발표한다. 이 작품은 1920년대 독일 철학계에 심각한 충격을 주었다. 이 책의 핵심은 다음과 같다.[82]

---

82) 마르틴 하이데거, 존재와 시간, 전양범 역, 동서문화사, 2016.

하이데거는 '존재'의 의미가 아주 오랜 옛날 그리스의 헬라철학 때부터 계속하여 끊임없이 발전해 왔음을 밝히고 있다. 여기서 하이데거는 인간들이 주위의 사소한 것들에 마음을 빼앗겨 자기도 모르는 사이에 타인의 지배 아래 들어가 자신을 잃어버리고 평균화되어서 획일적으로 변해버린 인간상을 그려냈다. 사실 우리는 자신이 모르는 사이에 대중화되어 버렸거나 어느 한쪽으로 치우친 편파적 사고 속에 살아가고 있는 것이 사실이다.

하이데거는 이 같은 인간상을 지적하고 그러한 현실 속에 자기 존재를 상실한 상태에서 인간은 홀로 죽어 가야 하는 고독하고 유한한 자신의 존재를 불안 속에서 자각했을 때 비로소 자기 자신을 되찾게 된다고 한다.

이 같은 주장은 문명 우상주의에 대해 부정적인 사상이 강하게 표출되고 있다. 이와 같은 그의 사상은 세계 대전 이후 불안과 동요가 흘러넘치는 유럽과 세계 현상에 절망하고 있던 사람들에게 크게 공감을 불러일으켰다.

하이데거는 49세(1933)에 프라이부르크대학교 총장이 되었다. 총장 취임 강연 제목이 "독일 대학의 자기주장"이었다. 그러나 재임한 지 1년 만에 히틀러의 문교정책에 실망하여 총장직을 사임한다. 그리고 1945년 독일이 패전할 때까지 철학적 사색에 몰두하며 여러 편의 논문들을 다양하게 작성한다. 그래서 총장 사임(1934) 후에는 여기저기에서 강연한 것과 저술한 것들을 훗날 각각 간행한다.

1945년 제2차 세계 대전 종전 후에는 독일을 점령한 점령군들에게 강단에서 추방당한 채 수많은 논문을 발표하며 1976년 87세로 세상을 떠난다.

8. 사르트르(Jean Paul Sartre, 1905~1986)

사르트르 역시 프랑스의 실존주의 철학자다. 앞서 실존주의 철학의 아버지인 키에르케고르와 그의 사상을 발전시킨 독일의 야스퍼스와 하이데거를 살펴보았다. 이들 세 사람의 실존주의 철학은 모두 다 기독교 신앙의 바탕 위에서 실존철학의 논리를 수립했다. 그런데 뒤늦게 프랑스의 사르트르는 무신론적 바탕 위에다 마르크스의 유물론 사상을 종합한 실존주의 이론을 제기했다.

제2차 세계 대전 이후 세계적으로 부정적 영향을 끼친 사르트르는 실존주의 철학자이며 세계 지식인들에게 널리 알려진 인물이 되었다.

그는 파리의 중산층 가정에 태어나 2세 때 아버지를 여의고 외조부 밑에서 양육되었다. 그리고 12세 때 어머니가 재혼한다. 어려서 오른쪽 눈이 거의 실명 상태가 되어 만년에는 완전 실명 상태로 불행하게 살아갔다. 그는 24세에 보부아르와 2년간 계약 결혼한 후 평생 동지 관계로 살아간다.

그는 고등학교 교사로 지내다 베를린에 유학해 하이데거에게 철학을 배운다. 유학에서 귀국 후 철학 교사와 문학가로 일생 동안 4기의 변화로 살아간다.

① 제1기(1945~1950)
당시는 미국, 소련이 격렬한 대립을 하는 냉전기였다.

이때 사르트르는 대립이 아닌 "제3의 길"로 "혁명적 민주 연합"운동에 적극 참가했다.

② 제2기(1950~1955)

그는 "공산주의자와 평화"(1952~1954)라는 작품을 쓰면서 공산당과 동반자가 되었다. 그는 반전운동과 평화운동에 참여하며 많은 이들과 이별을 해가면서 문학을 통해 사회 참여를 부르짖었다.

③ 제3기(1956~1960)

그는 소련 공산당 스탈린을 비판하고, 헝가리 사건(1956), 알제리 독립전쟁(1954~1962) 등에 자기 입장을 명확하게 밝히면서 마르크스주의를 실존주의로 보충하려고 했다.

④ 제4기(1960년대 후반 이후)

프랑스의 5월 혁명, 중공의 문화 대혁명에서 마오파를 지원하므로 그의 작품의 발매 금지와 압수가 계속되었다.

노년에 거의 실명 상태에다 그의 발언 자체도 통제받음으로 마지막을 불우하게 살면서 그의 명성이 퇴색해갔다.

여기서는 그의 실존주의 철학서인 《존재와 무》의 내용을 번역서에 근거해 요약하여 정리해 보겠다.[83]

사르트르는 하이데거를 통해 "인간 존재의 본연의 모습일까?"에 몰두하게 되고 그것에 대한 각성이 《존재와 무》로 발표된다. 하이데거가 "현상은 본질을 숨기지 않고 본질을 보여준다"는 주장에 대해 사르트르는 이것을 부정하고 사물의 배후에 본질이 숨겨져 있는 것이 아니라 사물은 그 자체로 있을 뿐이라고 한다.

---

[83] 장 폴 사르트르, 존재와 무 I·II, 정소성 역, 동서문화사, 2016.

사르트르에 의하면 돌멩이 같은 사물은 그 자체로 있을 뿐인 '즉자존재'(卽自存在)이고 인간은 의식과 함께 존재하는 '대자존재'(對自存在)이다. 인간은 의식과 함께 존재하며 또한 자기 자신을 대상화하는 존재이다.

이렇게 의식은 끊임없이 '…가 아니다(無)'를 흩뿌린다. 인간은 그 누구도 아니기에 사실적인 모습에 고정되어 있지 않고 아직 실현되지 않은 본연의 모습을 향해 힘차게 나아가는 자유가 있다. 이와 같은 그의 사상이었기에 일생을 자유분방하게 살았으나 불행한 철인이었다.

9. 에리히 프롬(Erich Fromn, 1900~1980)

프롬은 유대인으로 독일에서 출생했다. 그는 신 프로이트파의 정신 분석학자로 프로이트의 자아 심리학을 사회 심리학으로 확대해 현대 사회의 부조화와 병폐를 분석해냈다. 그는 《소유냐? 삶이냐?》라는 저서에서 인간의 소외 현상을 극복하고자 "인간화된 사회"를 제시했다. 그리고  냉전시대 핵 군비 경쟁에 충격을 받았다. 삶의 본질은 성장 과정이자 완전해지는 과정이며, 통제와 폭력수단으로는 사랑받을 수 없다고 하면서 "사랑한다는 것"을 제시했다. 프롬의 생애와 사상을 그의 책을 번역하고 해설한 책을 통해서 살펴보도록 하겠다.[84]

---

84) 에리히 프롬, 소유냐 삶이냐 / 사랑한다는 것, 고영복·이철범 역, 동서문화사, 2016.

1) 프롬의 생애(1900~1980)

프롬은 독일 프랑크푸르트 암 마인의 유대인 가정에서 태어났다. 그의 가까운 친척 중에는 율법학자가 많아서 어려서부터 유대교 신앙과 전통을 충실하게 지키는 구약 성서 속의 분위기에서 자랐다.

18세(1918)에 하이델베르크대학에서 사회학, 심리학을 공부한 후 뮌헨대학과 베를린의 정신분석연구소에서 정신 분석학 도입에 힘쓴다.

그는 33세(1938) 때 프랑크푸르트 정신분석연구소가 나치의 압력으로 문을 닫고 학자들이 각지로 흩어지자 34세(1934) 때 유대인에 대한 박해를 피해 미국 뉴욕으로 이주한다.

그리고 1935년에는 콜롬비아대학 부속 사회조사연구소 객원교수가 된다. 1941년 베닝턴대학 교수로 취임해 미국정신분석연구소를 설립한다. 그 후 1948년에 예일대학 객원교수로, 1950년에 뉴욕대학의 교수로, 1952년에 멕시코국립대학 의학부, 정신분석학 교수, 1957년 미시간주립대학 심리학 교수 겸임, 1962년 뉴욕대학 대학원 심리학 교수 등을 거치면서 수많은 연구 논문을 발표한다.

그는 첫 부인과 이혼한 후 재혼을 했으나 재혼한 아내가 먼저 죽자 53세 때 세 번째 아내와 결혼한다. 그리고 80세에 스위스에서 심장 발작으로 세상을 떠난다.

2) 프롬의 사상

(1) 소유냐 삶이냐?(*To Have or To Be*)

이 책은 머리말에서 좌절할 수밖에 없는 세상 속에서 새로운 선택을 해야 함을 역설한다.

그리고 전체를 3편으로 구성했다.

제1편 두 가지 실존 양식에 대하여 설명

여기에서 그는 세상에는 두 가지의 존재 양식이 있다고 분석한다. 그것은 ① 소유 양식과 ② 존재 양식이 있다고 한다. 소유 양식이란 물건을 가져야만 자기의 가치가 드러나고 자기 존재가 증명된다고 믿는 현대 사회의 병폐를 말한다. 현대인은 지식이나 관념이나 건강이나 질병 등등 모든 것을 내가 소유하고 있느냐, 아직 소유하지 못했느냐로 모든 것을 '물질화'시켜서 사고한다는 것이다.

이와 같은 사실을 설명하기 위해서 용어의 기원, 철학적 개념, 일상의 경험, 구약과 신약 성서의 내용, 선인들의 말을 인용해 소유 개념과 삶의 개념은 다르다고 설명한다.

그래서 소유 양식이란 물건을 의미하는 것으로 산 관계가 아니라 죽은 것들과의 관계라고 단정한다. 이와 같은 '소유 양식'은 끝없는 생산과 끝없는 악순환을 계속 지속시키는 문제의 양식이다.

이에 반해 '존재 양식'이 있다. 존재 양식은 그 어느 것에도 집착하지 않고, 속박당하지 않고 계속 성장을 추구하는 양식이다. 존재 양식은 고정된 물질(집이든, 땅이든, 재물이든)을 추구하는 것이 아니라 자기가 가진 것을 다른 이에게 나눠 주고, 나눠 가지는 것이며, 서로의 관심을 함께하면서 다 함께 기쁨을 추구하는 "함께 삶의 무도회"에 참가하는 존재를 의미한다.

제2편 두 가지 실존 양식의 기본적 차이

소유 양식은 끝없는 욕망 달성을 위해 악전고투를 계속해야 하는 생존 전쟁으로 살아가야 하는, 피 말리는 혈투가 계속된다. 그에 반해서 '존재 양식'은 자기가 가진 것을 서로 주고 나눠 갖는 양식으로 희생이 따르지만 능동적 의지가 작용함으로 모두가 함께 행복을 추구하는 새로운 인간과 새로운 사회가 출현할 수 있는 희망의 양식이다.

제3편 새로운 인간과 새로운 사회

여기서 그는 인류가 '존재 양식'을 이루기 위한 '새로운 인간' 출현을 위한 21개 항의 희망사항을 제시한다.

① 모든 소유 형태를 스스로 포기하려는 의지
② 사물에 집착하지 않고 동정과 나눔에 헌신하려는 능동성
③ 주고 나누는 데서 기쁨을 얻는 것
④ 자기와 이웃의 완전한 성장을 인생 최고의 목적으로 삼는 것
⑤ 어디까지 도달할 수 있느냐는 운명에 맡기고 항상 성찰하는 삶의 과정에서 행복을 찾아내는 것 등 21개 항목을 설명한다.

그리고 마지막 장에서 새로운 사회 건설을 위해 해결해야 할 난점을 8개 항으로 들고 있다.

① 어떻게 하면 큰 과학 기술에 의한 미소 짓는 파시즘으로 전락되지 않을까?
② 자유시장 경제에 의한 각축전을 어떻게 극복할 수 있는가?
③ 물질이 아니라 정신적 만족이 효과적인 동기가 되는 노동 조건과 풍조를 만들어내야 하는 점
④ 최대한의 쾌락을 추구하는 욕망에서 복리와 기쁨을 맛볼 수 있는 사회조건
⑤ 노동에서 개인의 창의가 아니라 생활 속에서 개인의 창의를 회복하는 것 등등을 제시한다.

이와 같은 설명 후에 국가 기능으로 건강한 소비 규범을 확립하고 사회 기능으로 '참가 민주주의'에 의해 소비자들이 단결하여 불매운동 등으로 기업가들을 이끌어 나가고, 개인적으로 장기적 계획과 휴머니즘 정신을 말한다.

프롬은 이 모든 것들을 '참가 민주주의'라고 한다. 프롬의 출발은 인간의 정신분석 연구로 출발했다. 그러나 그는 인간만이 아닌 사회와 세상을 분석하고 많은 희망 사항을 제시했다. 교회가 세상을 너무 모르거나 피상적으로 알 때 따르는 문제점들을 깨우쳐 주었다.

(2) 사랑한다는 것(The Art of Loving)

프롬은 냉전시대 핵 준비 경쟁에 큰 충격을 받았다. 그는 인류가 삶을 사랑하지 않기 때문에 전쟁의 위험에 수동적이 되었다고 보고 《사랑한다는 것》을 저술했다.

그는 '사랑'이 무엇인가 묻고, "사랑은 인간 안의 활동적인 힘"이라고 규명한다. 그 힘은 둘 사이를 가로막고 있는 벽을 파괴하는 힘이고, 인간을 타인과 관계를 맺어주는 힘이라고 했다. 그렇기에 사랑하면 두 사람이 하나가 되면서도 둘인 채로 머무르는 모순이 일어난다고 했다. 또 사랑은 수동적인 것이 아니라 참가하는 것이고, 사랑은 받는 것이 아니라 주는 것이라고 했다.

준다는 것을 빼앗기거나 희생하는 것이라고 착각을 하지만 사실은 주는 것은 피차를 위한 것이라는 사례로 남녀의 성행위가 주고받는 것이고, 어머니의 자식 사랑이 주면서 받는 것이라고 한다. 그러므로 사랑은 ① 배려하는 것 ② 수고와 책임지는 것 ③ 존경하는 것 ④ 알아가는 것이라고 정리한다.

우리가 어떻게 이웃 사랑을 실천할 수 있는가?

① 매일 일정 시간 단련과 연습을 해 간다.

단련을 위해서 일정 시간에 명상, 독서, 음악 감상, 산보와 같은 일을 정기적으로 하고 영화를 보거나 추리소설 읽기와 같은 도피 활동을 피한다.

② 정신 통일을 위해서 라디오 청취, 흡연, 음주를 하지 않고 혼자 있는 버릇을 들이며 하루 30분 이상 눈을 감고 한 가지에 몰두하는 사고 훈련을 갖는다.

③ 인내하면서 빨리 성과가 오르리라 기대하지 않는다.

④ 기술 습득에 관심을 갖는다.

자기의 일에만 관심을 쏟고, 자기 일만을 현실로 체험하고, 외부 세계나 남에 대한 일은 생각하지 않으며, 자기에게 위험한가, 유익한가만을 고려한다. 이것이 프롬이 제안한 사랑의 실천 방법이다.

그가 말하는 사랑의 실천은 구체적이고 현실적인 것으로 심리학자다운 분석이다. 그러나 성경적 사랑은 고린도전서 13장 4-7절에서 명확하게 설명해 주고 있다.

10. 오웰(George Orwell, 1903~1950)

조지 오웰은 1945년 스탈린 지배의 소련을 희극화(戱劇化)한 《동물 농장》을 발표했다. 또 1949년에는 제국주의 야만성과 자본주의 탐욕상을 그린 《1984년》을 발표했다.

이 두 작품 모두 영국과 미국의 베스트셀러가

되었고, 한국에서도 번역해 출판되었다.

특히 《1984년》은 권력과 금력을 가진 독재 권력에 의해 인간성이 얼마나 파괴되고 권력자의 정보 왜곡과 통제가 얼마나 정교하고 교활한 것인지를 잘 보여준다. 그래서 정보기술에 대한 맹신이 얼마나 위험한가를 경고해 준다. 한국은 거짓 정보, 거짓 여론 조사 통계에 의한 수많은 정치적 시행착오를 계속 경험해 가고 있다. 오웰은 이 시대의 죄악상을 예고한 예언서로 두 작품을 썼다.

조지 오웰의 생애와 사상을 그의 작품을 번역하고 해설한 책을 통해 살펴보겠다.[85]

1) 오웰의 생애

오웰은 1903년 6월 25일 인도 벵골주 모티하리에서 영국 아편국 소속 인도 주재 공무원 부모에게서 태어났다. 부모가 블레어(Blair)였으므로 그의 본명은 에릭 아서 블레어(Eric Arthur Blair)였다.

출생 후 부모의 귀국에 따라 영국으로 왔다. 8세(1911) 때 영국 남동부 이스트본 근처 사립학교에 입학하여 11세(1914) 때 "깨어라! 영국의 젊은이들이여"(Awake! Young Men of England)라는 시를 발표했다.

18세에 이튼 스쿨을 졸업한 뒤 대학에 진학하지 않고 경찰이 되기 위해 1주일간 시험에 합격한 후 19세에 미얀마로 떠나 인도 제국의 미얀마 경찰이 된다.

25세(1928)에 영국의 식민지 지배 정책에 회의를 품고 귀국해 경찰을 사직하고 런던에서 뜨내기 생활을 하며 작가의 길을 가기로 결심한 후 파리로 옮겨 영어 개인 교수로 빈곤한 생활을 시작한다.

---

85) 조지 오웰, 1984년/ 동물 농장, 박지은 역, 동서문화사, 2016.

파리에서 호텔 접시닦이 등 빈곤한 생활을 하다가 27세 때 런던으로 귀국해 부랑자 생활, 시골 생활, 서점 직원, 가정교사 등 31세(1934년)까지 어렵게 살아간다. 31세 때 미얀마 체험을 소재로 한 소설 《제국은 없다》가 뉴욕 하퍼스사에서, 영국 골란츠사에서 출판된다. 33세(1936)에 사회주의자가 되어 레프트 북 클럽을 위해 실업(失業) 탄광 지역의 르포르타주로 하층 노동자들의 생활 실태를 기록한 《위건 부두로 가는 길》(The Road to Wigan pier)을 출판한다.

스페인 아라곤 전투에서 목에 치명적인 총상을 입었으나 구사일생으로 살아나 다시 귀국한다.

36세(1939)에 제2차 대전이 발발하자 육군에 입대하려고 했으나 폐렴과 건강상 이유로 거부당하자 국방 시민군 중사로 자원 복무한다. 38세(1941) 때 영국 방송협회(BBC)에 근무하면서 뉴스, 문예 방송을 제작, 진행을 담당한다.

41세(1944년)에 소련의 독재를 《동물 농장》으로 완성했으나 소련의 비판으로 출판이 지연되자 이듬해(1945) 미국, 영국에서 출판되어 대호평을 받는다. 그는 1945~1946년 사이에 신문 잡지에 130편이 넘는 기사와 서평을 쓴다. 45세(1948)에 유명한 《1984년》을 완성한다.

이 작품을 이듬해 세커사에서 출판한다. 그리고 47세(1950)에 심한 각혈로 세상을 떠난다.

그의 사후 미망인과 이언 앵거스가 그의 유작을 네 권으로 출판한다.

2) 오웰의 사상

(1) 동물 농장(Animal Farm, 1945)

《동물 농장》은 오웰이 40세 때 BBC에 사표를 내고 노동당 주간지

〈트리뷴〉지의 문예부장으로 15개월 동안 일하면서 집필을 시작한 책이다. 이 책에서 영국의 좌파 인텔리들이 얼마나 허망한 사회주의 사상에 심취해 있는가를 보여준다.

그는 이 작품을 통해서 소련의 공산주의 실상을 통렬하게 비판한다. 한국에도 좌파 성향의 사회주의 사상의 실상에 대해 정확하게 알지 못하는 상태로 원리적인 내용만 떠들어대는 운동권 출신의 정치가들이 있는데, 이들이 꼭 보아야 할 내용이다.

《동물 농장》에는 온갖 동물이 등장한다. 그런데 동물 중에서 자유롭게 살아가는 야생 동물들은 제외시키고 사람들이 유익을 얻기 위해 사육되는 농장에서 살아가는 동물들을 등장시킨다. 농장에서 인간에 의해 사육되면서 인간에 의해 착취당하는 동물들의 불만들을 각 동물의 성격 묘사와 함께 예리하게 풍자한다.

우리는 《이솝 우화》에서 동물들을 통해 교훈을 배운다. 또 《걸리버 여행기》에서 읽는 이의 수준에 따라 깨닫는 정도가 각각 다르다. 아이들은 단순한 이야기로 줄거리를 따라 흥미 있게 읽는다. 그러나 역사가들은 《걸리버 여행기》를 통해 그 당시 영국의 정치, 종교, 사회상의 실정을 깨닫고 통렬한 판단을 할 수 있다. 또 철학적으로 깊이 생각하는 이는 여행기에서 인간에 대한 불신이나 염세주의를 느낄 수 있다.

조지 오웰의 《동물 농장》도 마찬가지다. 인간이 농장을 만들고 사육시키는 농장주를 소련의 스탈린으로 이해할 수 있다. 그 안에서 최소한의 양식을 얻어먹고 사육된 후에는 인간에게 돼지고기나 달걀이나 우유나 치즈 등등을 제공해 주는 각 동물의 억울한 측면을 예리하게 우화적으로 표현한다.

오웰은 각 동물의 성격 묘사로 스페인의 공산주의자나 소련의 공산주의가 주는 해악을 얄미울 정도로 잘 묘사했다. 책 속에는 메이저 영감→레닌, 나폴레옹→스탈린, 스노볼→트로츠기, 나폴레옹이 길들인 9마리 맹견→국가 비밀경찰, 양들→청년 공산주의 연맹…그리고 소 외양간의 싸움, 풍차 싸움, 동물들의 자백과 처형 등 수많은 내용이 많은 사회주의의 이론과 현실적 모순을 풍자하고 있다.

한국의 정치 선동가에 의해 미혹당하는 젊은이들에게 꼭 필요한 책으로 보인다.

(2) 1984년(1949년 완성)

오웰은 《동물 농장》의 연장편으로 《1984년》을 발표했다. 이 내용은 제국주의의 야만성과 자본주의의 탐욕성을 파헤친 문제작이다. 이 작품은 권력을 가진 자, 재력을 가진 자들의 인간성이 얼마나 파괴되었는지, 또 권력자들이 정보 왜곡과 대중을 왜곡되게 오도해 가는 모습, 그 정교함과 치밀함을 예리하게 잘 보여준다. 그러면서 정보와 기술 발달로 대중이 속임을 당한 채 끌려가고 있는 맹신 세상을 날카롭게 경고한다.

주인공 윈스턴 스미스는 런던에 사는 집권당의 하급 간부다. 그런데 본인은 전혀 모르게 그의 말과 행동은 모조리 TV 스크린을 통해 감시당한다. 당수 빅 브러더는 윈스턴이 어디를 가든지 모조리 파악하며 지켜보고 있다. 당은 정치적 반란을 원천봉쇄하기 위해 정치적으로 무해한 듯 보여지는 '뉴스피크'(Newspeak)를 만들어서 정부에 반동적이고 반항적인 생각을 할 수 있도록 생각 범죄(thought crime)를 이어나간다.

당에 유리하도록 역사를 날조하는 당의 하부 간부로 일하던 윈스턴은 진실성에 걸맞지 않는 당의 정책 노선에 크게 절망한다. 그는 당과 배리되는 자신의 생각을 당이 금지하는 일기장에 옮기고 저녁마다 '무산자'들이 사는 빈민가를 돌아다닌다. 그리고 윈스턴은 같은 당 동지인 줄리아와 부적절한 관계를 맺는다.

당은 그에게 간첩 누명을 씌워서 체포한다. 당 간첩의 말로가 어떻게 되는가를 잘 알고 있는 윈스턴은 공포에 질려 줄리아와의 사랑을 포기하는 조건으로 풀려난다. 그렇게 해서 윈스턴의 영혼의 진실은 완전히 박살이 난다. 그러나 거친 세상에서 살아남기 위해서, 양심에 있어서는 용납되지 않지만 행동으로 당에 대한 충성심이 완벽해진다.

《1984년》은 조지 오웰이 70년 전에 발표한 작품이다. 오웰은 70년 전에 이미 앞으로 닥쳐올 세상을 예언했다. 1999년 영국 BBC 방송이 지나간 1천 년 동안 최고의 작가를 선정했는데 그때 1위는 부동의 셰익스피어, 2위는 《오만과 편견》(1813)의 여류 소설가 제인 오스틴(Jane Austine, 1775~1817)이었고, 3위가 조지 오웰이었다고 한다.

조지 오웰의 《1984년》 현상은 오늘날 전 세계 각국에서 드러나고 있고, 한국의 '대장동' 사건 속에서도 드러나고 있다. 그렇기에 오웰은 미래 세상의 예언자적 문학가였다고 할 수 있다.

11. 리스먼(David Riesman, 1909~2002)

리스먼은 미국 하버드대학의 사회학 교수였다. 그는 1950년에 미국 사회를 분석한 《고독한 군중》을 발표했다. 이 책은 당시 미국 사회는 물론이고 미국 자본주의의 병폐와 실상을 알리는 분석으로 세계에 알려졌다. 우리나라에서도 번역 출판되어 미국 자본주의에 대한 문제점을 각성케 해주는 큰 교훈서가 되었다.

여기서는 70여 년 전에 미국 사회를 분석한 리스먼의 생애와 사상을 그의 책과 해설을 통하여 알아보자.[86]

1) 리스먼의 생애

데이비드 리스먼(David Riesman)은 1909년 미국 펜실베이니아주 필라델피아에서 태어났다.

그는 하버드대학교에서 문학과 법학을 공부한 뒤 26세(1935)부터 1년간 미국의 대법원 판사 루이스 D. 브랜다이스(Louis D. Brandeis, 1856~1941)의 서기로 일했다.

브랜다이스는 유대인으로 하버드대학을 수석으로 졸업하고 〈프라이버시의 권리〉라는 논문으로 '프라이버시권'을 확장하는 데 이바지했고 여성의 1일 10시간 노동 제한법을 주장해 합중국법을 수정한 인물로도 유명하다. 그가 급진적 진보주의라는 평을 받으면서도 유대인으로서는 처음으로 재판소 재판관으로 20년간(1916~36) 봉직했다.

리스먼은 브랜다이스 판사의 서기로 1년간 일한 후, 1937~1941년까지 뉴욕주립대학교 법학 교수로, 1942년에는 뉴욕시 부검사로, 1943~1946년은 스페리자이로스코프 회사의 중역이 되어 회사를 이끌었다.

1946~1958년까지 시카고대학교에서 사회학 교수로, 1958~1980년까지는 모교 하버드대학에서 사회학, 사회과학 교수로 활동하며 미국

---

86) 데이비드 리스먼, 고독한 군중, 류근일 역, 동서문화사, 2016.

여론연구소, 인류학회 등 여러 사회단체에서 활동했다. 그리고 그의 대표작인 《고독한 군중》(1950), 《군중의 얼굴》(1952), 《무엇을 위한 풍요인가?》(1964), 《아카데미의 혁명》(1968) 등 문제 작품을 남기고 92세(2002)로 세상을 떠났다.

2) 리스먼의 사상

리스먼의 사상은 《고독한 군중》(*The Lonely Crowd*) 속에 나타난다. 이 책의 부제목은 "변하고 있는 미국의 성격 연구"이다. 부제목이 설명하는 것처럼 이 책은 현대 미국인의 성격과 미국의 사회의식을 분석해 낸 미국 사회 분석 책이다.

이 책은 1950년에 출판되어 초판에 7만 부가 매진되었고, 1954년 보급판이 나왔을 때 50만 부가 다 팔렸다. 그로부터 《고독한 군중》은 '개인의 소외'라는 말과 함께 많은 인기와 논쟁이 계속되는 책이다. 이 책이 21세기 사회의 인간상을 제시한 현대의 고전임에 틀림이 없다.

《고독한 군중》의 내용이 무엇인가?

리스먼은 미국 사회학자로 그가 본 인류 역사의 사회성을 세 가지로 분류한다.

① 전통 지향형 사회

과거 역사 속에 어떤 과정에 의해서든지 전통이 생긴 대로 관습적으로 맹목적으로 그것을 따라가는 사회가 있다. 한국의 경우는 과거 유교의 전통인 제사나 불교의 전통인 전생, 이생, 내세관이 옳으냐, 그르냐의 판단 없이 관습적으로 시행해 나가는 전통 지향형 사회다. 리스먼은 이 같은 전통 지향형 사회는 광신적이고 배타적으로 남을 배려하지 않는, 청산되어야 할 사회로 본다.

② 내부 지향형 사회

서양의 경우 르네상스나 종교개혁의 결과로 사회가 변혁된 것처럼 각 국가의 독특한 정치, 경제, 사회의 변혁으로 전통에서 벗어난 새로운 사회를 뜻한다.

③ 타인 지향성 사회

이것은 미국 대도시의 상류 중심층에 나타나는 확신이 부족하고 의존적이고 상황에 쉽게 휘둘리는 사회이다. 미국의 경우 인종문제, 가족문제, 시험제도, 노동조합 등의 문제들이 그때그때 사회의 흐름에 따라 편승해서 살아가는 사회를 '타인 지향형'이라고 한다. 이렇게 타인 지향형 사회는 '고독한 군중'들이 불안과 고독 속에 살아간다. 이들은 획일화된 인간상으로 정치적 무관심, 인간 소외, 빈부격차에 따르는 복잡 미묘한 불만과 무한 경쟁의 양극단의 고독으로 내몬다. 문명의 이기(利器)라는 컴퓨터, 인터넷 등 대중매체는 전 세계를 동시에 이해할 수 있는 대단한 장점이 있는 반면에 사람과 사람이 만날 수 있는 완충지대를 사라지게 했다.

그래서 인터넷 시대의 인간들은 타인이나 외부와의 관계성을 단절시키고 개인 지향형으로 상처 입을 가능성이 크게 확대되어 가고 있다고 했다.

리스먼은 《고독한 군중》은 현대 사회의 병적 요인을 세밀한 심리적 분석법으로 대중 사회의 구조적 매커니즘(Machanism)과 현대인의 운명을 쉽게 풀어 설명했다. 현대인들은 무척 자유롭다고 착각하고 살아간다. 요한복음 8장 33-36절에는 이스라엘 민족이 남의 종이 된 적이 없다고 거짓말을 한다. 이스라엘 민족은 애굽, 헬라, 로마, 이슬람 등 계속적으로 종으로 살아왔으나 자기들이 남의 종이 된 적이 없다고 한다. 현대인도 물질의 종, 명예의 종, 방종의 종 등등 계속해서 종으로 살아가면서 여전히 자유하다고 착각하고 있다.

참된 자유가 무엇인가?

> **요 8:32** 진리를 알지니 진리가 너희를 자유롭게 하리라"

주님만이 모든 인간을 자유롭게 할 수 있다.

리스먼의 《고독한 군중》은 자유를 잃어버린 현대인들의 실상을 사회 심리학적으로 잘 분석해 준 책이다.

그러나 분석만 해놓고 해답은 제시하지 못했다. 그리고 또 깨달아야 할 바가 있다. 한국이나 중국, 일본, 인도와 같이 오랜 세월 동안 전통과 역사가 굳어진 사회분석은 매우 용이하다. 그러나 미국의 역사는 200여 년밖에 안 되며, 미국은 사회 구성이 매우 복잡하다. 필자는 미국 동부에서 4년, 서부에서 6년을 살아봤다. 동부, 서부의 사회는 판이하게 다르고, 남과 북도 피부로 느낄 만큼 다르다. 이렇게 다른 미국 사회를 몇 가지 유형으로 분류한다는 것 자체도 대단히 의심스러운 부분이다. 그러나 미국에 '고독한 군중'이 많아져 간다는 것은 명확한 사실이다.

12. 알베르 카뮈(Albert Camus, 1913~1960)

알베르 카뮈는 프랑스의 작가이자 사상가이다.

그는 《이방인》(L'Etranger), 《페스트》(La Peste), 《시지프의 신화》(Le Mythe de Sisyphe) 같은 소설을 남겼다. 이 모든 소설들은 매우 알기 쉬운 평범한 자신의 이야기이다. 그런데 그의 작품들은 인간의 진실성이 투영되어 있고 여러 현상 속에서 인간의 다양한 문제들을 성찰하고 있다는 인정을 받았다. 그래서 인간의 갖가지 불합리하고 부당한 고난들은 인간의 운명이 아니라 인간을 제대로 인식하는 출발점이라고 했다.

그의 작품들은 사뭇 실존주의 철학을 바탕으로 삼고 내용이 전개되고 있다. 그는 그의 작품들이 인간의 현상들을 바르게 조명했다는 공적으로, 1957년 최연소(44세) 노벨 문학상을 받았다. 그의 생애와 사상을 번역서를 통해 살펴보려 한다.[87]

1) 카뮈의 생애

카뮈의 아버지는 프랑스인으로, 북아프리카 알제리에서 카뮈를 낳았다. 그렇기에 그의 출생지는 북아프리카 알제리이다. 그가 출생할 당시에는 알제리가 프랑스의 식민지였다. 그의 아버지는 프랑스 보르도 지방에서 살다가 가난한 형편을 해결하기 위해 알제리 포도주 수출 회사의 노동자로 이주해 간 가난한 노동자였다. 아버지는 가난한 노동자로 스페인계의 가난한 여자와 결혼을 했다.

어머니는 귀가 잘 들리지 않는 데에다 글을 전혀 모르는 문맹(文盲)자였다. 카뮈 위로 네 살 된 형이 있고 카뮈는 두 번째 아들로 태어났다. 그런데 카뮈가 태어난 후 1년 되었을 때 제1차 세계 대전(1914)이 벌어졌다. 아버지는 전쟁터에 호출받고 나갔다가 전사를 당한다.

---

87) 알베르 카뮈, 이방인/ 페스트/ 시지프 신화, 이혜윤 역, 동서문화사, 2016.

갑자기 남편을 잃은 어머니는 두 아들을 데리고 친정으로 찾아간다. 어머니의 친정은 매우 엄격한 외할머니와 장애인인 외삼촌이 살고 있는 가난한 집이었다. 이곳에 어른들 세 명 모두가 문맹이어서 글을 모르기에 세상이 돌아가는 것을 알지 못하고, 작고 궁색한 집에서 다섯 식구가 살아간다.

카뮈는 출생과 유아기 때의 성장 환경이 매우 열악한 환경이었다. 그런데 카뮈가 초등학교에 들어가서 그의 총명함을 알게 된 초등학교 교사가 그에게 남다른 총애를 쏟고, 수업이 끝난 후에도 개인 지도를 해 주었다.

초등학교 교사는 카뮈가 국가의 보호를 받을 수 있는 전쟁고아로 인정받게 해 주고 또 무식한 어머니를 설득해 상급학교 진학과 장학금으로 공부할 수 있도록 도와준다. 그래서 고등학교에서 장학생으로 공부하며 모국어인 프랑스어와 라틴어를 배운다. 그리고 축구팀의 골키퍼로 운동도 하게 된다. 그는 고등학교 때 평생의 스승인 철학교사 겸 문필가를 만나 문학에 눈을 뜨게 된다.

18세(1931) 때 그는 잡지에 〈어느 사생아의 마지막 날〉이라는 소설을 게재할 정도로 일찍이 뛰어난 문학성이 드러난다. 19세 때 대학 자격시험을 취득하고 잡지 〈르 쉬드〉(Le Sud)에 짧은 평론 다섯 편을 발표한다. 20세 때 알제대학 문학부에 입학했으나 국제 정세가 히틀러가 정권을 잡고 유럽을 위협해 국제 정세가 혼란스러웠을 때 반파쇼운동에 가입하여 투쟁한다. 그리고 실존철학 작품들을 섭렵하면서 강한 회의주의적 글들을 쓴다. 그가 이 무렵에 썼던 글들을 뒤에 출판한다.

21세(1934) 때 친구의 약혼자였던 여자와 결혼을 한다. 이때 삼촌은 그 여자가 마약 중독 치료자임을 알고 결혼을 반대한다. 그러자 카뮈는 삼촌 집에서 나와서 아르바이트로 생계를 유지해 가며 가난한 생활을 하게 된다. 그런데 그는 이미 18세 때 폐결핵이 발견됐었고 결혼 후 더 악화되므로 해안가에 가서 요양생활을 하며 여고생들의 가정교사로 살아간다.

그런 환경 속에서도 22세 때 공산당에 입당해 알제리의 이슬람교도들에게 공산 문화원 운동을 한다. 그는 선전 활동을 하기 위해 '노동 극장'이라는 극단을 만들어 각색하며 상연을 하고 스페인 내란을 소재로 한 연극을 하다 상영 금지를 당한다.

그는 '라디오 알제리'에 취직하고 연극 단원들과 공동생활을 하면서 연극 활동을 계속하는데 그가 알제리 인민당을 지지했다는 이유로 공산당에서 파면을 당한다.

1939년 제2차 세계 대전이 발발하자 군대에 입대했으나 징병 심사에서 폐결핵으로 불합격당한다. 그가 경영하던 신문이 당국의 검열 대상인데도 불복하자 발간 금지와 함께 퇴거 권고를 받고 27세(1940)에 파리로 이사한다.

파리로 이주한 카뮈는 대중 일간지 〈파리 수아르〉의 편집자가 된다. 이때 27세에 《이방인》을 탈고하고 《시지프의 신화》 전반부 집필을 한다. 그런데 신문사에서 해고당하자 아내의 고향인 알제리 오랑으로 이사한다. 거기서 유대인 아이들이 다니는 사립학교에서 교편을 잡는다. 그리고 거기서 《시지프의 신화》를 탈고하고 《페스트》를 구상한다.

29세 때 프랑스 갈리마르사에서 《이방인》과 《시지프의 신화》를 출간한다. 이때 사르트르는 《이방인》을 해설하는 글로 카뮈와 가까워지는가 하면 또 프랑스에서는 그를 '절망의 철학자'라고 단정한다.

30세 때 파리에 정착하여 레지스탕스 지하 출판물인 〈콩바〉 지의 편집을 맡게 된다. 이 무렵(1944) 프랑스는 독일과의 관계를 어떻게 선택해야 하느냐 하는 국가 지향적 문제가 대두되었다. 이 당시 독일은 프랑스를 정복한 상태였고 소련이 독일을 압박하고 있을 때였다. 이때 '프랑스는 독일과 협력해야 하는가, 숙청해야 하느냐?' 하는 문제를 놓고 C. 모리아크와 지상 논쟁을 전개했다. 이때 카뮈는 정치에서 폭력을 부정하고 혁명이 아닌 "반항"이야말로 사회를 변혁시킬 수 있다고 주장한다.

이 같은 카뮈의 주장이 《반항적인 인간》(1951)으로 작품화된다. 그러나 마르크스주의자인 사르트르는 카뮈와 반대 입장이었다. 이로 인해 사르트르가 초기 카뮈와 동지였다가 후에 갈라선다. 당시 프랑스는 사르트르의 영향을 받아 마르크스주의가 인기였기에 카뮈는 상대적으로 무관심하게 된다. 카뮈는 1954년에 시작된 알제리 독립 전쟁 때 몇 가지의 원론적인 개입을 시도했으나 오히려 정치적으로 무력감만 가중케 되었다.

1957년(44세)에 그는 노벨 문학상을 받는다. 그가 노벨 문학상을 받은 것은 30세 이전에 발표했던 《이방인》, 《시지프의 신화》 등이 인간의 실상을 매우 정직하게 진술한 진실한 면이 있다고 평가되었기 때문이다. 그러나 프랑스 국민들은 그의 정치적 견해가 부적절했고, 인간을 보는 시각도 모조리 절망적이라고 하면서 부정적이고 냉담하게 여겼다. 그렇지만 그의 작품은 전 세계인들에게 널리 알려지게 되었다. 그 이유는 노벨 문학상이라는 평가가 그의 작품을 한층 높은 수준으로 올려놓았기 때문이다.

2) 카뮈의 사상

① 이방인

카뮈가 29세(1942) 때 프랑스 갈러마르사에서 출간한 책이다. 《이방인》은 제1부와 제2부로 구성된 단편 소설 정도의 작은 분량이다.

제1부는 카뮈가 자신의 어머니가 돌아가신 양로원을 찾아가서 장례를 치르는 단순한 내용이다. '나'라는 주인공은 뫼르소라는 이름을 가진 주인공이다. 뫼르소는 바닷가에 나갔다가 아랍 사람들을 만난다. 그들을 총으로 쏘아 죽이는 것으로 제1부는 끝이 난다.

제2부는 체포되어서 검사에게 심문받고 재판받는 내용으로 엮어진다. 제2부에서 뫼르소의 희한한 행동들을 설명한다. 뫼르소는 자기 어머니의 장례를 치르고 난 다음 날 여자와 부정한 관계를 맺는 것, 바닷가에서 태양 때문에 아랍인을 살해해 놓고도 행복하다는 것, 재판 때 혐의를 벗으려고 하지 않고 자기가 단두대에 죽을 때 많은 구경꾼이 와서 증오의 함성을 외쳐 주기를 바라는 것이다. 이것은 정녕 부조리한 사람이다. 부조리란 불일치를 뜻한다.

사르트르는 《이방인》을 보고 이렇게 해설한다. 인간의 정신은 주어진 자연과 극복할 수 없는 이원성 사이의 분리, 영원을 갈구하는 인간의 충동과 존재가 가진 한정된 특성 사이의 분리, 인간의 본질인 '관심'과 그것에 대한 노력이 보여주는 허영 사이의 불일치 세계는 완전히 합리적이지도 않으며 그토록 불합리하지도 않다. 사르트르의 《이방인》에 대한 찬사는 소설을 쓴 카뮈보다 훨씬 더 많이 비약적으로 과대평가를 해놓았다.

카뮈는 "살아 있는 것에 대한 절망 없이 살아 있는 것에 대한 사랑도 없다"라고 얘기했다. 이것이 카뮈의 인생관이고 세계관인 것 같다. 카뮈의 세계관은 삶의 기쁨만 보는 것이 아니라 기쁨과 동시에 죽음도 응시하라는 철저한 모순이 동시에 현존한다는 것을 강조하는 것으로 느껴졌다.

② 시지프의 신화

카뮈가 29세(1942) 때 출간한 책이다. 《시지프의 신화》의 내용은 ① 부조리의 추론 ② 부조리한 인간 ③ 부조리한 창조 ④ 시지프 신화로 구성되었다.

카뮈는 부조리한 것의 대표로 인간과 수많은 철인, 현인들이 부조리한 인간을 해명하려고 연구했던 사례들을 설명한다. 그리고 호메로스가 말한 시지프 신화로 해법을 제시한다.

시지프는 신들의 비밀을 누설한 죄악으로 커다란 돌을 산 비탈길 위로 끌어올리는 형벌을 받는다. 커다란 돌을 산 위로 끌어올리려고 진흙에 덮인 돌덩어리를 떠받치려는 어깨와 그것을 고여 버티는 한쪽 다리, 돌을 되받아 안은 팔 끝, 흙투성이가 된 손 등등….

그렇게 고생해서 산 위에 돌을 올려다 놓으면 돌은 순식간에 저 아래로 굴러떨어진다. 그러면 정상에서 되돌아 내려오는 동안 잠깐의 휴식을 취한다. 그리고 또다시 똑같은 고통의 수고를 반복해야 한다. 카뮈는 인간이 무엇인가 묻고 그것은 끊임없이 굴러떨어지는 바위를 날마다 끌어 올리는 형벌을 받은 운명적 존재임을 말한다.

그런데 그와 같은 운명은 비참함이 아니라 빛의 일면이고 승리를 위한 필연적 대가를 지불하는 것이라고 한다. 카뮈는 부조리한 인간이지만 그 속에서 결국은 모든 것에 긍정이 내재되어 있음을 설명한다. 인생이 끝없는 수고와 고생을 하는 것은 운명에 대한 인식이며 그 인식은 끝이 아닌 시작이라고 말한다.

카뮈는 《이방인》, 《시지프의 신화》 등의 작품을 통해 인간의 부조리함을 파헤쳐 냈다. 그런데 그렇게 파헤쳐 낸 것으로 인간 실상을 해부는 했으나 결론이 애매하다. 성경의 욥기에서도 똑같은 인간의 부조리와 고난을 취급한다. 욥의 친구들은 세상의 합리적인 '인과율'(因果律)이라는 세상 원리로 욥의 고난을 설복시키려 했으나 욥은 끝까지 거부한다. 그런데 마지막에 창조주께서 인간의 정의(正義)가 아닌 우주만물의 목적에 의한 공의(公儀) 앞에 인간의 고난의 목적을 물을 때 인간이 얼마나 무지한 존재인가를 깨닫는다. 그리고 욥의 회개로 욥기가 끝이 난다. 카뮈가 인간의 부조리함을 파헤친 데는 기여한 면이 있으나 부조리함에 있어서 해답의 시도가 없는 것은 작품의 한계라고 느껴진다.

제2장 세계화 시대의 가톨릭 자유주의

[서론]

1945년 이후 전 세계는 국경이 유명무실해졌다. 아울러 중세기 때와 같은 특수층의 영역이 무너졌다. 그래서 가톨릭이든, 개신교든 전 세계는 다 똑같은 시대에 영향을 주고받게 되었다. 특히 로마 가톨릭교회는 중세기의 철옹성 같은 교권 만능주의가 세계화 시대에 접어들면서 점점 위협을 받게 되었다. 지금도 보수 세력의 가톨릭은 중세기의 찬란한 영광을 고수하며 현대 가톨릭을 지켜가고 있는 것이 확실하다. 그러나 내부적으로는 소수의 자유주의 신학자들에 의해 교황들이 골치가 아프게 많은 도전을 겪고 있다.

여기서는 가톨릭 내 자유주의 신학자들이 어떻게 가톨릭 내에서 도전해 오고 있는지 가톨릭 내 자유주의 신학자들의 면모를 극히 피상적으로 살펴보겠다.

이와 같은 가톨릭교회 내 동향을 이해하는 것은 바로 현대교회 전반을 이해하는 데 큰 도움이 된다고 판단되기 때문이다.

1. 존 헨리 뉴먼(John Henry Newman, 1801~1890)

뉴먼은 복음적 성향의 영국 성공회 가정에서 태어났다. 그는 1828

년 옥스퍼드대학교를 졸업하고 옥스퍼드대학 교회인 성 마리아 교회의 주임 사제로 임명되었다. 뉴먼은 성공회 주임 사제였으나 그와 같은 소책자 운동으로 옥스퍼드 운동을 함께한 다른 동료들과 영국 국교회와 로마 가톨릭의 어느 편에도 기울어지지 않은 '중도'(Via media)노선에서 "나뉘지 않은 교회" 상을 추구해 나갔다.

그는 《오늘을 위한 소책자》라는 자기 설교문을 발행하면서 성공회의 "39개조"와 "가톨릭 신앙"의 화해를 시도했다. 이 소책자 발행으로 영국 성공회로부터 많은 비판을 받자 소책자 운동을 중단했다. 그리고 초기 4세기의 아리우스주의자들을 연구·발표하면서 영국 국교회에 대한 많은 의문점을 갖고 1854년에 결국 가톨릭으로 귀의했다.

성공회를 떠나 가톨릭에서의 그의 사역들은 실패의 연속이었다. 그 무렵 더블린에 새로운 대학교를 설립할 때 총장이 되었으나 그의 대학 구상은 또 실패로 끝난다.

당시 영국 소설가요 기독교 사회주의자인 킹즐리(Charles Kingsley, 1819~1875)가 뉴먼은 진리에 대한 존경심을 거의 갖지 않고 있다고 비판했다. 이에 대하여 뉴먼은 자기 종교적 신념으로 "승인의 기본원리"를 발표한다. 이때 교황 레오 13세(Leo XIII, 1878~1903)는 정치적으로 복합적인 이유로 뉴먼을 추기경으로 임명한다(1879). 뉴먼의 대표적 저서는 《그리스도교 교의의 발전론》(1845), 《승인의 원리》(1870) 등이 있다. 가톨릭 내에서는 개신교의 현대 신학자들의 기라성 같은 많은 신학적 업적에 비하여 너무 왜소함을 공감할 무렵에 뉴먼의 신학 연구가 가톨릭 신앙의 위대한 수호자로 정평이 났다.

그와 같은 가톨릭 내 분위기로 인해 드디어 2010년에 교황 베네딕트 16세(Benedictus XVI, 2005~2013) 독일인 교황이 그를 성인(聖人)의 전 단계인 시복(諡福: beatification)으로 추서했다.[88]

뉴먼이 어떤 면에서 가톨릭 내 자유주의자인가? 그것은 중세기 교황들을 비롯해 가톨릭교회는 "불변하는 교리를 소유한 부동의 교회"라는 확고한 신념으로 그 어떤 비판도 거부해 왔었다. 그런데 뉴먼은 '복음' 메시지에 헌신되어 있는 교회와 그 교회 안에서 새롭게 이해되고 모든 세대에 상술되는 복음은 살아 있는 과정으로서의 교리가 발전의 모델을 개발해야 된다고 주장했다.

뉴먼의 주장에 의하면, 교리가 바른 교리가 되려면 신적 근원은 물론이고 객관적으로도 타당성이 용납되어야 한다는 것이다. 이 같은 뉴먼의 이론을 교황들이 수용했다. 그리고 과거 중세기 1천여 년 동안 가톨릭 교리를 신성 불가침적으로 절대시해 왔던 풍조가 객관성을 받아들여야 한다는 새로운 사상으로 변화하는 시작이 되었다.

그 후 가톨릭교회는 교리들을 무조건 신성시해 오던 풍조에서 객관성을 의식하면서 정교한 교리를 만드는 운동이 도입되기 시작한다. 가톨릭의 자유화는 19세기 말 영국인 뉴먼에게서 비롯되었다고 할 수 있다.

2. 모리스 블롱델(Maurice Blondel, 1861~1949)

블롱델은 프랑스 엑상프로방스대학교에서 기독교 철학을 가르치는 교수였다. 그는 교수로 누벨 데올로지(nouvelle teologie: 새로운 신학)

---

88) 정수영, 중세교회사 I (교황들의 역사), 쿰란출판사, 2015, pp. 439~446.

운동을 전개하며 많은 제자에게 큰 영향을 미친다. 그가 저술한 대표적 저서가 《행동의 철학》(Philosophy of action)이다. 그는 표면적으로는 대학교 철학 교수였다. 그런데 그에게서 철학을 배운 여러 명의 제자 가운데 20세기에 가톨릭의 개혁적 신학자들이 다수 포함되어 있다. 20세기 가톨릭 개혁 신학자들을 다음 차례에 소개하겠지만 그들 모두가 블롱델의 영향을 받은 자들이다. 그렇기에 블롱델을 가톨릭 개혁 신학의 선구자라고 할 수 있다.[89]

그렇다면 블롱델의 사상은 어떤 내용인가?
그의 대표적인 저서인 《행동의 철학》을 통해 알아보자. 과거의 가톨릭 신학 사상은 자연 계시와 초자연 계시인 특별계시와 전혀 다른 비교가 안 되는 대립적 관계에 있는 것으로 터부시되어 왔다. 여기에다 칸트의 철학도 과거 가톨릭 신학과 비슷한 성향을 띠고 있었다. 과거 중세기 가톨릭 신학이나 근대의 칸트의 이성을 비판하는 철학은 그 맥락이 비슷한 면이 있었다. 중세기 스콜라 철학은 "자연적인 것과 초자연적인 것은 전혀 근원이 다른 이질적 요소로 서로 대립되는 상태"라는 것이 전통적 견해였다.

그런데 블롱델은 자연적 인간은 초자연적 은혜에 떨어져 있는 것이 아니라 인간 자체는 이미 계시와 구원에 있어서 개방되어 있는 존재라는 면을 부각시키려 했다. 좀 더 구체적으로 말하면 만약 계시라는 것이 인간에게 주어진 것이라고 한다면 인간은 계시라는 외적 사실에 이미 개방되어 있다는 것이다.

과거 중세기 가톨릭의 초자연적 특별계시는 인간적 요소가 전혀

---

[89] 로저 올슨, 현대신학이란 무엇인가? 김의식 역,. I.V.P, 2022, pp. 264~267.

용납되지 않는 절대적 요소였다. 그런데 블롱델은 인간들인 성경 기록자들에게 계시가 주어졌다면 그것은 이미 '외적 사실'에 개방되었음을 의미하는 것이라고 주장한다. 이와 같은 블롱델의 철학사상은 과거 가톨릭이 초월과 내재를 구별하고 초자연적인 것과 자연적인 것을 구별해 오던 전통적 사상과 완전히 구별되는 주장이었다.

전통적 가톨릭 신학자들은 블롱델에 대해 신랄한 비판을 가했다. 블롱델을 비판하는 핵심은 그의 철학은 하나님 중심이 아닌 계몽주의자들처럼 인간 중심의 철학이라고 비판했다. 그러나 블롱델은 기독교 철학과 가톨릭 신학과의 중재적 역할을 하기 위해서는 종교성의 손상이 없는 상태로 인간성 강조를 통해 인간 경험 안에 초월의 내재가 있음을 보여주려고 했다. 이와 같은 블롱델의 철학을 가톨릭 신학자들은 '내재주의'라고 비판했으나 그를 처벌하지는 않았다.

그런데 블롱델의 철학은 그의 제자들에 의해서 자유주의 신학 양상으로 완전하게 드러난다. 그렇기에 가톨릭 현대주의에 가장 큰 영향을 미친 학자로 블롱델을 언급한다.

3. 프리드리히 폰 휘겔((Friedrih von Hügel, 1852~1925)

휘겔은 오스트리아 사람이다.[90] 그는 신성 로마 제국의 세습 남작(南爵)이었기에 생계를 위해 일하지 않아도 살아갈 수 있는 자산가였다. 그는 타고난 지성인으로 독학으로 철학과 신학을 공부했다. 그는

---

90) 앞의 책, pp. 267~268.

가톨릭교회 관계 기관이나 어떤 학문 기관에 직책을 가진 적이 전혀 없다. 그러나 그는 유럽과 영국 등 전체에 걸쳐 풍부한 지식과 영적 지혜를 가진 자로 널리 인정을 받았다.

그는 성인기에 오랜 기간을 영국에서 보냈다. 그는 영국에서 독일 신학을 영국에 소개하기 위해 부단한 노력을 했다. 그는 종교의 진정성을 판단할 때 교의적인 것보다는 영적 경험이 훨씬 더 중요함을 강조했다. 그 후 1920년에 옥스퍼드대학교에서 명예박사 학위를 받았다. 이것은 종교개혁으로 가톨릭교회와 분리된 개신교회인 영국 국교회가 가톨릭교도에게 주는 최초의 영예였다.

휘겔은 살아 있는 동안 가톨릭의 출교를 당할 정도로 외면을 당했으나 영성을 가톨릭 교리보다 더 중요시한 그의 저서들이 후학들에게 영향을 끼친다.

4. 르와지(Alfred Firmin Loisy, 1857~1940)

르와지를 프랑스 로마 가톨릭 모더니즘의 창시자라고 한다.[91] 르와지는 앙브리에르에서 태어나 샬롱쉬르마른 신학교에서 공부하고 (1874~1879) 또 파리의 가톨릭 대학에서도 공부했다. 르와지가 파리 가톨릭 대학에서 공부할 때 가톨릭 대학의 교회사 교수로 있던 뒤센(Louis M. Duchesne, 1843~1922)의 영향을 많이 받는다.

---

91) 기독지혜사, 교회사 대사전 I권, pp. 656~657.

뒤셴은 생베르방 태생으로 로마에서 신학 공부 도중 고고학과 교부학에 관심을 갖게 된다. 그는 사제 서품을 받고 6년 동안 여러 학교에서 교회사 강의를 한 뒤 로마 주재 프랑스 고고학회 회원으로도 활동한다(1874~1876). 그는 또 소아시아의 고대 교회들의 발굴 작업을 감독하기도 했다. 그는 파리의 가톨릭 교회사 교수로(1877~1885) 지내는 동안에 니케아 공의회(325년) 이전의 교리들과 현재의 프랑스 교회와의 교리가 다르다는 주장을 펼치다가 교수직에서 물러난다. 바로 르와지가 이 같은 뒤셴의 제자로 뒤셴의 영향을 받은 자였다.

그런데 뒤셴이 프랑스 가톨릭교회의 문제점을 지적하자 가톨릭 교회는 이를 수용하지 않고 스승을 교단에서 축출했다. 이것을 본 르와지는 신앙이 흔들리면서 전통적인 가톨릭의 모든 교리들을 거부하고 범신론(Pantheism)에 빠졌다. 그는 1908년에 사제직을 그만둔 이유로 파문을 당했다. 그럼에도 불구하고 르와지는 콜레쥬 드 프랑스(Colege de France, 1909~1930) 교수와 에콜 데 오트 에튀드(Ecole des Houtes Etude, 1924~1927) 학교의 종교사학 교수를 역임했다.

르와지는 가톨릭교회와 계속 투쟁하면서 살다가 죽었다. 그가 투쟁한 대상은 개신교 신학자요 교회사가인 하르낙(A. Harnack, 1851~1930)과의 논쟁이었다. 하르낙이 《기독교의 본질》(1900)을 출판하자 르와지는 《복음과 교회》로 기독교는 그리스도가 마련해 놓은 길이 아닌 다른 방식으로 발전했다는 반대 주장을 했다.

이 책은 즉각 정죄당하였다. 그럼에도 불구하고 《제4복음서》(1903)와 《공관 복음서》(1908) 등을 출판해서 요한복음은 사도 요한의 저작이 아니라고 했다.

또한 《솔직한 반성》이라는 저서로 로마 가톨릭 당국을 공격했고, 그 뒤에도 《가톨릭 교령집》, 《교황의 회칙》(1907), 《기독교의 탄생》

(1933) 등 수많은 저서로 가톨릭을 공격했다.

그는 남이 생각하지 못하는 부분들을 예리한 통찰력을 가지고 가톨릭과 성경의 전통적 견해를 비판하였다. 그러나 그의 저서들은 너무도 많이 자신의 견해를 바꾸었기 때문에 어느 것이 그의 주장인지 분별하기가 어려울 정도로 일관성이 없다. 바로 이와 같은 좌충우돌의 르와지를 가톨릭에서 배격했지만 그의 사후에 그의 문제작인 《복음과 교회》(1900)를 다음에 소개할 티럴이 '가톨릭 현대주의의 고전적 해설'이라고 추켜올렸다.

그래서 르와지는 가톨릭의 인정을 못 받고 죽었으나 그의 신학 사상은 계속해서 가톨릭 내 자유주의자 학자들에게 계승되고 있다.

5. 티럴(George Tyrrell, 1861~1909)

티럴은 영국 국교회 교도의 가정에 태어나 로마 가톨릭으로 개종했다가 가톨릭 신학에 반기를 든 영국인 가톨릭 자유주의자였다.[92]

티럴은 영국 국교회 가문에서 자라난 성공회 신자였다. 그런데 트리니티 대학에서 공부하던 중 성공회를 떠나 가톨릭으로 개종했다. 그리고 1880년에 예수회에 가입했다.

1891년에 사제 서품을 받고 1894~1896년에는 스토니허스트 대학에서 철학을 가르쳤다. 그의 학문성을 인정한 예수회는 런던 팜 스트리트에 있는 예수회 영국 본부로 초대했다. 그래서 그는 1896~1899년까지 예수회에 관계된 출판물들을 제작하고 또 신앙 상담자로서

---

92) 기독지혜사, 교회사 대사전Ⅲ, p. 512.

도 큰 성공을 거두었다. 그가 신앙 상담자 사역을 할 때 앞서 소개한 폰 휘겔의 딸을 도와주었다. 폰 휘겔의 딸은 자기에게 도움을 주는 티럴에게 자기 아버지의 저서들과 프랑스 현대주의자들의 저서를 소개해 주었다.

그 후 1899년 〈Weekly Register〉라는 주간(週刊)지에 "지옥"(地獄)에 관한 기사를 발표하면서 로마 가톨릭의 신학에 관하여 노골적으로 반대 이론을 제기했다.

이 일로 인해 그는 관구 포교 수도원 자리에서 떠나야 했다. 그럼에도 불구하고 그는 예수회 수도사로 경건 생활을 유지해 나갔다. 수도원장들은 그가 수도원에 머물러 있는 것을 불편하게 여겼다. 그는 수도원에서 계속해서 자기의 신학 견해를 발표했다.

1903년 "Lex Orandi", 1906년 "Lex Credendi", 같은 해에 "Much Abused Letter"를 발표했다. 이 같은 저서들이 가톨릭의 전통적 신학과 배치되므로 예수회 수도회에서는 그를 예수회에서 축출하였다. 그럼에도 불구하고 그는 1907년에는 〈The Times〉지에 교황 피우스 10세(Pius X, 1903~1914)가 가톨릭 내 현대주의를 단죄한 교황의 교서에 대해 변박하는 두 편의 편지를 기고하였다. 그 출판물들을 통해 '신학의 감옥'과 '신앙의 자유'는 구별되어야 한다는 줄기찬 입장을 주장해 나갔다.

그러나 가톨릭에서는 그의 주장을 참작하려 하지 않았다. 가톨릭은 그를 파문하고 그가 죽었을 때 장례를 거부했다. 티럴은 48세 생애 중 병약한 몸으로 냉대와 파문과 장례 거부를 당해 가면서도 자신은 여전히 가톨릭 신부라고 믿고 살아갔다. 그러나 가톨릭에서는 그의 장례를 거부하므로 서식스에 있는 영국 국교회 뜰에 묻히고 말았다. 티럴은 자신의 양심과 영혼들을 위해 파문이나 정죄도 두려워하지 않았고, 극단적이라는 비난에도 소신대로 살아갔다.

6. 칼 라너(Karl Rahner, 1904~1984)

라너는 독일 슈바르츠발트의 도시 프라이부르크에서 태어났다. 그의 가족은 경건한 가톨릭 교도였다. 그는 라너의 형 후고와 함께 예수회에 들어갔다. 예수회에서는 라너를 철학 교수로 양성하도록 배정했다. 그래서 몇몇 학교들에서 철학의 흐름을 배우게 하고 최종적으로 프라이부르크 대학교에 보내져 하이데거의 밑에서 공부를 했다. 그의 박사학위 논문은 〈토마스 아퀴나스의 지식 이론〉이었는데, 논문이 지나치게 하이데거의 영향을 받았다는 이유로 가톨릭 학부에서 거부되었다.

그러자 라너는 훗날 《세계 안에 있는 영》(Spirit in the World)이라는 제목의 책을 출판했다(1939). 젊은 철학도인 러너는 처음에 인스부르크대학 철학 교수가 되었다. 그런데 이 대학교는 제2차 대전 기간에 나치에 의해 폐교되었다. 결국 라너는 다시 문을 연 가톨릭대학교로 돌아와 1964년까지 강의하다가 뮌헨대학교로 옮겼다.

여기 다른 교수들과 사이가 틀어져 뮌스터대학으로 옮겨 교의신학을 가르쳤다. 그는 대학교수 은퇴 후 뮌헨으로 돌아가서 세상을 떠날 때까지 대학교 근처의 예수회 기숙사에서 지냈다.

라너는 은퇴 후에 무척 바쁜 활동을 이어갔다. 세계 에큐메니컬 대회 행사들에서 강연을 하고 신학 협의회나 추기경 회의나 교황의 자문에 응했다. 특히 제2차 바티칸 공의회(1962~1965) 때 교황 요한 23세(1958~1963)의 에큐메니컬 공회에 큰 지도 활동을 한다. 그가 세상을 떠날 때까지 출판된 책과 논문은 1,600편이 넘었다. 그의 가장 중요한 논문들이 수집되어 23권의 논문이 《신학적 탐구》(Theological Investigation, 1982~1992)로 출판되었다. 이 논문들은 9천 쪽이 넘는다.

그의 생애 마지막에 쓴 《기독교 신앙의 토대》(Foundation of Christian Faith, 1978)는 그의 평생의 신학연구의 주요 방법과 주제들을 간결하게 요약했다.

여기서는 그의 사상을 요약한 로저 올슨의 저서를 통해 필자가 중요하게 느낀 몇 가지를 옮겨보겠다.[93]

라너는 뒤에 개신교 자유주의 신학자들로 소개할 폴 틸리히(Paul Tillich)와 마찬가지로 철학을 신학 작업의 필수적 계기라고 확신했다. 라너는 철학이 신학에 관여하는 "기초 신학"(Fundamental Theology)이라고 믿었다.

왜 철학이 신학의 기초가 되어야 하는가? 그 이유는 예수 그리스도 안에 있는 하나님의 계시를 과학적으로 입증하려고 하면 하나님의 계시를 합리적으로 정당화시키는 교의신학과 조직신학이 철학의 도움을 받아야 한다는 것이다. 이 같은 라너의 주장은 일찍이 아우구스티누스가 신 플라톤 철학을 기독교 신학에 도입한 것을 그대로 따르는 입장이고, 또 중세기의 토마스 아퀴나스가 아리스토텔레스의 철학을 그의 신학사상으로 변용한 것을 그대로 받아들이는 입장이

---

93) 로저 올슨, 현대 신학이란 무엇인가?, pp. 734~760.

다. 여기 라너 역시 자신이 설명하려는 '초월적인 계시'를 이해하기 위해서는 칸트가 '초월적 이성'을 사용하고 하이데거가 '실존'을 사용했던 것처럼 철학을 차용했다. 라너는 어떤 사물을 안다는 것은 단지 그것을 보거나 느끼는 것만으로는 완전히 알 수 없고 보이지 않는 면을 추상화(abstraction)해서 사물의 개념을 형성하는 것이 인간만의 고유한 지적 해석이라고 주장했다. 아울러 인간의 초월성의 현상 파악은 물질뿐 아니라 영에 대한 영역까지도 철학의 추상화가 필요하다는 논리이다. 그래서 라너는 하나님께서 인간의 언어로 계시해 주신 성경이니까 하나님에 대한 이해를 위해서는 일정한 한도에서는 영적 본성의 개방성으로 철학이 도구로 쓰임 받을 수 있다는 논리이다. 이와 같은 라너의 주장은 과거 아우구스티누스가 인간이 정교한 철학적 인간학으로 하나님 안에서 안식을 찾을 때까지는 불안하도록 창조되었다는 주장을 합리적으로 뒷받침하는 이론이다.

그리고 이와 같은 철학의 도움은 하나님의 존재를 부인해야만 자유로워진다는 니체나 사르트르 같은 현대 철학자들을 극복하는 길이고, 또 범신론자들과도 대조적인 신학이 된다고 했다.

이와 같은 라너의 철학에 의한 신학이론들은 매우 난해하고 그것을 이해하려면 철학자들이 말하는 추상적인 개념들을 모두 이해해야만 그의 주장을 알 수가 있다. 그래서 라너의 신학을 이해하려면 하이데거의 실존주의 철학을 이해해야만 이해가 가능하다. 그런데 '실존주의 철학'은 인간의 실존에 관한 사색의 산물이다. 반면에 성경은 '하나님에 관한 계시'에 의한 산물이다. 라너의 실존주의 철학에 의한 신학 설명은 매우 모호한 부분들이 많으므로 라너의 제자들은 라너의 핵심 개념들이 '미꾸라지 같다'(slippery as an eel)고 하면서 모호성을 지적한다.

라너 신학의 모호성에 대한 여러 가지 비판적 사례들이 계속 뒤따르고 있다. 라너 신학이 실존주의 철학으로 20세기 사람들에게 새로운 사유를 할 수 있도록 문제를 제기했으나 그가 주장하는 개념들은 성경 내용과 같기도 한 것 같으면서 또 전혀 아닌 것 같은 다양한 모호성이 전체에 혼합되어 있다. 그렇기에 그는 20세기 가톨릭 신학계에 관심을 일으키도록 문제를 제기했으나 문제의 해답이 아닌 모호성으로 큰 혼란을 던져준 인물로 평가된다.

7. 한스 큉(Hans Küng, 1928~2021)

한스 큉은 스위스 가톨릭 집안에서 태어났다. 스위스에서 전통적 가톨릭 양육과 초기 교육을 마친 후에 사제직을 위한 공부를 하기 위해 로마에 가서 명망 있는 그레고리오대학교(Gregorian University)에서 신학교육을 받았다.

1950년대 20대에 사르트르와 바르트 저서들을 읽고 이 둘은 자신의 철학적, 신학적 해방자가 되었다고 고백했다. 1954년 22세 때 로마 성 베드로 대성당에서 사제 서품을 받고 첫 미사를 집례했다.

그는 신학박사 학위를 위한 연구 목적으로 파리로 갔다. 파리에서 당시 유행인 '누벨 데올로지' 신(新) 신학(神學) 신학자들의 영향을 받는다. 거기서 그는 신학적으로 에큐메니컬적인 개방성을 가져야 하고, 진보나 정통주의나 세속 과학이나 철학이나 세계의 모든 종교들과도 적극적 대화를 나누어야 한다는 신념을 갖게 된다.

퀑은 자신의 박사 논문에서 칼 바르트의 칭의론을 근거로 〈칭의; 칼 바르트의 칭의 교리와 가톨릭의 성찰〉을 썼다. 이 논문은 칼 바르트가 저술한 교의 신학과 가톨릭의 교의 신학 사이에는 근본적 일치가 있다는 주장이었다. 퀑의 논문은 가톨릭 내에 작은 동요를 일으켰다. 바르트는 퀑의 견해에 동의하지 않았으나 젊은 동료이자 친구로 받아들이고 바젤의 바르트 세미나 때 퀑을 대화의 상대로 초대하기도 했다. 하지만 퀑의 이 같은 학문 주장과 처신은 퀑과 가톨릭 고위층들 사이에 평생에 걸친 갈등의 시작이 되었다.

1960년 퀑의 나이 불과 32세 때 독일의 튀빙겐대학에서 그에게 기초신학을 가르치는 교수 자리를 주었다. 이것은 튀빙겐대학으로는 매우 이례적인 일이 된다. 퀑은 이웃 튀빙겐대학 교수로서 바티칸의 고위 성직자들과 독일 가톨릭의 주교들과 수많은 논쟁과 갈등을 계속 일으키면서 그 자리를 지켜갔다.

한스 퀑이 1960년대부터 발표한 논문들은 가톨릭의 가르침에 대한 기존 교리들에 도전하고 재해석하는 내용들이다. 그는 〈교회의 구조〉(1962), 〈교회〉(1969), 〈무오류성〉(1970) 등등으로 가톨릭교회의 위계적 권위에 대해 강력하게 저항한다. 특히 그는 교황의 무오류성 교리에 대해 성경적, 역사적, 신학적으로 강력한 비판을 함으로써 가톨릭 교황제에 커다란 파문을 일으켰다.

이로 인해 그의 저작들은 로마 가톨릭 지도자들에게 끝없는 적대감을 주었고, 그의 친구들은 물론이고 많은 가톨릭 신도들로부터 커다란 증오감을 불러일으켰다. 왜냐하면 "교황의 절대 무오성"(infallibility) 교리는 제1차 바티칸 공의회(1869~1870)에서 제정된 가톨릭의 핵심교리이기 때문이다. 이렇게 가톨릭 핵심교리를 부정하는 한스 큉은 가톨릭에서 이단아가 되었다. 그는 또 한두 해마다 두꺼운 새 책을 출판해 냈다. 《그리스도인의 실존》(1974), 《신은 존재하는가?》(1978) 등 이 책들이 독일에서 베스트셀러가 되고 미국에서도 번역 출판되어 널리 보급되었다.

이 책들에서 예수를 종교적 개혁자, 또는 그 시대 기성 종교 체제에 용감하게 저항한 독자노선의 개혁자라고 주장했다. 이와 같은 그의 사상에 대해 바티칸에서는 큉이 교수로 있는 튀빙겐대학에서 천 명 이상의 학생들로 하여금 그의 퇴진을 강요하는 시위를 벌이도록 했다. 하지만 세계 곳곳의 신문과 학회들은 바티칸의 행위를 '새로운 종교재판'이라고 비난하며 논설들을 발표했다.

그와 같은 핍박이 한스 큉을 더 유명하게 만들어서 더 많은 강연과 강의 제의가 쏟아졌다. 그래서 그의 책 판매가 급등했다. 튀빙겐대학에서는 큉이 이끄는 연구소를 설립해 주었다. 그리고 가톨릭 사제가 되는 데는 그의 과목을 더이상 학점 인정을 해주지 않는데도 불구하고 그의 평생 교수직을 유지하도록 해 주었다.

1989년 당시 인기가 충천한 교황 요한 바오로 2세(1978~2005)를 어떻게 생각하느냐고 물었다. 요한 바오로 2세는 폴란드 출신으로 그의 교황 재임 26년 동안 전 세계 130개국을 방문했고, 1984년 5월에 한국에도 방문했다. 그는 방문하는 나라마다 땅에다 키스를 하는 것으로 유명한 교황이었고, 또 자기를 저격한 튀르키예의 알리 아자라를 석방시켜 준 덕인으로 알려졌다.

그런데 한스 큉은 그가 죽어야 하고 요한 23세(1958~1963) 같은 이가 필요하다고 주장했다.

앞서 소개한 라너는 한스 큉을 가톨릭으로 위장한 자유주의 개신교도라고 혹평을 했다.

이와 같은 한스 큉은 고전적 가톨릭 사상보다는 현대 자유주의적 개신교에 훨씬 더 가까운 것이 사실이다. 큉은 가톨릭 교황청에 큰 눈엣가시가 되었다. 이제 그의 사상을 로저 올슨의 해설에 의해 살펴보도록 하자.[94]

한스 큉은 여러 권의 저서들 속에서 자기의 사상을 드러냈다. 그 대표적인 저서가 《그리스도인의 실존》(1974)과 《신은 존재하는가?》(1978)라는 저서이다.

이 두 권 외에도 수많은 저서가 있으나 여기서는 두 권에 나나난 그의 중요한 사상들만을 간추려 정리해 보겠다.

1) 한스 큉의 성경관

그는 성경에 많은 오류들이 있다고 믿는다. 역사비평 방법으로 성경의 진리를 찾아내는 일이 중요하며 성경이 무오류하다고 믿는 것은 교황이 무오류하다고 주장하는 만큼의 잘못이다. 무오류성은 오직 하나님에게만 해당된다. 성경의 저자들은 이스라엘을 향했으며 예수 그리스도 안에 하나님의 계시에 대한 오류가 있을 수 있는 인간 증인들일 뿐이다. 성경의 축자영감설은 성경을, 종이 책을 신으로 격상시키고 죄인을 하나님의 사람이라는 교황의 지위로 격상시키는 일이다.

이와 같은 축자영감설은 개신교 내 근본주의자들과 복음주의자들 안에서 일어나고 있다.

---

94) 앞의 책, pp. 761~788

2) 하나님

기독교의 하나님은 현세적이면서 또한 내세적이고, 멀리 있으면서 또한 가까이 있고, 세계 위에 있으면서 또한 세계 내에 있고, 미래이면서 또한 현재다.

하나님은 세계를 지향해 있다. 세계 없이 하나님은 없다. 그리고 세계는 전체적으로 하나님에게 명령을 받는다. 하나님 없이 세계는 존재하지 않는다.

3) 기독론

예수는 하나님의 대변자이자 대의원, 대표자, 대리인이었으며 영원히 신뢰할 만한 긍정적 인간 실존의 표준이다.

그는 예수를 신(神)으로 보지 않고 철저한 모범적 인간의 대표로 보았다. 예수는 경건한 율법주의자도 혁명가도 아니었다. 예수는 하나님의 대의에 따라 다른 사람들의 안녕을 위해 전적으로 자신을 바친 사람으로 하나님에 대한 독특한 경험을 가지면서도 하나님 나라를 위해 무조건 자신을 헌신한 사람이었다. 그는 하나님을 가리키는 살아 있는 지시봉이다.

4) 신학관

신학은 두 가지 기준을 가지고 작업하는 학문이다. 하나는 이스라엘의 역사와 예수의 역사 안에 있는 하나님의 계시의 말씀이며, 둘째는 인간의 경험세계다. 이 두 관계가 순조로운 연속과 조화만 있는 것이 아니다. 때로는 갈등과 대립이 일어날 수 있다. 갈등이 일어난다면 우선권은 현대적 경험의 지평이 아니라 기독교 메시지 자체에 주어져야 한다.

5) 현대의 기독교관

기독교 역사에서 가장 좋은 모범적 패러다임의 예가 종교개혁이었다. 종교개혁은 중세기 스콜라주의가 권위적 전통주의를 떠나 성경과 신앙에 집중하는 근본적 전환이었다.

종교개혁은 사람들의 마음을 고쳐먹거나 어떤 견해를 바라는 것 이상으로 세상의 변화들을 가져온 사건이었다. 가톨릭교회나 개신교 전체는 과거의 종교개혁 때처럼 내재적 비판과 미래를 향한 올곧은 운동으로 지향되어 나아가야 한다. 그래서 철학, 신학, 문화가 새로운 포스트 모던 패러다임 안에서 간직되고 비판받고 초월되어야 한다.

[결론]

한스 큉은 분명히 가톨릭의 사제 신분의 대학교수다. 그러나 그의 사상은 가톨릭 사제가 아니다. 왜냐하면 가톨릭의 최대 기둥이라고 할 교황제를 부정하고 성경과 동일한 권위로 믿는 전통들을 부정하기 때문이다. 이로 인해서 가톨릭 내 많은 문제의 사람으로 주목을 넘어 지탄을 받고 있다. 그렇다면 그가 개신교도인가?

개신교도들 다수는 성경을 하나님의 말씀으로 믿고 또 예수님을 하나님으로 믿는 삼위일체 신앙을 갖고 있다. 그는 예수님을 모범적 인간, 하나님의 대의를 일으켜 준 분으로 이해하며 위대한 인간 이상으로 믿지 않는다. 그는 또 가톨릭이 종교개혁을 이단자들의 반역으로 보는 데 반해 가톨릭과 개신교가 추구해야 하는 새로운 패러다임의 모범으로 인정한다. 그렇다고 해서 그는 니체나 사르트르처럼 무신론자도 아니다. 그는 무신론자는 아니지만 그렇다고 가톨릭도 아니고 세속주의자도 아니다.

그는 현대 과학자들이 믿고 있는 세계관에 따라 성경, 신학을 비신화화시켜서 현대인들의 비위를 맞추려는 어설픈 자유주의자다. 그는 가톨릭 사제이면서 개신교 자유주의자들의 사상을 가졌다. 그런데 놀라운 사실은 가톨릭 내 이런 류의 자유주의자들이 계속해서 증가되어 가고 있는데, 그들을 다 소개하는 것은 필자의 의도가 아니다.

이제는 장을 달리해서 개신교 안의 자유주의자들의 면모를 살펴보겠다.

제3장 세계화 시대의 개신교 자유주의

[서론]

앞서 제2장에서는 로마 가톨릭교회 내에서 전통적 보수신앙을 거부하고 가톨릭 전체에 파문을 일으켰던 가톨릭 자유주의자들의 계보를 살펴보았다.

본 3장에서는 개신교 내에서 전통적 보수신앙과 다른 독특한 주장을 함으로 자유주의자라고 인식된 여러 사람을 살펴보겠다. 개신교라고 할 때 그 범위가 너무 광대하다. 일반적으로 개신교(Protestants)라고 하면 로마 가톨릭교회에서 분리된 독일 루터교, 영국 성공회, 스위스 장로회를 의미한다.

그런데 개신교에서 또 분리된 교파들이 있다. 영국 성공회에서 분리된 회중교회, 침례교, 감리교, 구세군, 퀘이커교 등이 있고, 또 침례교에서 분리된 안식교, 그리스도교, 또 감리교에서 분리된 성결교, 하나님의 성회 등도 있다. 지금 개신교라고 하면 가톨릭과 정교회를 제외한 모든 종파를 모두 다 개신교라고 통칭한다. 그렇기에 여기서 개신교라고 할 때는 일반적으로 알고 있는 개신교라는 개념을 사용하겠다.

1. 부슈넬(Horace Bushnell, 1802~1876)

부슈넬은 미국 코네티컷주에서 태어났다. 아버지는 감리교도였고, 미국 성공회교도인 어머니 사이에서 태어나 어려서는 회중교회에서 성장했다. 그는 법학을 공부하기 위해 예일대학교에 입학했다. 그런데 대학 부흥회(1831)에서 갑자기 신학교에 들어갈 결심을 한다. 신학대학에서 수정된 칼빈주의자 나다니엘 테일러(1786~1858)에 의해 '뉴 헤븐 신학'을 접했으나 별 만족을 얻지 못한다. 오히려 잉글랜드의 시인이자 철학자인 콜러리지의《반성의 자료》에 마음이 끌린다.

부슈넬은 예일대학 졸업 후 몇 년 동안 강사생활을 한 후 1833년(31세)에 코네티컷주 하트퍼드 회중교회 목사로 임직을 받았다. 그는 이 교회에서 1859년(57세)까지 목회를 하다가 건강이 나빠져서 사임을 했다. 은퇴 후에 활발한 저술과 출판물들을 통해 활동을 전개하다가 1876년 74세로 세상을 떠났다.

그는 목회 기간에 자기가 속한 회중교회 지역연합회에서 이단으로 지목받고 재판을 받을 뻔했다. 그는 자유주의자나 보수주의자들의 신학들이 모두 지나치게 합리적이고 과학적이라고 여기면서 공공연하게 반대했다. 또 자기가 소속된 회중교회가 공공연하게 주장하는 유니테리언 운동(삼위일체 부정)에도 반대했다. 이런 일로 연합회 재판을 받게 되었을 때 교인들이 연합회를 탈퇴하도록 하므로 위기를 면했다.

부슈넬은 기존의 모든 전통적, 자유주의적 신학을 거부하고 '신앙은 경험'이라는 주장을 펼쳤다. 이렇게 부슈넬은 당시 뉴잉글랜드 신학자들의 형식적 신학 논리나 논리적 체계, 힘이 따르지 않는 신앙생활을 거부하고 생활 속에 현저하게 드러내는 '경험'을 일생 동안 강조한다.

그래서 그는 예배당 안에서만 통용되고 세상 밖에서는 전혀 능력이 뒤따르지 않는 당시 교회에 강력하게 저항한다. 그리고 사회 문제에 관해 깊이 참여하고 또 수많은 글을 쓴다.

살아생전 그는 세상의 다방면에 관여했다. 그를 연구한 전기(傳記) 작가는 그를 동식물 연구가, 측량기사, 도로 건설기사, 주택 건축업자, 정비사, 공원 설계자, 여행가, 낚시꾼, 설교가였다고 했다.

그가 죽은 후에 그가 살았던 하트포트시는 살아생전에 그가 세우고자 노력했던 시립공원을 그의 이름을 따서 만들었다. 이 같은 시립공원은 그의 아이디어였고 전액을 시민들의 세금으로 지은 미국 최초의 시립공원이 되었다. 그가 살아생전에 이토록 다방면에 참여한 것은 그가 부르짖었던 '신앙은 경험'이라는 신념에서 비롯된 것이었다.

그는 또 11권의 저서와 많은 설교 모음집과 잡지와 신문에 수많은 기사와 사설들을 섰다.

그의 대표적인 저서와 핵심 내용을 살펴보자. 《기독교 양육》(Christian Nurture, 1847)에서 회심은 자발적이거나 급작스러운 것이 아니라 교육에 의한 깨우침이어야 된다고 주장했다. 《자연과 초자연》(Nature and the Supernatural, 1858)에서 이 둘은 분리되어야 할 것이 아니라 조화를 이루어야 한다고 했다. 《대속적 희생》(The Vicarious Sacrifice, 1866)에서 그리스도의 속죄 행위는 하나님과 사람과의 화해

를 위한 만족이라기보다는 하나님의 영원한 사랑의 원리에 대한 설명이라고 했다.[95]

이와 같은 그의 저서들은 조직신학에 관한 내용도 아니고 또 그의 사상이 체계적인 것도 아니다. 그러나 기독교 진리를 체계적으로 정립시킨다든가 논리적이어야 된다는 신학자들의 고집이 기독교의 생명력을 죽인다고 믿었다. 그는 모든 신학적 표현들은 객관적이고, 논리적이고, 조직적이어야 한다는 편견 때문에 역동성을 상실하게 되었다고 믿었다. 이 같은 그의 주장은 보수주의자나 자유주의자를 모두 만족시키지 못하고 비난을 받았다.

부슈넬은 종교의 본질을 "신적인 것에 대한 감각과 하나님에 대한 직관적 지식"이라고 정의한다. 그리고 "우리가 하나님을 가장 참되게 아는 방법은 의견이 아니라 사랑이다. 하나님에 대한 참된 깨달음은 의견이 아니라 신앙과 올바른 감정, 영, 생명을 통해 실현된다"라고 했다. 부슈넬은 칼빈주의의 독소적 요소로 여기는 무조건적 선택교리와 불가항력적인 은혜의 모순점과 아르미니우스주의의 자유의지에 대한 모호성 이론을 선택하지 않고 중화시켜서 화합시키려 했다.
이 같은 그의 중화, 화합 의지가 에큐메니즘 정신으로 나타났고 또한 복음주의라는 절충주의로 21세기에 등장한다. 부슈넬 사상이 신앙을 '중생'이라 하지 않고 '감정'이라고 하므로 성경 핵심을 떠났기에 그는 자유주의 신학의 선봉자로 현대 에큐메니즘주의자들에게 활용되고 있는 것이 현실이다.

---

95) 앞의 책, pp. 356~392.

2. 리츨(Albrecht Ritschl, 1822~1889)

리츨에 관한 내용은 본서 제2장, 전기 유럽 교회에서 이미 설명했다. 여기서 그를 또다시 살피려는 것은 그가 자유주의 신학 형성에 가장 지대한 영향력을 끼쳤기에 자유주의를 좀 더 바르게 이해해 보려는 의도가 있기 때문이다. 리츨은 자유주의 신학에만 영향을 미친 것이 아니라 리츨의 신학을 추종하는 자들에 의해 리츨학파(Ritschlians)가 형성된다.

리츨학파는 다음에서 살피려는 독일의 하르낙과 미국의 리우센부시였다. 리츨에 관한 내용은 앞서 설명했기에 여기서는 그의 영향력에 관한 내용을 설명하겠다.

리츨은 독일 베를린에서 루터교 목사의 아들로 태어났고 지금은 폴란드 국토인 포머라니아의 스데틴에서 성장했다. 그는 어려서 음악에 소질이 있었고 일찍부터 탁월한 지적 능력을 드러냈다. 그는 17세 때인 1839년부터 1846년(24세)까지 7년 동안에 본대학, 할례대학, 하이델베르크대학, 튀빙겐대학 등에서 그가 공부하고 싶은 모든 학문들을 두루 공부했다.

리츨은 각 대학교에서 다양한 학자들의 영향을 받는다. 본대학에서 니체에게, 할레대학에서는 경건주의자 뮐러에게, 하이델베르크대학에서는 로테에게, 튀빙겐대학에서는 바우르에게 배운다. 그는 1843년 할레대학에서 아우구스티누스에 관한 연구로 철학박사 학위를 받는다. 그가 처음에는 교의학 분야에 관심을 가지고 공부했으나 그 후에는 교회사 분야를 거쳐서 신약성서 신학으로 귀착한다.

그리고 그는 다양한 학문들을 습득한 후 1846년 본대학 강사, 1852년 부교수, 1858년 정교수가 되었다. 그 후 1864년 괴팅겐대학 교수로 옮겨 1889년 67세로 사망할 때까지 조직신학 교수로 지냈다. 그렇기에 그는 25년 동안 대학교수 생활을 했다. 그가 저술한 책들이 많지만 대표적인 저서로 《칭의와 화해에 관한 기독교 교리》(The Christian Doctrine of Justification and Reconciliation, 1870~1874)가 있다. 이는 신약의 바울 서신과 종교개혁자 루터가 진술한 '칭의'와 '화해'의 교리에 기초하여 기독교를 포괄적으로 해석한 책이다.

그리고 그의 두 번째 명저는 《경건주의의 역사》(History of Pietism, 1880~1886)이다. 이 책은 독일에서 17~18세기에 일어난 경건주의를 기독교 진리에 이질적인 로마 가톨릭의 개념이 독일의 개신교 안에 주입된 잘못된 부흥운동이었다고 주장하며 과거 독일의 경건주의는 기독교 본질을 손상하는 것이라고 규정했다.[96]

리츨의 대표적 사상이 무엇인가? 리츨은 과거 신학자들의 주장들을 반대하는 것으로 시작한다. 그는 과거 로마 가톨릭교회가 하나님 나라와 교회를 동일시하는 오류를 만들었다고 비판한다. 또 과거 로마 가톨릭교회가 성경의 기념의식에 불과한 침례, 주의 만찬 등등을 신비주의로 만들어 우상시했다고 비판한다. 또 과거 루터의 종교개혁이 성서로 돌아가자고 했으나 성서에서의 하나님 나라를 윤리적인 것으로 이해하지 못하고 은혜를 통해 그리스도와 신자와의 연합 정도로만 이해했다. 또 과거 독일의 경건주의가 로마 가톨릭의 금욕주의를 개신교 신앙으로 변형시킨 것이라고 비판했다.

---

96) 목창균, 현대 신학 논쟁, 두란노, 2021, pp. 102~104.

그런데 칸트는 하나님 나라를 도덕 법칙들에 의해 결합된 윤리학적 측면으로 주장했다. 리츨의 사상은 바로 칸트의 윤리학을 계승하여 확대 발전시킨다. 리츨이 주장하는 대표 사상은 종교적인 것과 윤리적인 것이 서로 구분될 수는 있으나 분리될 수 없는 종합적인 것인 것으로 이해한다.

그래서 예수 그리스도의 공헌은 하나님 나라의 창건자였다. 하나님 나라는 미래의 종말 때 완성되는 나라가 아니라 현재 하나님의 사랑에 감동된 자들에 의해 현재 세상에서 윤리적인 공동체를 이루는 것이다. 리츨은 이렇게 기독교를 계시종교에서 세상의 윤리종교로 바꾸어 놓았고, 하나님 말씀 중심의 종교에서 인간 윤리에 의한 합리적 종교로 만들었다. 그렇기에 그를 성경을 벗어난 자유주의 신학자로 보는 것이다.

3. 교회사가 하르낙(Adolf Harnack, 1851~1930)

하르낙은 루터교 신학자인 데모도시우스 하르낙(Theodosius Harnack, 1817~1889)의 아들로 태어났다. 그는 라이프대학(1874), 기센대학(1879), 마르부르크대학교(1886), 베를린대학교(1889~1921) 교수 등을 역임하였다.

하르낙은 앞서 소개한 리츨의 제자로 교회사 전공자였고 특히 "교부들의 사상"이 전공이었다. 그는 리츨이 주장한 것처럼 초기 기독교가 교부시대의 교부들에 의해서 헬라의 철학들이 기독교에 도

입되어서 변질되었다는 주장을 했다. 이 같은 리츨의 주장을 따르기 때문에 하르낙을 일종의 리츨주의자(Ritschlianism)라고도 한다. 리츨이나 하르낙이 주장하는 것처럼 초기 기독교가 교부시대의 교부들에 의해서 헬라철학의 신(新)플라톤주의에 의한 기독교 진리로 변질되었다는 주장에는 필자도 전적으로 동의하고 그 사실을 《교부시대사》로 저술했다.[97]

그런데 하르낙이 베를린대학교 교수로 임명된 것을 독일 루터교가 문제 삼았다. 그의 가르침에는 많은 문제점이 있다고 보았기 때문이다. 그는 교수로서 요한복음의 저자가 사도 요한이 아니라는 의심을 제기했고, 예수님의 부활, 성경에 기록된 기적들, 예수 그리스도께서 침례의식을 존중했다는 등의 전통적 견해를 부인했기 때문이다. 독일의 루터교 교회들은 그의 교수직 임명을 반대했으나 당시 독일의 프로이센 황제와 각료들은 그의 임명을 지지하였다.

그 결과 하르낙이 교수로 활동은 했으나 교회의 모든 공식 인정은 박탈당하는 수모를 겪게 되었다. 그는 신학적으로 자유주의자여서 신정통주의자인 바르트와 충돌을 한다. 그러나 그는 수많은 저서로 1906년에는 독일에서 가장 큰 왕립도서관의 책임자가 되고 학문과 과학 분야에 인정받는 빌헬름 황제협회 의장이 되고 1914년에는 폰 하르낙이라는 귀족 칭호도 받는다.

하르낙의 저서들은 무수하게 많다. 그중에서 가장 대표적인 것이 《교리사》(History of Dogma: 7 Vols, 1894~1899)이고 또 《처음 2세기의 교

---

97) 정수영, 교부시대사, 쿰란출판사.

회의 체제와 법률》(1910),《처음 3세기 동안의 기독교의 선교와 확장》(2. Vols. 1904~1905),《사도행전과 공관복음의 연대》(1911) 등등이 있다.

그는 신앙적으로 보수였으나 학문적으로는 자유주의자였다. 그가 신학적으로 자유주의자로 평가받는 것은 소위 큐(Q)자료설을 주장했기 때문이다. 잘 아는 바와 같이 신약의 4복음서들 중에서 처음의 마태, 마가, 누가복음서를 공관복음이라고 한다. '공관'(空觀, Synoptic)이라는 말은 공통적인 관점으로 예수의 생애를 보았다는 뜻이다. 마태는 예수님을 구약에서 예언한 진정한 메시아 왕이심을 강조하고, 마가는 예수님을 섬기는 종의 모범으로 강조하고, 누가는 예수님을 교양 있는 이방인들에게 관심 많은 지성인으로 설명한다. 그에 반해서 요한은 예수님의 생애와 죽음을 인류 구원의 영생을 주러 오신 분으로 설명한다.

여기 공관복음서의 세 명의 저자는 저들이 '원천'이라는 뜻이 독일어 '크벨레'(Quelle)의 큐(Q)자료라는 다른 자료를 참고해서 세 복음서를 저술했다는 주장이다.

하르낙의 Q자료설에 의하면 본래 최초의 Q자료가 주후 50년경 따로 존재했고 또 최초의 복음서인 마가복음이 주후 65년경에 저술되었다. Q자료가 주후 58~68년경의 마태복음 자료와 또 주후 58~63년경의 누가복음 자료에 사용되었다고 보는 이론이다. 이와 같은 하르낙의 Q자료설은 성경이 하나님의 계시에 의한 영감의 기록물이 아니라 여기저기 단편적 자료들을 후대에 자료를 근거로 '편찬'을 했다는 주장이다.

이 같은 주장을 한 하르낙은 독일교회가 끝내 배격한 자유주의자였다.

4. 사회복음의 라우션부시(Walter Rauschenbusch, 1861~1918)

라우션부시는 미국 침례교 목사였다. 그는 뉴욕주(州) 로체스터에서 독일계 이주민 부모에게서 태어났다. 어린 시절에 독일에서 교육을 받기도 했다. 성인이 되어서 미국 뉴욕주 로체스터대학(University of Rochester)에서 공부했다(1884). 이 대학은 1850년에 설립된 4년제 대학으로 입학 난이도가 높은 학교로 알려졌다. 그 후에 다시 신학교를 졸업했다(1886). 그리고 뉴욕의 독일 제2침례교회에서 목회를 11년간(1886~1897) 하면서 이민자들과 사회적으로 불이익을 당하는 모든 계층의 사람들이 겪고 있는 고충들을 심각하게 체험했다.

그 후 모교인 로체스터대학의 교수로 가게 된다(1897~1917).

그는 36세 때 모교의 교수가 되어 10년 동안 가르쳤다. 그는 모교에서 신약학(1897~1902)과 교회사(1902~1917)를 가르쳤다. 그는 교수생활을 하면서 목회를 체험한 사회 변혁에 대한 강렬한 소신으로 전국적으로 알려지게 되었다. 그가 주장하는 사회 변혁은 리츨이 주장한《사회 윤리》와 상통되는 것으로 그는 리츨의 영향을 받은 자로 알려진다.

그는《사회적 각성을 위한 기도》(Prayers of the Social Awakening: 1910)와《사회 복음을 위한 신학》(A Theology for the Social Gospel: 1917)을 저술했다. 이 책들에서 그는 마르크스의 유물 사관에 의한 사회주의가 아닌 기독교적 자발적 사회주의를 주장했다. 그는 사도행전 2장 43-47절에 기록된 모든 물건을 서로 통용하고 또 재산과 소유를 팔아 사람의 필요를 따라 나눠주는 자발적 사회주의가 경제적 이상뿐 아니라 정치적 이상이 되어야 한다고 주장했다. 그의 낙관적 사회주의 이상은 인간의 죄악 근성을 너무 온건하게만 이해한 순진한 이상주의였다. 그는 '미국 사회 복음의 아버지'라는 칭호를 얻게 되었다.[98]

5. 양식 비평의 궁켈(Hermam Gunkel, 1862~1932)

궁켈은 독일 개신교 신학자이다. 그는 독일 니더작센주(州)의 주도인 하노버(Hannover)에서 태어났다. 그는 괴팅겐대학교에서 신약 성경 주해 교수로(1888), 할레대학교에서 구약성경 주해와 이스라엘 문학사 교수로(1889~1893), 그리고 베를린대학 교수로(1894~1897), 기센대학교 교수로 (1907~1920), 다시 할레대학 교수로(1920~1927) 가르쳤다. 그는 70세를 살아가는 중에 39년간 교수생활을 했다.

그는 독일에서 1880~1920년에 일어난 종교사학파(History of Religion School)의 주요 회원이었다. 이들 종교사학파들은 기독교는 계시 종교의 특성을 가졌다는 전례를 무시하고 기독교를 하나의 종교로 간주하여 타 종교들과 같은 종교 가운데 하나로 간주하고 종교사적 입장에서 연구하는 학파를 뜻한다. 이들 중 궁켈, 그레스만, 부세트 등은 성경의 많은 구절들이 바벨론과 이집트의 고대 신화들에서 근거했다고 주장하였다.

---

98) 기독지혜사, 교회사 대사전 I, pp. 523~524.

또 이들 종교사학파 사람들은 성만찬이나 침례의식이 이방인들의 관습과 관련이 있다고 주장했다. 이들은 헤겔 철학과 진화론의 영향을 받아 기독교의 계시를 거부함으로 이 같은 주장을 하게 되었다.

궁켈이 구약성경과 관련해 '양식 비평'(Form-Criticism)이라는 방법을 최초로 발전시킨 학자로 알려졌다.[99]

궁켈이 저술한 《창조와 태초의 혼돈과 종말》(1895)을 보면 창세기는 전설과 신화로 구성되었다고 주장했다. 또 양식 비평에 따라 시편의 저작 연대를 추정하고 내용을 해석하는 《시편》(1926~1928)도 발표했다. 이와 같은 구약성경의 양식 비평 방법을 성경에도 적용한 것이 앞으로 소개할 디벨리우스이고 불트만이다. 궁켈의 양식 비평 연구는 기독교를 세상 일반 종교들 중의 하나로 보는 것이다. 궁켈은 신학자라고 하기보다는 일반 종교학자였다고 보는 것이 타당할 것이다.

6. 종교철학자 트뢸치(Ernst Troeltsch, 1865~1923)

트뢸치는 독일 아우크스부르크 근처에서 의사의 아들로 태어났다. 22세 때(1889) 에어랑겐대학에 입학하여 칸트, 피히테, 슐라이에르마허 등을 공부하던 중 학교의 신학적 분위기에 불만을 갖는다. 1885년 베를린대학으로 옮겨 신학을 공부하다가 앞서 소개한 리츨에게 배우려고 괴팅

---

99) 앞의 책, p. 197.

겐대학으로 옮긴다. 괴팅겐대학에서 리츨로부터 지식과 신앙을 구별하는 학문적 방법을 배운다.

그리고 구약학자 둔(B. Duhn)과 철학자 로체(H. Lotze), 교회사가 아이호른(A. Eichhorn), 구약성서학자 궁켈(H. Gunkel), 신약성서학자 브레데(Wrede) 등 젊은 학자들에게 배운다. 이 무렵의 젊은 학자들은 종교사학파 성향을 가진 학자들이었다. 앞서 궁켈을 소개할 때 그가 종교사학파 회원이었다고 했다.

종교사학파는 세계의 모든 종교가 모두 동일한 역사적 발전 과정을 거친 인류의 보편적 산물이라는 것이다. 기독교 역시 고대 후기 유대교가 발전해서 기독교가 되었다고 하면서 일반 종교들과 동일선상으로 이해하는 학파였다. 따라서 성경을 절대자의 계시라고 보지 않고 후기 유대교에서 좀 더 발전시킨 외적, 정치적, 시대적 환경들이 성경을 만들어 냈다는 것이다.

트뢸치는 그 같은 소장 종교사학파 교수들에게서 영향을 받고 그의 나이 26세(1891) 때 괴팅겐대학에서 "게르하르트와 멜랑톤" 연구로 신학박사 학위를 받는다. 그 후 잠시 괴팅겐과 본 대학에서 강사 생활을 하다가 29세(1894)에 하이델베르크대학 교수가 되어 21년 동안 조직신학을 가르쳤다. 이 동안에 그는 여러 저서를 남긴다. 그의 저서 《신학에 있어서 교의학적 방법과 역사적 방법에 관하여》(1898)에서 근대 역사학의 연구에 근거하여 신학을 정립하려 했다.

또 《기독교의 절대성과 종교사》(1902)에서 기독교 신앙만 아니라 그 어느 특정한 종교라도 절대성을 가질 수 없는 일반 종교들과 똑같은 현상이라고 했다. 그의 대표적 저서인 《기독교의 사회적 교훈》(1912)에서 기독교를 사회학적 접근방법을 사용해 기독교는 사회 윤리 발전에 기여해야만 종교의 가치가 드러난다고 했다. 그는 기독교 안에는 세 가지 형태의 공동체가 있다고 했다. 그것은 ① 교회 유형 ② 소종파 유형 ③ 개인적 신비주의 유형이다. 여기 ① 교회 유형은 사회적으로 안정 세력을 확보한 기성 교회를 말하고 ② 소종파란 거듭난 사람들의 배타적 공동체를 의미한다. ③ 개인적 신비주의 유형은 자신의 내적, 영적 생활에만 관심 있는 종교적 신비파를 의미한다고 했다.

트뢸취의 이 같은 기독교 세 가지 형태 분류는 옛날이나 지금이나 상당히 개연성 있는 분류 같아 보인다.

트뢸취는 학문적 활동뿐 아니라 독일 개신교의 여러 단체들에 깊이 관여하고 교회 정치에도 적극적이었다. 따라서 그의 명성이 크게 알려졌다. 베를린대학이 트뢸치를 철학 교수로 초청하여 그는 1915년(50세)에 베를린대학 철학 교수로 자리를 옮긴다. 베를린대학 철학 교수로 옮기면서 신학을 포기한 것 같기도 하다. 그는 심장마비로 1923년에 별세할 때까지 철학 교수직을 수행하며 정치에도 참여해 바이에른주(州)의 상원의원과 프루시아 지방의회 의원을 역임하기도 했다.

후기의 저술인 《역사주의와 문제》(1922)에서 그는 사상이나 이념은 역사의 변천과 더불어 변하며 기독교 교리나 도덕도 변치 않는 것이 없다는 역사적 상대주의를 주장했다.

또 《세계종교와 기독교》(1923)는 옥스퍼드대학 강의를 목적으로 쓴 논문이었으나 그의 갑작스러운 사망으로 사후에 출판되었다. 트뢸취는 신학대학에서 종교사학파 영향을 받고 그의 생애 동안 배운 대로 종교사학파를 더 크게 발전시킨 현대 자유주의자다. 기독교를 전 세계의 많은 종교 중 하나로 보았고 인간사 전체를 역사적 방법으로 연구하면 기독교도 하나의 종교인 것을 알 수 있다고 주장했다. 트뢸취

의 사상을 로저 올슨의 분석을 통해 요약해 보겠다.[100]

1) 기독교가 많은 종교들 중 하나라는 사상

종교사학파의 시조가 앞서 소개한 궁켈이다. 종교사학파가 출현할 수 있도록 사전에 기초를 닦아 준 신학자가 있다. 그가 아이히호른(J. G. Eichhorn, 1752~1827)이다.

아이히호른은 예나대학교(1775)와 괴팅겐대학(1788) 구약학 교수였다. 그는 구약성경의 많은 책들이 위조 작품들이라고 규정했다. 그리고 구약성경을 바르게 이해하려고 하면 고등비평(Higher Criticism) 방법을 사용해야 한다고 했다. 이는 아이히호른의 《구약 개론》(1787)에서 '본문 비평'(Textural Criticism)과 구별하기 위해 붙여진 이름이다.

고등비평은 구약성경이 절대자의 계시의 책이 아니라 오류가 많은 책이므로 문학 형식, 저작 시기, 저작자, 목적 등을 철저하게 학문적으로 규명해야 한다는 주장이었다.

이와 같은 고등 비평가들의 학문적 주장 위에 종교사학파가 형성된다. 종교사학파 시조가 궁켈이고 그 뒤를 이은 것이 트뢸치라고 할 수 있다.

이들 종교사학파들은 기독교 자체가 역사적 산물이라고 말한다. 역사적 산물들은 반드시 그 역사적 환경 때문에 출생할 수밖에 없는 시대적, 환경적 특징이 있다는 것이다. 그렇기에 기독교는 다른 모든 종교처럼 역사적 한계성의 지배를 받았다는 사실을 수용해야 한다는 것이다.

---

100) 로저 올슨, 현대신학이란 무엇인가?, pp. 223~254.

역사적 종교는 역사의 원인과 결과에 따라 생성된다. 따라서 역사라는 것은 모든 역사가 그 시대만이 가질 수밖에 없는 한계성이 있다. 그 한계성이란 상대적인 것이고 비절대적인 것이다. 기독교가 역사적 산물인데도 불구하고 그 속에 절대 변하지 않는 본질을 찾으려고 하는 것은 환상이고 미망이며 역사의 현실을 회피하려는 시도라고 주장했다.

트뢸치는 자유주의자들이 다른 종교들보다 기독교가 상위의 절대적 종교라는 자유주의자들의 견해도 거부하고 또 기독교만이 유일하고 절대적 종교라는 보수주의자들의 주장도 거부했다. 그야말로 20세기에 등장한 모든 종교들을 긍정하는 종교 다원주의의 기초를 닦아 놓은 인물이 되었다.

트뢸치가 이처럼 종교와 기독교를 분리하는 종교사학파를 계승했으나 그의 당대에는 별다른 주목을 받지 못했다. 왜냐하면 이후에 설명할 칼 바르트(1886~1968)의 변증법 신학이 개신교와 가톨릭에까지 큰 영향을 미쳤기 때문이다. 그런데 트뢸치 사후 21세기에 트뢸치의 사상을 새롭게 강조하는 신(新)자유주의 신학자들이 등장한다. 그들이 반 하비(Van Harvey, 1926~)와 고든 카우프만(Gordon Kaufman, 1925~2011)이다. 이들은 역사주의자로 자칭하면서 종교사학파와 유사한 주장을 하고 있다.

이들 종교사학파들의 주장은 이 세상의 종교들 모두 다 각각 저마다의 자기 종교로서의 위대한 타당성들을 갖고 있다고 믿는다. 그렇기에 그리스도인들이라고 해서 그들에게 복음을 전하려고 해서는 안 된다는 것이다. 트뢸치는 기독교는 서구 문명과 함께 해체되고 소멸될 것이나 현재를 살아가는 유럽 사람들에게만 기독교가 필요할 것이라고 주장했다. 참으로 가공망상(架空妄想) 같은 주장이다.

2) 종교 철학자로 그리스도 없는 기독교를 주장

트뢸치는 성경 논문이나 교회가 제정한 신조나 기독교 신학자들이 만든 각종 신학 등을 참고하지 않고 종교 철학, 종교학으로 그의 학문을 구성했다. 그리고 기독교의 출발이 그리스도의 인격과 생애와 교훈에서 출발이 되었는데 그리스도를 역사 속에 한 사건 정도로 이해하고 있다.

이와 같은 그를 하이델베르크대학에서 해고하려 하자 베를린대학의 철학 교수로 옮겨 그의 주장을 계속했다.

그가 역사의 정직성에 신실하려고 했을지 모르나 그는 기독교를 상대주의 정도로 격하시키고 다원주의자들처럼 기독교를 세계 수많은 종교들 중 하나로 추락시켜 놓았다. 우리는 이 같은 가공망상가들에 의해 현대 종교다원주의나 기독교의 토착화(土着化)라는 주장들이 전개되고 있는 현실을 보게 된다.

7. 독일 복음교회 설립자 디벨리우스(Otto Dibelius, 1880~1967)

디벨리우스는 베를린에서 공무원의 아들로 태어났다. 그는 종교개혁자 루터를 존경해서 루터가 교수로 활동한 비텐베르크(Wittenberg)대학에서 신학을 공부했다. 그리고 루터교 목사로 몇 년 동안 작고 소박한 교회의 목사로 지냈다. 그런데 1933년 히틀러가 임명한 독일교회 감독관을 수용하지 않고 거부하므로 히틀러에 의해 감독직을 면직당하였다. 이로 인해 일약 국가적 유명인으로 명성을 얻게 되었다. 1934년에 독일 루터교 국교교회가 나치의 지원을 받던 뮐러 (L. Müller)의 교권에 반대해 "바르멘 선언"((Barmen Declation)을 한다. 이 "바르멘 선언"은 독일 루터교 국교, 일반 개신교 그리고 "고백 교회"(Confessing Church)라는 새로운 교세를 만들어낸다. 디벨리우스는 고백 교회의 강력한 지지자가 된다.

디벨리우스는 나치 정권에 의해 세 번이나 체포되었다가 풀려난다. 제2차 세계 대전이 끝난 후(1945년) 베를린이 동·서독으로 분리된다. 이때 동·서독을 분리한 베를린 장벽이 생긴다. 이때 디벨리우스는 루터교의 감독이 되어 여러 개신교 교단들과 연합운동을 전개하여 독일 복음교회(German Evangelical Church)로 연합하는 데 이바지하였다. 디벨리우스는 과거 히틀러의 나치 정권에 맞섰고 또 동독의 상왕 노릇을 하는 스탈린과 공산주의자들에게도 맞섰다.

디벨리우스는 1961년 감독직에 사의를 표했다. 그러나 동서 양 진영이 그의 후임자를 동의하지 않음으로 계속해서 감독직을 유지했다. 그는 전 세계 교회들의 일치운동의 강력한 지지자로 1910년에 딘버러 대회에 참석했다. 1948년에 세계교회협의회(World Council Churches: 약칭 WCC)가 가톨릭과 분리주의자들을 제외한 개신교, 동방정교회가 주축이 되어서 조직된다. 디벨리우스는 WCC 의장으로 (1954~1961) 교회 연합 운동가로 살아갔다.

8. 비신화화(Entmythologisierung)
불트만(Rudolf Bultmann, 1884~1976)

불트만은 독일 함부르크에서 얼마 떨어지지 않은 작은 마을인 비펠드스테(Wiefeldstede)에서 루터교 목사의 맏아들로 태어났다. 그의 할아버지들 중 한 명은 아프리카 선교사였고, 한 명은 바덴에서 루터교 목사였다. 그렇기에 그는 조부 때부터 목사의 가문으로 계승되는 온건한 루터교 전통적 신앙 가문의 출신이다.

그는 전 생애를 학문 세계에서 보냈다. 11세(1895) 때 올덴부르크(Oldenburg) 인문 고등학교에 입학하여 헬라어와 로마 문학을 공부했다. 이때 훗날 실존주의 철학자로 알려진 야스퍼스(K. Jaspers)도 같은 시기에 공부했다. 그는 당시의 풍조에 따라 여러 대학에서 공부를 한다. 먼저 튀빙겐대학에서 공부한 후 베를린대학에서 공부한다. 베를린대학에서 앞서 소개한 궁켈에 의해 양식 비평을 배운다.

불트만은 궁켈의 구약성서의 양식 비평 방법을 신약 성경에 적용시킨다. 그리고 베를린대학의 앞서 소개한 하르낙 밑에서 교리사와 Q자료설을 배운다. 그리고 불트만은 다시 마르부르크대학에서 공부한다. 마르부르크대학에서 여러 교수의 영향을 받는다. 마르부르크대학에서 성서신학 교수인 율리허(A. Julicher)와 바이스(J. Weiss) 밑에서 신약성서를 배우고 헤르만(W. Hermann) 밑에서 조직신학을 배운다.

이들 중에는 불트만이 주요 멘토로 삼은 이가 19세기 말 주도적 자유주의 신학자로 알려진 요한네스 바이스(1863~1914)였다. 또한 그를 가르친 모든 교수들이 종교사학파에 속하는 자유주의 신학자들이었다. 불트만은 26세 때(1910) 마르부르크대학에서 〈바울의 설교 양식과 스토아학파 논증화법〉이란 연구 논문으로 신학박사 학위를 취득한다. 그리고 1912년에 〈몹수에스티아(Mopsuestia) 주석학〉이라는 제목의 논문으로 교수 자격 심사를 통과한다.

불트만은 1912년 마르부르크대학 신약성서학 강사로 시작해서 1916년에는 브레슬리우대학 신학성서 조교수가 된다.

1920년에 기센(Giessen)대학 교수로 잠시 활동하다가 1921년 모교인 마르크부르크대학의 신약성서 교수가 된다. 1921년 37세 때부터 1951년 67세로 교수직을 은퇴할 때까지 마르부르크대학 신약성서 교수와 저술 활동을 한다. 그는 1976년 92세까지 장수하면서 많은 작품을 남긴다.

여기서는 그의 대표 저작들과 그의 신학 사상을 살펴보겠다. 이에 대한 내용은 목창균의 《현대 신학 논쟁》과[101] 로저 올슨의 《현대 신학이란 무엇인가?》를 많이 참조했다. [102]

불트만은 신약 성서학자로 많은 저서들을 발표했다. 최초로 1921년에 발표한 《공관복음 전승사》는 궁켈의 양식 비평적 분석과 역사적 비평 방법을 도입한 연구 저서였다. 이 책에서 그는 공관복음서 안의 모든 자료들이 도입되었다는 주장을 한다. 놀라운 주장은 예수의 말씀 대부분은 역사적 사실에 기초한 것이 아니라 초대교회가 역사적, 정치적, 환경적 영향을 받아 새롭게 구성한 것이라는 주장을 펼쳤다.

공관복음서가 역사적 사실이 아니고 교회의 신앙과 예배를 위해

---

101) 목창균, 현대 신학 논쟁, pp. 173-190.
102) 로저 올슨, 현대 신학이란 무엇인가?, pp. 433-459.

만들어진 예배서이기 때문에 역사적 예수와 공관복음서의 예수 생애는 다르다는 내용이다.

1926년 《예수》(*Jesus*)라는 저서에서 역시 신약성서가 예수의 전기로서 신뢰할 만하지 않다는 주장을 반복한다.

1933년에 나온 《신앙과 이해》(*Faith and Understanding*)는 그동안 발표한 논문들을 모은 저서다. 그는 이 작품에서 그리스도의 복음을 계시적인 면과 이성적인 면으로 구분했다. 다시 말하면 신앙과 이성이 구별되지만 서로 조화될 수 있다는 논리였다.

1941년에 《신약성서와 신화》(*The New Testament and Mythology*)를 발표했다. 이 작품은 매우 충격적이고 전 세계에 큰 파문을 가져왔다. 우선 그는 신약성서 안에 기록된 초자연적 이적의 사건들의 내용이 현대 과학적인 인류에게는 이해될 수 없는 내용이라는 것이다.

과거 신약성경이 기록될 당시의 세상은 전기나 TV가 없이 호롱불이나 촛불을 켜고 살던 시대의 세계관에 의한 기록들이라는 것이다. 그렇기에 전기와 스마트 폰이 대세인 현대인에게는 현대인이 이해될 수 있도록 새롭게 해석되어 설명되어야 한다는 것이다. 그래서 성경을 문자적으로 믿는 보수적 성경관을 부정한다. 불트만은 성경 안에 기록된 초자연적 기록들을 현대인에게 이해시키려고 하면 문자적 이해가 아닌 신화(myth)적 표현으로 재해석해야 한다고 주장하였다.

여기서 그가 말하는 신화(神話)라는 개념을 알아야 한다. '신화'라고 하면 믿기 어려운 민족이나 국가의 기원을 신성한 이야기로 꾸며낸 비유적 표현으로 이해한다. 영어의 신화라는 'myth'도 그런 뜻이다.

그런데 불트만이 말하는 독일어의 신화라는 'Entmythologsierung'이라는 말은 겉껍질(초자연적)을 벗겨내고 그 속의 알맹이(영원한 본질)를 발견하는 것이라는 뜻이다.

불트만은 신약성서 속의 '신화'적 요소를 제거해야 된다면서 신약성서 속의 초자연적 내용들을 모조리 새롭게 현대적으로 이해해야 한다는 것이다. 그래서 신약성서 속의 처녀탄생을 비롯하여 오병이어 기적이나 또 예수의 부활 승천, 천국 등 모든 초자연적인 것들을 '신화'로 보고 그것들을 현대인들의 실존적 의미로 재해석해야 된다는 것이다. 여기서 비신화화에 의한 실존론적 해석이라는 그의 주장이 제기되었다.

불트만은 그 외에도 《케리그마와 신화》(Kerygma and Myth, 1948)에서 신약성서 내 신화적 표현들은 재해석해내고 예수 그리스도께서 가장 중요하게 가르친 핵심 진리를 '케리그마'로 분리해내야 한다고 했다. 그는 이 책에서 양식사 비평 방법과 종교사학파들의 역사 비평 방법을 사용해 신약성서 내용을 재해석해야 됨을 주장했다.

그 외에도 《요한복음 주석》(1941), 《신약성서 신학》(1948~1953), 《역사와 종말론》(1957), 《해석학의 문제》(1950) 등등 다양한 저술들을 남겼다. 불트만의 신학과 문제점이 무엇인가?

불트만의 비신화화(非神話化: Demythologization)라는 주장은 20세기 전 세계 교계에 커다란 파문을 일으켰다. 그의 주장에 따르면, 신약성경에 기록된 예수님의 선재(先在)사상, 동정녀 탄생, 신성(神性), 부활, 승천, 예수님의 재림, 삼층천, 천국, 삼위일체, 죄와 대속의 교리 등 신약성경의 많은 내용이 현대인이 믿을 수 없는, 재해석되어야만 하는 신화들이라는 것이다. 그와 같은 신화적 표현을 문자적 액면대로 믿지 않고 현대인들이 과학적 사고로 이해될 수 있는 실존적 의미로 재해석해내는 것이 케리그마의 본질이라는 것이다.

불트만의 주장대로라면 완전 자유주의자인데 신정통주의자들은 그가 예수 그리스도의 신성은 부인해도 예수 그리스도에게 복음이 있다고 믿기에 그를 신정통주의자라고 보려고 한다.

그가 어떤 면에서 문제가 있는가? 그는 성경의 비과학적 내용들을 현대 과학적인 사람들에게 이해시키기 위해 비신화화해야 한다고 했다. 그러나 그는 과학만이 절대적 만능이 아니라 초과학적(超科學的) 사실들을 아직도 인간들이 규명해내지 못하고 있다는 사실 자체를 간과(看過)해 버렸다. 과학시대인 현재에도 왜 정자와 난자가 결합되면 생명이 잉태되는지 결과만 알 뿐 원인을 모른다. 왜 모든 동식물들은 밤에 잠을 자야만 생존하는지도 모른다. 또 태양계 밖의 은하계의 세계는 갈수록 미궁이다. 현대 과학이 만능도 아닌데 과학적으로 현대인들을 설득하기 위해서 초(超)과학적 성경의 계시 내용들을 현대인의 비위에 맞게 실존적 의미로 설명해야 한다는 학문적 방법이 새롭기는 하지만 전혀 역부족인 주장이다.

불트만은 성서의 초자연적 사건들을 신화로 추락시키고 성경이 성령의 감동의 작품이 아닌 고대 근동 종교들로부터 유래한 것이라는 불분명한 주장을 하며 성서의 권위를 추락시켰다. 그리고 인간을 실존 철학자들이 말하는 인간 중심의 신학으로 격하시켰다.

9. 변증법적 신학(Dialectical Theology)
칼 바르트(Karl Barth, 1886~1968)

19세기의 대표적 신학자를 들라면 슐라이에르마허라고 하고, 20세기의 대표적 신학자라고 하면 단연 칼 바르트를 꼽는다. 여기서 바르트의 생애와 사상을 두세 사람들의 저서를 통해 간결하게 살펴보도록 하겠다.

1) 칼 바르트의 생애

바르트는 스위스 바젤에서 개혁교회의 보수적인 부모에게서 태어났다. 아버지 프리츠 바르트는 설교자들을 위한 대학 강사였다가 바르트 출생 후 베른대학교 교수로 옮겨갔다. 바르트는 아버지를 존경했고 어머니에 대한 정이 각별했다고 한다. 바르트는 아버지가 교수로 있는 베른대학에서 신학공부를 시작했는데 아버지로부터 교회사와 신약성서를 배웠다. 그는 당대 유명한 신학자들에게서 공부하기를 원해서 당시 자유주의 학풍의 마르부르크대학의 헤르만 문하에서 공부하기를 원했다. 그러나 아버지는 할레대학 같은 보수적인 학교에서 공부하기를 원함으로 뜻을 이루지 못한다. 그래서 절충안으로 선택한 것이 중도적 성격의 베를린대학이었다.

1906년(20세)에 바르트는 베를린대학에 들어갔다. 거기서 하르낙, 궁켈, 카프탄 같은 자유주의자 밑에서 공부를 시작했다. 그러자 아버지의 명령으로 1907년 튀빙겐대학으로 옮겨 보수신학자 슐라터에게 배웠다. 그러나 그의 평소 소원대로 1908년 마르부르크대학으로 옮겨서 리츨, 빌헬름 헤르만과 라이트 뮐러의 제자가 되었다.

나중에 바르트는 스승들의 신학을 철저히 비판하므로 스승들은 크게 실망한다. 바르트가 훗날 저명한 대학들에서 명예박사 학위는 많이 받았으나 논문으로 박사학위를 취득한 일은 없다.

바르트는 1908년에 과거 칼빈이 사역했던 스위스 제네바의 독일어를 사용하는 개혁교회 부목사로 잠시 봉사했으나 만족을 느끼지 못한다. 그 후 1911년 25세 때부터 스위스와 독일의 국경을 맞댄 마을인 스위스의 작은 공업도시 자펜빌에서 10년 동안 목회를 한다. 그가 목회하는 도시의 교인들은 대개가 공장에 나가 노동을 했다. 그는 목회하면서 저임금 투쟁과 노동자 근로 조건의 처우개선과 사회정의 등 교인들의 문제에 많은 관심을 기울이게 되었다. 그는 목회와 종교 사회주의 운동에 가담하여 노동자의 권익을 대변하는 일을 했다. 이 일로 보수주의적인 아버지와 신학적으로 대립하기도 했다. 그는 하나님의 나라와 사회주의 운동을 같은 것으로 보는 자유주의자들과 같은 맥락이어서 아버지와의 대립은 물론이고 그 자신이 자유주의자들과 같은 입장이었다.

1914년 제1차 세계 대전이 벌어졌다. 이때 독일 지성인 93명이 독일 황제 카이젤 빌헬름 2세의 전쟁 정책을 지지하는 성명서를 발표했다. 이때의 기초자가 하르낙이었고 헤르만, 제베르그, 라네 등 자유주의 신학자 다수가 서명했다. 이때 바르트는 자기 은사들이지만 저들 지성인들의 국가 정책 옹호 선언은 잘못된 신학과 잘못된 철학이라고 판단한다.

그러면서 목회를 하면서 교인들에게 무엇을 설교해야 할지 고심한다. 그때 자기가 배운 자유주의 신학에 의한 기독교 설교는 교인들에게 적절한 해결책이 되지 못함을 깨닫는다. 그는 자유주의 신학은 하나님의 계시 대신 인간, 신앙, 경건, 감정, 문화 등에 관심을 두는 것으로 판단한다. 바르트는 키에르케고르, 오버베크(Overbeck), 도스토예프스키 등의 영향을 받고 신약성서 연구에 몰두한다.

1919년 그는 《로마서 주석》을 발표한다. 《로마서 주석》은 자유주의 신학자들의 놀이터에 폭탄을 던진 것 같은 충격을 일으킨다. 왜냐하면 19세기 자유주의자들이 경시한 성경을 근거로 "하나님 말씀의 신학"을 제시했기 때문이다. 1919년 《로마서 주석》으로 몇 달 동안 열띤 논쟁이 계속된다. 자유주의자들은 종교적 광신주의로 치부하고 보수주의자들은 참된 종교개혁의 회복이라고 칭송했다.

바르트의 《로마서 주석》으로 그의 스승들은 크게 당혹했으나 많은 목사들이 열렬히 호응했다.

이로 인해 바르트는 1921년 괴팅겐대학 교수로 초빙된다. 바르트의 괴팅겐대학 교수부임으로 리츨학파 제자들로부터 심각한 갈등을 일으키지만 1922년 고가르텐, 투르나이젠, 메츠 등과 함께 잡지 〈시간들 사이에〉를 창간한다.

이 잡지를 통해 자유주의 신학을 반대하고 하나님 말씀 중심의 성경신학을 주장하려는 변증법적 신학운동의 기관지를 만든다. 바르트는 계속 논문과 책을 써서 발표했다. 그러나 당대 유명한 독일 신학자들이 바르트를 외면하므로 친구가 거의 없게 되었다.

1925년에 바르트는 뮌스터(Münster)대학의 교의학 및 신약성서 주석학 교수가 되어서 여기서 《교의학 개요 서론》(1927)을 시작한다.

1930년에는 본대학 교수로 부임해 《19세기 프로테스탄트 신학》과 《교회 교의학》을 저술한다. 바르트의 대표 저서인 《교회 교의학》은 1932년 46세 때부터 시작해서 그가 사망할 때인 1968년까지 13권을 출판한다. 1930년대에 바르트는 독일 안에 있는 반(反) 나치 고백교회 운동에 깊이 관여하였다.

1933년에 히틀러가 정권을 장악하자 독일 내 그리스도인들은 히틀러를 새로운 메시아처럼 암묵적으로 따랐다. 바르트는 독일 신학자들과 그리스도인들이 히틀러를 추앙하는 것은 자연 신학을 신봉하는 결과로 보았다. 바르트는 나치 정부에 충성 서약을 강요하는 것에 거부하고 강의를 시작하기 전 히틀러식 경례하는 일을 거부했다.

이 무렵에 "예수는 주다"라는 바르멘 선언을 주도한다. 그는 1935년 교수직에서 해임당하고 독일에서 가르치는 것과 저서 출판도 금지당한다. 그러자 스위스 바젤대학에서 교수직을 제안 받는다. 바르트는 1935년 바젤대학 교수가 되어 1968년 사망할 때까지 27년간 교수 활동을 하며 여생을 보낸다. 이 무렵에 《교회 교의학》 13권과 수많은 논문들과 시(市) 교도소에서 주기적으로 설교했다. 이때 전 세계 각국에서 그의 강의를 들으려고 사람들이 바젤로 모여들었다. 그는 영국과 미국 학생들을 위해 매월 영어 세미나도 열었다.

1962년 전임 교직에서 은퇴하고 미국에 가서 여러 대학에서 강의했다. 그는 시카고 록펠러 예배당에서 자유주의와 보수주의의 신학자들과의 공개대화를 가졌다. 그때 마지막 강의 후 한 학생이 그의 일생의 저작들을 한 문장으로 요약한다면 무슨 말이 되느냐고 물었다. 그는 어머니 무릎에서 배운 노래 가사로 요약할 수 있는데 그 말은 "예수 사랑하심을 성경에서 배웠네"라고 대답했다.

그는 1968년 12월 9일에 바젤에 있는 자신의 집 축음기에서 모차르트의 선율이 흐르는 가운데 죽음을 맞이했다. 그는 82세로 살면서 《교회 교의학》 13권으로 신정통주의자라는 이름을 남기고 세상을 떠났다.

2) 칼 바르트의 사상

칼 바르트의 사상과 문제점을 목창균 교수의 지적[103]과 로저 올슨의 비판[104]을 참고하고 여기에 필자의 의견을 덧붙여서 설명해 보겠다.

(1) 하나님 말씀의 신학

바르트의 대표적 사상이 하나님 말씀의 신학이다. 그런데 '하나님의 말씀'이라는 주장은 전통적이고 보수적인 하나님 말씀 개념과는 다르다. 전통적이고 보수적인 견해에 따르면 '하나님의 말씀'이라고 하면 성경 66권을 의미한다.

그런데 바르트는 하나님의 말씀의 개념을 3중성(三重性)으로 설명한다.

바르트가 주장하는 하나님의 말씀 개념에는 세 가지가 포함된다.
① 성육신하신 그리스도
성육신하신 그리스도께서 하나님을 정확하게 계시해 주셨다고 한다.
② 기록된 성경
성경 66권은 하나님의 계시를 기록해 놓은 하나님의 말씀이다. 그런데 성경 66권에는 그리스도처럼 하나님을 알 수 없는 한계점이 있

---

103) 목창균, 현대 신학 논쟁, pp. 139~171.
104) 로저 올슨, 현대 신학이란 무엇인가?, pp. 401~432.

다. 성경에는 오류가 많고 성경의 모든 문자들이 축자영감되어서 오류가 없다는 주장도 오류다. 성경은 예수 그리스도를 증언하는 것만으로 영감된 계시이다. 그 외에는 역사적, 과학적 오류가 많다.

③ 선포되는 말씀
사역자가 성경에 근거해 선포하는 것이 하나님 말씀이다.

이상이 바르트의 '하나님 말씀의 신학'의 핵심이다. 이 같은 바르트의 주장에 많은 문제점이 있다.
첫째로 그는 "하나님의 말씀" 개념에 혼란을 일으키게 한다. 그는 기록된 성경보다 성육신하신 그리스도를 상위로 인정한다. 그리고 기록된 성경에는 계시된 부분과 오류된 부분이 섞여 있다고 본다. 이 같은 그의 논리는 성경의 권위를 추락시키는 결과를 가져왔다. 그가 말하는 대로 성육신하신 그리스도가 하나님을 정확하게 계시해 주셨다는 주장은 맞는 말이다. 그런데 그와 같은 성육신하신 그리스도를 사람들이 알 수 있게 된 것은 기록된 성경을 통해서이다.
영적으로 그리스도는 창세 전에 계셨지만(요 1:1-3) 그리스도는 옛적에 선지자들을 통하여 여러 부분과 여러 모양으로 우리 조상들에게 말씀하신 하나님이 이 모든 날 마지막에는 아들을 통하여 우리에게 말씀하셨다(히 1:1-2). 그렇기에 성육신 그리스도 이전에 기록된 성경이 존재했다. 그리고 예수 그리스도의 생애와 교훈 후에도 사도들을 통해 인류들에게 계시의 말씀으로 성경을 주신 것이 신약이다.
이렇게 이미 기록된 구약과 그리스도 이후에 기록된 신약이 모두 하나님의 말씀이다. 이렇게 기록된 말씀만이 하나님의 말씀이다. 기록된 성경 중 성육신하신 그리스도를 따로 분리해 내는 발상 자체가 하나님 말씀의 개념을 벗어난 주장이다. 우리는 그리스도께서 하나님을 완전하게 주셨음을 잘 안다. 그러나 그리스도께서 하나님을 다 완전하게 계시하시지 않는 부분들은 사도들을 통해 훗날에 계시로 알려주셨다.

그렇기에 바르트의 주장대로라면 예수님의 생애와 교훈을 기록한 4복음서만이 하나님 말씀이고 그 이외에는 하나님 말씀이 아닐 수 있다는 변론이 따를 소지가 있다. 성육신하신 그리스도와 하나님을 높여드리려는 바르트의 의도는 이해되지만 성령으로 계시해 주신 신구약 성경들은 간과하고 있는 것 같다.

그리고 세 번째로 사역자들이 강단에서 선포하는 말씀도 하나님 말씀이라고 했다. 이 주장 역시 너무 허점이 많은 주장이다. 지금 전 세계에 자기만이 성경을 잘 안다고 착각하고 수많은 성경 구절들을 인용하며 설교하고 가르치는 자들이 얼마나 많은가? 강단에서 성경 내용만 선포하면 그것이 하나님 말씀인가? 하나님 말씀은 기록된 성경을 통해 성경을 기록하신 성령의 감동을 받은 자가 성령의 감동대로 선포해야 하나님 말씀이 되는 것이다.

바르트가 그 같은 의도로 말했으리라고 호의로 받아들일 수는 있으나 그의 주장에는 그 같은 설명이 따르지 않아 오해가 뒤따르게 되었다.

(2) 칼빈주의의 극복

개신교 안에는 칼빈주의가 500여 년 동안 계승되면서 개신교 내에서는 칼빈주의가 보편화되어 있다. 칼빈주의란 하나님의 절대 주권에 의한 선택과 예정 사상이 핵심이다. 칼빈주의의 5대 강령은 ① 전적인 타락 ② 무조건적 선택 ③ 제한 속죄 ④ 불가항력적인 은혜 ⑤

성도의 견인이다. 이 같은 칼빈주의는 하나님 중심의 사상이다. 그러나 바르트는 그리스도 중심의 신학 사상을 펼친다.

바르트에 의하면, 하나님께서 인류를 구원자와 저주받을 자로 이중 예정을 했다는 칼빈주의는 그리스도의 대속의 진리를 간과했다는 것이다. 바르트는 하나님께서는 예수 그리스도 안에서 저주받은 자까지도 구원받을 수 있도록 모든 인류를 선택하셨다고 한다.

예수 그리스도께서는 인간이 당해야 할 유기, 멸망, 죽음을 십자가에서 다 해결해 주셨다는 것이다. 따라서 그리스도는 엄청난 희생을 감수하면서 죄 많은 인류에게 무죄를 선고하기로 예정했다고 주장했다.

바르트는 이 주장을 그의 《교의학》 2권 2장에서 설명한다. 따라서 바르트는 하나님께서 임의대로 절대 주권에 의해 유기와 선택으로 이중 예정했다는 칼빈주의를 부인한다. 그리고 그는 모든 인간이 그리스도 안에서 다 구원받을 수 있다는 보편 구원을 믿었다. 이와 같은 보편 구원론은 아르미니안 사상과 같은 이론이다.

(3) 자연 신학 문제

바르트는 같은 스위스 출신의 신학자 브루너(H. Emil Brunner, 1889~1966)와 동시대를 살아갔다. 브루너는 취리히대학을 졸업하고 독일의 베를린대학과 미국 뉴욕의 유니온신학교에서 공부하고 취리히대학에서 신학박사 학위를 얻었다. 그는 1924~1953년까지 취리히대학에서 조직신학과 실천신학을 40여 년간 가르쳤다. 그리고 미국에 잠시 가르쳤고 동경국제기독교대학에서 기독교 철학 교수로 2년 동안(1953~1955) 가르쳤다.

브루너는 초기에 바르트와 같은 신학 입장이었다. 브루너 역시 바르트처럼 키에르케고르와 부버(M. Buber, 1878~1965)의 영향을 받았다.

그래서 자유주의 신학과 복음주의적 정통 신학도 모두 부정했다. 브루너는 《정의와 사회질서》(1943), 《기독교와 문명》(1948~49), 《하나님과 인간의 만남》(1938), 《자연신학》(1934), 《교의학》(1946~60) 등의 저서들을 남겼다.

그런데 젊었을 때 바르트와 같은 신학 입장이었다가 중년 이후에는 바르트와 브루너가 "자연신학" 견해 차이로 20여 년간 논쟁하면서 화해하지 못하고 죽는다.

여기 바르트와 브루너는 자연신학 또는 일반계시에 관한 견해 차이로 심각하게 대립되어 세계가 다 아는 논쟁을 계속했다. 차제에 자연신학 문제를 살펴보자. '자연'(自然)이라는 말은 '사람의 힘을 더하지 않는 천연(天然) 그대로의 상태'를 의미한다. 그런데 자연을 통해 하나님을 깨달을 수 있느냐 하는 문제는 아주 오래전부터 논란이 지속되어 온 문제이다. 특히 가톨릭교회와 개신교 정통주의에서는 자연이 하나님의 계시의 한 수단이라고 믿는다. 계시라는 단어는 신약성경에 많이 쓰였다(마 11:27; 롬 16:26; 고전 14:6, 26; 갈 1:12, 2:2, 3:23; 엡 1:17, 3:3; 계 1:1 등).

이때 쓰인 '계시'는 '아포칼류피스'(ἀποκάλυψις)다. 이때 쓰인 계시라는 말은 '벗기다', '드러내다', '지금까지 숨겨진 것을 드러낸다'는 뜻이다. 따라서 성경에서 '계시'라고 말할 때는 지금까지는 가려져 있었고 숨겨져 있던 것을 하나님께서 드러내 보여 주셨다는 뜻이다. 이와 같은 하나님의 자기 표명(Self-manifestation) 또는 자기 폭로(Self-disclosure)를 계시라고 한다.

그렇다면 하나님의 계시가 어떻게 주어졌는가? 여기에 대해 가톨릭과 개신교 정통 보수주의에서는 대체로 계시를 두 가지로 이해한다. 하나는 일반적인 계시 또는 자연적인 계시와 두 번째는 특별계시 또는 초자연적 계시로 구분한다. 그리고 일반계시에는 때와 장소 및 사람을 가리지 않고 모든 사람이 보편적으로 알 수 있는 계시를 뜻한다. 일반계시를 주장하는 성경 구절로 창세기 1장 16절의 하늘의 두 큰 광명체, 욥기 12장 7-15절, 시편 19편, 사도행전 17장 27절, 로마서 1장 19-20절로 창조물이 하나님의 일반 계시물이라고 한다. 그리고 로마서 2장 14-15절에서 인간의 양심도 하나님의 계시로 본다.

이와 같은 일반계시를 통해 하나님의 존재하심, 전능하심, 초월하심 등을 깨달을 수는 있다. 그러나 하나님을 깨닫기는 하지만 자기가 죄인임을 인식하지 못하고 구원의 필요성을 절감하지 못한다. 그래서 특별계시로 이스라엘 민족의 역사와 그리스도를 통한 구원의 길을 계시해 주셨다. 그와 같은 이스라엘 민족의 역사와 그리스도의 대속의 진리가 모든 계시의 목표와 결론으로 주어졌다. 이렇게 믿는 것이 정통적 해석이었다.

그런데 브루너는 일반계시를 적극 옹호하고 강조했으나 바르트는 끝까지 일반계시를 거부하고 특별계시만 주장했다. 왜 바르트가 이토록 일반계시를 거부했는가? 그것은 그가 겪은 쓰라린 나치 정권의 폭정을 뼈저리게 체험했기 때문이다. 바르트는 독일 여러 신학교에서 교수 활동을 하다가 히틀러에게 충성하지 않는다는 이유로 추방을 당했다. 그런데 독일의 많은 가톨릭과 루터교 신학자들은 히틀러를 시대적 메시아로 착각하고 히틀러를 옹호했다. 저들이 왜 히틀러를 옹호했는가? 그 원인이 특별계시인 성경 진리가 아니라, 루터가 로마서 13장에서 세상 권세도 하나님의 권세라고 잘못된 해석을 한 것에서 비롯되었음을 깨닫는다. 이 같은 해석은 가톨릭도 마찬가지다.

가톨릭은 자연계시를 믿기 때문에 기독교만이 아닌 타종교들에도 계시가 있다고 믿고 각 종교를 제대로 잘 믿으면 다 구원을 얻는다고 믿는다. 이 같은 사상이 21세기의 '종교다원주의'로 등장했다. 바르트는 일반계시를 끝내 부인한다. 반면에 브루너는 끝까지 일반계시를 인정한다.

필자가 볼 때 일반계시는 성경적 진리이나 일반계시로는 구원의 필요성과 절박성을 못 느낀다는 한계점이 있다. 그래서 특별계시가 주어진 것이다. 두 학자가 투쟁한 과거사와 오늘날 종교다원주의 세태를 보면서 바르트의 투쟁이 큰 의미가 있는 선각자의 투쟁이었다고 느껴진다.

[정리하는 말]

바르트는 20세기 가장 위대한 신학자로 인정을 받고 있다. 그 이유는 19세기 자유주의자들의 온갖 만행들을 새롭게 반성하도록 '말씀의 신학'을 수립했기 때문이다. 그래서 바르트를 따르는 후학들에 의해 신(新)정통주의라는 용어가 생겨났다.

그러나 필자는 바르트의 "하나님 말씀의 3중성"이론에 동의하지 않는다. 그는 키에르케고르의 실존주의 철학의 인간과 하나님과의 대립과 위기를 변증법으로 설명함으로 신학의 기틀을 삼았다. 그의 신학 이론이 철학 이론처럼 합리적일 수는 있으나 성경적이지는 않다. 하나님의 말씀은 계시된 자연계시 속에 부분적으로 있으나 기록된 성경으로 완성해 주셨다(히 1:1~2). 이렇게 완성된 계시 외에 더 추가해 가는 가톨릭은 재앙을 더하는 범죄(계 22:18)를 계속해가고 있고 또 성경을 비신화시킨다고 축소시킨 자유주의자들은 거룩한 성에 참여함을 재해 버림을 당할 것이다(계 22:19).

참으로 한탄스러운 교회사의 사실이다. 하나님께서 계시로 완성시켜 주신 성경 66권만을 고수하는 하나님 말씀에 충성하는 신실한 종들은 역사에 유명한 이름을 못 남긴다. 오히려 성경을 시대적 철학 사상과 혼합시킨 자들의 주장은 교회 역사가 기억한다. 그 예가 아우구스티누스(354~430)가 신(新) 플라톤 철학과 성경을 혼합시킨 '세례중생론'이고, 또 중세기 아퀴나스(1224~1274)가 아리스토텔레스 철학과 성경을 혼합한 '칠성사'(七聖事:Seven Sacraments)이고, 또 종교개혁자 칼빈(1509~1564)이 숙명론과 성경을 혼합시킨 '예정 사상'이다.

바르트도 실존주의 철학과 변증법이라는 철학과 성경을 혼합시켜서 세상의 주목을 받았다. 그러나 철학을 배제하고 성경만 고수하는 이들은 주님께서 알아주실 것이다.

10. 문화의 신학(Theology of Culture)
폴 틸리히(Paul Tillich, 1886~1965)

폴 틸리히는 독일 출신 신학자로 독일에서 활동하다가 히틀러 정권의 탄압으로 47세 때 미국으로 이주했다. 그는 미국에서 최고의 철학자요 신학자로 인정받으며 독일에서보다 더 유명해진 신학자요 철학자로 알려졌다.

그는 평생 종교와 문화를 중재하려고 신학적 소재들을 철학, 문화, 역사 등과 연결해서 변증법적으로 설명했다. 그리고 신학의 고유한 사상들을 모두 다 상징이라고 격하시키면서 종교와 세상을 중재시키려 한 전형적인 자유주의자 중 신자유주의자었다. 이제 그의 생애와 사상을 살펴보겠다. 이 내용 역시 목창균 교수의 저서[105]와 로저 올슨의 저서[106]를 참고했다.

1) 폴 틸리히의 생애

틸리히는 독일 브란덴베르크 지방의 작은 공업도시 슈타르체델(Starzeddel)에서 루터교 목사의 아들로 태어났고 보수적이며 경건한 가정환경에서 성장했다. 그는 베를린대학, 튀빙겐대학, 할레대학교에서 칸트, 피히테, 슐라이에르마허, 헤겔 등을 공부하였다. 그리고 브레슬리우대학교에서 쉘링(F. Schelling)에 관한 논문으로 1910년 철학박사 학위를 받고, 1912년에는 할레대학에서 신학 전문직 학위도 받았다. 1912년 목사 안수를 받고 부목사 생활을 하다가 1914년 제1차 세계 대전이 일어나자 군목으로 입대해 4년간 복무한다.

이때 수많은 전상자들을 만나고 수백 건의 장례식을 집례하면서 그는 죽음에 대한 공포와 불안을 체험한다. 이때 먼 피안의 세계인 천국의 관념적 신앙보다는 실존주의적 현실적 입장에서 인간을 이해해야 됨을 체험을 통해 터득한다. 전쟁을 겪으면서 전통적으로 군주를 두둔하는 군주 우월주의에서 종교사회주의자로 사상이 바뀌고, 기독교 신자에서 문화적 염세주의에 입각한 금욕적, 야성적 남자로 변모한다.

1919년 33세 때 베를린대학교에서 강사로 종교와 정치, 예술, 철학, 심리학, 사회학에 관계된 과목들을 강의한다.

베를린에서 열린 칸트 학회에서 "문화의 신학의 개념"이라는 제목

---

105) 목창균, 현대 신학 논쟁, pp. 191~209.
106) 로저 올슨, 현대 신학이란 무엇인가?, pp. 495~528.

으로 일반 시민들에게 첫 공개 강연을 했다. 1924년 마르부르크대학 교수로 초빙되었다. 이때《조직신학》을 저술하기 시작해 1951년에 1권을 출판한다. 또 같은 대학 철학 교수인 하이데거와의 교제를 통해 실존철학의 영향을 받는다.

1926년 드레스덴대학의 종교학 교수로 부임해《종교적 상황》을 출판한다. 1929년에 프랑크푸르트대학의 철학 교수가 되면서 독일 철학계에 알려지기 시작한다. 이 무렵에 종교 사회주의 운동에 가담한다. 1933년 히틀러가 총독이 되자 "사회주의자의 결단"을 발표하며 나치의 정치이념을 공박했다. 그리고 나치 당국에 의해 해직을 당한다.

틸리히는 47세 되는 1933년에 라인홀드 니버를 비롯한 미국 친구들의 주선으로 뉴욕의 유니온신학교 교수로 초빙되었다.

틸리히는 생소한 미국 문화와 언어 속에서 제2의 학문생활을 시작한다. 그는 1936년 영어로《역사의 해석》을 출판했으나 난해한 내용으로 큰 반응을 얻지 못한다. 또 그의 강연은 독일식 악센트로 청중들이 알아듣기가 어려웠다. 1948년 신학교 채플에서 행한 설교들의 모음집인《흔들리는 터전》(*The Shaking of the Foundation*)은 예상외로 독자들을 감동시켜 베스트셀러가 된다.

틸리히는 그 후에도《새로운 존재》(1955),《영원한 현재》(1963) 등의 설교집을 발행한다.《새로운 존재》(*The New Being*)에서 병든 인간의 실존과 파탄에 이른 문명을 치유하는 분으로서의 예수 그리스도의 복음을 해명한다.《영원한 현재》(*The Eternal Now*)에서는 인간의 종교적 상황을 분석하여 시간적인 것 가운데 영원한 것의 임재로 희망을 제시한다.

또 논문집《프로테스탄트 시대》(*The Protestant Era*)에서 프로테스탄트가 어떻게 문화에 영향을 주고 문화를 변화시킬 수 있는가에 대한 해답을 제시한다.

그가 평생에 걸쳐 저술한 책이 《조직신학》 3권이다. 1권은 1951년에, 2권은 1957년에, 3권은 1963년에 출판되었다. 이 3권은 전체가 5부로 구성되어 있다.

참으로 놀라운 일은 그의 평생 동안 계속해서 좋은 길이 열렸다. 1955년 69세의 나이로 그는 22년간 철학적 신학을 강의했던 유니온 신학교 교수직을 은퇴했다. 그때 하버드대학에서 세계적으로 저명한 은퇴 교수에게 제공하는 특별 교수로 초빙받아 하버드대학에서 7년간(1962년) 교수 활동을 한다. 여기서 《신학의 동력》(1957년), 《문화의 신학》(1959년)을 출판했다.

1960년에는 일본을 방문해 신학 강의와 불교학자와 승려들과의 대화로 타 종교와의 대화를 강조한다. 1962년 76세 때 하버드대학 임용 규정에 따라 은퇴를 한다. 그런데 이번에는 시카고대학에서 신학 교수직을 제의한다. 틸리히는 두 번의 대학교수직 은퇴를 하고서도 세 번째 시카고대학 교수가 된다. 그는 1966년 80회 생일 이전에 시카고대학을 떠나 뉴욕의 뉴 스쿨(the New School of Social Research) 철학 교수직을 맡을 계획이었으나 1965년 10월에 사망함으로 그 뜻은 실현되지 못했다.

2) 폴 틸리히의 사상

폴 틸리히는 루터교 목사로 인생을 시작했다. 그 후 독일과 미국에서 유명한 대학 교수로 79세 눈을 감을 때까지 화려한 경력들을 남겼다. 남들은 일생 동안 노력해도 교수직 한 번도 못 해보는 경우가 대다수이지만 그는 평생 수많은 대학의 교수직에 종사했고 두 번씩이나 은퇴를 한 후에도 계속해서 교수직을 제의받았다. 그의 생애는 참 화려했고 생애 동안 많은 이들로부터 인기를 계속 유지했다. 그렇다면 그는 왜 그렇게 평생 인기가 있었는가?

그가 저술한 《조직 신학》의 내용을 보면 별달리 참고해서 활용할 만한 가치가 없다고 본다. 그가 인기가 있었던 결정적 이유는 그의 사상들 전부가 철학적 토대 위에 신학을 연결시키려는 철학과 신학의 상호 보완적 역할을 주장했기 때문이다. 그가 기초한 철학들은 고대 플라톤 철학, 중세기 신비주의, 독일의 관념론(쉘링), 키에르케고르의 실존주의와 하이데거의 실존주의이다.

철학이 질문하고 신학이 대답한다는 것이 그의 신학 사상의 핵심이다. 왜 세상 사람들은 그를 좋아했는가? 대부분의 신학자들의 관심 대상은 성경 연구가 위주였다. 그래서 성경을 자료 편집했다느니, 성경이 일반 종교 서적이라느니, 성경에는 신화적 요소를 비신화화해야 한다느니 하며 성경을 가지고 자유주의 신학이 등장했다. 그러나 틸리히가 성경을 인용하는 것은 자기 논리를 합리화하려고 임의적으로 도용했을 뿐, 그는 철저한 철학과 신학을 혼합시킨 자였다.

그렇기에 그가 저술한 베스트셀러라는 작품들을 보면 그가 살아간 시대의 최대의 인기를 누리는 실존주의 철학적 사상을 성경적인 것으로 번안시킨 내용들이었다. 틸리히는 철학과 신학뿐 아니라 종교와 문화도 동시에 취급했다. 그에게는 수많은 형용사들이 따른다. 그가 유럽세계와 미국세계를 중재한 것이나 철학과 신학을 연결시킨 것이나 기독교와 타종교 간의 대화를 시도한 것이나, 이처럼 그는 세상의 문화와 종교 간의 상관관계를 계속 추구했다. 그래서 그에 대해 '경계선상의 신학자', '문화의 신학자', '실존주의 신학자', '신자유주의자' 등등 별의별 호칭이 따른다.

그러나 필자가 보기에 그는 전통신학을 거부하고 성경의 모든 내용들을 단지 상징적 의미라고 이해한 전형적 신자유주의자였다. 그가 믿는 성경은 역사적이지도 않고 모두 다 상징적 의미라고 왜곡시키며 철저한 인간 중심의 철학이론으로 한 세대를 살아간 종교학자였다.

11. 기독교 윤리(Christian Ethics)
라인홀드 니버(Reinhold Niebuhr, 1893~1971)

라인홀드 니버는 20세기 미국에서 가장 영향력을 발휘한 기독교 신학자였다. 그는 미국 유니온신학교 교수로 42년간(1928~1960) 기독교 윤리를 가르쳤다. 그는 교수활동과 함께 사회활동에 적극 참여했다.

사회주의 기독인 협회로 마르크스주의를 따르기도 했고, 뉴욕주 상원의원, 하원의원 선거에 출마하기도 했고, 후에 사회당을 탈퇴해 반공산주의 전국 회장이 되었고, 또 WCC 창립총회 때(1948) 주 발제자로 활약도 했고, 루스벨트 대통령 초청으로 백악관에 가서 자문 역할도 했다. 그리고 수많은 저서들로 후학들에게 많은 영향력을 끼치고 있다. 이제 그의 생애와 사상을 살펴보자.

1) 니버의 생애

니버는 미국 미조리주 라이트(Wright)시에서 독일계 미국인 루터교

계통의 목사의 아들로 태어났다. 이 교회는 독일 이민자들로 구성된 루터파 개혁교단으로 훗날 미국 그리스도연합교단(United Church of Christ)의 일원이 되었다. 이들에게는 다섯 자녀가 있었는데 그중 두 아들이 라인홀드 니버와 리처드 니버로 미국 신학을 주도한다.

니버는 일리노이주 링컨고등학교를 졸업하고 시카고 근교의 엘림 허스트(Elmhurst)대학과 세인트루이스의 이든신학교(Eden Seminary)를 다닌 후 다시 예일대학교 신학부에 입학했다. 니버는 1914년 21세 때 예일대학 신학사(B.D), 그다음 해에는 문학 석사학위를 취득했다. 그는 정규 박사 학위는 없고 옥스퍼드대학의 명예박사 학위 등 명예박사 학위가 18개나 된다. 1915년 니버는 북미 복음교회에서 목사 안수를 받은 후 자동차 공업도시인 디트로이트 벧엘교회에서 목회를 시작한다.

여기서 13년간 노동자들을 상대로 목회하면서 자본주의에 기초한 미국 산업 사회의 문제점을 직시하고 경험을 통해 사회 정의의 중요성을 깨닫는다. 그는 빈곤과 무기력으로 곤경을 겪는 노동자들을 위한 노동운동과 평화주의운동을 주도하면서 자본주의의 반대인 마르크스 사회주의에 동조하는 활동을 한다. 그는 그가 배웠던 자유주의적이고 도덕적인 기독교 신학에 크게 실망한다. 그가 신학교에서 배운 추상적 신학 이론이나 형이상학적 사변들은 정치문제나 인권문제, 경제문제에 아무런 도움이 되지 못한다고 판단한다.

그래서 마르크스 사회주의자로 강연을 하고 설교를 하고 여러 잡지들에 기고하여 폭넓은 명성을 얻게 되었다. 디트로이트 노동 쟁의가 한창이던 시절에 노동자 편에서 함께 투쟁하는 그의 명성은 전 미국에 알려진다. 그 같은 사회적 명성으로 1928년 35세에 뉴욕시에 있는 유니온신학교 윤리학 교수로 초빙되어 목회를 하다 교수로 전향한다.

유니온(Unien)신학교에서 그는 사회 윤리학, 종교 철학, 응용 기독교 등을 가르치며 사회활동에 보다 더 적극적으로 참여한다. 그는 사회주의 기독인 협회를 조직해 사회당원으로 뉴욕주 상원의원과 하원의원에 출마하기도 했다. 그는 1933년 앞서 설명한 폴 틸리히를 유니온신학교 교수로 초빙하도록 했고, 또 본회퍼도 같은 유니온신학교에 가르치도록 했으나 본회퍼는 독일로 돌아가 1945년 4월에 히틀러를 암살하려는 음모에 가담했다가 종전 한 달 전에 처형당한다. 니버는 이처럼 조상들의 고국인 독일 신학자들을 미국으로 초청하는 일을 했다.

니버는 제2차 대전 종전(1945) 후 소련의 스탈린의 공산주의 만행에 크게 실망하고 사회당을 탈당한다. 그래서 반공산주의 연합 전국회장이 되고 뉴욕주 자유당 부총재도 된다. 또 루스벨트 대통령(F. D Roosvelt, 1882~1945) 때 백악관에 초빙받아 독일 및 정당한 전쟁은 어떤 전쟁인가를 조언했다. 그가 1939년 영국의 명망 높은 "기포드 강좌"에서 강연한 것이 훗날 그의 대표 저서인 《인간의 본성과 운명》으로 이렇게 두 권이 출판되었다(1941). 이 책은 〈타임〉지가 20세기의 가장 영향력 있는 논픽션 100권 중의 하나로 선정되었다.

그뿐만 아니다. 니버는 유명하고 가장 영향력 있는 책들을 남겼다. 《도덕적 인간과 비도덕적 사회》(Moral man and Immoral Society, 1932), 《기독교 윤리의 해석》(1935), 《빛의 자녀와 어둠의 자녀》(1944), 《자아와 역사의 드라마들》(1955), 《기독교와 위기》(1941~1966년의 칼럼), 에세이와 논문으로 《사람과 정의》(1957), 《정의와 자비》(1974) 등이 있다.

니버가 발표한 논문, 평론, 설교, 기도문 등은 1천 개에 달할 정도로 사설, 논설 등을 통해 세상에 밝혀졌다. 1960년 교수직에서 은퇴한 니버는 생애 마지막 기간을 신체 마비로 고통을 당하다가 1971년 7월에 별세했다. 그의 저서들을 통해 그의 사상 면모를 알아보자.

2) 니버의 사상

니버의 사상은 일관성이 없다. 초기에 그는 기독교 자유주의적 진보주의 신학에 세상적으로는 사회주의적 이상주의, 낙관주의적 평화주의자였다. 그런데 교수 활동을 하면서 신학적으로 신정통주의적인 바르트와 같은 실존주의적 키에르케고르의 영향을 받은 듯했으나 마지막에는 정통주의적 성경 주장도 한다. 그렇기에 그의 신학 입장은 일관성이 없다. 그는 신학보다는 철저한 기독교 현실주의자로 세계에 대한 통찰력에 의해 성서, 신학, 전통 등 필요한 대로 활용한다. 그는 인간의 역사적 현실과 사회적 현실을 있는 그대로 통찰하고 기독교적인 것으로 해결책을 모색했다.

굳이 그의 신학 사상을 평가한다면 자유주의 신학에서 신정통주의로 이동했고, 정치적으로는 자유주의와 평화주의에 출발하여 사회주의를 거치고 실용주의를 거쳐서 실용주의적 기독교 현실주의로 이동했다. 그의 일생 동안의 관심은 기독교 윤리의 문제였다.

이제는 그의 대표작을 통해 그의《인간론》사상을 알아보자. 니버의 대표작인《인간의 본성과 운명》,《도덕과 인간과 비도덕적 사회》,《기독교 윤리의 해석》등등을 분석, 설명한 로저 올슨의 저서를 참고해 정리해 보겠다.[107]

니버의 대표적 작품들이《인간론》(人間論)에 집중되어 있다. 그는

---

107) 로저 올슨, 현대 신학이란 무엇인가?, pp. 459~490.

기독교가 소중히 여겨야 할 가장 큰 과제가 이 세상을 살아가는 인간들에게 도움이 되고 난세를 살아가는 데 해답이 될 만한 방향을 제시해야 하는 것으로, 그것이 목사나 신학자의 사명이라고 인식한 것 같다. 그런데 기독교가 전통적으로 계승해 오는 인간론은 너무 교리적이고 이론적이어서 별다른 도움이 되지 않는다고 판단한 것 같다. 예컨대 정통 보수주의자들이 성경을 문자적으로 해석한 원죄(原罪) 교리나 또 자유주의자들의 비신화화(非神話化) 이론 모두를 거부한다. 그는 신앙이라는 것이 하나님을 인정하는 것이고 죄라는 것은 인간이 하나님의 피조물이라는 것을 부인하는 것이라고 보았다.

그래서 인간이 죄악된 상태라는 것을 두 가지 방식으로 이해한다. 그것은 인간이 불안정에서 달아나려는 것은 동물적 본능이기 때문에 이해되는 측면이 있으나 불안을 넘어서기 위해 하나님을 부정하고 인간이 독립하려는 인간 한계의 부정은 인간이 가진 기본적이고 보편적인 더 큰 죄악이다. 이것을 니버는 '교만의 죄'라고 했다.

교만에는 네 가지 형태의 교만이 있다.

① 권력의 교만 - 권력을 행사함으로 불안정을 극복하려는 시도이다.

② 지식의 교만 - 제한된 지식을 절대적이라고 주장하는 무지의 교만이다.

③ 덕(德)의 교만 - 인간들이 가진 상대적 도덕들을 절대적 지위라고 주장하는 교만이다.

④ 영적 교만 - 인간의 부분적 영적 경험을 마치 신적인 권위인양 착각하는 교만이다.

이 같은 교만들이 개인에게만 있을 뿐 아니라 집단 안에서 더 기승을 부린다고 보았다. 니버는 이처럼 기독교가 말하는 죄란 원죄라는 너무 막연하고 해석이 다양한 개념이 아니라 구체적으로 모두가 공감할 수 있는 현실적인 각종 교만 상태를 죄라고 분석했다.

그다음에 이 같은 인간의 죄성을 어떻게 극복할 수 있는가? 니버는 죄를 다양한 인간적 기획들과 동일시했다. 죄악 된 인간들로서는 하나님 나라를 이룰 수 없고 완벽한 것을 성취할 수가 없다. 그는 《기독교 윤리 해석》이란 저서에서 '도덕주의적 유토피아주의'를 제안한다. 그의 주장에 의하면, 하나님의 은혜는 사랑을 가능성으로 만들지만 죄악 된 상태는 사랑을 불가능으로 만든다. 사랑은 완벽한 이타성과 완전한 이기심의 부재라야 하는데 그와 같은 사랑의 실천이 부모가 자식에 대한 사랑과 부부간에는 가능하다. 그러나 집단적인 관계인 회사 경영이나 한 민족 국가가 다른 민족 국가에 대해서는 불가능하다. 사회적 행동에서 이기심이 전혀 없을 수 없다.

예수의 "원수를 사랑하라. 악한 자를 대적하지 말라. 네 오른 눈이 실족하거든 빼어버리라"는 교훈을 실현 불가능한 것이 아니라 성취할 수 있다고 믿고 최선의 노력을 다하는 것이 '기독교 윤리'라고 했다.

니버는 '기독교 윤리'를 '사랑'과 '정의'의 변증법으로 설명한다. '사랑'은 하나님의 일이고 '정의'는 사람의 일이다. 하나님의 사랑은 무조건적이며 권리나 상벌에는 관심이 없는 이타적인 것이다. 사랑은 아무것도 질문하지 않고 주는 것이다. 사랑은 결코 타인에게 저항하지 않는 것이다. 그러나 정의는 구체적인 사회적 관계들 속에서 사랑을 실현하는 것인데 정의는 권리와 상벌을 계산한다.

정의는 이성을 사용해서 마땅히 해야 할 일과 하지 말아야 할 일을 계산한다. 정의는 필요할 때는 강압을 사용해서 억압과 착취 같은 악에 저항한다. 정의는 때때로 처벌을 요구하지만 사랑은 결코 폭력을 용납하지 않는다. '사랑'과 '정의'는 이원론이 아니라 상호의존적이며 이 둘의 관계는 변증법적 측면이 있다. 사랑은 작용하기 위해 정의에 의존한다. 정의는 참된 정의이고 복수가 되지 않기 위해서 사랑에 의존한다. 정의 없이는 사랑이 현실을 벗어나게 하므로 죄로 인한 사회적 문제를 해결하는 데 효과를 발휘하지 못한다.

니버는 '사랑'과 '정의'를 상호의존적인 변증법으로 이해했다. 그렇기에 니버는 자유주의 신학자들의 평화주의와 이상주의적 신학 이론들을 세계에 대한 책임 회피라고 보았다. 그래서 정의를 정화하기 위해서라도 사랑이라는 불가능한 이상을 주시하면서 동시에 정의를 행하는 더러운 일에도 참여하는 방법들을 배워야 한다고 했다.

그러면서 그는 권력이 결코 정의가 아니라고 했다. 권력은 부패하며 그 어느 권력이나 정치가를 절대적으로 신뢰해서는 안 된다. "모두를 사랑하되 누구도 신뢰하지 말라"는 것이 그의 좌우명이다.

니버는 민주주의 국가가 바람직한 형태이지만 그것도 견제와 균형과 계속된 조정이 필요한 제도로 보았다. 경제란 생산을 위한 장려책만이 아니라 만들어진 부를 계속해서 재분배해야 하는 것으로 보았다. 국제 관계에서 미국과 다른 강대국들은 평화를 유지하기 위해 협력하며 약한 국가와 약한 민족을 보호하기 위해서는 필요에 따라 전쟁을 벌여야 하는 것으로 이해했다. 그렇기에 니버는 정당한 전쟁은 필요하다고 믿었다. 또 인종 문제에서 더 큰 행동을 가져오기 위해서는 인종 차별적 억압자들과 싸우는 것도 필요하다고 믿었다.

니버는 조직신학이나 교리 사상에는 관심이 없었다. 그는 삼위일체 교리나 하나님의 본질과 속성 교리, 성육신이나 동정녀 탄생, 몸의 부활 같은 교리들에는 일체 관심이 없었다. 그는 성경에 잘 이해되지 못하는 신비적 내용들을 전부 상징으로 이해했다. 그래서 그리스도의 재림, 죽은 자의 부활, 최후의 심판 등 모든 성경 내 핵심 진리들을 상징으로 편리하고 유익한 쪽으로 재해석했다. 그렇기에 그는 현대성에 과도하게 적응시키려 한 자유주의 신학자들의 시도도 거부하고 또 현대성을 거부하고 성경의 교리만을 절대시하는 근본주의 신학도 거부했다. 니버는 기독교가 본질적으로 사회윤리이어야만 하기에 모든 계시가 다 상징이라는 신념으로 살아간 신(新) 자유주의 신학자였다.

12. 세속화(世俗化: Secularization) 신학의 원조
본회퍼(Dietrich Bonhoeffer, 1906~1944)

[서론]

20세기 후반의 전 세계적 신학의 관심이 급변했다. 20세기 후반 이전에는 하나님과 성경에 관한 관심에 초점이 모아졌다. 그러나 20세기 후반 이후부터는 하나님이 아니라 인간에 관한 관심과, 성경에 관한 관심이 아니라 이 세상에 관한 관심으로 전환되었다. 그 시기가 1960년대 이후부터이다. 1960년대 이전에는 하나님의 말씀, 정통교리 등에 관심을 가져왔다. 그러나 1960년대 이후에는 정통신앙의 실천 부분에 관심이 깊어지게 되면서 정통신앙의 바른 실천인 행동들에 관심이 집중되기 시작했고 개인적인 신앙보다는 타인을 위한 삶에 관심이 옮겨졌다. 그래서 과거의 말씀 중심보다는 인간의 인간다움이라는 인간화가 강조되기 시작했다.

이렇게 1960년대 이후의 신학적 관심이 기독교 전체에 고르게 파급되면서 이후의 신학계를 세속화 신학의 급진화라고 한다. 이렇게 급진적으로 신학적 변화를 일으키도록 결정적 역할을 한 사람이 바로 본회퍼(D. Bonhoeffer)다. 그가 주장한 무종교적 시대, 무종교적 기독교, 혹은 성인 된 세계, 성서개념의 비종교화 해석 등은 기독교 신학계에 큰 충격을 주었다. 특히 그가 남긴 《옥중 서간》은 기존 성서개념의 전통의 해석이 아닌 기독교의 새로운 방향을 제시했다.

그의 신학을 '정치신학'이라고 이름할 수 있는데 그의 정치신학의 제창이 직접적으로 세속화 신학, 신의 죽음의 신학, 상황 윤리라는 연속된 신학사상을 출현시켰다. 그리고 정치신학, 해방신학, 혁명신학, 민중신학 등이 간접적 영향을 받은 사상들이다. 이 모든 급진신학은 본회퍼의 정치 신학에서 비롯되었고 그의 신학은 기독교 신학만이 아니라 비기독교도들에게까지도 영향을 미쳤다.

그는 "미친 자에게 운전대를 맡길 수 없다"라는 주장과 함께 히틀러 독재정권에 용기 있게 항쟁하다가 투옥되어 39세 짧은 나이에 히틀러 정권에 처형당했는데, 그 삶이 그의 신학과 일치되기 때문이다. 여기서 그의 생애와 사상을 살펴보자.

1) 본회퍼의 생애

본회퍼는 1906년 독일 브레슬라우(Beslau)에서 저명한 신경정신과 의사인 아버지 칼 본회퍼(Karl L. Bonhoeffer)와 경건한 신앙 가문의 어머니 파울라(Paula) 사이에서 쌍둥이로 태어났다.

1912년 본회퍼가 6세 때 아버지가 베를린대학교의 정신의학 및 신경학 교수로 부임함으로 전 가족이 베를린으로 이주했다. 본회퍼는 10세 때 모차르트의 소나타를 연주할 정도로 음악에 재능이 있었다. 그가 14세 때 목사와 신학자가 되겠다고 결심할 때 가족들 전부는 매우 부정적이었다. 형과 누나들은 목사가 가난하고 미약하며 시시한 부르주아 제도라고 강조하며 본회퍼의 결심을 바꾸려고 설득했다.

그때 본회퍼는 "교회가 그렇다면 내가 개혁을 할 것이다" 하고 결심을 확고히 했다. 부모들 역시 음악을 전공하기를 바랐으나 본인이 결정을 굽히지 않자 아들의 결정을 존중해 주었다.

1923년 17세 때 아버지와 형들의 모교인 튀빙겐대학 신학부에 입학해 신학과 다방면을 공부했다. 이때 로마를 방문하여 베드로대성당의 위용을 보고 그리스도와 교회를 신학의 중심으로 삼을 것을 깨닫는다. 1924년 100여 년 전통을 자랑하는 베를린대학으로 옮긴다. 이때 베를린대학은 자유주의 신학자들이 군림하고 있을 때였다. 자유주의 신학을 대중화한 교회사가 하르낙(A. Harnack)이 정년퇴직 후 명예교수로 강의를 계속하고 있었다.

그 뒤를 이어받은 초대 교회사가 리트만(H. Lietzman), 저명한 루터 전문 연구가 홀(K. Holl)과 제베르크(R. Seeberg), 신약 성서학자 다이스만(A. Deissmann), 구약학자 젤린(E. Sellin) 등이 교수로 활동하고 있었다. 본회퍼는 이들을 통해 자유주의 신학과 역사 비평적 방법들을 모두 익숙하게 배울 수 있었다. 그런 중에도 루터에 대한 세미나와 바르트의 변증법적 신학 강독 등은 그에게 큰 도전이 되었다.

본회퍼가 특히 좋아한 과목은 조직신학 부분이었다. 하르낙은 그에게 교회사 전공을 권했으나 그는 학업을 마칠 때까지 조직신학을 가르친 제베르크의 세미나에 빠짐없이 참석했다. 본회퍼는 신학박사 학위 논문으로 제베르크의 지도하에 〈성도의 교제: 교회의 사회학에 대한 교의학적 연구〉(1927)를 썼다. 이 논문을 본 칼 바르트는 "신학적 기적"이라고 격찬했다. 이 논문은 교회 사회학에 관한 연구로서 사회철학과 사회학을 활용하여 교회의 개념과 구조를 해명한 내용이었다.

이 논문의 핵심 내용은 이렇다. 교회는 예수와 그리스도 안에서 한 번에 모든 사람을 위해 기초되고 완성된 사랑의 새로운 공동체이며, 성령의 역사를 통해 그리스도가 인간 가운데 형태를 취하는 장소라고 했다. 그는 이 논문에서 "교회란 공동체로 존재하는 그리스도"라는 새로운 개념을 제시했다.

1928년 22세 때 본회퍼는 스페인 바르셀로나에 있는 독일인 루터교회의 부목사로 1년 동안 활동한다. 그리고 1929년 다시 모교 베를린대학에 돌아와 교수자격 논문을 제출한다. 이때의 교수자격 논문은 〈행위와 존재〉(Act and Being)였다. 이 논문은 바르트의 사상 속에 있는 '계시'의 행동과 '존재'라는 딜레마를 자신이 제시한 '공동체'라는 교회 개념을 적용시켜 해결해 보려는 시도였다. 사실 본회퍼는 바르트 밑에서 공부한 적이 없었다. 그러나 본회퍼는 바르트가 인정한 계시의 행동적 측면을 인정하면서 동시에 계시의 존재적 측면을 보완하려고 했다.

논문이 통과되고 1930년 24세 때부터 명문 베를린대학에서 신학을 강의할 수 있게 되었다. 그런데 본회퍼는 다시금 미국 뉴욕에 있는 초교파 유니온신학교에 가서 더 공부를 한다. 이 당시 유니온신학교는 100년의 역사를 가진 명문 학교였다. 여기서 리이만(Lyman)으로부터 종교철학을, 라인홀드 니버로부터 종교와 윤리학을, 웨버(C. C. Webber)로부터 교회와 사회관계를, 베일리(J. Ballie)로부터 조직신학을 배웠다.

이렇게 미국 신학자들로부터 에큐메니컬 정신을 배웠고, 또 자기가 알고 있는 바르트의 신학을 미국에 소개하기도 했다. 1931년 독일로 귀국한 그는 본(Bonn)대학 교수로 있는 바르트를 만나 평생 좋은 우정을 지속했다. 그리고 그해 가을부터 베를린대학에서 "20세기 조직신학의 역사", "창조와 죄", "교회의 본질", "기독론" 등의 주제로 강의를 시작했다. 이때의 강의록은 훗날 책으로 출판되었다.

그는 베를린대학에서 교수 활동을 하면서 미국에서 배운 에큐메니컬 운동에 열성이었다. 교회 국제 친선 세계 연맹의 청년부 간사, 국제청소년협의회 유럽 지역 총무 등 각종 국제회의 일을 했다. 이렇게 신학교육과 에큐메니컬 운동에 정열을 쏟던 그는 결정적으로 큰 위기를 맞게 된다. 그것은 독일 히틀러 정권과 제2차 세계 대전(1939~1945)이라는 사건이 본회퍼를 투사로 만들고 나머지 생애를 투쟁과 항거로 일관하게 만든 것이다.

독일 나치(Nazi)당은 1932년 의회에서 압도적 승리를 했고 히틀러는 나치당을 기반으로 1933년 1월 총통이 되었다. 나치당은 기독교와 독일의 민족주의적 사회주의를 종합시키려 했고 또 독일 루터교를 장악하기 위해 독일 기독교 연합운동을 조직했다.

참으로 어처구니없는 것은 총통의 국가정치와 기독교 종교를 연합시키려 하는 히틀러의 정책에 많은 목사들이 가담한 것이다. 이렇게 되자 독일교회는 두 그룹으로 나누어졌다. 국가정치와 종교를 연합해서 독일적 그리스도교를 만들려는 이들은 루트비히 뮐러(L. M hler)

를 중심으로 나치당을 지지하고 민족적 기독교를 주장하며 기독교를 게르만화하자는 그룹이 등장했다. 다른 하나는 니묄러(M. Niemöller, 1892~1984)가 본회퍼와 손잡고 힐데브란트 같은 이들이 히틀러의 혼합 정책에 반대하여 1933년 반(反)나치 운동을 전개하는 그룹이었다. 이들의 적극적인 투쟁의 결과 독일 고백교회(Die Bekennende Kirche)를 조직한다. 이들은 독일적 기독교 운동에 반대했다.

그리고 1934년 바르트가 기초한 "바르멘(Barmen) 선언"이라는 신앙고백서를 채택하고 조직을 갖추었다. 1933년 2월 1일 히틀러가 총통이 된 지 이틀 후 본회퍼는 베를린 방송을 통해 "젊은 세대에 있어서 지도자 개념의 변화"라는 제목의 강연을 하는 도중에 중단을 당한다. 이때부터 고백교회 운동과 함께 나치당이 혐오하는 "교회와 유대인", "아리안 조항", "독일적 기독인" 등을 논박을 통해 글로 발표한다.

1933년 10월 본회퍼는 영국 런던에 있는 독일어를 사용하는 두 교회의 목사로 초빙받아 런던에 갔다. 거기서 목회 활동을 하면서 고국 고백교회 운동을 계속하며 영국 교회가 고백교회를 지지해 주기를 촉구했다. 1935년에 독일 고백교회가 신학교 설립을 위해 귀국해 달라는 요청을 받고 귀국해 신학교 책임을 맡았다. 본회퍼는 신학적 연구와 영적 훈련과 실천을 종합한 고백교회 지도자 양성소 책임을 맡는다.

이때 그가 저술한 것이 《나를 따르라》(*The Cost of Descipleship*)이다. 그리고 1937년 신학교가 비밀경찰에 의해 폐쇄당하자 《성도의 공동생활》(*Life Together*)을 출판한다. 이것이 그의 생전에 출판한 마지막 저서였다. 그는 1939년 6월 미국의 유니온신학교 라인홀드 니버와 레만의 주선으로 유니온신학교에서 강의하기 위해 미국으로 갔다. 그러나 전쟁이 임박한 것을 알면서 고국을 떠난다는 것이 마음이 편치 않아 7월 초 친구들의 만류를 뿌리치고 귀국한다. 그리고 같은 해 9월에 독일이 폴란드를 침공하자 영국과 프랑스는 독일에 대하여 선전포고를 한다.

1940년 목회 훈련소 형태의 신학교가 비밀경찰에 의해 폐쇄되므로 교수활동이 중단되고 설교나 저술 출판도 금지당한다.

1940년 본회퍼는 독일군 정보부 법률 고문관이었던 매부의 배려로 군 정보부의 민간인 정보요원으로 채용된다. 거기서 지하 저항 세력들이 히틀러 암살 계획을 하는 조직에 적극 가담한다. 이때 그는 미친 운전사가 대로로 자동차를 몰고 간다면 그 자동차에 뛰어올라 핸들을 빼앗아 차를 멈추게 하는 것이 당연한 일이라고 생각했다.

본회퍼는 독일 정부의 정보원이라는 신분을 갖고서 이면적으로는 정부 타도의 이중적 생활을 해나가면서 〈윤리학〉이라는 논문을 준비해 갔다. 필자는 이 대목에 대해 잘 이해가 되지를 않는다. 히틀러 정권을 타도할 의지가 있다면 그 신념대로 행동하지 않고 독일 히틀러 정권하에 군 정보부 요원으로 활동을 하면서 국가를 반역하려는 이중 처신이 참된 신앙 양심에 합당한 것인지, 필자의 좁은 소견으로는 이해가 쉽지 않다.

1943년 4월 5일에 본회퍼는 군 정보부의 유대인 고용인들을 스위스로 도피하게 하는 계획에 관여했다는 혐의로 비밀경찰에 체포되어 베를린에 있는 테겔(Tegel) 군형무소에 수감되었다. 본회퍼는 이곳에서 18개월 동안 반복된 심문과 고문을 당한다. 그렇게 반복되는 고문을 거듭 당하면서도 많은 책을 읽으며 성경을 깊이 연구해 나갔다. 감옥 속에서 현대 세계에서 기독교는 어떤 의미가 있는지 깊은 사색

속에서 그의 사상인 "성인 된 세계"와 "성서적 개념의 비종교적 해석"이라는 그의 독특한 사상이 형성된다.

그가 테겔형무소에서 친구이며 제자인 베트게(Bethge)와 부모에게 보낸 편지들이 그의 사후에 출판되었다. 그것이 유명한 《옥중서한》(Letters and Papers from prison)이다.

1944년 7월 20일 히틀러를 암살하려는 시도는 실패로 끝이 나고 비밀경찰은 암살 음모에 가담한 정보부 내 공모자를 암시하는 문서를 찾아낸다. 그러나 본회퍼의 이름은 그 문서에 언급되지 않았다. 그 후 몇 차례 감옥소를 옮긴 후 1945년 4월 9일 새벽에 미군이 그 지역을 해방하기 직전에 교수형에 처해졌다. 그때 그의 나이는 불과 39세였다.

2) 본회퍼의 사상

본회퍼의 사상에는 목창균 교수의 저서[108]와 로저 올슨의 저서[109]를 종합해서 정리해 보겠다.

본회퍼의 사상은 그가 형무소에서 제자와 부모들에게 보낸 편지와 단상록을 모아서 편찬한 《옥중서한》(Letters and Papers from prison)에서 비롯되었다. 《옥중서한》이 최초로 세상에 드러난 것은 그의 제자 베트게(Bethtge)에 의해서 1950년에 출간됨으로 시작되었다.

그가 쓴 《옥중서한》 속에 눈에 띄게 독특한 주장은 '성인 된 세계'(World come of age)라는 표현에서 기독교가 점차 세속화되는 세상으로 가야 한다는 것을 강조했다. 그가 말하는 세속화라는 말은 더 이상 하나님이나 종교의 필요를 느끼지 못하는 세상을 의미하며, 세

---

108) 목창균, 현대 신학 논쟁, 두란노, 2021, pp. 261~279.
109) 로저 올슨, 현대 신학이란 무엇인가?, 김의식 역, I.V.P., 2022, pp. 561~582.

상에 대응하는 '종교 없는 기독교'(religionless Christianity)를 제시했다.

여기서 그가 주장하는 '성인 된 세계'라는 진의가 무엇을 뜻하는가? 또 그가 제시하는 '종교 없는 기독교'라는 말이 무엇을 염두에 둔 말인가? 이 두 가지 내용을 제대로 알아야 그의 사상을 알 수 있을 것 같다.

(1) 성인 된 세계

본회퍼는 '기독교란 과연 무엇인가? 오늘날 우리에게 그리스도는 과연 무엇을 의미하는가?'와 같은 문제에 대하여 심각하게 사색을 거듭해 나간다. 이 문제에 관해 13세기에 시작된 인간의 자율성을 위한 운동은 이제 완성의 단계에 도달했으며 인간은 더 이상 종교나 하나님에 의존하여 어려운 문제를 해결하려 하지 않아도 되는 성인 된 세계에 이르렀다고 했다. 여기서 그가 말하는 '종교'는 무엇을 뜻하는가? 우리가 일반적으로 종교라고 하면 교주가 있고 경전이 있고 내세관이 있는 것을 종교라고 알고 있다. 그런데 본회퍼가 말하는 종교라는 개념은 전혀 다르다. 그가 말하는 종교란 영적인 영역에 국한된 것이거나 피안의 세계를 갈망하거나, 주술적 행위로 끝내거나, 개인주의적 종교 이해를 배격한다. 이와 같은 종교적 신앙은 하나님이 인간의 변덕에 따라 행동한다는 주술적 종교 행위라고 보는 것이다.

그래서 성인 된 신앙은 성경적 어휘들을 비종교적으로 해석해야 한다는 것이다. 그래서 현재 교회 내에 널리 퍼져 있는 잘못된 신학 개념들을 새롭게 발견해 내서 하나님은 우리의 삶을 초월해 계시는 분으로 대체되어야 한다는 것이다. 그것은 세상에서 약하고 힘없는 자신이 세상 밖으로 밀려나서 십자가에 달리도록 고통당하는 하나님으로 이해한다는 것이다.

　이렇게 본회퍼는 하나님을 전지전능이나 무소부재 같은 전통적 개념을 거부하고 지배와 통제 능력이 아닌 '사랑의 능력'을 우위에 두어야 한다는 것이다.

　본회퍼는 '거룩한 세속성'을 주장한다. 본회퍼가 본 그리스도인이란 예수께서 실천했던 것처럼 이 세상의 그늘지고 음지로 방치된 세상 속으로 찾아가는 것을 의미한다. 기독교적 삶이란 이 세상 한복판 안에서 살아가는 것을 의미하고, 세상을 도피하거나 외면하거나 무관심한 것을 의미하지 않는다. 성인 된 세계란 세상의 쓴 잔을 남김없이 들이키는 것을 의미한다. 그렇게 하는 것만이 십자가에 달리고 부활한 주님이 우리와 함께 있는 것이라고 보았다.
　우리가 하나님과 함께 있기 원한다면 우리가 하나님이 계신 곳으로 가야만 하고 우리의 실존이 종교적 공간이 되어서는 안 된다는 것이다. 본회퍼에 따르면 우리가 하나님과 그리스도를 믿는다는 것은 교리나 이론이나 관념이 아니라 이 세상에서 그리스도의 고난을 함께 나눈다는 것을 의미한다. 이렇게 '타자를 위한 인간'(the man for others)으로 존재하는 것이 곧 그리스도와 함께 존재하는 것이라고 한다. 우리 자신을 하나님의 팔에 완전히 맡기고 세상의 고난에 참여하는 것이 곧 성인의 세계다. 그렇기에 그가 말하는 성인 된 세계는 세상으로부터 물러나거나 내세를 갈망하는 경건이거나, 영성을 종교적 장식물과 동일시하는 종교적인 요소들을 모두 반대했다. 아마도 본회퍼가 더 오래 살았다면 자신이 주장하는 성인 된 세계의 모범으로 테레사 수녀나 헨리 나우웬과 같은 인물들을 사례로 설명했을 것으로 상상할 수 있다.

(2) 비종교적인 삶

본회퍼의 또 다른 사상은 비종교적인 삶이라고 할 수 있다. 그가 말하는 종교적이라는 개념은 일반적 개념과 다르다. 그가 말하는 종교라는 개념을 정리할 필요가 있다.

첫째, 종교란 개인주의를 의미한다.

이 말은 신앙이 깊다는 사람들의 일반적 경향에 있어서 자기 자신의 내적 상태와 경건 문제에만 몰두하고 세상 문제나 이웃 문제를 잊어버리려 하는, 자기만을 위하여 살아가려는 욕망을 개인주의라고 비난한다.

둘째, 종교란 형이상학적인 것을 의미한다.

종교가 관심을 가지는 것은 이 세상적인 것들이 아니라 저 세상적인 것이다. 하나님을 우리 안에 존재하시는 분이라거나, 세계를 초월해서 계시는 분 등으로 간주하는 것은 하나님의 타자성(Otherness)을 간과하는 것이다. 그것은 하나님을 우리의 세상 삶 가운데 있는 피안적(beyond)인 분으로 묘사되고 성경 진리와 일치되지 않기 때문이다.

셋째, 종교란 부분적인 것이다.

종교적 행위로 교회의 예배와 종교의식으로 국한된 현대 종교는 극히 부분적인 것에 불과하다. 반면에 신앙적이라는 것은 생활 전반에 걸친 행위들을 뜻한다. 종교는 일요일에만 국한된 신앙의식이지만 삶은 가정, 직장, 시장터 등 모든 전반을 의미한다.

이렇게 개인주의적, 저세상적, 종교적 해석을 거부하는 본회퍼는 비종교적 삶을 주장한다. 그렇다면 그가 주장하는 비종교적 삶이란 어떤 삶인가?

첫째, 모든 것을 그리스도의 십자가와의 관계 속에서 생각하고 말하는 삶이고 둘째, 세상의 중요성을 강조하고 이 세상을 긍정하며 세상 속에 사는 신앙이며 셋째, 구약성서처럼 세상 가운데 현실 속의 하나님을 강조하는 삶, 넷째, 고난에 참여하는 삶을 의미한다.

3) 본회퍼 사상의 영향

본회퍼는 39세로 세상을 떠났기에 그의 전체 사상을 체계적으로 정립해 놓지는 못했다. 그러나 그의 《옥중서한》에서 '성인 된 세계', '비종교적 삶'이라는 주장을 1963년 성공회 울리치 주교이자 성서학자인 존 로빈슨(John. A. T. Robinson, 1919~1983)이 《신에게 솔직히》(Honest to God)라는 책에서 활용함으로 영국과 미국의 기독교에 큰 요동을 치게 했다.

이 책에서 로빈슨 주교는 불트만, 틸리히, 본회퍼의 신학적 요소들을 모아 급진적 방식으로 현대성에 적응하는 새로운 기독교를 주장했다.

그다음에 미국 템플대학교 미국 성공회 종교학 교수인 폴 반뷰렌(Paul Von Buren, 1924~1998)은 《복음의 세속적 의미》(In the Secular Meaning of the Gospel, 1963)에서 후기 현대(late mordern)의 세속적 문화에서 하나님의 의미는 잃어버렸다고 했다. 그는 또 본회퍼의 '세속적'이라는 의미를 확대 계승했다.

그다음에 하버드대학교 종교학 교수이며 침례교 신학자인 하비 콕스(Harvey Cox, 1929~현)가 《세속도시》(The Seular City, 1965)를 발표했다.

콕스 역시 본회퍼의 세속개념을 계승하며 "기독교는 세속주의(Secularism)를 배격해야 하지만, 세속성(Secularity)은 성경과 기독교에서 일정 주제들과 궤적들을 완성한 것"으로 칭송을 한다.

또 전 미국교회협의회(National Council of Churches) 전도부 부장 콜린 윌리엄스(Colin Williams, 1921~현)가 1963년에 《세계의 어디? 교회 증언의 변화하는 형태들》(When in the World? changing Forms of the Churches Witness)를 출간했다.

이 책에서도 교회는 세속적이기 위해 자신을 재정의하고 재정립해야 한다는 주장으로 본회퍼의 세속 사상을 계승했다.

본회퍼의 세속화 신학은 희망의 신학, 정치신학, 해방신학, 민중신학 등 무한대로 변형되어 발전되어 가고 있다. 그 변형된 신학 부류들을 다음에 계속 살펴보겠다.

13. 세속화 신학 하비 콕스(Harvey Cox, 1929~현)

[서론]

필자는 앞서 본회퍼의 생애와 사상을 소개했다. 본회퍼는 1945년에 《옥중서한》을 남기고 39세로 세상을 떠났다. 그의 《옥중서한》에는 '비종교적 삶'과 '성인 된 세계'라는 사상을 통해 '세속'이라는 개념을 유산으로 남겼다. 이 같은 본회퍼의 세속 개념은 그가 일찍이 죽음으로 더 발전

시키지를 못하고 말았다. 그런데 본회퍼가 제기한 '세속' 개념을 더 크고 정교한 신학 논리로 발전시킨 것이 하비 콕스다.

여기서 하비 콕스는 어떤 인물이며 그가 주장하는 '세속화'라는 사상은 무슨 내용인가를 정리해 보자.

1) 하비 콕스의 생애

콕스는 미국 침례교 학자다. 콕스는 예일대학과 하버드대학에서 신학을 공부했다. 그리고 첫 부임지로 앤도버 뉴턴신학교(Andover Newton Seminary)에서 가르치다가 1965년 모교인 하버드 신학대학원 교수가 되었다. 그는 1965년도에 《세속도시》(*The Secular City*)를 발표했다. 이 책은 1960년대 미국에서 가장 많이 팔린 책으로 수많은 화제를 만들었다.

이 책은 자유주의적 경향의 그리스인들에게 행동주의에 기초한 자신들의 신앙형태를 정치적 변화에 초점을 갖게 하는 데 영향을 미쳤다. 《세속도시》에서 콕스는 주장하기를 '세속화'의 진행이 기독교 영성에 해가 되기보다는 기독교 신앙과 깊은 일치를 이룬다고 강조했다. 그는 세속화가 성경적 신앙을 따르는 교회 역사에 정당한 결과라고 주장했다.

그가 제목으로 내세운 '세속'이라는 신(新)개념이 '도시'라는 중요한 두 단어를 병립(並立)시킨 것 때문에 이 이상적 문구가 복음을 부르는 도시라는 목표를 제시했다고 할 수 있다.

'세속도시'라는 두 용어는 성숙과 책임이라는 상징적 개념을 드러내는 데 일조하였다. '세속도시'에 대한 그의 사상은 뒤의 '사상'에서 다시 살펴보겠다. 콕스는 《세속도시》로 일약 세계적인 명사가 되었다. 그는 또 1965년에 《*God's Revolution and Man's Responsibility*》도 출판했다.

콕스의 《세속도시》는 세상이 실용주의(Pragmatism)와 불경성(Profanity)

으로 특정지어졌음을 지탄한 내용이었다. 이와 같은 세속성을 지탄했던 그가 30년이 지난 후 세속성에 대한 신념을 바꾸었다. 그는《하늘에서 내린 불》(Fire From Heaven, 1994)라는 저서에서 오순절주의를 격찬하는 글을 발표했다.[110]

이 두 책을 비교해 보면 콕스는 대중문화의 시류에 편승하는 경향을 가진 신학자로, 유명세를 얻기 좋아하는 신학자로 보인다. 그러나 그가《세속도시》로 미국에서 예언자다운 신학자로 인식되어 있는 것은 사실이다.

2) 콕스의 사상인 세속화

'세속화'(世俗化: Secularization)라는 말은 정확한 의미를 한마디로 제시하기 어려운 매우 다양한 뜻이 함축되어 있다.

이제 몇 가지 다양한 의미를 정리해 보자.

① 교회가 거룩한 곳인데 토지나 재산 같은 세상적인 것을 세속 기관에 이관하는 행위를 '세속적'이라고 했다.

② 중세기 교회법에서 수도회 회원이 수도원 내에 거주하지 않고 남은 생을 수도원 밖에서 거할 수 있도록 허용해 주는 것을 세속화라고 했다.

③ 보수신학자들은 교회에 관계된 것은 거룩함(聖)인데 이것과 대립되는 세상적 요소를 일종의 타락 현상으로 보는 견해를 세속화라고 한다.

④ 자유주의 신학자들은 교회와 세상의 분리를 인정하지 않고 그리스도인을 하나의 평범한 세상인들 중의 하나로 보고 하나님

---

110) H. Cox, *Fire From Heaven: The Rise of pentecostal spirituality and The Reshaping in the Twenty First century.*

이 그리스도인들에게 이 세상 죄악 속에 특별한 사명을 위임했다고 본다. 그런 자로서 이 세상에서 자유와 책임을 가지고 적극적으로 살아가는 삶의 기회를 세속화라고 한다.

여기에서 콕스의 '세속화'는 ④에 해당되는 의미이다. 이에 더 나아가 콕스의 세속화 개념의 다양한 의미를 구체적으로 살펴보자.

콕스는 세속화를 ① 종교와 형이상학으로부터 인간으로 해방하는 것이고 ② 저세상으로부터 이 세상의 인간의 관심으로 돌려주는 것이라고 정의했다.

성경의 진리인 성육신 사실이 세속화의 모범이라고 했다. 그래서 세속화는 종교적이고 폐쇄적인 과거의 낡은 세계관들에서 해방하는 것이며 초자연적 신화와 거룩한 상징들인 성경의 족쇄들을 버리는 것이라고 했다.[111]

그는 또 그리스도인들이 가진 세속성으로 초대하면서 한편으로 우상숭배적 세속주의(Secularism)와는 구별시켰다.

세속화는 이로 말미암아 교회와 세상 사이를 구분 지으려는 보수신학과는 그 견해를 달리한다. 그래서 보수신학자들이 이 세상을 초월해야 한다는 기독교적 이해를 수정하는 역할을 하겠다는 의미로 세속화를 말한다. 콕스는 하나님은 멀리 피안으로 우리의 삶은 관망만 하시는 분이 아니라 오늘날 우리들의 모든 매일의 삶과 세상의 변화의 사건들 속에서 매 순간마다 우리에게 다가오는 분으로 이해한다. 그래서 우리들이 현실적으로 경험해 가고 있는 모든 삶의 이면에

---

[111] H. Cox, *The Secular*, pp. 8, 27, 175.

는 하나님이 계신다는 것이다. 더욱 중요한 것은 하나님은 우리가 우리 자신들만이 아닌 타자들에게 관심을 갖기 원하는 우리의 동반자로 다가오신다는 것이다.

콕스의 세속화 신학은 콕스에서 끝나지 않는다. 다음에 소개할 '사신신학'(死神神學)자인 알타이저(Thomas J. Altizer)로 진화하고 해밀턴(William Hmilton)으로 발전된다. 그 같은 사신신학은 또다시 상황윤리로, 해방신학으로 발전된다. 여기서는 콕스의 세속화 사상은 본회퍼에게 비롯된 것이고, 로빈손(John A. Robinson)으로 동조한 신학이었음을 아는 것으로 넘어가자. 이 같은 사상은 콕스가 재직하고 있던 하버드대학 신과대학의 삼위일체를 부정하는 유니테리안(Unitarianism)주의자들에게 비롯되었음을 기억할 필요가 있음을 상기해야 할 것이다.

14. 신(神) 죽음의 신학 알타이저(T. J. Altizer)와 해밀턴(W. Hamilton)

[서론]
1960년대 초 미국과 유럽에서 한때 급진신학이라는 이름으로 알려졌다가 사라진 '신(神) 죽음의 신학'이라는 형태가 있었다.

이 신 죽음의 신학 역시 본회퍼의 신학 사상의 영향을 받은 급진 과격한 신학이었다. 이 신학은 초기 몇 년 동안 지속되다가 소멸했기에 잘 알려지지 않았다. 그러나 과거에 이런 유의 황당한 신 죽음의 신학이라는 이름이 존재했었다는 역사 정리로 간략하게 소개해 보겠다.

1) 신 죽음의 신학 주창자 알타이저(Thomas J. Altizer)

알타이저는 미국 조지아주 애틀랜타에 있는 감리교 계통의 에모리대학(Emory University)에서 성경과를 가르치는 부교수였다. 그는 1966년 로체스터신학교 교수인 해밀턴(William Hamilton)과 함께 저술한 《급진신학과 하나님의 죽음》(Radical Theology and the death of God)이라는 책을 출판했다. 이 책을 출판한 후 감리교 교단의 대학 구성원들은 엄청난 압력을 가했다.

에모리대학의 총장은 알타이저의 학문적 자유를 옹호했지만 결국 그는 대학 구성원들의 압력을 받고 물러나야 했다. 그 후 그는 영문학의 해체주의로 알려진 포스트모던 방식의 문학 비평에 몰두했다. 그 후 스토니브룩에 있는 뉴욕주립대학교에서 가르쳤다.

알타이저와 해밀톤의 신의 죽음의 신학은 미국 개신교에 급진적인 신학의 출현을 알리는 《하나님의 죽음》(The Death of God)을 출판하기에 이르렀다. 이 두 사람은 이 책을 틸리히에게 헌정했으며 틸리히를 급진신학의 현대적 창시자라고 서문에서 밝혔다.

2) 신 죽음의 신학 사상

신 죽음의 신학 사상은 알타이저 이전에 이미 유럽에서 포이어바흐나 니체가 전통적 기독교의 신 개념을 부정했다. 여기에다 본회퍼의 무종교적 시대, 무종교적 기독교, 성인 된 세계 등등의 사상에서 성인 된 세계는 종교시대가 지나가고 무종교시대를 주창했다. 이들은 이 세상을 신이 없는 것처럼 성인답게 행동하며 스스로 책임을 지는 세상에서 종교가 필요 없다고 했다. 이와 같은 본회퍼의 사상을 더 발전시킨 것이 신 죽음의 신학이었다. 신 죽음의 신학의 핵심사상

은 두 가지로 요약된다.[112]

① 기독교 전통적인 초월자요 창조주인 하나님은 죽었다.

그 증거가 세계 대전이 거듭되어 수많은 피해들이 계속되는데도 기독교의 하나님은 속수무책이었다.

② 또한 역사 속에 기독교 전통이라는 이름으로 계승되어온 하나님은 실제로 아무런 능력을 발휘하지 못하는 하나님의 죽음을 의미한다.

알타이저는 하나님의 죽음에 대한 성서적 근거로 빌립보서 2장 6-7절 이하에 "그리스도 예수께서 하나님의 본체이시나 하나님과 동등 됨을 취할 것으로 여기지 아니하고 오히려 자기를 비워 종의 형태를 가지사 사람들과 같이 되셨고"라는 구절에서 '비웠다'는 말인 '케노시스'(κένωσις)라는 개념에서 찾았다.

알타이저는 성육신 사건 속에서 거룩한 하나님은 죽고 완전히 인간이 되신 그리스도에서 하나님의 죽음이 증명된다고 했다. 알타이저는 초월자로서의 하나님은 죽었지만 내재자로서의 하나님은 그리스도의 성육신 사건에서 다시 태어났다고 했다. 알타이저는 하나님과 그리스도를 동일한 분으로 보았다. 이렇게 성육신 된 인간으로 존재한 그리스도의 모습에서 철저하게 내재화되고 인간화된 것은 곧 세속화되었음을 의미한다고 했다.

알타이저는 이처럼 하나님의 자리에 예수를 대치시켰다. 알타이저는 전통적 기독교 신앙인 하나님과 그리스도를 완전히 구별하는 신앙이 아니었다. 그는 하나님은 없고 그리스도만 있음으로 신 죽음의 신학 이론을 만들었다.

---

112) 목창균, 현대 신학 논쟁, p. 308.

그뿐만이 아니다. 알타이저는 전통적 기독교 신학을 해체하고 다른 종교들의 장점을 도입시켰다. 그래서 기독교의 종말론과 불교의 열반 사상을 하나님 나라와 동일시했다. 또 엘리아드의 종교 현상학, 니체의 허무주의, 불교의 신비주의를 혼합하여 기독교의 전통적인 하나님 개념을 부정했다.

이 같은 알타이저와 콜게이트신학교 교수였던 해밀턴이 신 죽음의 신학을 주장했다. 이들의 사특한 주장은 한동안 충격을 일으켰으나 곧 시들고 잠잠해졌다.

15. 과정(課程)의 신학(Process Theology)
알프레드 화이트헤드와 슈베르트 오그덴

[서론]

'과정신학'이라는 개념은 세상에 많이 알려져 있지 않다. 과정신학이라는 용어는 붙어 있으나 그 내용은 종교 철학자들이 성경의 하나님을 자기들 멋대로 해석한 것을 후대인들이 확대 해석함으로 '과정신학'이라는 용어가 생겨났다. 이것은 앞서 소개한 틸리히가 실존주의 철학을 기독교 용어들과 문화적 개념으로 표현했기에 그를 '문화의 신학'이라고 후대인이 명명하는 것과 비슷한 경우이다.

'과정신학'도 사실은 종교 철학이다. 종교 철학자들이 하나님은 영원불변하시지만 전능하신 분은 아니라는 전제하에 하나님을 설명한다. 저들은 제2차 세계 대전 때 유대인들의 대학살이 지속됨에도 불구하고 하나님은 속수무책으로 방관만 했다고 본다. 또 세계 각 곳에서 끔찍한 비극들이 계속 일어나고 있다. 러시아의 우크라이나 공격이나 중국의 티베트 지배 등의 참상들을 보거나 또는 한국의 용산 참사 등을 보면 하나님은 안 계시거나 무능한 분이라는 것이다. 그렇다고 하나님을 부정할 수도 없다. 세상의 끔찍한 불행 등을 하나님이 죽었다는 신 죽음의 신학보다는 하나님은 이 세상의 흉악한 모든 사건 속에서도 그 모든 과정을 통해 궁극적으로 좋은 결과들을 이루기 위한 창조적 과정을 사용하신다는 것이다.

매우 그럴듯해 보이는 신(新)자유주의 신학이 20세기에 미국과 영국에서 계속적으로 과정신학파를 형성해 가고 있다. 여기서는 최초로 과정신학 개념을 제창한 알프레드 화이트헤드와 슈베르트 오그덴의 생애와 사상을 살펴보도록 하겠다.

1) 화이트헤드(Alfred North Whitehead, 1861~1947)

과정신학이라는 신학이 출현하게 되는 데는 요인이 있다. 제1차 세계 대전 이후 자유주의 신학 사상의 토대였던 낙관주의적인 세계관이 무너졌다. 그 후 환멸과 염세적 분위기를 만들어 주는 비관주의적 세계관이 널리 확산되었다. 이토록 세계관의 변화를 가져오는 중대한 요인과 전쟁과 과학이라는 것이 등장하며 인간적 노력의 무익함과 불안을 느끼게 되었다.

이 같은 분위기 속에 새롭게 등장한 것이 제2차 세계 대전 전후의 실존주의 철학에 기반을 둔 신정통주의였다. 신정통주의자들인 바르트, 브룬너, 불트만, 틸리히 등이 이를 대변한다. 이들은 인간의 죄성과 인간 존재의 비극적 성격을 강조하는 것을 특징으로 20세기 초반에 유럽과 미국의 신학적 흐름을 주도했다.

또 다른 한편으로 다윈의 진화론 가설과 아인슈타인의 상대성 이론은 과학적 세계관이라야만 믿을 수 있다는 혁명적 사고관으로 변화를 가져왔다. 이것은 과거의 정적인 세계관 시대가 동적인 것, 확인 가능한 것만을 믿도록 하는 새로운 세계관으로의 변화를 의미한다.

바로 이러한 시기에 화이트헤드는 형이상학에 토대를 둔 과정(課程) 신학을 만들었고, 테아르 데 샤르댕(Teilhard de Chardin)은 진화론에 기초한 신학을 만들었다.

여기서는 과정신학의 기초를 만든 화이트헤드의 생애와 사상을 정리해 보겠다.

(1) 화이트헤드의 생애

화이트헤드는 1861년 영국 남쪽 램스게이트(Ramsgate)에서 영국 성공회 사제의 아들로 태어났다. 1880년 그는 수학 분야의 장학금을 받는 캠브리지대학교 트리니티 칼리지에 입학했고 4년 후 모교 특별 연구원인 펠로우(Fellow)로 뽑혀 수학을 가르치게 되었다. 유명한 철학자 버트란트 러셀(B. Russell)이 그의 제자였다. 1900~1911년에는 러셀과 함께 《수학원리》를 저술했다.

1910년 캠브리지 강사직을 사임하고 런던대학 강사로 수학과 물리학을 가르치다가 1914년에 런던대학교 공과대학 응용 수학 교수가 되었다. 여기 런던대학에서 14년 동안 과학 철학을 집중적으로 연구했다. 그러면서 런던대학 학장, 학술평의회 의장 등의 공직도 수행했다.

그는 1924년 나이 63세 때 미국 하버드대학 교수로 초빙된다. 그 후 1936년 은퇴하기까지 하버드대학에서 철학을 가르쳤다. 여기서 그의 젊었을 때 전공인 수학과 훗날 철학을 가르치면서 두 가지 학문을 융합한 유기체 철학(Philosophy of Organism) 즉 실재를 존재가 아닌 생성으로 보는 새로운 형이상학을 발전시킨다. 이것이 과정신학이라는 토대가 된다.

화이트헤드는 그의 생애가 ① 캠브리지의 수학시대 ② 런던대학 때의 과학시대 ③ 하버드대학 때의 형이상학 시대로 구분된다.

그의 생애 중 미국 하버드대학 시대가 가장 왕성한 학문적 생산시대였다. 이 시기에 저술한 책들이 다수가 있다.

《과학과 근대 세계》(Science and the Modern World, 1925), 《형성 도상의 종교》(Religion in the Making, 1926), 《과정과 실재》(Process and Reality, 1929), 《이성의 기능》(The Function of Reason, 1929), 《교육의 목적》(The Aims of Education, 1932), 《관념의 모험》(The Adventures of Ideas, 1933) 등이 있다. 그는 이렇게 왕성한 저술 활동을 계속하다가 1947년 87세로 세상을 떠났다.

(2) 화이트헤드의 사상

화이트헤드는 아인슈타인의 상대성 이론에 기초한 현대 물리학에 철학을 도입하여 철학사의 새로운 장을 여는 과학 철학자로 높이 평가받고 있다.

화이트헤드는 자신의 형이상학을 '유기체의 철학' 또는 '과정 철학'이라고 불렀다. 일반적으로 전통적인 철학은 존재와 절대성에 우위를 둔다. 그러나 화이트헤드는 생성과 과정을 중요시하는 것이 그 사상의 특징이다. 그래서 그의 철학을 유기체 철학이라고 한다. 그는 우주가 무수한 사건과 계기로 구성된 유기체라고 주장했다. 모든 현실적 존재(actual entity)는 '계기'와 '사건'의 성격을 지닌다. 그리고 모든 현실적 존재들은 과정을 통해 나타난다. 그것을 생성과 흐름이라고 한다. 그렇게 생성과 흐름으로 나타나는 현상은 항상 신기성과 창조적으로 나타난다. 그러므로 사건으로서의 모든 현실 존재는 물질적인 것이 아니고 유기적(Organic)이다. 유기적 자연의 근원에는 무한한 창조성이 있다. 이와 같은 신념으로 자신의 철학을 유기체의 철학이라고 규정한다.[113]

여기서는 화이트헤드의 신(神)의 개념을 알아보자. 화이트헤드는 현실적인 존재들과 영원한 대상들(Eternal objects)을 우주의 근본 요소로 보았다. 그러나 이 두 양자들만으로 우주가 운영되는 것은 아니다. 우주에는 이 양자 외에 제3의 근본인 신(神)이 양자를 중재하고 있다.

신은 시간적인 현실성과 가능적인 무시간성의 양자를 결합한다. 신은 두 양자의 요소를 공유하고 있기 때문에 존재가 가능하다. 신은 양극적인 본성을 가지고 있다. 현실적 존재들이 물극과 심극을 가지고 있듯이 신 역시 원초적 본성(Primordial nature)과 결과적 본성(Consequent nature)을 가지고 있다. 두 본성을 가진다고 해서 어떤 이중성(duality)을 의미하는 것이 아니다. 이것은 단순히 현실적 존재의 두 측면이다.

화이트헤드의 원초적 본성과 결과적 본성 이론은 그의 철학적 신관과 종교적 신관의 융합을 의미한다. 이렇게 화이트헤드는 두 가지 공헌을 한다.

① 현대 과학에 철학적 토대를 구축해 놓은 점이다.

그는 과학자들이 실체라는 것을 정적인 것이나 실체(물체)적인 것

---

113) 목창균, 현대 신학 논쟁, p. 369.

만으로 이해하려는 것에 동의하지 않고 실체란 동적이며 과정 속에 있는 것이라고 했다.

② 그의 과정 철학 사상은 현대 신학자들에 의해 과정신학이라는 사상적 기초를 제공했다.

이런 면에서 화이트헤드는 과학에도 과정이라는 신념을 제공했고 신학에도 과정신학이라는 기초를 제공했다. 그렇기에 그는 현대 과학과 현대신학에 과정이라는 토대를 제공하는 양면의 공헌자라고 할 수 있다.

2) 슈베르트 오그덴(Schubert M. Ogden, 1928~현)

(1) 과정신학 논쟁

화이트헤드의 신(神)개념이 원초적 본성과 결과적 본성이라는 새로운 개념을 제시했다. 그뿐만이 아니다. 종래의 전통적 신 개념은 절대 군주적이고 냉혹한 도덕주의자라는 칼빈의 극단적 신 개념이 일반화되어 있었다. 칼빈의 대표적 신학 개념이 하나님의 절대주권임이 이를 뜻한다. 그러나 화이트헤드는 갈릴리에서 사역하신 예수 그리스도를 통해 부드럽고 사랑으로 역사하는 새로운 신 개념을 제시했다.

이와 같은 화이트헤드의 신 개념에 자연히 반대와 찬성의 신학 논쟁이 따르게 되었다.

먼저 화이트헤드의 신 개념을 반대하는 칼빈주의적 신학자 스테펜 엘리(Stephen Ely)가 화이트헤드의 신관은 종교적인 신이 아니라 철학적인 신관이라고 비판했다. 이와 다르게 루우머(Bernard M. Loomer)는 엘리의 주장은 비전문가적 설명이라고 비난하고, 화이트헤드의 사상적 풍부함을 제대로 파악하지 못한 것이라고 비판했다.

이 같은 양립된 비판을 무시하고 1930년 이후 시카고대학의 신학부에서 화이트헤드의 제자인 하트숀(Charles Hartshon)이 화이트헤드의 사상을 그대로 수호하며 시카고대학이 과정신학의 본거지가 되게 하였다. 그 후로 시카고대학 교수들에 의해 '과정신학' 이론이 체계화된다. 그것이 ① 양극적 본성 이론 ② 만유의 재 신론(Pannentheism) ③ 무로부터의 창조 ④ 과정기독론 등이다.

이와 같은 과정신학은 1960년대에 시작되어 오늘날까지 30여 년 동안 계속 발전 과정을 거치면서 이에 대한 지지자들과 반대자들에 의한 논쟁이 계속 이어져 왔다.

시카고대학이 과정신학 본거지로서 종료되고 제2의 과정신학자 대표로는 시카고대학 출신인 오그덴이 있다. 제2의 과정신학자 오그덴을 알아보자.

(2) 제2의 과정신학자 오그덴(1928)

오그덴은 미국 오하이오주 웨슬레안대학교와 존스홉킨스대학교를 졸업했다. 그리고 시카고대학의 하트숀(C. Hartshon)의 제자가 된다. 그의 박사 학위 논문 제목은 〈신화 없는 그리스도〉(Christ without Myth)였다. 오그덴은 불트만의 비신화화 신학을 분석, 비판하고 불트만의 신학을 극복하려 했다. 오그덴은 박사 학위 취득 후 현재까지 미국 텍사스주에 있는 남감리교 신학부 교수로 활약하고 있다.

오그덴의 신학에는 두 가지 원천이 있다.

첫째, 불트만의 비신화화 신학과 하이데거의 실존주의 철학이 현대신학에서 어떤 문제점이 있는가의 문제점을 제기한다.

둘째, 그는 불트만과 하이데거의 문제점을 하트숀과 화이트헤드의 신론으로 해답을 제시한다. 그에 의하면 불트만이 실존적 인간 모습을 적절하게 분석하고 강조했지만 하나님은 분석하지 않고 오히려 배제했다고 비판했다. 오그덴은 신학을 신론으로 국한시키고 인간론으로 발전시키지 않았다. 오그덴은 불트만이나 하이데거가 인간론에 국한된 신학임을 비판하고 화이트헤드와 하트숀의 신론으로 결합시킴으로 불트만의 문제점을 보완하려고 하였다. 오그덴은 《신의 실재》, 《신화 없는 그리스도》, 《기독론의 초점》 등의 저서를 남겼다. 과정신학자들의 중심 주제는 '하나님의 본성'과 '하나님과 세계의 관계'이다.

화이트헤드, 하트숀, 오그덴 등은 칼빈주의적 절대적 주권의 하나님이나 전지전능한 하나님 개념을 거부한다. 저들 모두는 '사랑의 하나님' 개념으로 일관한다. 그렇게 신(神) 중심적 기독론은 인간의 구원을 그리스도 안에서만 가능하다고 보지 않고 모든 사람에게 모두가 가능하다고 보았다. 다시 말하면 인간의 구원이 그리스도만이 아닌 하나님과의 직접적 만남인 원 계시로 가능하다고 보는 것이다.

그러나 이들 과정신학자들은 성경에 근거한 구원론이 아닌 과정철학으로 구원을 대치시키려는 기독교 구원론에 심각한 문제점을 안겨 주었다.[114]

(3) 오늘날의 과정신학

과정 철학은 많은 기독교 신학자들에게 과학과 신학을 분리하기

---

114) 목창균, 현대 신학 논쟁, pp. 401~408.

보다는 상관관계를 맺게 하는 길을 제공하는 것처럼 보였다. 과정신학자들은 변화가 부동성과 불변성보다는 사람들의 마음을 더 끄는 시대에 존재(Being)보다는 생성(becoming)을 더 강조했다. 그래서 철학과 과학 분야의 변화가 현대 사회의 세계관에 서서히 스며들었다.

특히 과정신학은 몇몇 다른 신학운동과 다르게 단 한 명의 대표자가 없다. 이들 과정신학의 기초자로 화이트헤드가 있으나 그는 신학자가 아닌 철학자였다. 그리고 과정신학은 화이트헤드가 세상을 떠난 한참 후에 시작되었다. 또 과정신학자들은 서로 다른 기관들에서 가르치면서 어느 정도의 신학 학파를 형성하였다. 몇몇 핵심적 과정신학자로 이름을 드러낸 이들이 있다. 하트혼, 캅(J. B. Cobb), 노먼 피텐지, 데이비드 레이, 그리핀, 오그덴 등이다.

이들 중에서 캅은 감리교 일본 선교사 부부의 아들이다. 그도 감리교 목사로 미국 캘리포니아 클레이몬트 신학대학원에서 교수로 활동했다. 그는 《기독교 자연 신학》(1965), 《다원주의 시대의 그리스도》(1975)라는 책을 출판했다. 그는 1973년에 클레이몬트 신학대학원 안에 과정 사상 연구소(Center for Process Studies)를 설립했다.

그곳을 과정신학자들의 두뇌 집단과 인적 정보망 역할을 할 수 있는 기구로 만들어 놓았다. 그리고 〈과정 연구〉(Process Studies)라는 연구지의 창간도 도왔다. 캅에 의하면 과거의 기독교 창조론은 현대 과학 우주론과 배치된다.

화이트헤드가 "세계가 하나님을 창조한다"는 새로운 창조론은 새로운 기독교 이해의 가능성을 만들어 낼 수 있다고 주장했다.[115]

---

115) 로저 올슨, 현대 신학이란 무엇인가?, pp. 532~536.

그러나 필자는 철학자의 사상을 빌려 기독교 신학인양 주창해 가는 과정신학에 결코 승복하지 않는다. 성경의 창조신앙은 초(超)과학적 영원한 진리이지 과학자나 신학자들의 독단적 주장에 부합될 정도로 수준 낮은 진리가 아니다. 우리는 이 같은 사이비 학자들의 성경 진리 파괴 공작에 크게 경각심을 가져야 하겠다.

16. 희망의 신학 위르겐 몰트만(Jürgen Moltmann, 1926~현)

[서론]

1960년대 초에는 수많은 신생 신학들이 쏟아져 나왔다. 앞서 소개한 대로 본회퍼 사후에 뒤따르는 하비 콕스의 세속화 신학, 알타이저 해밀턴의 신의 죽음의 신학, 화이트헤드 추종자들의 과정신학 등 급진, 세속 신학들이 계속 목을 내두르는 시대로 혼란이 계속되었다.

이와 같은 급진적 신학 흐름에 반대해서 일어난 신학이 있다. 그 신학이 이제 소개하려는 몰트만의 '희망의 신학'이고, 또 그와 비슷하면서 또 내용이 다른 판넨버그의 '종말론 신학'이다. 이 두 가지의 신학들은 1970년대 중반 이후로부터 많은 관심을 불러일으켰다. 이 두 가지 신학은 21세기까지도 영향을 주고 있다. 이들 두 가지, 매우 긍정적인 신학자들과 그 내용을 살펴보겠다.

1) 몰트만의 생애

위르겐 몰트만은 1926년 독일 함부르크에서 자유주의 개신교 가정에서 태어났다. 그곳에서 성경보다는 레싱(G. E. Lessing, 1729~1781)이라는 저술가요 극작가의 작품에서 예수를 단지 인간 예수로만 묘사한 저술들을 즐겨 보았고 또 괴테나 니체를 배웠다. 그가 소년기 때 부모들은 함부르크 외곽의 계획 농촌 공동체인 폴크스도르(Volksdorf: 국민 마을)로 이주했다.

이 공동체는 원예와 건강한 삶, 친밀한 공동체에 초점을 둔 유토피아적 마을을 만들려는 곳이었다. 그런데 그 마을 공동체에는 교회가 없었다. 반면에 부모와 조부모는 예술과 철학에 많은 시간을 들이는 자유사상을 숭앙하는 가풍이었다. 제2차 세계 대전이 끝나갈 무렵에 당시 10대였던 몰트만은 대다수 독일 소년들처럼 군역으로 강제 징집되었다. 그래서 함부르크의 방공포 부대에 배치되어 그의 친구들 다수와 함께 소년병으로 군 복무를 하게 되었다. 그 당시 연합군에 의한 집중 야간 공습으로 수많은 친구들이 죽음을 당하는 현장을 목격하게 되었다. 제2차 대전 말기인 1945년에는 벨기에에서 캐나다 군대에 의해 포로가 되었다.

그는 벨기에와 스코틀랜드에서 3년 동안 전쟁 포로로 수용소 생활을 했다. 전쟁의 참혹한 고난 속에서 그는 "하나님이 어디 있느냐?"라는 신정론(神政論) 문제에 심각하게 관심을 갖게 되었다. 그가 포로수용소에서 겪으며 크게 깨달은 사실이 있다. 다 똑같은 포로수용소에 있지만 희망을 가진 자는 똑같은 환경 속에서도 절망과 포기를 하지 않고 살아남는다. 반면에 희망이 없는 자들은 쉽게 죽어 갔다. 여기서 기독교 신앙의 희망이 정신적으로 도덕적으로뿐만 아니라 신체적으로도 참을 수 있는 힘이 있음을 체험한다. 그래서 다시금 그리스도인이 되어서 신학을 공부하겠다는 결심을 하게 된다.

1948년 포로에서 해방되어 귀국한다. 그는 곧바로 괴팅겐대학에서 신학 공부를 시작한다. 괴팅겐대학에서 오토 베버(Otto Weber), 한스 이반트(Hans J. Iwand), 에른스트 볼프(Wolf) 등 독일 고백교회 운동의 지도자들 밑에서 신학을 배우고 박사학위와 교수 자격을 취득한다. 몰트만은 1952~1957년까지 작은 개혁파 교회에서 목회를 했다. 그 후 1957년에 부퍼탈(Wuppertal)신학교에서 교리사 교수가 된다.

여기서 다음 장에 소개할 판넨베르크와 함께 '종말론 신학'을 형성하는 일에 협력한다.

그는 1963~1967년까지 본대학교에서 조직신학과 사회 윤리학 교수가 되었고 1967부터 1994년까지 튀빙겐대학교 조직신학 교수라는 명예로운 자리를 지켜왔다. 그는 은퇴 후에도 온 세계 각 곳을 다니며 가톨릭, 정교회, 유대교, 이슬람교, 마르크스주의자, 에큐메니컬주의자, 오순절주의자 등과 교류하며 저술과 강연을 계속해 가고 있다. 그는 가는 곳마다 "희망의 신학"을 전파하고 있다.

2) 몰트만의 사상

몰트만의 사상은 그의 저서들에 나타났다. 그의 대표작으로 세계적 학자가 되었다. 그 책이 《희망의 신학》(Theology of Hope: 1964)이다. 그는 이 책에서 성경 속의 종말론을 희망으로 설명하며 기독교 전체의 진리가 '종말론' 신학의 희망에 있음을 주제로 삼고 기독교 신학을 탐구했다. 그 외에도 많은 저서들이 있는데 《십자가에 달리신 하나님》(The Crucified God: 1973), 《성령의 능력 안에 있는 교회》(The Church in the power of the Spirit: 1975), 《삼위일체와 하나님의 나라》(Trinity and *the Kingdom*: 1980), 《창조 안에 계신 하나님》(*God in the Creation*: 1985 기포드 강좌), 《예수 그리스도의 길》(*The Way of Jesus Christ*: 1990), 《생명의 영》(*The spirit of life*: 1992), 《오시는 하나님》(*The Coming God: Christian Eschatolgy*: 1995) 등이다.

이 같은 저서들을 통해 몰트만의 대표적 사상이라고 할 만한 몇 가지를 살펴보도록 하겠다.

(1) 희망의 신학

《희망의 신학》은 1964년에 출판되었다. 이 책의 중심 되는 핵심 사상은 '희망'과 '약속'이다.[116]

희망의 신학에서 '희망'과 '약속'은 동전의 양면과 같은 관계에 있다. 몰트만이 '희망' 문제에 특별한 관심을 갖게 된 것은 포로수용소 생활 때였다. 포로수용소에서 희망을 가진 자는 살아남는 데 반해 희망이 없거나 희망을 포기한 자들은 병이 들어 죽어 갔다. 그는 희망이 삶과 죽음의 분수령임을 체험했다. 몰트만은 자기의 체험과 더불어 성경 안에 하나님의 약속과 인간의 희망으로 가득 차 있음을 발견했다. 특히 믿음의 조상 아브라함이 하나님의 약속만 믿고 고향을 떠난 내용이나 이스라엘 백성들을 젖과 꿀이 흐르는 가나안 복지의 희망으로 출애굽시킨 모세의 사례는 '희망'과 '약속'이라는 두 개의 개념에서 성취된 결과라고 보는 것이다.

여기에다 미국의 작곡자이자 지휘자인 어네스트 블로흐(Ernest Bloch, 1880~1959)의 유대인의 고뇌를 묘사한 작품들에서 희망의 철학

---

116) 목창균, 현대 신학 논쟁, pp. 322~329.

사상을 매개로 체계화시킨 것이 《희망의 신학》이다.

블로흐의 작품으로 "3개의 유대 시"(1913), "교향곡 이스라엘"(1916), "헤브루 광시곡"(狂詩曲), "셀레모"(1916) 등이 있다. 몰트만의 《희망의 신학》은 블로흐의 희망 뼈대에 성서적 내용과 자신의 개인적 체험이 융합된 작품이다.

여기서 몰트만은 조직신학에서의 맨 마지막에 속하는 종말론을 신학의 한 부분이 아닌 신학 전체로 간주한 신학 논리를 만들었다. 이 같은 시도는 종말론이 세계의 마지막 때 일어날 초자연적 미래라는 신학이 아니라 종말론이 현재의 시작이 되어야 한다는 주장이다. 그는 "기독교란 전적으로 종말론이며 희망이며 앞을 향한 전망과 성취이다. 그렇기에 종말론은 미래를 기다려야 하는 것이 아니라 현재의 혁신과 변화이다. 종말론적인 것은 기독교의 한 요소가 아니라 기독교 신앙의 매개체이다"라고 한다.

몰트만은 기독교의 종말론이 예수 그리스도와 교회의 미래에 대해 말한 것임을 알고 있다. 그런데 그와 같은 미래에 대한 종말의 내용들은 '약속'들이라는 것이다. 따라서 몰트만은 종말론적 메시지를 찾아내기 위해 신구약 성서 속에 나타난 약속들의 의미를 찾아낸다. 약속은 현재 존재하는 어떤 것을 말하는 것이 아니라 아직 현실적으로 존재하지 않은 미래를 현실로 선포하는 것을 의미한다.

몰트만은 성서 속의 계시들은 모두가 미래의 약속들과 불가분의 관계 속에 연결되어 있다고 보았다. 하나님은 약속의 방식으로 아브라함, 모세, 다윗, 솔로몬, 선지자들에게 말씀하신다. 하나님의 계시가 무엇인가? 그것은 현존하는 인간과 세계를 현실적, 합리적으로 설명하는 것이 아니다. 계시는 본질적으로, 근본적으로 미래에 대한 약속을 의미한다. 그러므로 계시는 미래의 종말론적 지평을 드러내는 약속들이라는 것이다.

따라서 몰트만에 의하면, 약속은 어떤 사건들로 성취되고 끝나는 것이 아니라 그렇게 약속을 이루고 난 후 또다시 미래를 가르쳐 주는 잔여물로 남아 있는 것을 의미한다. 우리는 구약성서에서 메시아의 약속들을 많이 깨닫는다. 그 같은 메시아 약속이 예수 그리스도의 성육신으로 성취되었다. 그렇다고 해서 메시아 약속이 종결된 것이 아니다. 신약성경에는 또다시 천년왕국과 백보좌 심판에서 메시아의 역할이 약속되었다. 그뿐만 아니다. 메시아의 궁극적 완성은 미래의 새 하늘과 새 땅(계 21-22장)으로 또다시 약속되었다. 이렇게 하나님 나라는 역사 안에서 일어난 일회적 사건이 아니라 미래적 측면이 있는 약속을 뜻한다는 것이다.

(2) 신앙의 기초인 희망

희망의 신학은 또 다른 면에서 부활의 신앙이다. 일반적으로 종말론에 '부활'이라고 하면 역사의 마지막에 있을 미래의 성도의 부활을 의미한다. 그러나 몰트만은 미래가 아닌 현재에서 희망을 갖지 않고 미래에만 희망을 갖는 것을 죄라고 정의했다. 그렇기에 몰트만이 보는 죄는 절망이다. 아울러 희망이 없으면 신앙도 무너지고 만다. 희망 없는 것, 체념, 게으름, 비애 등은 죄의 다른 모습들이다. 용기를 잃는 것, 희망을 저버리는 것은 모두 다 불신앙에 근거를 둔 죄의 상태들을 의미한다.

이 부분에 있어서 필자는 동의하지 않는다. 부활이 분명 희망의 성격을 가진 것은 맞다. 그렇다고 해서 적극적 사고나 또는 항상 긍정적 사고나 모든 것을 낙관적으로 이해하려는 희망이 곧 부활신앙과 같다는 주장에는 동의하지 않는다. 부활이 미래적으로 성취될 희망사항이기는 하지만 보편적 희망이 부활신앙은 아닌 것이다. 그는 희망을 강조하려다가 성경 안의 울타리 밖까지를 끌어안는 모순을 저질렀다고 본다.

(3) 교회의 사명

몰트만은 하나님의 약속은 전혀 다른 세계를 향한 약속이 아니라 우리가 살아가고 있는 이 세계의 새로운 창조를 위한 것이라고 생각했다. 그래서 교회의 주요한 과제는 개인을 회심시키는 것보다 사회구조를 개혁시켜야 하는 것이 교회의 사명이라고 했다. 신학의 사명도 마찬가지다. 신학이 세계가 무엇인가를 해석하는 데 그치는 것이 아니라 신학의 과제는 세계를 변화시켜 인간이 사람답게 살 수 있고 모든 것이 하나님의 뜻에 따라 이 세계가 이루어지도록 만드는 것이라고 했다.

몰트만의 정치신학은 이와 같은 교회관에 따라 형성된 사상이다. 그가 말하는 교회의 사명은 기독교인의 희망 실현 목표를 위해서는 하나님께 위임함과 동시에 인간들이 목표 성취를 위해 정치적인 분야에 참여해야 한다는 주장이다. 따라서 희망의 신학은 희망만 갖는 소극적인 신학이 아니라 행동으로 실천을 하므로 교회는 현 역사 안에서 자유와 평화와 정의를 위해서 정치적인 힘을 발휘해서라도 사회를 개조해야 된다는 것이다. 이 같은 그의 주장은 정치와 종교의 분리원칙을 간과한 잘못된 주장이다.

[결론]

희망의 신학은 출발은 좋게 했으나 중간에 성서신학에서 빗나가는 무리한 주장들이 계속 이어졌다. 그의 주장들에 많은 문제가 뒤따르므로 쉼 없는 논쟁이 계속되었다. 그의 핵심 주장인 미래에 초점을 두고 현실을 정치와 결부시킨 교회관이나 종말론에도 실현된 종말론 주장자나 실존적 종말론은 현재를 중요시하는데 반해 몰트만의 종말론은 미래에만 집중되었다. 그래서 많은 논쟁들을 겪어야만 했다. 희망의 신학의 문제점은 지나친 일반성과 편향성이 문제다. 그럼에도 불구하고 종말론을 교의학 일부가 아닌 신학 전체로 간주한 것은 공헌이라 할 수 있겠다.

17. 구스타보 구티에레즈(Gustavo Gutierrez, 1928~현)의 해방신학

[서론]

1960년대와 1970년대를 살아간 전 세계인들은 이 세상이 얼마나 급진적 소용돌이의 세상인가를 체험했다. 필자가 1960년에 한신대학에 입학하자마자 4.19 현장이 펼쳐졌다. 또 1961년에는 5.16으로 군사정권의 영향을 받으며 전 세계적인 급진적 정보들을 체험했다. 1960년대 한신대학에서 유럽의 신정통주의자인 바르트 교의학 개요를 박봉랑 교수(하버드 신과대학 박사)로부터 배웠고, 서남동 교수(민중신학 창시자)로부터 급진신학을 배웠다. 1960년대 필자는 세속화(본회퍼), 문화의 신학(틸리히), 해방신학 등과 함께 희망의 신학도 배웠다.

이와 때를 같이하는 미국 여러 도시에서 맬컴 엑스(Malcolm. X, 1925~1965)의 《뿌리》(Root)라는 작품과 함께 인종 차별 타도를 위한 흑인들의 데모가 계속되었다. 또 유럽에서는 젊은 남성들은 군대 영장을 공개적으로 불태웠고 젊은 여성들은 성차별에 항의하여 브래지어를 불태우고 맨몸으로 항거시위를 했다. 이런 시기에 크게 등장한 것이 1960년대의 해방신학이고 1970년대 한국에서의 민중신학이었다. 여기서는 1960년대 세계적 주목을 끈 해방신학과 다음 항에는 1970년대 한국이 만든 민중신학이 세계로 수출되는 내용을 살펴보도록 하겠다.

1) 해방신학의 태동

사실 해방신학을 간단하게 설명하기란 쉽지 않다. 그 이유는 해방신학에 대한 책들이 매우 많고 견해가 다양하기 때문이다. 여기서는 해방신학이 무엇이며, 왜 일어났으며, 무엇이 논쟁점인지 이런 내용으로 정리해 보겠다. 해방신학의 출생지는 남아메리카 제국들이다. 남아메리카 국가들은 브라질, 아르헨티나, 멕시코, 우루과이, 쿠바 등 역사적으로 정치적으로 구조적으로 불균형이 심각한 나라들이다.

그 이유는 간단하지가 않다. 역사적 및 정치적 이유가 가장 큰 원인이 된다. 15세기 콜럼버스가 바하마 군도의 발견 이후 포르투갈과 스페인은 라틴 아메리카를 정복한 후 19세기 초에 이르기까지 300년 이상을 식민지배와 인종 혼혈 정책을 폈다. 이와 함께 스페인, 포르투갈의 로마 가톨릭 종교를 뿌리내렸다.

그 결과 브라질은 포르투갈어를 쓰는 가톨릭 단일 종교 국가가 되었고 나머지 다른 나라들은 스페인어를 쓰는 가톨릭 국가들이 되었다. 그런데 가톨릭 종교는 항상 정치와 결탁된 부르주아 편으로 지속되어 왔다. 그 결과 가톨릭 종교와 정치 세력은 전체 인구의 5%에 불과한 소수들이 전체 재산의 80% 이상을 소유하게 되는 경제적 불평등과 불균형을 낳게 되었고, 전 남미 각 곳의 국민 3분의 2가 아사지경인 절대 빈곤과 부정과 폭력과 불법에 노출되어 있다.

이 같은 남미에 마르크스 공산 사회주의가 침입하여 정치적, 사회적 갈등을 계속 부추겨가고 있다. 19세기 초 제1차 세계 대전 이후 라틴 아메리카의 여러 나라가 과거의 식민주의 국가들로부터 독립이 되었다. 신생 독립국 정치 지도자들은 스페인, 포르투갈이 아닌 새로운 국가들인 영국과 미국의 손을 잡고 경제적으로 의존하는 새로운 형태의 신(新)식민주의 국가들이 되었다.

라틴 아메리카는 정부와 가톨릭 종교가 서로 밀착되어 있다. 그것은 과거 스페인의 아메리카 식민지배라는 정치적 목표와 가톨릭 종교의 복음화라는 목표가 일치되었기 때문이다. 그에 따라 가톨릭교회는 남미에서 광대한 토지를 소유하게 되고 식민정책을 옹호하거나 독재자들 편에서 기생하는 종교로 변질된다.

이렇게 남미 제국들의 정치와 종교가 착취 지배자 역할을 계속해 나갔다. 이때 해방신학이 출생하도록 돕는 몇 가지 흐름이 작동한다.[117]

첫째로, 1968년 콜럼비아 북서부 안티오키아주(州) 메데인에서 가톨릭 주교들이 회의를 열고 종전까지의 가톨릭 입장과 새로운 입장의 "메데인 문서"를 채택한다. 이것이 해방신학 태동의 간접적 원인이 된다.

---

117) 목창균, 현대 신학 논쟁, pp. 333~338.

둘째로, 유럽의 몰트만의 희망의 신학은 희망 달성을 위해 교회가 해야 하는 사명이 정치적 현안 해결을 위한 노력이라고 주장했다. 이 같은 희망 신학이 정치에 적용되어야 한다는 주장으로 '정치신학'이라는 또 다른 별명이 생겼다. 이 같은 정치신학 구호는 자연히 국민을 해방시키는 과업에 종사하고 있던 라틴 아메리카 가톨릭교회 현장에서 호응을 받게 된다.

셋째로, 해방신학 태동의 또 다른 요인으로 마르크스주의를 들 수 있다.

① 마르크스는 사회분석의 이론으로 변증법적 분석을 제시했다. 사회를 부르주아와 프롤레타리아로, 억압자와 피억압자로, 자본가와 노동자로 분석하고 이 두 개 구조가 갈등을 겪지만 변증법에 의해 투쟁 방식에 의한 제3의 세력 추구를 제창했다.

② 역사 철학으로 인간의 문제는 신의 섭리가 아닌 인간이 국가적, 사회적 문제를 이끌어가는 주체자라는 역사철학이 작용했다. 이와 같은 마르크스주의를 통해 세상을 진단하고 가난의 구조적 원인을 발견하고 그것을 극복할 수 있는 방법으로 계급투쟁과 폭력에 의한 혁명을 인정하는 것이 마르크스의 영향을 받은 해방신학이다.

이와 같은 몇 가지 흐름들이 남미 국민을 해방시키기 위한 과업에 종사하는 가톨릭교회 현장에서 일어난 사조이다. 따라서 해방신학은 신학자들이 학술적인 토의나 연구 논문을 통해 형성된 이론적 신학이 아니라 라틴 아메리카의 역사적 정황이 만들어 낸 상황 신학인 것이다.

2) 해방신학자들과 그 내용의 발전

해방신학자들로 알려진 신학자들 대부분이 남미 라틴 아메리카 각국의 사제들이다. 그들 중 대표자로 알려진 신학자가 페루의 사제인 구스타보 구티에레츠(Gustavo Gutierrez, 1928~)이다. 그가 이 운동의 바이블로 알려진 《해방신학》(A, Theology of liberation, 1971)을 발표했다.

구티에레츠는 어떤 사제였기에 해방신학을 발표했는가? 구티에레츠는 1950년대 유럽에서 신학공부를 하며 몰트만의 정치신학의 영향을 받는다. 유럽에서 새로운 신학 공부를 한 후 페루로 귀국하여 1960년대 리마 가톨릭대학교(Catholic University in Lime)에서 신학을 가르치기 시작했다. 이어서 그는 10여 년 동안 급진적 사회 이론을 깊이, 넓게 취득하며 남미의 다른 동료 사제들과 신학자들과의 논의에 참여했다.

이 무렵에 함께 우정을 나눈 이가 게릴라 집단을 이끄는 카밀로 토레스였다. 그 후 구티에레츠는 《해방신학》(1971), 《역사 안에서 가난한 자들의 힘》과 《우리의 우물에서 생수를 마시련다》(1984) 등의 저서를 발표한다.

그 후로 해방신학이 전 세계적으로 확대되도록 여러 단계의 세계적 흐름이 계속되었고 발전을 거듭한다.

첫 단계 : 로마에서 열린 제2차 바티칸 공의회(1962~1965)이다.

이때 가톨릭 교리를 바꾸지는 않는다. 그러나 가톨릭 교리의 적용과 실천을 위한 새로운 문들이 열린다. 예컨대 그 이전까지 전 세계 가톨릭교회의 미사 전용 용어는 라틴어만을 사용해야만 했다. 그러나 제2차 바티칸 공의회 이후 전 세계 각 나라에서 미사 때 자국어를 사용할 수 있도록 허용된다. 이와 같은 제2차 바티칸 공의회 이후 가톨릭 교리에 반대되지 않는 한 자신들의 맥락에 독특한 토착적 신학들을 만들어내는 것들이 가능했다.

둘째 단계 : 많은 남미 국가들에서 민족 안보 국가들이 미국의 지원을 받는 새로운 군사적 우익 정부들이 등장하게 된다. 이에 대한 원인은 쿠바의 카스트로(F. Castro)가 공산 사회주의 국가를 만들자 그에 따른 미국의 활발한 운동의 결과들이었다.

셋째 단계 : 앞서 설명한 1968년 컬럼비아 메데인에서 열린 제2차 라틴 아메리카 주교회의에서 채택한 "메데인 문서"가 그동안 가톨릭 교회가 전통적으로 정부 권력층과 결탁해온 과거사를 "제도화된 폭력"이라고 비판함으로써 전 세계에 충격을 주었다.

이때의 충격으로 전 세계 각 곳에서 많은 논란이 일어났다. 이에 바티칸 교황청은 교황이 여섯 차례나 라틴 아메리카를 방문할 정도로 많은 관심을 불러일으켰다.

넷째 단계 : 많은 라틴 아메리카 국가들에서 기초 공동체들이 출현한다.

이들 기초 공동체는 제도권 교회의 영역 바깥에서 가난한 사람들로 구성된 작은 무리들이었다. 그런데 급진적 사제들이 이들 작은 공동체들을 이끌면서 사회적 상황에 대한 자기들의 메시지를 암시해주었다. 이와 비슷한 조직이 한국에서 1970년대에 만들어진 급진적 사제들에 의한 '정의 구현 사제단'이다.

이 무렵에 아르헨티나 해방신학자 호세 미구에즈 보니노(Jose Miguez Bonino, 1924~2012)가 '혁명적 상황'을 제기했다. 남미의 모든 국가들 대부분이 가톨릭이 국교들이다. 보니노는 구티에레츠에게 가톨릭이 국교인 사회에서 교회와 신학이 할 수 있는 역할이 무엇이냐고 긴급한 질문을 했다. 이때 구티에레츠는 이런 답변을 한다. 좋은 신학이란 언제나 상황적(Contextual)이어야 한다고 답변한다. 그리고 보편적 신학이란 존재하지 않는다고 한다.

로마나 튀빙겐이나 뉴욕이나 도쿄에서 전개된 것이 라틴 아메리카에 적절성이 없거나 사실이 아닐 수도 있다고 답변한다.

구티에레츠는 1930~1940년대 독일에서 나치가 통치할 때 독일의 기독교가 적절하게 대응하지 못했으므로 수치스러운 역사를 만들었다고 했다.

구티에레츠가 《해방신학》을 저술할 당시(1970년대) 페루에서 절반 이상의 아이들이 5세 이전에 사망했다. 브라질에서는 상위 2%의 지주들이 60%의 경작지를 소유한 반면에 시골 농민들의 70%는 땅이 없었다. 페루에서는 여섯 명의 노동자들이 절반도 안 되는 수입으로 8명의 가족들을 부양을 책임져야 했다. 엘살바도르에서는 6인 가구가 생존을 위해 1년에 333달러가 필요했으나 인구의 절반 이상이 그것보다 적게 벌었다. 라틴 아메리카 전역에서 빈곤은 재앙의 수준에 이르렀다. 해방신학자로 돌아선 한 사제의 말에 의하면, 자기가 접촉하는 사람들은 쓰레기장에서 무엇을 구하려고 돼지나 독수리와 경쟁하며 사는 사람들이 많았다고 한다. 이 같은 현실에도 가난한 자들이 더 가난해질수록 소수의 부자들은 더 큰 풍요를 누렸다.

이러한 상황들에 이의를 제기한 많은 사람들이 이상하게 실종되거나 정체를 모르는 자들에게 암살을 당했다. 엘살바도르 대주교 오스카 로메로(Oscar Romero)는 1980년 자기 교회에서 미사를 드리던 중에 정부의 지원을 받는 암살단에 의해 저격을 당했다. 그 이유는 그가 젊은 엘살바도르 군인들에게 동료 국민들에 대한 발포 명령을 거부하라고 공공연하게 요구했기 때문이다.

3) 해방신학에 대한 질문과 퇴조

구티에레츠에게 해방신학의 현실성 문제에 대한 많은 질문들이 제기된다. 구티에레츠는 가난한 자들이 사회, 정치, 경제적으로 현상 유지를 계속하는 것을 단절해야 하는 것이 '해방'이라고 했다. 그에 의하면 가난한 자들에 대한 하나님의 우선적 선택(Gods preferential option for the poor)이 이뤄지는 것이 해방이다.

가난한 자들이 도전적으로 또는 종교적으로 다른 사람들보다 더 낫기 때문이 아니라 하나님의 눈에는 꼴찌가 가장 먼저이기 때문이라고 했다. 이와 같은 구티에레츠의 주장은 하나님의 정의에 대해 다른 사람들에게 충돌을 뒤따르게 한다. 그것은 하나님이 부자나 가난한 이나 높은 자나 낮은 자나 모두 다 공평하게 사랑을 베푸신다는 공의의 개념에 반문이 따르게 한다. 하나님이 가난한 자들에게만 관심이 많고 가진 자에게 관심을 덜 가진다는 논리는 하나님의 공의에 대한 이해에 문제를 만들게 된다. 구티에레츠의 가난한 자들에 대한 편애적 주장은 비록 하나님이 모든 사람을 다 사랑하시는 하나님이 아니라, 하나님이 자신을 가난한 자들과 동일시하고 가난한 자들에게만 하나님 자신을 계시해 주고 특별한 방식으로 가난한 자들의 편에 서신다는 논리가 따른다.

이와 같은 구티에레츠를 비롯한 해방신학자들의 신학은 가난한 자들을 위한 헌신에서 출발했으나 신학적으로 많은 문제가 따른다. 구티에레츠의 주장에 의하면, 하나님을 아는 것은 정의를 위해 일하는 것을 의미하며 이 일 외에는 하나님을 아는 길이 없게 된다.

해방신학자들에게 계시란 무엇인가? 성경이 신학에서 어떤 역할을 하는가? 만일 성경과 계시를 깨닫고 실천하는 데 돕는 것이 신학의 제1단계라고 한다면 그것을 되새기며 계속적으로 음미해도 여전히 성경 진리에 위배되지 않는 신학을 제2단계라고 말할 수 있다. 그런데 구티에레츠를 비롯한 해방신학자들이 가난한 자들을 위한 헌신의 실천을 돕는 신학 제1단계는 촉발을 해주었다. 그러나 해방신학은 다시금 성경 전체와 조화를 이루려는 신학 제2단계에서 하나님의 공의 문제에 대해 해답을 제시하지 못한다.

해방신학은 뒤이어 흑인신학, 여성신학 등 또 다른 실천 부분의 신학들을 양산하게 되었다. 또 일부 신학자들은 해방신학이 마르크스주의를 따라 무신론적 역사관과 인간관에 빠져 있다고 비판했다. 복음주의 신학자 앤드류 커크(J. Andrew Kirk)는 해방신학에 적용되는 가난한 자들에만 향한 관심에 반대했다. 그 외에도 많은 질문이 계속 뒤따르게 되었다.

현재에도 구티에레츠와 해방신학자들은 여전히 해방신학을 옹호한다. 그러나 점차 해방신학이 퇴조를 이루고 있다. 그 이유는 바티칸에서 해방신학의 영향력이 사회 구원에 치우칠 뿐 개인 구원을 중요시해야 하는 성경과 위배된다고 강조해 가고 있기 때문이다. 그럼에도 불구하고 해방신학은 오순절주의자들에 의해 전 세계적으로 계속 퍼져 나가고 있었다. 그런데 1990년대에 세계 공산주의가 몰락하고 많은 라틴 아메리카 국가들에서 민주적으로 선출된 사회주의 정권이 등장하면서 해방신학의 열기는 퇴조해 가고 있다.[118]

이것을 보면 그 어떤 신학도 완전한 신학은 존재하지 않음을 배우게 된다.

---

118) 로저 올슨, 현대 신학이란 무엇인가?, pp. 671~712.

18. 서남동(1918~1984)과 안병무(1922~1996)의 민중신학

[서론]

이 두 분은 필자와 개인적으로 많은 관계를 맺은 분들이다. 서남동(徐南同) 교수님은 전남 신안 출생으로 1936년 신흥중학교(5년제)를 졸업하고, 일본 도시샤(同志社)대학을 졸업하고(1941), 1952년 한국신학대학 교수로 취임하였다가 1957년 캐나  다 임마누엘신학대학을 졸업한 후 한신대학에서 1964년까지 교수로 재직하신 후 연세대학교 신과대학 교수로 재직하셨다.

필자는 1960년 한신대학 입학 후 1964년까지 서남동 교수님의 가르침을 받았다. 이 무렵 3학기 장학금을 받음으로 크게 감사하고 지낸 후에 1975년에 연세대학교 교육대학원 사학과에서 공부할 때 또다시 만났다. 필자에게 서남동 교수님은 많은 은혜를 입은 고마운 분이시다.

 또 안병무 박사님과도 특별한 인연이 있다. 안 박사님은 서울대학교 사회학과를 졸업하고 독일 하이델베르크대학에서 신학박사 학위를 받고 중앙신학교(현 강남대학) 교장으로 계신 후에 한신대학 교수(1970~1987)로 계셨다.

필자가 안 박사님으로부터 신학을 배운 바는 없지만 안 박사께서 1953년에 향린(香隣)교회를 개척하셨다. 당시 안병무, 장하구(종로서적 센터 회장), 홍창의(서울대학병원장), 이영환 등이 특별한 목적의 교회를 설립했다. 이들 모두는 서울대학교 출신들로

① 생활 공동체 ② 입체적 공동체 ③ 평신도교회 ④ 독립교회를 내용으로 하는 향린교회를 세웠다.

필자는 1962~1965년 초까지 향린교회 유년부 주일학교 부장으로 집사 직분을 받고 교회를 섬기는 일에 종사했다. 이 무렵에 간간히 안병무 박사의 설교를 듣고 그의 강의도 들었다.

필자는 1960년대 이 두 분에게 신학적 가르침은 물론이고 인격적으로 많은 영향을 받았다.

그래서 한신대학 졸업 후인 1965년부터 1978년 전반기까지 이분들과 교류가 이어졌다. 그런데 1978년 미국 버지니아(Virginia)주 리버티대학교(Liberty University)에 유학한 후(1982년까지) 자유주의 신학을 수정하고 근본주의 신봉자가 되었다. 두 분 모두가 필자의 은사님들인데 그분들이 창도한 민중신학을 비판하게 되어서 무척 당혹스러움을 느끼게 된다. 하지만 천국에서 두 분이 못된 제자를 용서해 주시리라 믿고 필자의 소견을 요약 정리해 보려고 한다.

1) 민중(民衆)신학 이론

민중신학(Min-Joong Theolgy)이 태동하게 되는 동기는 앞서 해방신학의 동기와 유사하다. 한국에서 1961년 5·16 군사쿠데타를 일으킨 박정희 대통령은 10년을 집권하고도 양이 차지 않아 1970년대에 유신 헌법을 통해 장충단 운동장에서 장기 집권의 변칙적 강압 정치를 시작한다. 이때 평화시장에서 전태일이 고용주의 구조적인 착취에 저항하여 분신자살을 한다. 이러한 사회적 억압에 대해 김지하, 장일담 등의 저항 시인들이 풍자적으로 표현을 한다. 여기에 각 대학 교수들도 군사정부에 저항하는 운동을 전개한다. 이 운동에 같이 합세하는 각 대학의 여러 교수들이 있었다.

서울대학교의 한완상(후에 부총리), 이화여자대학교의 서광선, 숭실대학교의 고범서, 숙명여자대학교의 이만열 등의 교수들이 군사 유신 정권에 저항했다. 이때 서남동 교수와 안병무 교수께서 사회적 공감대를 얻을 수 있는 이론적 논리로 민중신학 이론을 만든다.

민중신학 이론의 근거는 복음서 내용들이다. 우리가 4복음서를 보면 예수님께서 가장 많이 접촉하시고 관심을 가졌던 대상들이 '무리'라는 단어다. 신약성경 마태복음에 '무리'라는 단어 '오클로스'(ὄχλος)가 40여 회 사용되었고, 마가복음에 20여 회, 누가복음에 30여 회, 요한복음에 10여 회 이상 쓰였다. 복음서에 100여 회 이상 쓰인 '무리' 즉 군중(群衆)은 곧 서민들인 '민중'(民衆)을 뜻한다. 예수님이 공생애 중 가장 많이 접촉하고 관심을 가졌던 대상이 도시민들이 아니라 갈릴리 어부들, 나사렛 촌의 빈민들, 유대 각 곳에 살던 지방 서민들이었다. 예수님이 예루살렘 도시에서 머무신 것은 3년 공생애 중 3주 남짓 한 달 정도 미만이다. 예수님의 이와 같은 '민중'에 대한 관심은 예수님의 마음이 '민중'에 있었음을 의미한다.

"역사 속에 예수님은 어느 때 나타났는가? 역사 속에 예수님은 한국의 경우 가장 많은 군중들이 집결했던 3·1 운동 때나 4·19 혁명 같은 때 민중 속에 계셨다. 아울러 오늘날의 예수님이 어디에 계시는가? 죽은 후 천국이나, 소수의 권력자들, 특권을 가진 지배층에 있을 수는 없다. 오늘날의 예수는 과거 3·1 운동 때나 4·19 때처럼 정권에 저항하는 데모 학생들 속에, 인천 부두노조, 창원 울산 공단의 노동자들 속에 계신다. 5·18 민주화항쟁 속에 예수가 계신다."

이러한 논리이다. 이 같은 '민중신학' 이론은 학생 데모대의 데모

시위를 정당화하고 민노총을 비롯한 각종 노동자들의 시위를 정당화시켜 주었다. 그것이 이만열, 함세웅 등의 '민중사관'(民衆史觀)이고, 그들은 노무현 정부의 지원으로 "백년전쟁"이라는 다큐멘터리를 만들었다.

2) 민중신학 비판

4복음서에 '무리'인 군중들이 많이 쓰인 것은 사실이다. 그렇다 할지라도 예수님이 서민인 '무리들'만 상대한 것은 아니다. 복음서를 보면 상당 부분에서 예수님이 당시 종교계의 다수인 바리새인들과 서기관들에게도 크게 관심을 갖고 논쟁과 설득 사역을 행하셨다. 예수님이 공생애 기간의 많은 부분들을 서민과 낮은 자와 비천한 자들을 긍휼히 여기시고 관심을 베풀어 주셨던 것은 사실이다. 그러나 앞서 '해방신학'처럼 예수님이 가난한 자들만의 예수님이 아니듯이 역시 예수님은 '무리', '군중', '민중'들만의 예수님이 아니시다.

예수님은 많은 경우는 아니라도 니고데모나 아리마대 요셉 같은 소수의 바리새인과 가진 자들에게도 사랑을 베풀어 주셨다. 그리고 예수님이 과거에 '무리'들에게 관심을 가졌다고 해서 역사 속에 예수를 '무리'들로 적용시키는 것은 지나친 확대 이론 같다. 오늘날 민노총을 비롯한 갖가지 형태의 노동자들의 쟁의 활동은 많은 '민중'들임에는 확실하다. 그러나 세상에서 자신들의 이권을 위한 쟁의 투쟁을 '무리' 운동으로 하는 것들이 다 예수의 활동이 될 수는 없다.

민중신학은 성서를 종합적으로 주해(註解: exegeses)하지 않고 자기들이 편리한 대로 특정 구절들을 자기들의 편의대로 이곳저곳 성경 구절들을 자기 목적대로 주입(注入: eisgeses)시켜 논리를 만들었다.

해방신학이 남미에서 1960~1980년대 한동안 인기를 끌었다. 그러나 1990년대 이후의 세상의 변화와 함께 퇴조로 향해 가고 있다. 민중신학도 한국에서 만들어진 1970년대에는 made in Korea로 해외수출이 되기도 했다. 그러나 2000년대에 들어선 후 '민중신학'의 아들격인 '민중사관'이 좌파 정치편에 선 다큐멘터리 "백년전쟁"을 만들어냈다. 그로부터 민중신학 자체도 편파적 신학에 불과하다는 지적과 함께 퇴조해 가고 있는 현실이다.

[결론]

모든 신학은 ① 성경과 ② 역사를 재료로 ③ 특정인의 세계관에 의해 형성된다. 그런데 특정인의 세계관은 항상 편파적인 한계성을 갖는다. 모든 신학 이론이 마찬가지다. 모든 신학 이론을 수용하는 세력이 있는가 하면 배척하는 세력이 있으므로 신학은 시대성과 제한성과 한계성이 따른다. 우리가 신학의 도움을 받아야 할 때가 있다. 그러나 편파적 신학은 항상 뒤에 문제가 따름을 체험한다. 시대와 상관없이 계속적으로 응용되는 신학만이 건전한 신학이다. 필자는 그 같은 신학이 성경을 문자적으로 믿는 근본주의 신학이라고 본다.

19. 흑인신학(Black Theology) 제임스 콘(James H. Cone)

[서론]

흑인신학(Black Theology)은 해방신학의 영향을 받은 후속 산물이다. 해방신학의 후속 산물은 여러 형태로 계속 양산되었다. 한국에서 만들어진 '민중신학'과 미국에서 만들어진 '흑인신학'과 '여성신학'이

해방신학 이후에 발생한 후속 신학들이다. 여기서는 흑인신학이 존재한다는 사실을 확인하도록 하자.

1) 흑인신학의 창시자 제임스 콘(James H. Cone)

콘은 아칸소주에서 태어났다. 그는 흑인 감리교 감독 교회(African Methodist Episcopal Church)에서 빈곤과 인종 차별을 체험하며 자랐다. 그는 미국 중부 아칸소주(州) 주도인 리틀록(Little Rock)에 있는 흑인 전통의 필랜더 스미스(Philander Smith College)를 졸업하고 일리노이주 에반스톤에 있는 노스웨스턴대학교의 개릿신학대학원에 진학해 바르트 신학 연구로 신학박사 학위를 받았다. 그 후 아프리카계 미국인들이 두 학교에서 가르쳤다. 그리고 1970년 명망 높은 유니온 신학교의 교수가 되었고, 1977년에 조직신학 교수가 되었다. 그의 첫 저서로 《흑인신학과 블랙 파워》(*Black Theology and Black Power*, 1969)를 냈고 같은 해에 《흑인 해방신학》(*Black Theology*)을 냈다. 이어서 《눌린 자의 하나님》, 《맬컴 X vs 마틴 루터 킹》(*Martin and Malcolm X*, 1992), 《십자가와 사적 폭력의 교수대》(*The Cross and the Lynching Tree*, 2011) 등이 있다.

콘은 감리교 목사이자 교수이다. 그는 지금도 미국에서 아프리카계 미국 흑인들을 위한 정의를 위한 강력한 외침을 계속하며 흑인신학의 창시자로 계속 활동하고 있다. 그 뒤를 잇는 또 다른 흑인신학자로 좀 더 온건한 듀크신학대학원 신학 교수인 디오티스 로버츠(Deotis Roberts)가 낸 《해방과 화해 : 흑인신학》(*Liberation and Reconciliaton: A Black Theology*. 1971)이 있다.

콘의 영향을 받아 흑인들의 인권과 정의를 위한 주장들을 수많은 흑인들이 계속 하고 있다. 게이로드 윌모어(Gayraud Wilmore), 조셉 워싱턴(Joseph R. Washington), 앨버트 클리지(Albert B. Cleage), 제임스 에반스(James H. Evans), 메이저 존스(Major Jones), 헨리 미첼(Henry Mitchell) 등이 계속적으로 흑인과 정의를 주장해 가고 있다.[119]

이렇게 미국 내 수많은 흑인들이 "백인신학의 실패"(The Failure of White Theology)를 부르짖고 "하나님은 흑인이다"라고 주장하고 있다.

흑인신학의 맥락은 미국에서 지속적으로 계속된 아프리카계 흑인들에 대한 인종 차별주의에 대한 저항과 분노로 분출되고 있다. 흑인신학의 독특함은 "하나님은 흑인이다"(God is Black)라는 구호다. 저들은 백인들이 하나님을 기쁘게 하기 위해서는 하나님과 흑인이 됨으로써 스스로를 흑인성과 동일시해야 한다고 주장한다.

2) 흑인신학의 주요 주장들

우리가 잘 아는 대로 미국 흑인 목사 킹(Martin Luther King Jr, 1929~1968)은 조지아주 애틀랜타에서 시내버스 좌석에 흑인 인종 분리에 반대하는 운동을 시작으로 흑인의 차별 타파 운동을 전개했다. 그는 간디의 시민적 불복종 사상을 결합한 비폭력적 차별 타파 운동을 전개했다. 그는 흑인 노동자들의 투쟁운동에 적극 지원하다가 저격에 의해 암살을 당하였다. 미국은 그의 업적을 기억하고 그의 생일(1월 15일)을 기념해 1983년에 1월의 셋째 월요일을 국민 축일로 정했다.

이와 같은 흑인 차별 타파 운동을 일으켰으나 아직도 미국은 여전히 흑인 차별이 암암리에 계속 진행형이다. 킹은 흑인과 백인 모두에 대해 하나님의 자녀로 화해와 평화를 외쳤으나 흑인신학에서는 블랙파워가 20세기 미국을 향한 그리스도 중심의 메시지라고 주장한다.

---

119) 로저 올슨, 현대 신학이란 무엇인가?, pp 687~699.

그래서 흑인이 절대적으로 필요하다고 여기는 모든 수단을 통해 백인의 압제로부터 흑인들을 완전히 해방시켜야 된다고 주장한다. 콘의 흑인신학의 기반이 블랙 파워이다. 콘은 흑인신학을 만들기 위해 성경과 흑인들의 과거 역사를 기본 근거로 삼는다. 콘이 믿는 성경은 성경의 문자적 단어 자체가 아니라 성경의 문자를 뛰어넘는 하나님의 계시에서 성경의 능력을 찾아야 한다는 성경관이다.

콘은 이 같은 성경관의 당위성을 확립하려고 바르트의 신학보다는 틸리히의 상관관계 이론을 의존한다. 콘은 성경을 계시 자체로 동일시하지 않는다. 성경의 중요성은 성경의 단어들이 아니라 오직 자신을 넘어서 하나님의 계시라는 실재를 성경의 능력에서 찾을 수 있기 때문이라고 했다. 그렇다면 과거 역사 속에 전승되어 온 전통은 어떤 의미가 있는가? 콘은 육체적, 정신적, 영적 해방을 주는 전통만이 오늘날 존중 받아야 된다는 것이다.

콘은 이와 같은 성경관에다 역사 전통관을 가진 기초 위에서 과거의 흑인들이 압제당하고, 차별 대우를 당한 갖가지 사례들로 흑인신학의 이론을 만들었다. 그래서 "하나님은 흑인이다"라고 주장하고 인종 차별적 사회에서 피부색 없는 하나님은 없다고 강조한다. 콘에게는 하나님 없는 비극으로 과거 6백만 유대인의 죽음과 또 초기 청교도들의 아메리카 원주민들의 학살과 미국이 아프리카 흑인들을 수입해서 노예화시키고 사적 폭력으로 다스렸던 불행한 역사들 모두 흑인신학의 소재가 되고 있다.

콘의 이와 같은 흑인신학은 킹 목사와는 전혀 다른 체계적 신학 이론을 만들어 계속 보급되며 전파되고 있다. 이와 같은 콘의 흑인신학과 대립되는 '해방과 화해: 흑인신학'을 주장하는 똑같은 흑인인 듀크신학대학의 로버츠 교수는 백인과 흑인의 화해를 강조한다. 우리는 미국 내에서 좀처럼 쉽게 해결되지는 않겠으나 흑인 신학자들의 노력으로 흑백의 차별화가 점진적으로 사라지고 향상될 것으로 전망한다.

20. 류터(Rosemary Radford Ruether)의 여성신학

[서론]

해방신학의 영향으로 또 다른 '여성신학'(Feminist Theology)이 발생했다. 여성주의(Feminism)는 남성과 여성 간의 평등주의 정도가 아니다. 류터는 여성과 남성 모두가 가부장제(Paterfamilias)로부터 해방되어야 한다고 주장했다. 류터의 주장에 의하면, 가부장제(家父長制)는 타자들을 지배하려는 그칠 줄 모르는 권력의 필요를 포함하는 심리와 사회 체계라고 했다. 이 같은 가부장제는 남성의 삶뿐만 아니라 여성과 자연까지도 영향을 미칠 자기중심적 권력의 실체라고 했다. 여기서는 여성신학의 창시자인 여성 류터와 그의 사상을 살펴보겠다.

1) 여성신학의 창시자 류터(R. R. Ruether, 1936~2022)

류터는 1936년 텍사스주(州) 조지타운에서 태어났다. 그녀는 가톨릭교도인 어머니와 성공회 교도인 아버지 사이에서 태어났다. 12세 때 아버지가 사망하자 그녀는 어머니와 함께 캘리포니아로 이사하여 그곳에서 성장한다.

류터는 캘리포니아주에서 감리교 계통의 클레어몬트신학대학원에서 고전학 중 특히 교부학 연구로 신학박사

학위를 받고 졸업한다. 류터는 아프리카계 미국인 전통인 하워드(Howard)대학교의 교수가 된다. 그 후 감리교 계통의 노스웨스턴대학교의 개릿신학대학원 교수로 재직한 후에 다시 성공회와 관련된 퍼시픽신학교 교수가 되고 마지막에는 자기 모교인 클레어몬트대학의 초빙교수로 지낸다. 그는 처음 교수 때부터 마지막까지 해방신학 옹호자로 활약했다.

그녀가 저술한 책으로 《여성교회》(Women Church, 1987), 《가이아와 하느님》(Gaia and God, 1992), 《여성과 구속》(Women and Redemption, 1998) 등이 있다.

이 책들에서 류터는 과거 남성 가부장적 교회와 문화에 의한 여성 억압에 대한 과거사를 비판하는 것으로 시작한다. 두 번째 단계에는 성경적이거나 성경 이외의 전통들인 교부들의 가르침이나 기타 전통들을 근거로 대안을 제시한다. 그와 같은 대안으로 여성의 인격성, 하나님의 형상 안에 있는 여성의 평등성, 여성도 남성과 동등한 구원의 가능성 등을 설명한 후에 여성의 가르침과 지도력 참여와 예언의 가능성을 주장한다.

세 번째 단계로 자신의 신학 방법을 제시한다. 그는 여성이 사회의 모든 분야에서 종사할 수 있는 것처럼 여성이 교회 안에서 차별받는 사실들이 체계적으로 새롭게 검토되어야 한다고 했다. 그는 실제로 1983년에 "여성의 교회"(Women Church)운동을 통해 여성이 인도하는 예전 공동체 운동을 시작했다. 이렇게 여성신학은 기존 정통 신학들에 대한 도전으로 시작된다.[120]

---

120) 로저 올슨, 현대 신학이란 무엇인가?, pp. 713~729.

이들 여성신학은 과거 전통적인 신학이 모두 남성 위주의 전통이었다고 비판한다. 앞서 해방신학이 과거의 교회는 가진 자, 특권 세력이 지배하는 시대였다고 비판하는 것처럼 여성신학도 과거의 교회는 가부장적 남성 중심의 교회였다고 비판한다. 그래서 예수님이 남성인 점, 또 예수님이 하나님을 아버지라는 남성으로 여기는 점, 성경 디모데전서 2장 12절에 "여자가 가르치는 것과 남자를 주관하는 것을 허락하지 아니하노니 오직 조용할지라", 고린도전서 11장 3절의 "각 남자의 머리는 그리스도요 여자의 머리는 남자요", 8절에 "남자가 여자에게서 난 것이 아니요 여자가 남자에게서 났으며" 등등의 성경은 전부 가부장적 남성 중심의 편견을 타파해야 된다는 것이다. 이들 여성신학은 여성을 억압하고 비인간화하는 모든 제도와 세력으로부터 여성을 해방시키는 것을 궁극적 목적으로 삼는다.

여성신학자들은 '페미니즘(Feminism)'을 남성들이 누리는 권리와 동등한 여성의 권리를 획득하려는 삶의 모든 영역에서의 투쟁으로 정의한다. 이 같은 주장을 하게 되는 원인이 무엇인가? 그 설명을 과거 역사적 근거로 제시한다. 구약성경의 유대교는 여성의 비가시성과 남성의 예속이라고 본다. 그 근거로 여성들의 이름 등장이 매우 희귀한 사실을 지적한다. 또 고대 교부시대에는 교부들의 여성을 결함 있는 여성이라고 믿었으며 남성의 죄를 여성의 잘못한 처사로 돌렸다.

고대교회가 여성들이 마귀와 연결되었다고 가르친 것이 중세기의 마녀(魔女) 사냥이라는 형벌이었다. 중세기 로마 가톨릭교회는 여성은 남성의 쾌락을 돕는 도구이거나 남성을 유혹하는 마귀의 불결한 끄나풀로 여겼다. 그래서 중세기 신학자들은 "잘못 태어난 남성"이 곧 여성이라고 인식했다. 또 종교개혁자들은 남녀가 평등하다고 주장은 했지만 개혁교회가 여자들의 위상을 바꾸기 위한 일은 전혀 하지 않았다고 비판한다.

그런데 17세기 영국 청교도들이 남녀 평등의 실천으로 소녀들에게도 교육의 기회를 부여했다.

또 18세기 영국 감리교와 퀘이커교도들은 교회 내에서 여성이 가르치고 설교하는 것을 인정했다. 19세기 미국에서 여성인 스토우 부인이 《엉클 톰스 캐빈》이라는 소설을 통해 노예 폐지 운동과 여성 선거권 운동을 전개했다.

로마 가톨릭교회는 제2차 바티칸 공의회(1962~1965) 때 여성에 대한 성차별 반대 입장을 발표했다. 남미의 해방신학이 결국 여성신학에 큰 영향을 미쳤다고 할 수 있다. 남미의 해방신학의 변형이 곧 여성신학 형태로 나타났다고 할 수 있다.

2) 여성신학의 찬동, 여성신학자와 계속되는 논쟁

여성신학의 창시자는 앞서 소개한 류터이다. 그와 비슷한 시기에 또 다른 여성신학자가 출현한다. 1960년 세이빙 골드스타인(V. Saiving Goldstein)이 《인간의 관점 : 여성의 관점》이라는 논문을 제시했다. 또 1968년 메리 댈리(Mary Daly)가 《교회와 제2의 성》을 출판했다. 댈리는 제2차 바티칸 공의회에 참석해서 사제들의 성차별과 여성 혐오를 목격하고 이를 폭로하기 위해 저술했다. 그리고 메리 댈리 이후에 위에서 설명한 류터가 신학 교수로서 저술과 함께 여성 해방과 권익 쟁취 투쟁을 계속해 가고 있다.

그러나 여성신학이 순탄하지는 않다. 여성신학자들의 주장을 놓고

끝없는 논쟁들이 이어져 가고 있다.[121]

논쟁의 주요 쟁점들을 살펴보면 다음과 같다.

첫째, 성서 해석의 기준을 어디에 두느냐 하는 문제다.

성서 자체에 둘 것이냐, 성서 밖의 교회 전통에 둘 것이냐, 이 두 가지 기준에 대한 논쟁에서 여성신학자들은 성경보다는 여성의 경험과 역사적 사례들을 많이 주장한다.

둘째, 페미니즘과 기독교 전통과의 충돌 문제이다.

여성신학자들의 주장대로 한다면 교회가 성서적이라 믿고 지켜온 2000년 전통을 부정해야 하는 모순에 빠지게 된다.

셋째, 그리스도론에서 예수는 남성이다.

남성인 그리스도가 어떻게 여성 해방과 구원을 대표할 수 있다고 보아야 하는가?

넷째, 류터는 남성과 다른 여성만의 다섯 가지 경험을 근거로 우월성을 주장한다.

① 남성과 다른 신체적 경험 ② 똑같은 사회에서 차별받는 경험 ③ 여성화된 의식 ④ 남성과 다른 역사적 경험 ⑤ 여성마다 다른 개인 경험들이 변화를 위한 촉매가 된다.

다섯째, 여성의 목사 안수 문제이다.

성경을 문자적으로 믿는 정통주의자들에게서 여성의 목사 안수는 불가하다. 반면에 페미니스트들은 여자 안수 거부는 성차별일 뿐만 아니라 교회 자원의 절반을 낭비하는 모순이라고 공격한다.

여섯째, 성경 번역의 문제이다.

여성신학자들은 전통적인 성서에서 '주', '아버지'와 같은 남성 대

---

[121] 목창균, 현대 신학 논쟁, pp. 349~362.

명사를 제거해야 한다는 강력한 주장을 제기했다. 이에 따라 1984년 미국교회협의회는 300여 개의 성경 구절에 대한 개정을 발표했다.

예를 들면 10계명 중 "네 이웃의 아내를 탐내지 말라"를 "네 이웃의 아내 또는 남편을"로, 또 "하나님 아버지"를 "그리고 어머니"라는 말로 바꾸었다.

[결론]

여성이 과거 역사 속에 소외당하고 권리를 제한당했다는 여성신학자들의 지적과 그에 대한 시정 요구까지는 충분히 이해가 된다. 그러나 계시의 완성(계 22:18-19)과 완결로 주신 성서를 변개해 가면서까지 여성의 권리를 존중해 준다는 견해는 재앙을 받을 처신이다. 따라서 여성신학은 해방신학의 부산물인 한시적 주장에 불과한 인간의 산물이라고 본다.

21. 로마 가톨릭과 개신교의 종교다원주의(Religious Pluralism)

[서론]

우리는 참으로 세상이 많이 달라졌음을 체험한다. 그것은 석가 탄신일에 가톨릭교회가 봉축 등불을 보내고, 또 기독교 성탄절에 불교에서 가톨릭교회에 성탄 축하 트리를 보내준다. 참으로 신기한 일들이 요즘 세상에 벌어지고 있다.

그뿐만 아니다. 종교인 모임이라고 해서 신부, 목사, 불교계 각 종파 스님들, 천도교, 원불교 등 다양한 종교 지도자들이 연합 성명서도 발표하곤 한다. 언제부터 이렇게 종교가 달라졌는가? 정확하게 말하면 로마 가톨릭교회가 트렌트 공의회(1545~1563)에서 다른 종교들에 대한 종래의 극단적이고 배타적인 태도를 자각하고 하나님의 보편적 사랑과 교회의 필연성을 완곡하게 묵시적으로 허용하는 때부터 시작되었다.

이때의 가톨릭은 교회의 유일한 입장인 교회 밖에는 구원이 없다는 신념에서 다른 종교들에도 진리의 부분이 있음을 인정하는 포괄적 이해의 시작이었다. 그 후에 제2차 바티칸 공의회(1962~1965)에서는 더욱 진전되어 모든 종교가 다 구원의 길이라고 명시하지는 않았지만 그리스도의 복음을 듣지 못했다고 할지라도 각각 다른 신을 추구하는 자들은 하나님을 모를 뿐 궁극적인 목적은 같으므로 그들도 구원자로 포함시키려는 포괄주의 입장으로 발전한다.

이 같은 가톨릭의 종교다원주의에 타 종교뿐 아니라 개신교 신학자들까지도 가세한다. 이 같은 세계적 현상을 종교다원주의(Religious Pluralism)라고 한다. 여기서는 종교다원주의가 등장하게 되는 이유와 이 같은 주장을 하는 가톨릭과 개신교의 신학자들과 이 같은 주장의 양상이 미래에 어떻게 될 것인가를 내다본다. 그것은 계시록 13장에 기록된 두 짐승(정치계, 종교계)의 말세 지배로 예언되었다고 본다. 여기서는 이 같은 내용을 차례대로 설명해 보겠다.

1) 종교다원주의가 등장하게 된 배경[122]
그 배경은 크게 두 가지 측면을 추적해 볼 수 있다.
① WCC의 종교 연합운동
세계교회협의회(World Council of church)가 1948년 암스테르담에서

---
122) 목창균, 현대 신학 논쟁, pp. 410~412.

44개국 147개 교단에 파견된 대표들을 통해 결성되었다. 그 후 1954년에 미국 일리노이주 에번스턴에서 제2차 모임을 갖고, 제3차로 1961년 인도 뉴델리에서, 1968년에는 스웨덴의 웁살라에서 모였다. 이와 같은 세계교회협의회에 선교사들이 참석해 전 세계 각각 다른 종교와 문화의 현장에서 유일한 종교로 기독교 선교에 대한 고충들을 피력하였다.

과거의 기독교는 로마 제국 때 기독교가 국교여서 제국의 안정이 곧 교회의 안정과 직결되었다. 18, 19세기 서구의 선교 정책은 서구의 식민주의 정책과 궤를 같이하는 식민주의적 선교 정책과 제국주의적 선교 정책이었다. 그러나 제2차 대전 후에는 식민지 정책이 종식되고 과거 식민지 나라들과 열강국들이 대등한 위치에 서게 되었다. 이렇게 세계정세가 바뀌고 WCC에서도 전 세계 교회들이 대등한 교회들로 부상하게 되었다.

이렇게 정치계, 종교계가 과거와는 달라졌다. 이럴 때 WCC 회원국가에서 선교사로 활약하던 이들이 다른 종교를 정복할 것이 아니라 인정해 주고 그들과 대화를 통해 설득해야 된다는 주장들이 생겨난다. 이와 같은 선교사들의 주장은 WCC의 흐름을 주도하게 되는 커다란 신학적 변화를 가져온다. 가톨릭에서 시작된 타 종교에 대한 포괄주의와 개신교 WCC에서 시작된 타 종교와의 대화라는 명분이 합세하면서 발전된 것이 오늘날의 종교다원주의 현상으로 나타났다.

② 과학의 발전이 종교적 다원주의의 태동을 촉진

16세기 콜럼버스, 마젤란이 유럽 세계를 넘어 세계 각 곳을 발견하면서 이 세상의 종교가 기독교만이 아니라 다른 종교들도 존재한다는 것을 깨닫게 되었다. 그 후에 동서남북 서로 다른 나라들과의 활발한 교류를 통해 다른 곳에서도 종교의 유형들이 존재함을 깨닫게 된다. 이후부터 타 종교에 대한 문헌들로 타 종교를 이해하게 되고 자연히 신학계에서는 비교 종교학과 종교사 연구가들이 배출된다. 이들 비교 종교학자들은 다른 종교들에도 기독교와 동일한 진리적 측면이 있다고 주장한다. 이 같은 대표적 사례로 19세기 종교사학파의 트뢸치(E. Troeltsch, 1865~1923)가 있다. 그는 기독교의 절대주의를 거부하고 종교의 상대주의를 주장했다. 그에 의하면 모든 종교는 상대적이며 제각각 다른 진리가 있다는 것이다. 이와 같은 주장들이 종교다원주의의 배경이 된다.

2) 종교다원주의를 주장하는 자들

(1) 가톨릭계의 신학자들
가톨릭계에서 종교다원주의를 주장하는 자들이 많이 있다.

그중에 대표자로 두 사람만 지적한다면 칼 라너(Karl Rahner, 1904~1984)와 한스 큉(Hans Küing, 1928~현)이다. 이들 외에도 가톨릭계 신학자들 다수가 줄을 잇고 있다.

(2) 영국 성공회 신학자
알란 레이스(Alan Race)는 《기독교인과 종교적 다원주의》(Christians and Religious Pluralism, 1982)에서 종교 신학을 ① 배타주의 ② 포괄주의 ③ 다원주의로 분류했다.

그가 말하는 배타주의란 기독교만 유일한 구원이 있다고 주장하는 기독교 전통적 세력을 의미한다. 또 포괄주의란 가톨릭을 의미하고, 다원주의란 모든 종교들을 인정하는 것이라고 한다.

(3) 개신교 신학자들

현재 미국 크레어몬트대학원의 종교철학 교수로 있는 장로교 목사 존 힉(John Hick)이 있다.

그는 영국 케임브리지대학 교수 헤브레드웨이트(B. Hebblethwaite)와 공동 집필한 《기독교와 다른 종교들》(Christian and Other Religions: 1980)을 출판했다. 이들의 주장에 의하면 기독교인의 태도는 세 가지로 대별된다. ① 기독교 절대주의 ② 종교적 다원주의 ③ 양자 간의 중간 상태인 포괄주의다. 저들이 주장하는 바에 의하면, ① 기독교 절대주의란 기독교만이 유일한 구원의 길이라고 믿는 입장이다. 여기에 속하는 신학자 대표로 신정통주의자 칼 바르트(Karl Barth)를 말한다. 필자는 제3장에서 칼 바르트의 성경관은 정통 신앙관이 아니므로 그를 자유주의 신학자로 분류했다. 그런데 존 힉이 볼 때는 바르트를 절대주의라고 본다. ② 종교적 다원주의란 트뢸치를 비롯해 본서에서 설명한 폴 틸리히가 종교다원주의이고, 현재는 존 힉과 같은 이들이다. ③ 포괄주의(inclusivism)는 가톨릭교의 입장이다.

3) 종교다원주의의 현대적 양상들

① 로마 가톨릭의 포괄주의

② 가톨릭, 성공회, 개신교의 종교다원주의

③ 기독교 절대주의(Christian absolutism)

가톨릭이나 개신교의 종교다원주의자들 이론은 한결같다. 저들은 "전 세계 인구(75억) 중 기독교인은 가톨릭, 개신교, 정교회, 기타 모두를 포함해야 20~30% 미만이다. 나머지 60~70%가 비기독교인이기에 다 지옥에 가야만 하는가? 하나님이 그토록 무자비하고 독선적이고 절대적인가?"라고 비판한다. 그러나 저들의 이 같은 논리는 인도주의적인 관점에서 출발하여 이성적 방법으로 문제를 해결하려는 시도가 종교다원주의로 도달한 것이다. 이 같은 시도는 성경을 진리로 믿지 않는 합리적 인간의 이성을 최상으로 믿으려는 반진리적 발상이다.

4) 종교다원주의에 대한 성경적 반론

(1) 종교다원주의는 모든 종교들의 신의 이름만 다를 뿐 실제로 동일한 신이라는 주장을 한다.

성경은 다른 신을 섬기지 말라(출 20:3, 23:24; 시 96:6; 사 44:6-8)고 한다. 이름만 다른 신이고 실제로 동일하다면 왜 다른 신을 섬기지 말라고 경고했겠는가?

(2) 종교다원주의는 하나님의 절대적 계시를 믿지 않고 인간의 이성과 합리주의 이론에 기초를 두고 있다.

성경은 세상적 지혜로는 하나님을 알지 못한다고 했다(고전 1:21).

(3) 종교다원주의는 생명으로 인도하는 좁은 문(마 7:13-14)을 넓게 개방하려고 인간적 발상을 도입했다.

그러나 성경은 그리스도만이 영생의 유일한 길이며(요 14:6), 다른 이로서는 구원을 얻을 수 없나니 천하 인간에 구원을 얻을 만한 다른 이름을 우리에게 주신 일이 없다고 했다(행 4:12). 영생은 유일하신 참 하나님과 그의 보내신 자 예수 그리스도를 아는 것이다(요 17:3).

따라서 종교다원주의는 성경의 진리를 거부하고 이것을 다른 것에도 복음이 있는 것처럼 이성적 합리적으로 오도하는 사탄적 전술이라고 할 수 있다.

이 같은 사탄적 전술은 요한계시록의 대환난 때 마지막으로 인간과 세상을 왜곡되게 몰아갈 두 짐승(계 13장)의 전초전이다. 장차 대환난 때는 땅의 정치적 막강한 힘을 가진 땅의 짐승과 종교계를 혼합한 바다에서 올라온 짐승이 마지막 세상을 이끌어가다가 처참하게 멸망당할 것이다. 종교다원주의가 그와 같은 이 세상의 종말의 양상을 지금부터 보여주는 말세의 징조 현상이라고 본다.

우리는 이와 같은 종교다원주의 현상을 계시록에 근거한 마지막 종말 때의 현상으로 냉철하게 직시해 보는 혜안을 가져야 하겠다.

22. 포스트모더니즘과 포스트모던 신학[123]

1) 포스트모던(Postmodern)이란 무슨 뜻인가?

포스트모더니즘(Postmodernism)이라는 용어는 문학, 예술, 건축, 철학, 사회 이론, 매스컴 등 다양한 분야에서 사용되고 있다. 정확하고 통일된 정의는 존재하지 않는다. 그러나 합리적으로 설명할 수 없거나 모순되고 혼란스러운 현상, 또 하나의 현상이 아닌 여러 가지의 복합적인 현상을 포스트모던이라고 이해하는 것 같다. 포스트모더니즘은 그 실체가 완전히 다 드러난 것이 아니다. 아직도 계속해서 형성되어 가는 과정 중에 있다. 이와 같은 현상은 신학에도 사용되고 있다.

포스트모던 시대를 주도하는 신학이 무엇인가? 이에 대한 의견이 일치하는 것도 아니다. 어떤 이는 해방신학을, 어떤 이는 과정신학을, 어떤 이는 해체주의신학을 지적하지만 아직도 적절한 포스트모던 신학은 출현하지 않았다고 주장하는 이도 있다. 그럼에도 불구하고 한

---

[123] 로저 올슨, 현대 신학이란 무엇인가?, pp. 865~946. 목창균, 현대 신학 논쟁, pp. 447~494.

국에서 포스트모던 신학이 번역, 소개되고 있다. 번햄이 편집한《포스트모던 신학》이란 책이 번역되었고, 숭실대학에서 펴낸《21세기 포스트모더니즘과 기독교》등이 있다. 포스트모더니즘이 복음적 기독교에 큰 도전임과 동시에 또 역으로 생각하면 복음 증거를 위한 좋은 기회라고 생각할 수 있다.

2) 포스트모더니즘의 발생과 발달사

포스트모더니즘은 서구에서 새로운 지성에 의해 모순과 부작용에 대한 대응으로 시작되었다.

서구의 정신문화의 발전 단계를 세 단계로 구분한다. ① 전 근대(Premodern) ② 근대(Modern) ③ 후기 근대(Post modern)이다. 전 근대 시대는 고대, 중세, 종교개혁시대를 뜻한다.

이 시대의 특징은 우주론과 형이상학이 사상적 중심이었다. 이 시대는 우주가 정신과 물질, 신과 자연, 전체와 자아 등이 단일 구조물로 형성되었다는 종교의식이 세상을 지배하는 시대였다. 그리고 사회적으로도 모든 것에 계급적 서열이 정해져 있었다. 물질은 정신에게, 노예는 왕에게, 왕은 천사에게, 모든 세상은 하나님에게 종속되어 있다고 믿었다. 이 시기 최고의 권위는 신적인 계시가 최고 최상의 권위의 척도로 인식되었다.

다음으로 근대는 르네상스에서 준비되었고, 계몽시대에 시작되었다.

계몽시대는 인간의 지위와 능력에 대한 평가를 크게 향상시켰다. 그래서 과거 전 근대 때의 신적 계시가 권위였던 것이 근대에 와서 인간의 이성과 합리주의가 권위로 전환된다. 이 시기는 이성에 대한 무한한 신뢰, 기계에 의한 이원론적 세계관, 진보에 대한 신앙이 두드러지게 환영을 받는다.

후기 근대 또는 현대의 특징은 분리주의다. 인간의 정신을 객관적 세계로부터 분리시킨다. 또 과거 이성 중심의 근대적 사고도 분리시킨다. 이렇게 과거 역사적 산물을 분리시키는 현대에는 그동안 세계를 지탱해 오던 네 개의 기둥이 붕괴되었다. 자족성, 이성, 진보, 낙관주의가 무너졌다. 지금의 현대는 과거의 철학적, 과학적 신념으로 살 수 없는 시대가 되었다. 과거에는 범죄, 오염, 빈곤, 인종차별, 전쟁과 같은 심각한 사회문제가 경제적 문제로 해결될 수 있다고 기대했다. 그러나 이제는 경제가 이 모든 것을 해결할 수 없다는 회의론이 생겼다. 또 과거 지식이란 선한 것이며, 학문은 선을 위한 도구라는 낙관적 사고가 유전 공학의 남용과 핵무기의 위협 등으로 깨지고 말았다. 현대는 분명 모순과 부작용에 의한 혼돈의 시대, 즉 포스트모던 시대이다.

3) 포스트모더니즘의 특징

포스트모더니즘이 현대 정신 사조의 핵심이념, 원리 및 가치를 문제시하는 지성적, 문화적 표현임에는 틀림이 없다. 여기서 포스트모더니즘의 특징을 몇 가지로 정리해 보자.

① 현대의 이성 중심주의와 보편주의적 형이상학 전통에 대한 반성과 반작용이다.

이들 포스트모더니즘은 진리를 합리적 영역으로 제한하지 않는다. 이들은 과거의 전통적 가치관, 진리, 우주관, 진리관 등등 모든 것을 상대적인 것으로 보고 모든 것에 비판적 시각을 갖는다. 참으로 큰 문제 덩어리다.

② 저들은 세계를 새로운 관점으로 본다.

저들은 놀랍게도 성경의 종말론처럼 현대 세계에 종말이 올 것이라 믿는다. 우리가 아는바 19세기의 생물학적 진화론과 물리학 양자이론은 현대인에게 전혀 다른 세계관을 촉진시켰다.

이들 진화론적 사고는 통일된 세계의 실재성을 부정한다. 그런데 포스트모던 사상가들은 실재하는 세계(real world)라고 부르는 것은 실제로 항상 변하는 사회적 창조라고 주장하며 비실재론을 선호한다. 그래서 포스트모던 사상가들은 세계를 완성된 피조물이 아니라 더 좋은 세계를 향해 계속적으로 진보하며 새로운 창조가 이뤄질 것을 믿는다.

이것은 용어만 다를 뿐 성경에 예언된 미래의 신천신지의 황홀한 천국의 종말론과 궤도를 같이 하는 사고다.

③ 포스트모던 정신은 통전(統全)주의다.

현대의 세계관은 물질세계와 구분된 이원론(二元論)이다. 그러나 포스트모더니즘은 현대인이 분리로 생각하는 정신이 재결합되는 전체로 완성된다고 믿는다. 이것도 기독교 종말론과 유사성이 있다. 이 세상을 살아가는 그리스도인들이 땅에서는 성령으로 변화되었어도 육신이라는 제약 속에 살아갈 수밖에 없다. 그러나 장차 천국에서는 거룩한 성령이 육체가 아닌 신령한 영체(靈體)로 통일을 이루어 영생을 하게 된다.

성경의 천국은 통전적(統全的)이다.

④ 포스트모더니즘은 염세주의와 상대주의적 경향을 지니고 있다.

이들은 이성의 자율성, 과학의 능력, 역사의 진보를 믿는 현대의 낙관주의를 염세주의로 대체한다.

지식은 본질적으로 선하며 인간은 세계의 큰 문제를 해결할 수 있다는 낙관주의 사고를 신뢰하지 않고 인간의 유한성과 한계를 인정한다.

⑤ 포스트모더니즘은 중심성의 상실, 표준의 해체다.

이들은 문화, 사상 등에 표준이 존재하지 않다고 보며 다원성을 강조한다.

4) 포스트모던 신학자들의 흐름

포스트모던 신학자들은 누구인가? 이에 대한 견해들도 매우 다양하다. 이 학자가 보는 견해와 저 학자의 견해가 모두 다르다. 그래서 공통적 견해가 없다. 여기서는 로저 올슨의 견해를 요약해 보겠다.[124]

로저 올슨의 견해에 따르면, 포스트모던 신학자들에게는 두 가지 양상이 나타나고 있다.

(1) 탈자유주의 또는 해체주의 양상

여기에 해당되는 신학자가 조지 린드벡(George Lindbeck, 1923~2018)과 스탠리 하우어워스(Stanley Hauerwas, 1940~)와 윌리엄 윌리몬(William Willimon, 1946~)이다.

이들의 주장을 다음 여섯 가지로 요약할 수 있다.

① 탈자유주의는 두 명의 창시자가 있다.

그 두 명은 예일대 신학대학원 교수였던 한스 프라이(Hans Frei, 1922~1988)와 위에서 언급한 조지 린드벡이다.

프라이의 혁신적인 저서는 《성경의 서사성 상실》(The Eclipse of Biblical Narrative, 1974)과 《예수 그리스도의 정체》(The Identity of Jesus Christ, 1975)이다.

---

124) 로저 올슨, 현대 신학이란 무엇인가?, pp. 865~946.

프라이의 저서는 새로운 기독론을 중심으로 한 탈자유주의의 기폭제가 된다. 프라이의 저서에 영향을 받은 G. 린드벡이 《교리의 본질》을 저술한다. 결국 탈자유주의는 한스 프라이와 조지 린드벡의 영향을 받은 제자들이 그들의 뒤를 이어간다.

② 탈자유주의자들은 보수주의 신학과 자유주의 신학의 경향들을 피하고 제3의 길을 의식적으로 발전시키려 했다.
탈자유주의자들이 바르트 신정통주의에 크게 의존하기는 하지만 그렇다고 해서 전적으로 바르트를 따르지도 않았다.

③ 탈자유주의자들은 신학에서 제3의 길을 발전시키면서 특정한 포스트모던적 행보를 보인다. 탈자유주의 신학자 윌리엄 플래처(William Placher)는 "모든 논증은 어떤 구체적 전통에서 작동하며 합리성의 보편적 표준이란 존재하지 않는다"라고 했다.

④ 탈자유신학자들은 오늘날의 기독교가 회복해야 할 입장은 신학들보다는 성경이 세계를 흡수해야 한다고 믿는다.
이들이 말하는 성경관이 문자적으로 믿는다거나 성경이 무오하다는 의미가 아니다. 저들은 그리스도인들이 실재를 보는 렌즈의 역할을 하는 실재의 그림을 전달해 주는 기능으로서의 성경을 말한다. 이들 탈자유신학자들의 성경관은 근본주의 신학과 다르다.

⑤ 탈자유주의 신학자들은 찰스 하지나 메이첸 같은 대다수 보수적 복음주의자들과 대조적으로 교리적 주장들이 교회의 1차적 언어라기보다는 2차적 표현이라고 믿는다. 이들에 의하면 교리나 신

학들의 주장은 교회의 2차적 언어이고, 1차적 증언이 예배와 증언의 언어라는 것이다. 기독교 교리는 규범적(regulative)이지만 구성적(Constitutive)이지는 않는다는 것이다. 린드벡은 종교적인 것과 그리스도인이 된다는 것을 분리해서 이해한다. 물론 탈자유주의자들 모두가 린드벡 이론을 받아들이지는 않는다. 그러나 탈자유주의자들은 교리는 2차적인 것이고 성경에 기록된 공동체의 예배 및 증언의 언어가 1차적이라는 데는 동의한다.

⑥ 탈자유주의 신학자들은 기독교 공동체 외부 사람을 향한 기독교 담화의 형식은 증언이어야 하며 변증이 되어서는 안 된다고 한다.

여기서 말하는 증언이라는 의미는 대규모 복음 전도나 전도지를 들고 전도하는 행위를 의미하지 않는다. 그것은 불신자들에게 "하나님이 일하고 계신다"는 것을 확인시켜 주는 것이라고 한다.

텍사스 출신인 하우어워스(S. Hauerwas)는 자극적 연설을 잘하는 이로 유명하다. 그는 강연장에서 비속어를 공공연하게 사용하는데도 세상에서 가장 인기 있는 명사 중의 하나로 강연자와 토론자로 활동하고 있다. 하우어워스는 많은 저술들을 했다.

《교회됨》(*A Community of Character*: 1981), 《평화의 나라》(*The Peaceable Kingdom*: 1983), 《교회의 정치학》(*After Christendom?*: 1991), 《우주의 낱알을 가지고》(*With the Grain of the Universe*: 2001) 등 그의 많은 책과 논문들이 아우구스티누스 선집 정도가 된다고 한다. 현재로는 하우어워스가 포스트모던 신학의 선두학자로 인정받고 있다.

탈자유주의 또 다른 철학자가 있다. 그가 존 카푸토(John Caputo, 1940~)이다. 그는 필라델피아에서 가톨릭 가문의 자녀로 자랐다. 그는 브린마대학(Bryn Mawr College)에서 철학박사 학위를 받고, 1968~2004년까지 빌라노바대학교에서 철학을 가르친 후 뉴욕 시러큐스대학교에서 종교학 교수가 되었다. 그는 대륙 철학(포스트모더니즘)과 신학의 해체주의를 강연하며 열심히 논문을 쓰고 있으며 철학자인데 신학을 말한다. 이들 해체주의자들은 평범한 어휘를 매우 난해하게 사용하면서 새로운 의미를 부여하는 일을 꾸준히 지속해 가고 있다.

카푸토가 의미하는 말을 이해하려면 흔하지 않은 의미를 가진 다른 용어들로 그의 주장을 따라가야만 한다. 그런데 그의 주장의 목표가 메시아적이라는 특성이 따른다. 그래서 예수 그리스도가 궁극적인 해체자라고 주장한다. 또 카푸토는 하나님 나라를 진정한 기독교를 특정 짓는 것이라고 주장한다. 그렇기에 그의 주장이 여러 면에서 기독교 밖의 주장 같으나 또 성경적인 주장도 하기에 그를 이해하기가 매우 난처하다.

(2) 건설주의 양상

포스트모더니즘 학자들을 보면 과거를 해체해 버리는 주장을 하는가 하면 또 다른 포스트모더니즘을 통해 긍정적이고 적극적인 성격의 신학을 주장하는 이들도 있다.

앞서 해체주의자들이 신, 진리, 자유, 가치, 도덕성의 소멸과 제거를 주장한다. 그러나 건설주의자들은 그들의 존재를 인정하고 그들에 대한 서구 신학자들의 사상적 한계를 극복하려고 한다. 건설주의 신학의 대표자는 미국 클레어몬트 신학대학 교수인 존캅과 데이비드 그리핀이다.

이들에 대해서는 앞서 기술한 과정신학에서 소개했다. 이들이 과정신학자이기에 포스트모더니즘 신학자로 강점이 되기도 하지만 약점도 되고 있다. 이중에서 특히 데이비드 그리핀은 캘리포니아 산타 바바라에 포스트모던 세계를 위한 센터를 창립하여 포스트모더니즘에 크게 기여하고 있다. 뉴욕주립대 출판부(SUNY Press)에서 건설주의적 포스트모던 사상에 관련된 많은 문헌들이 출판되는 것은 이 센터의 공로이다.

그리핀은 앞서 설명한 탈자유적 해체주의적 포스트모더니즘을 현대적인 무신론적 신학으로 본다. 그는 자신의 입장에 대해 신학을 건설하는 재건적 또는 개정적 포스트모더니즘으로 간주한다.

[결론]
포스트모더니즘은 20세기 후반의 시대정신이요 새로운 세계관이다.
이것은 하나의 운동이나 경향이 아닌 여러 현상들이 포괄적으로 나타내고 있는 명칭이다.
이들 포스트모더니즘은 과거 신학과 유산을 단절시키려는 해체주의와 계승시키려는 건설주의자로 양분되고 있다. 이중에서 해체주의자들의 이론은 다분히 합리적 진리도 거부한다. 건설주의자들에게서는 공유할 부분도 있다. 이들 포스트모더니즘에는 취약점이 더 많다.

① 성경의 절대성과 기독교 교리의 객관성의 손상이다.
② 무 중심주의인 포스트모더니즘은 예수 그리스도를 중심으로 한 기독교에 반하는 학풍이다.
③ 기독교는 인류 구원과 창조 목적을 완성하는 예수 그리스도의 이야기다. 반면에 포스트모더니즘이 이 중심을 믿지 않는 것은 근본이 전혀 다르다.
④ 포스트모더니즘의 다원주의는 기독교를 여러 종교 중 하나로

보는 기독교와 배타적인 기독교 연구를 빙자한 사기 행각이다.

우리는 이 같은 사기 연구자들을 잘 분별하고 경계하며, 미개한 신앙인들이 미혹에 빠지지 않도록 이들에 대해 제대로 알 필요가 있다.

제4장 세계화 시대의 근본주의 신학

[서론]

근본주의 태동에 관한 내용은 필자가 본서 제2부 제2장의 '6. 나이아가라 사경회' 설명에서 이미 소개했다. 따라서 여기서는 나이아가라 사경회 이후에 근본주의자들 가운데 하나님과 세계에 기여한 인물들을 소개하려 한다. 그리고 근본주의를 지키기 위한 세상과의 투쟁사도 기술한다. 여기 소개할 인물들과 사건은 이른 시기로부터 최근까지의 역사 순이다.

1. 하지(Hodge) 부자[125]

찰스 하지(Charles Hodge, 1797~1878)는 미국의 지도적인 신학자이다. 그는 뉴저지주(州)에 창설된(1746) 뉴저지대학(College of New Jersy)을 다녔다. 이 뉴저지대학은 1896년 프린스턴 대학으로 개명되었다. 그를 프린스턴(Princeton)대학 출신으로 명명하는 것은 뉴저지대학의 후신이 프린스

---

125) 기독지혜사, 교회사 대사전Ⅲ, pp. 719~720.

턴이기 때문이다. 그는 1815년에 뉴저지대학을, 1819년에는 신학원을 졸업했다. 1820년 뉴저지대학 전임강사로, 1822~1840년에 근동 문헌과 성경 문헌 교수를 지낸 후 신학교수로 평생을 활약했다.

그는 성경의 축자영감을 믿는 바탕 위에 신학적으로 칼빈주의 사상을 신봉하는 스콜라적 칼빈주의자요 웨스트민스터 신앙고백 수호자였다. 19세기 진화론 사상의 영향으로 미국 내 보수신앙을 지키기 위해 칼빈주의에 입각한 근본주의 신학을 수호하는 정예군으로 투쟁하였다.

그는 40년이 넘도록 〈성경의 보고〉(Biblical Repertory)를 창간하여 편집자로 활약했다. 그의 학문적 업적으로는 《조직신학》 3권이 있다. 그는 미국 장로교회가 구파(Old school)와 신파(New school)로 분열될 때 구파 총회장이 되었고, 교회가 분열되었을 때 그것을 지지했다.

찰스 하지의 아들 아치볼드 알렉산더 하지(Archibald A. Hodge, 1823~1886)가 1877년 아버지 후광으로 프린스턴 조직신학자가 되었다. 그는 새로운 신학의 창안자라기보다는 아버지 사상의 해설자로 《신학개론》(1860)과 《찰스 하지의 생애》(1880), 《신학 대중 강연》(1887) 등을 남겼다.

2. 체퍼(Lewis Sperry Chafer(1871~1952)[126]

체퍼는 오하이오주 록크리크에서 태어난 장로교 신자였다. 그는

---

126) 앞의 책, p. 225.

뉴 라임(New Lyme) 아카데미와 오버린(Oberlin) 음악학교의 교육을 받고 복음성가 가수와 전도자 사역을 하였다. 1900년에 회중교회 목사가 되었다가 3년 후 마운트 헐몬 남자학교의 음악교수가 되자 장로교로 옮겼다.

스코필드(C. I. Scofild, 1843~1921)가 필라델피아 성경학교를 설립하는 일을 돕자(1914) 채퍼는 그 학교 교수로 들어갔다(1923년까지). 스코필드는 무디의 요청으로 시카고 무디 교회를 이어받았다(1895~1902). 그 뒤 스코필드는 텍사스 달라스 교회로 돌아왔다(1902~1907).

스코필드의 영향을 받은 체퍼는 스코필드를 따라 달라스 스코필드 메모리얼 교회의 목사가 된다(1923~1927). 그리고 1924년에 댈러스신학교를 설립한다. 체퍼는 회중교회, 장로교회 목사로 전전하다가 스코필드의 영향을 받고 댈러스신학교를 건립했다.

이와 같은 댈러스신학교는 제2대 총장인 왈부어드(J. D. Walvoord) 때 비약적으로 발전한다. 댈러스(Dallas)신학교는 5년 동안 Th. M 과정을 통해 성경 원문을 완전 해독시키고 전 세계적 종말론 신학의 대표 신학으로 부상했다. 필자의 리버티신학교(Liberty University) 은사들 대부분이 댈러스신학교 출신의 학자들이었다.

댈러스신학교는 전 세계 세대주의 신학의 산실로 활약하고 있다. 세대주의에 관한 내용은 본서 제2부 제2장에서 이미 설명했다.

3. 메이첸(John Gresham Machen, 1881~1937)[127]

미국 메리랜드주 볼티모어에서 태어났다. 프린스턴대학과 신학교, 독일 마르부르크대학과 괴팅겐대학을 졸업했다. 1906~1926년까지 프랑스에서 YMCA 사역을 한 후에는 줄곧 프린스턴신학교에서 신약학을 가르쳤다.

1929년 프린스턴신학교가 자유주의 진영으로 재편성되자 학장직을 사임하고 웨스트민스터(Westminster)신학교와(1929) 또 미국 정통 장로교회를 설립하였다(1936). 그러나 그는 많은 반대자들에 의해 총회 불복종죄로 유죄 판결을 받고(1935) 미국 장로교 목사로 면직을 당했다. 그는 현대 자유주의가 등장할 때 근본주의를 옹호하는 변증가로 인정을 받게 되었다.

저서들로 《바울 종교의 기원》(1927), 《기독교와 자유주의》(1923), 《초신자를 위한 신앙성경》(1923), 《그리스도의 동정녀 탄생》(1930) 등이 있다.

4. 밥 존스(Bab Jones, 1883~1968)[128]

미국 앨라배마주에서 남부 연합군의 퇴역 군인의 아들로 태어났다. 그는 앨라배마주 그린스보로에 있는 서던대학교에 들어갔다. 1924년 근

---

127) 교회사 대사전 I, pp. 759~760.
128) 교회사 대사전 III, p. 124.

본주의를 확장하기 위한 대학 설립을 목표로 삼는다. 사우스캘리포니아주의 그린빌에 밥존스대학을 세운 후 그가 죽을 무렵 5천만 달러에 해당하는 현대적인 대학 캠퍼스를 세웠다. 그리고 4천 명의 등록 학생을 갖게 되었다. 밥 존스는 복음주의적 설교가로 유명하다.

그는 미국 모든 주와 세계 30여 개의 나라에 가서 복음 전도를 했다. 왕성한 전도 활동 기간에는 1천 500만이 넘는 사람들에게 약 1만 2천여 편의 서민적 설교를 한 것으로 유명하다. 밥존스대학은 그의 신앙에 따라 근본주의 신학과 인종 분리를 강조하는 남부의 보수적인 정치를 대변했다.

5. 알바 맥클레인(Alva Maclain, 1888~1968)

미국 중부 인디애나주 위노나 레이크(Winona Lake) 휴양 도시에 그레이스 신학대학이 있다. 이 학교의 창설자가 알바 맥클레인이다. 초대 총장인 맥클레인은 1900년대 유럽의 자유주의와 세속주의 물결에 성경의 무오성과 절대적 권위로 신앙을 지키려고 1937년 그레이스 신학교를 설립하고 1944년에 그레이스대학교를 세웠다.

이 학교는 독일의 경건주의, 칼빈의 개혁주의, 종교개혁의 한 분파인 형제교단 신학을 주축으로 세워졌다. 이 학교에서 배출된 빌리 홀리데이는 영적 지도자, 여름 성경 수양회 인도자로 유명했다.

이 학교에서 전 할렐루야교회 김상복 목사님을 비롯해 한국인 250여 명이 배출되어 성공적인 목회를 하는 것으로 유명하다.

6. 근본주의 총서(1910~1915)[129]

19세기 유럽의 자유주의 신학과 진화론과 비평적 성서 연구는 미국 교계에 심각한 도전이 되었다. 성서의 영감설과 무오성을 믿는 보수 신앙가들은 1878년 나이아가라 성경대회(the Niagara Bible Conference)에서 근본주의 중심적인 신앙고백을 결성한다. 이들 근본주의 수호자들은 1910~1915년 사이에 유럽과 미국의 저명한 보수신학자 64명의 공동 집필로 총 12권의 《근본주의 총서》를 발간한다. 이때의 유명한 학자들이 집필에 참여한다.

그들은 몰간(G. Cambell Morgan), 워필드(Benjamin B. Warfield), 올(James Orr), 토레이(R. A. Torrey), 피어슨(A. T. Pierson), 어드맨(Charles Erdman) 등이다. 이 《근본주의 총서》 12권은 로스앤젤레스에 사는 두 명의 평신도 레이먼(Lyman)과 스튜와르트(Milton Stewart)의 재정지원으로 출판되었다. 이때의 《근본주의 총서》 12권은 목사, 전도사, 선교사, 신학생, 주일학교 교사, YMCA와 YWCA 책임자 등 주소가 입수되는 대로 무료로 300만 부 이상이 보내졌다.

근본주의의 내용은 간단하다.
① 성경 66권 전체가 하나님의 성령에 의한 영감된 책으로 절대 무오하다.
② 그리스도의 동정녀 탄생과 신성을 믿는다.
③ 초자연적 이적과 대리적인 속죄의 죽음을 믿는다.
④ 육체적 부활과 승천을 기독교 신앙의 근본 원리들로 믿는다.

---

[129] 목창균, 현대 신학 논쟁, pp. 244~246.

⑤ 그리스도의 재림을 확실하게 믿는다.

이런 내용이 근본주의의 핵심 신념이다.

《근본주의 총서》 12권보다 조금 앞서 1909년에 스코필드(Cyrus Ingerson Scofield, 1843~1921)가 유력한 사업가의 후원으로 세대주의에 입각한 《스코필드 바이블》(*Scofield Bible*)을 발행했다. 이 성경은 세대주의와 전천년설 입장에서 편집된 성경이었다. 이 성경 역시 전 미국교회에 배포되었다. 그리고 뒤이어 《근본주의 총서》 12권이 배포되었다.

이 같은 정통 보수신앙 옹호를 위한 지도자들의 노력으로 근본주의는 조직화되고 현대주의 사상을 공격하였다. 이 같은 공격은 장로교회와 침례교회에서 더욱 두드러졌다. 그래서 미국 북 장로교 총회는 1910년 근본주의 5대 강령을 기독교 본질적 신앙으로 선언했다. 침례교단도 1919년 북침례교, 남침례교, 캐나다침례교회가 주도가 되어 세계기독교근본주의협회를 창립했다. 그 후 1923년 침례교 성서연합, 1932년 근본주의 침례교, 미국 독립 근본주의 교회 등이 창립되었다.

7. 원숭이 재판(1925년 3~7월)[130]

미국 남부 테네시주(州) 데이턴이라는 작은 마을의 고등학교 생물학 교사 스코프(J. T. Scopes)가 있었다. 근본주의(Fundamentalism)를 철저하게 신봉하는 미국 남부를 바이블 벨트라고 부를 정도로 근본주의 일색이었다. 테네시주(州)는 주법으로 성서의 천지창조에 위배되

---

130) 한국교육문화사, 세계대백과사전 18권, p.182

는 진화론 등을 공식 중고등학교에서 가르치지 못하도록 법제화되었다. 그런데 데이턴 마을의 스코프가 주법을 어기고 진화론을 가르쳤다. 이로 인해 스코프는 진화론을 가르친 죄목으로 체포되어 7월에 재판을 받게 되었다. 이 재판에 전 미국의 이목이 집중되었다. 그 이유는 세 번이나 대통령 후보로 지명되었고 국무장관을 지낸바 있는 W. J. 브라이언이 스코프를 심문하는 검찰 입장에 섰기 때문이다. 이에 맞서는 변호사는 당시 전 미국교육위원회가 추천한 당대 최고의 변호사 C. S. 다로였다.

전 미국의 신문 기자들이 이들 두 양대 거물을 최대의 화젯거리 기사로 몰아갔가며 연일 양측의 공방 내용을 대서특필해 나갔다. 진화론을 옹호하는 다로는 온갖 물적 근거들을 제시하면서 스코프를 옹호하고 브라이언은 단지 성경만 가지고 추적하므로 브라이언이 밀렸다.

그러나 테네시주법이 권위를 가진 상위법으로 창조론을 믿는 테네시주법에 따라 스코프에게 유죄 판결이 내려졌다. 그래서 스코프에게 100달러의 벌금을 내도록 판결이 났다.

이 재판은 이기고도 지는 원숭이 재판이었다. 전 미국이 근본주의 신앙자들에 대한 야유와 비난과 비판은 이상한 풍자를 넘어 "몽키재판"이라는 영화까지 나와 기독교도를 힐난했다.

그 후 테네시주의 전교 학생들 조회(朝會) 때의 기도 순서가 점차 후퇴되고 1967년 테네시주법은 폐지되었다.

케네디 대통령 때 조회기도, 찬송령은 완전폐지된다. 그런데 1980년경부터 남부 각 주에서 중고등학교에서 진화론과 창조론을 병행하여 가르쳐야 한다는 논쟁이 제기되기 시작했다. 그 논쟁이 한창 뜨거울 때 필자가 졸업한 리버티대학의 창설자가 그 논쟁의 중심에서 투쟁하는 장면을 계속 목격했다. 여기서 근본주의 수호 기관이었던 리버티대학을 소개해야 하겠다.

8. 제리 폴웰(Jerry Falwell, 1933~2007)

제리 폴웰 목사는 1956년 그의 고향 버지니아주 린치버그(Lynchburg) 소도시에서 Thomas Road Baptist Church 사역자가 된다. 당시 폴웰 목사는 23세 청년으로 다른 목회자가 사역하던 34명 정도의 교회를 인수받는다. 폴웰 목사는 매일 20~30가정 등을 방문 전도하여 1년 후에는 교인 800명을 만들고 2년 후에는 1,500명을 만든다. 그는 교인이 3,000~4,000명에 이른 1971년에 Liberty Baptist College & Seminary를 설립한다.[131]

필자가 1978년 8월에 이 학교로 유학을 갔다.

그 당시는 천막 교실에서 공부하면서 완성된 건물로는 필수적인 건물이 있었고 낡은 시내 호텔 10층을 학생들 기숙사로 개조해 공부하게 했다. 필자에게 가장 인상적인 것은 예배가 주일날만 있는 것이 아니고 주중에 전교 학생들이 모인 채플 시간이 주 2회 반복되었다. 그리고 설교 후 전교생이 뜨겁게 기도했다. 주일날은 각 부서별로 Sunday School에서 1시간 성경공부를 한 후에 정식 예배를 2시간씩 드렸다.

---

131) Jerry Falwell, Aflame.

주일 오후에는 전교인이 전도한 후 저녁 시간에 간증케 했다. 기숙사에는 각 층마다 팀장이 매일 저녁 학생 전원이 하루를 점검하는 경건의 시간을 인도하고, 주말에 단 둘만의 데이트는 허용이 안 되고 4명 이상이라야 허용되었다.

이때 주일마다 "Old Times Gospel hour"라는 교회 전용 TV 방송국 직원이 600여 명 있었다. TV 방송은 도덕 재무장 운동(Moral majority)을 전개하며 진화론만 가르치는 세상의 타락상을 지적하고 창조신앙 교육 병행을 주장했다. 이 같은 주장은 방송에 그치지 않고 워싱턴 도시 한복판에 전교생이 동참해서 전 미국과 세계가 도덕적으로 새롭게 거듭나야 함을 TV로 방영했다.

1971년에 시작한 리버티대학은 1985년 2만 5천의 종합대학이 되었다. 이 같은 발전의 동기가 무엇인가? 필자는 리버티 설립자 제리 폴웰의 근본주의 확신에 의한 신앙적 열정과 어떤 역경에도 굴하지 않는 그의 정신력이 교회, 학교, 기숙사, 가정에 파급되었다고 생각한다.

제리 폴웰 목사는 2007년에 소천했다. 이후 그의 첫째 아들은 대학교를 맡고 둘째 아들은 교회를 맡았다. 그가 소천한 지 16년이 지났으나 교회는 2만여 명으로 굳건하고, 학교는 오프라인 캠퍼스 학생이 3만에 육박하고, 온라인 학생까지 10만에 이른다. 제리 폴웰 목사는 도덕 재무장 운동으로 항상 공화당 인사들과 협동하므로 그를 정치 목사라고 비난하는 이들이 많다. 그러나 그가 가장 애용하는 성경이 빌립보서 4장 19절이다. 그는 그 어떤 이들과도 하나님의 영광을 위해서는 협조하고 얻을 것을 얻어서 풍성하게 채워준다는 소신으로 살아갔다. 그 같은 신앙의 배경에 철저한 근본주의가 용솟음침을 체험했다.

제5장 복음주의 신학

[서론]

복음주의(Evangelicalism)란 무엇인가? 복음주의에 대하여 단정된 정의를 내리기는 어렵다. 왜냐하면 복음주의자로 자처하는 집단들이 너무 다양하기 때문이다. 복음주의에는 교파적 색깔이 완전히 배제되고 허용되는 범위 또한 너무도 복합적이기 때문이다.

복음주의자라고 주장하는 집단들을 살펴보자. 루터파, 성공회, 장로교회, 회중교회, 메노파(재침례파), 침례교, 퀘이커교, 모라비아 형제단, 덩커파(재침례교파 중의 하나), 웨슬리파, 플리머스 형제단, 캠벨파(장로교 독립파), 재림론자, 오순절파, 성서교회들(성서라는 이름을 넣은 교파들), 초교파적 선교의 결과로 발생한 교단들 등 복음주의라고 자처하는 집단들이 너무 다양하다. 이것은 현상적인 복음주의자들을 열거한 것이다. 이들의 특징은 가톨릭이나 정교회를 복음주의자라고 보지 않는다. 또 모르몬교나 크리스천 사이언스나 여호와의 증인들도 복음주의라고 보지 않는다. 이들은 또 근본주의를 편협하고 지나치게 독단적이라고 보는 부정적 입장을 갖고 있다. 이들은 신복음주의(neo Evangelicalism) 또는 탈(脫)근본주의적(Post fundamentalist) 복음주의라고도 불렀다.

복음주의는 과거에나 지금도 신학운동을 하지 않는다. 그럼에도 불구하고 복음주의자들은 수많은 신학자들과 신학교를 낳았다. 그 안에는 엄격한 칼빈주의자도 있고 열정적인 웨슬리주의자도 있다. 그뿐만 아니라 휴거를 기대하는 세대주의자도 있고, 재림 후 지상 통치를 믿지 않는 무천년주의자도 있다.

또 일부는 바르트 신학을 선호하는 파들과 거부하는 파가 있다. 이렇게 다양한 복음주의를 이해하기란 쉽지 않다. 그러나 자칭, 타칭 복음주의 저술가, 또는 복음주의 신학자로 불리는 이들이 있는 것도 현실이다. 여기서는 복음주의 작가로 알려진 사람들과 복음주의 신학자로 알려진 신학자들을 살펴보도록 하겠다.

1. 복음주의 저술가들

1) C. S. 루이스(Clive Staples, Lewis, 1898~1963)

C. S. 루이스는 영국 벨파스트에서 태어났다. 자랄 때 영국 성공회교도로 자랐지만 10대 학생 시절에는 무신론자였다. 옥스퍼드대학에 다닐 때 제1차 세계 대전에 참전했다가 폭격으로 부상당하여 전역했다. 다시 옥스퍼드에 복학해 철학과 영문학을 전공했다. 최초로 1919년 서정시집 《속박된 영혼들》, 그 뒤로 담시집(譚詩集)을 1926년에 출판했다. 1924년 캠브리지대학에서 새로 개설된 중세와 르네상스 영어강좌를 맡았다. 이 시기에 유신론자가 된다. 그는 회심의 여정(旅程)을 담은 우화집 《순례자의 복귀》(1933), 자서전 《놀라운 기쁨》(1955)을 발표한다.

1956년 미국계 유대인 여자로 기독교로 개종한 그레샴과 결혼한다. 그런데 그녀는 이미 치명적 암에 걸려 있었기에 4년 후 세상을 떠난다. 아내가 죽은 후 아주 가슴에 와 닿는 《비통한 체험》(1960)을 발표한다. 그 외에 《대 분열》(1946), 《순전한 기독교》(1952), 《우리가 다시 볼 때까지》(1956), 《그리스도인의 묵상》(1967) 등이 있다.[132]

1년에 한 권씩의 소설, 어린이 책, 신학, 철학적 변증 등과 시, 문학 비평 등 놀라우리 만큼 다양한 내용들을 저술했다. 그의 작품들에는 과학적 유물론으로 회의주의 시대로 살아가는 현대 그리스도인들이 직면한 어려움들을 제거하려는 특별한 의도들이 작품 속에 역력하다. 이 같은 루이스를 복음주의 저술가라고 평한다.

2) 존 스토트(John Stott, 1921~2011)

존 스토트는 영국 런던 All Souls Church 교구 목사로 섬기면서 강력하고 혁신적인 목회를 수행하였다. 그는 하나님의 말씀인 '성경'에 헌신하는 것이 첫 번째 기본적인 헌신이고, 또 동시에 두 번째로 헌신해야 될 대상이 '세상'이라고 한다. '성경'과 '세상'은 종종 충돌을 일으키는 것처럼  보일 수 있다. 성경은 먼 과거에 일어난 특정한 사건들에 대한 문서들의 모음으로 케케묵은 낡은 것처럼 보인다. 그에 반해 세상은 우주탐사 로켓이 왕래하고 컴퓨터의 마이크로프로세서가 모든 일을 다 처리해 주는 AI 시대이다. 성경과 세상이 서로 양립할 수 없는 것처럼 보인다. 그렇기에 '성경'에 몰두하는 것은 '세상' 문제에서 발을 빼야만

---

132) 루이스, 순전한 기독교.

가능한 것으로 세상에 대하여 모르고 살아갈 수 있다.

스토트는 다른 세상에서 굴복함으로써 세상 문제를 외면하려는 안일함을 극복하려고 비전문 분야들에 의도적으로 접근한다. 그래서 《기독교의 기본 진리》, 《그리스도의 십자가》, 《현대를 사는 그리스도인》, 《로마서 강해》, 《사도행전 강해》와 같은 기독교 서적을 출판한 후에는 《현대 사회 문제와 그리스도인의 책임》 같은 저술도 했다.[133]

스토트가 본 현대 사회의 문제점들은 매우 다양하다. 비기독교 사회의 문제로 다원주의, 소외 등을, 세계적 문제들로 전쟁, 환경, 인권 등을, 사회적 문제들로 실업, 노사관계, 다인종 사회, 가난과 검소 등을, 성적 문제로 페미니즘, 이혼, 낙태와 안락사, 동성애 등 모두 세상 문제에 대하여 성경에서 해답을 제시하려고 노력했다. 이 같은 스토트를 복음주의자라고 한다.

3) 찰스 콜슨[134](Charles Colson, 1931~2012)

미국 매사추세츠주 보스턴에서 출생하여 브라운대학교를 거쳐 조지워싱턴대학에서 법학박사 학위를 받았다. 1969년 11월부터 1973년 3월까지 닉슨 대통령 특별보좌관으로 지냈다. 4년간 특별보좌관 시절 때 워터게이트 사건에 연루된 것으로 1974년 연방교도소에 수감됐다가 1년 후 출옥했다.

1973년 교도소 생활 중 그리스도인으로 회심하여 1976년 교도소 선교회를 설립했다. 그는 전 세계 교도소의 재소자와 전과자들을 상대로 선교사역을 전개했다. 1993년 라디오 방송으로 "브레이크 포인

---

133) 존 스토트, 현대 사회 문제와 그리스도인의 책임, 정옥배 역, I.V.P.
134) 찰스 콜슨, 참으로 가벼운 세상 속에서의 진리, 이은영 역, 요단출판사.

트"를 운영할 때 청취자가 백만 명이 넘었다. 이때의 강연을 28권의 저서로 발표했다.

그리고 1993년 종교계의 노벨상이라는 템플턴상을 수상했다. 이와 같은 찰스 콜슨을 복음주의자라고 부른다.

2. 복음주의 신학자들

전 미국 복음주의협회(National Association of Evangelicals: NAE)는 보수적 개신교의 카리스마적 지도 인물로 빌리 그레이엄(Billy Graham, 1918~2018)을 영입했다. 빌리 그레이엄은 1950년대부터 1980년대까지 세계적 복음운동의 비공식적 교황이 되었다. 그는 교도권 권한은 없었지만 개신교 전 세계가 그를 복음 전도자, 또는 복음주의자로 인정했다. 빌리 그레이엄은 신학자가 아니라 복음 전도자였기 때문에 자신과 새로운 복음주의 운동을 대표할 만한 비근본주의적인, 보수적 복음주의 신학자를 찾아냈다.

그가 바로 칼 헨리(Carl F. H. Henry, 1913~2003)였다. 헨리는 새로운 복음주의 지성인들과 함께 새로운 운동의 대표적 신학교로 풀러(Fuller)신학교를 세우고 이 운동의 대변지로 〈크리스채너티 투데이〉(Christianity Today)를 창간하는 일을 도왔다. 〈타임〉지는 칼 헨리를 "이 나라를 성장케 하는 복음주의 진영의 주요 신학자"로 인정했다 (1977. 2. 14).

이렇게 출발한 "복음주의" 신학자들은 이미 반세기를 넘겼다. 이들 복음주의 신학자들은 지나온 반세기 동안에 그들의 성향을 드러냈다. 그 특징을 몇 가지로 표현할 수 있다.

첫째, 복음주의 신학자들은 근본주의자들처럼 현대성을 통째로 거부하지 않는다.

오히려 자연주의, 합리 실증주의, 역사주의, 회의주의, 세속주의를 거부한다.

둘째, 이들은 고등교육, 비평적 성경 연구, 교양과 과학 과목들, 비복음주의자들과의 대화 및 협력, 과학 등을 가치 있게 여긴다.

셋째, 이들은 신자유주의, 자유주의를 반대하고 신정통주의도 경계한다.

복음주의자들은 현대성에 대한 절대적 거부와 최대한의 적응이라는 극단들 사이에서 중도적 입장임에 자부심을 갖는다.

여기서는 복음주의 신학자로 알려진 몇 사람을 살펴보는 것으로 복음주의 면모를 알아보도록 하겠다.

1) 칼 헨리(Carl F. H. Henry, 1913~2003)

헨리는 뉴욕시의 독일 이민자의 가정에서 태어났다. 그는 젊은 언론인으로 인생을 출발했다. 그는 크리스티 아주머니라고 부르던 경건한 노년 여성과 복음주의를 지향하는 회원들과 교제를 나누게 되었다. 그들로부터 성경의 부활 내용에 매료되어 20세인 1933년 6월에 거듭남을 체험한다. 그 후 직장을 그만두고 22세 때(1935) 휘튼(Wheaton)칼리지에 등록했다. 여기서 복음주의자인 빌리 그레이엄과 다른 이들과 우정을 나눈다.

휘튼칼리지 졸업 후에는 북침례교(지금은 American Baptist)신학교에 진학한다. 여기서 1942년 29세 때 신학박사 학위를 받는다. 그는 캘리포니아주 패서디나에 있는 풀러신학교의 설립 교수진의 일원이 된다. 그곳에서 〈크리스채너티 투데이〉 창간 편집인이 된다. 그리고 보스턴대학교에서 철학박사 학위도 받았다.

그는 풀러신학교에서 1967년까지 25년간 교수생활을 한 후에 잡지의 미래 방향에 관하여 이사회와 논쟁을 한 후 사임한다. 그리고 월드비전(World Vision)에서 강연자로 봉사한다.

그는 많은 저서를 남겼고, 세계 여행을 하면서 강연을 계속했다. 그의 대표적 역작은 《하나님, 계시, 권위》(God, Revelation and Authority)로 총 6권을 1976~1983년 사이에 출판했다. 그리고 2003년 세상을 떠났다.

여기서는 칼 헨리의 대표적 신학 사상을 몇 가지로 정리하겠다.[135]

(1) 헨리는 현대신학의 주관주의와 비합리주의를 공격한다.

헨리는 축자영감과 성경의 무오성을 철저하게 믿으나 그렇다고 근본주의는 아니다. 그는 성경이 정확 무오한 하나님의 말씀이 아니고 성경 중에 오류가 섞여 있다는 자유주의자나 신정통주의자들의 주장을 정면으로 반박한다. 만일 성경 중에 오류가 섞여 있다면 절대적, 포괄적 진리가 있을 수 없다는 오류에 빠진다고 현대신학을 비판한다.

(2) 헨리는 현대성, 자유주의 신학, 신앙주의를 모두 비판한다.

그는 교회가 설교만 하거나 회개를 강요하거나 세상과의 분리를

---

135) 로저 올슨, 현대 신학이란 무엇인가?, pp. 826~845.

요청하는 등의 근본주의 신학도 비판한다. 그에 의하면 정통 기독교적인 삶과 그리스도인들이 세계관의 우월성을 보여줘야 하는 것과 모든 지적으로 재능 있는 복음주의자의 삶을 그리스도인의 의무로 여겼다. 그렇게 깨닫게 하려고 후기 현대 사회들의 문화적 상황과 모든 세속적인 인생 철학의 비일관성을 지적했다.

(3) 헨리는 복음주의적 전제주의를 올바른 신학 방법으로 설명하였다.
그는 기독교적 삶과 세계관의 토대는 오직 성경적 권위로 돌아가는 것임을 설명하기 위해 신 칸트주의자, 논리 실증주의자, 실존주의자들을 설명한다.

그는 성경적 핵심으로 ㉠ 신적 창조 ㉡ 죄와 타락 ㉢ 구속의 약속과 제공 ㉣ 나사렛 예수 안에서의 하나님의 성육신 ㉤ 새로운 사회로서 거듭난 교회 ㉥ 포괄적 종말론이라고 주장했다.

헨리는 성경의 축자영감이 무너지면 성경의 권위가 상실되는 것으로 믿었다. 만일 성경에 오류가 섞여 있다면 성경은 신적 기원이거나 신뢰할 만한 것이 아니라는 모순에 봉착한다고 했다. 헨리는 이처럼 성경적 권위를 극대화시키는 복음적 신학자로 이름을 남겼다.

2) 버나드 램(Bernard Ramm, 1916~1992)[136]

버나드 램은 학부에서 과학을 전공했다. 그리고 신학을 공부한 후 수많은 책으로 기독교를 변증하고 또 기독교 신학과 윤리에 관한 다양한 책들을 썼다. 그 많은 책 중에 《근본주의 이후》(After Fundamentallism)를 살펴보자.

---

136) Bernard Ramm, The Christian View of Science and Scripture, "과학과 성경의 대화", (I.V.P)

그는 이 책에서 근본주의자들이 성경의 절대 무오성을 믿기 때문에 과학과 충돌하는 사실을 지적한다.

그리고 성경의 무오성이란 성경을 통해 하나님의 진리를 전달해 주는 영감된 기록이라는 의미에서의 무오성이라고 한다. 그리고 성경이 인간의 언어로 표현되었기에 과학적 분야에서는 인간적 요소가 있음을 인정한 바르트의 성경관이 바람직하다고 제안했다. 그러면서 근본주의자들은 과학을 무시하는 몽매주의에 빠질 수 있음을 경고했다.

근본주의자들은 성경에 기록된 초자연적 기적들을 문자 그대로 믿는다. 예컨대 출애굽기 14장 21-31절에 기록된 홍해가 둘로 갈라진 기적이나, 여호수아 10장 13-14절에 기록된 태양이 머물고 달이 멈춘 기록을 그대로 믿는다. 이와 같은 근본주의자들의 성경 이해를 자유주의자들은 완전 거부하고 설화라고 무시한다. 이것을 복음주의자들은 과학으로 충돌되는 내용은 바르트처럼 성경에는 오류도 있다고 인정하는 것이 정직한 태도라고 보는 것이다. 여기 버나드 램이 바로 그런 입장이다.

램은 《과학과 성경과의 대화》에서도 근본주의자들은 과학이 신앙에 해롭다고 보는 입장이지만 복음주의자들은 성경을 현대 과학과 관련시켜 이해하려는 측면이 있다. 이렇게 램은 근본주의와 복음주의의 차이가 명확함을 주장한다. 이것을 램은 "신학에서의 새로운 패러다임"이라고 한다. 이것은 복음주의자들이 근본주의자들의 몽매주의보다는 계몽주의와 현대성을 더 진지하게 받아들이고 불필요한 적응을 피하는 길이라고 본다.

버나드 램의 주장은 확실하다. 자유주의자들은 성경이 신학적으로, 역사적으로 오류가 있다고 주장한다. 반면에 근본주의자들은 성경에는 신학적으로 역사적으로 절대 오류가 없다고 주장한다. 여기에 복음주의자들은 성경에 오류가 있다고 해서는 안 되지만 그렇다고 해서 오류가 전혀 없다고 해서도 안 된다. 복음주의자들은 성경 내용 중에는 역사적, 신학적으로 정확하게 부합하지 않을 수 있음을 인정할 필요가 있다는 것이다. 이들 복음주의자들은 자유주의와 근본주의의 중간에서 중도노선을 견지하는 태도이다. 그렇기에 자유주의와는 완전히 다르지만 근본주의의 취약점을 보완해 보려는 노력의 산물이라고 할 수 있다.

3) 스탠리 그렌츠(Stanley J. Grenz, 1950~2005)

그렌츠는 캐나다 벤쿠버의 리젠트(Regent)칼리지에서 가르쳤다. 그리고 같은 도시의 캐리신학대학(Carey Theological College) 교수 활동 중에 55세로 2005년에 세상을 떠났다. 그는 살아 있을 때 수백 편의 논문과 약 25권의 저술들을 남겼다.

그를 가리켜 후세인들은 '탈보수주의적 복음주의자'로 평가한다. 그는 근본주의와 현대주의로부터 벗어나 탈현대성에 참여하는 복음주의자였다.

그가 저술한 《복음주의 재조명》(Revisioning Evangelical Theology)이 있다.[137]

여기서 그렌츠는 복음주의 신학은 과거 경건주의자들의 뿌리들을 재발견하고 포용할 것을 요청했다. 그렌츠에게 있어서 복음주의란 교리나 신학이 아니라 "특징적 영성"이라고 단정했다. 그 특징적

---

[137] Stanley J. Grenz, *Revisioning Evangelical Theology*, "복음주의 재조명", 기독교문서선교회에서 번역 출판.

영성은 회심하고 변화되어가는 경건이라고 했다. 그렌츠가 본 복음주의란 예수 그리스도에게로 회심하는 것과 그것으로부터 나오는 예수 그리스도에 대한 헌신의 삶이라고 했다. 그는 교리와 신학을 중요한 것으로 긍정했지만 그것은 종교적 경험(회심) 다음에 오는 부차적인 것이라 보았다.

그는 복음주의 신학이 가져야 되는 세 가지 원천과 규범을 말했다. 그것은 ① 우선권을 갖는 성경 메시지 ② 그 성경 메시지에 대해 2차적인 교회의 신학 유산 ③ 현재의 하나님의 백성으로 말하고 행동하고 살아가기를 추구하는 일이다. 여기서 그가 말하는 성경 메시지란 성경에 성문화(成文化)된 케리그마(κῆρυγμα)(고전 2:4; 롬 16:25; 고전 1:21, 15:14)를 의미했다. 이 같은 그렌츠의 주장은 바르트가 성경 속에 하나님의 말씀과 아닌 것을 구별하는 주장과 비슷한 주장이다.

그렌츠는 2000년과 2001년에 포스트모더니티와 신학 방법에 초점을 둔 두 권의 주요 작품을 발표했다.

하나는 《중심을 새롭게 하기》(Renewing the Center)이고, 다른 하나는 《토대주의를 넘어서》(Beyond Foundationalism)이다.

여기서 그렌츠의 주장은 그 어떤 신학도 최종적이고 완결된 신학이란 존재할 수가 없다는 것이다. 모든 과학이 탈 현대성에서 고려된 것처럼 신학에서조차도 합리적이고 확실성이 가능하지 않다고 했다. 그는 복음주의 신학이 "건축 기획들"(Construction Projects)로 고려되어야 한다고 제안했다. 그래서 항상 하나님의 말씀으로부터 새로운 빛과 문화에서 일어나는 변화들의 관점에서 이루어지는 교리적 개혁과 회복이 늘 필요하다고 했다. 이와 같은 그렌츠의 주장을 '토대주의'(Foundationalism)이라고 한다.

이와 같은 그렌츠의 주장에 비판도 많이 따랐다. 보수적 복음주의 신학자들에게서 그는 21세기로 넘어갈 무렵의 잘못되어 가는 복음주의라는 비난을 받았다. 그는 문화적 상대주의자, 포스트모더니즘에 대한 굴복자, 주관주의자 등등의 비난을 받았다. 그래서 복음주의 신학에도 완벽 무결한 전형적 신학이란 것은 있을 수 없다는 것이 분명해지는 결과를 보여주었다.

현대의 복음주의자들은 일정한 세계관, 일정한 관점, 일정한 교리적 진술에 동의한다면 다 같은 복음주의자로 간주하려는 움직임이 있을 뿐이다.

현대 교회사 결론

현대 교회사 결론

이상으로 필자가 깨달은 현대 교회사(1800~2020년) 설명을 마치겠다. 여기서 간단히 '현대 교회사'를 세 가지로 요약해보겠다.

첫째, 다양성

필자는 이제까지 모두 7권의 교회사를 저술했다.
① 초대교회사(AD 33년~100년사), ② 교부시대사(AD 100년~500년사), ③ 중세교회사Ⅰ(교황들의 역사), ④ 중세교회사Ⅱ(AD 500~1500년사), ⑤ 종교개혁사(AD 1500~1600년사) 여기까지는 주로 교회 내에서 이루어진 교회 내 역사들만을 서술하는 데 주력했다.

그러나 ⑥ 근세 교회사(AD 1600~1800년사), ⑦ 현대 교회사(AD 1800~2020년사)를 저술하는 데는 교회사 내용을 세상사의 정치, 경제, 사상사까지 확대했다.

이렇게 다양한 세상사를 확대하려고 하면 많은 노력과 힘이 드는 것이 사실이다. 그러나 근세사 이후의 교회 역사는 교회사만으로 이해하려고 하면 편파적, 부분적, 국부적인 이해 정도로 국한되는 한계점을 깨닫게 되었다.

제2차 세계 대전 이후 UN의 등장으로 전 세계는 하나의 지구촌 안에서 동시대 속에서 살아가고 있다. 더구나 2020년 코로나 사태는 지구의 한 지역 문제가 곧 전 세계 문제로 확산되는 우주적 세상이 되었기에, 교회 문제만 따로 독립해서 생각할 수가 없게 되었다. 이렇게 세상이 달라지기에 교회사 내용 역시도 다양성을 함께 취급해야 된다는 각성이 생겼다. 그래서 근세 교회사와 현대 교회사는 다양성을 추구하도록 노력을 했다.

둘째, 체험성

과거 역사 서술은 관찰자이든 연구자이든 기록할 당사자, 체험자의 깨달음이 작용한다. 그런 면에서 필자도 과거 역사의 다양한 체험들이 본 작품들을 만들게 했다. 필자에게는 간접적 다양한 체험이 작용했다. 필자는 증조부 때부터 부모에게까지 3대에 걸친 신앙 유산에 영향을 받았다. 필자의 증조부 정건모(1863~1908) 할아버지로부터 한국 최초의 개신교 선교사들의 영향을 그대로 전수받았다. 조부 정진관(1884~1970) 장로님으로부터 유교적 전통과 기독교의 기초적, 기본 상식들을 전수받았다. 부친 정태순(1916~2011) 장로님으로부터 개신교 장로교 통합측 한국의 개신교에 고착된 교파적 영향도 받았다.

또한 직접적 다양한 체험도 작용했다. 필자는 일제 강점기를 통해 지배와 해방을 겪었고(1940~1945), 1950~1953년의 6.25 참변과 휴전의 고난기를 겪었다. 1960년대 4.19혁명과 5.16 군사혁명기에 대학생활을 했다. 이때 교회는 예장 통합, 합동, 고신(고려파)으로 분열됐고 감리교, 성결교도 분열됐다. 정치적으로 한일협정, 월남파병도 이루어졌다. 1970년대 국내적으로 경부고속도로가 개통되고 교회적으로 빌리 그레이엄 전도집회와 로잔국제복음대회가 구성됐다. 1980년대 광주민주화 사건과 박종철 고문 사건의 사회 파장과 KAL기 폭파 사건이 있었고 베를린 장벽이 붕괴됐다. 1990년대 김일성 사망과 김정일이 집권하고 삼풍백화점 붕괴와 이장림의 시한부 재림론의 사회문제도 겪었다. 2000년대 9.11테러와 서해교전으로 남북이 긴장되고, 2010년대 천안함 침몰과 2014년 세월호 침몰 사건으로 세상을 체험했고, 2020년대 코로나 팬데믹으로 세계가 모두 이웃임도 체험했다.

이렇게 장구한 역사 속에 각종 다양한 체험들이 필자의 정신과 사상을 형성하게 했다. 이렇게 체험한 현장의 깨달음들이 작품 속에 그대로 반영되었다고 판단한다.

셋째, 방향성

과거의 체험들이 비관이나 체념이나 무관심으로 낙착되는 것은 신앙이 아니라고 믿는다. 과거는 어렵고 요동치는 불안과 불편과 혼란의 늪을 겪는 어려운 세상이었으나 그 같은 난맥을 타개할 방향성을 찾는 것이 살아 있는 신앙이라고 믿는다.

필자가 2천 년의 교회 역사를 정리하면서 깨닫게 된 최대의 발견이 있다. 그것은 성경의 진리는 변함이 없으나 특수한 신학자들의 개인적 성경해석을 추종하는 학파가 생기고, 그것이 교파로 분열되고, 교파 난립이 교회를 주도로 혼란시켜 온다는 사실이다.

필자가 '현대 교회사'에서 두드러지게 강조한 것이 인간들의 견해가 신학이라는 이름으로 끝이 없는 혼란을 양산해오고 있음을 증명한 것이다. 필자는 성경 진리가 아닌 인간들의 단편적 성서해석을 신학이라는 이름으로 용납하는 한 세상의 혼란은 더욱더 가중될 것으로 본다.

성경에는 거듭난 자라야만이 그리스도인이 된다는 진리가 있다. 그러나 인간들은 세례 받으면 중생된다는 '세례 중생론'을 믿고 있고, 성경에는 그리스도인은 모두가 형제, 자매라 했는데 인간들은 교황, 추기경, 주교 등 온갖 계급을 만들어 놓았다. 성경에는 목사, 장로, 교사가 한 사람이 갖는 다양한 직능인데 인간은 목사와 장로를 교회 주인으로 삼아놓았다. 성경에는 문제를 놓고 기도하면서 성령님의 인도를 기대하지만 세상은 세례교인 다수가 합의하면 그것이 법적 권위를 갖게 되었다.

이렇게 잘못된 전통과 관습이 성경적 원리로 개선되지 않는 한 교회는 갈수록 더욱더 분열하고 힘을 잃고 세상에서 소외받는 종교로 외면당할 것이다. 이것을 타개할 방법이 무엇인가?

모든 그리스도인들이 성경이 아닌 인간들의 신학과 제도에 중독된 명확한 사실을 정확하게 인식해야 한다. 필자는 그와 같은 정확한 인식을 위해서는 '다양성'의 역부족을 깨닫고 '방향성'을 찾아야 한다고 믿는다. 그 같은 대안으로 '신약교회 사관'을 제시했다.

본 '현대 교회사'가 다양성의 고집이 아닌 더 좋은 방향성을 추구하게 되는 자극적 자료가 되기를 간절하게 열망하는 믿음으로 완성했음에 감사를 드린다. 교회사 7권을 완성할 수 있도록 각성시 켜주시고 힘을 주시고 섭리 속에 완성시켜 주신 하나님께 모든 영광을 돌린다.

색인(인명/지명)

ㄱ

가가와 도요히코 15, 240
계약신학 504
광혜원 211, 212
괴테 8, 31, 35, 432
교황청 16, 105, 108, 191, 257, 258, 259, 353, 443
구티에레즈 18, 438, 442, 443, 444, 445, 446
국제연합 16, 253, 258, 266, 267, 271
국제통화기금 504
궁켈 18, 367, 368, 369, 371, 375, 376, 380
근본주의 5, 12, 19, 140, 158, 163, 165, 166, 167, 168, 169, 171, 276, 353, 403, 448, 451, 471, 476, 477, 479, 480, 481, 482, 483, 484, 485, 486, 490, 491, 492, 493, 494, 495

ㄴ

나이아가라 대회 12, 163, 164, 165
나폴레옹 8, 9, 23, 24, 25, 30, 32, 42, 59, 64, 69, 70, 71, 72, 74, 75, 80, 81, 88, 114, 257, 280, 325
남감리교 158, 243, 428
남북전쟁 10, 11, 12, 126, 127, 128, 152, 153, 154, 155, 156, 158, 180
남장로교 156, 157, 243
네덜란드 9, 35, 37, 42, 61, 62, 76, 77, 78, 79, 82, 122, 140, 142, 170, 171, 172, 191, 202, 261, 270, 304, 305
네스토리안 14, 227, 228
니체 8, 44, 45, 46, 349, 355, 361, 420, 422, 432

ㄷ

다윈 9, 52, 53, 54, 55, 56, 57, 276, 293, 373, 424
도스토예프스키 9, 65, 66, 67, 68, 71, 73, 76, 113, 115, 382
독일제국 8
동방정교회 10, 110, 111, 112, 113, 374
동·서독 분리 43
드레퓌스 8, 28, 29
드와이트 11, 141

ㄹ

라마바이 223, 224
라우션부시 18, 366
라인홀드 니버 18, 393, 396, 397, 407, 408
러시아 9, 10, 41, 58, 59, 60, 61, 64, 65, 66, 67, 68, 69, 70, 71, 72, 73, 74, 75, 78, 79, 112, 113, 114, 115, 116, 118, 133, 134, 194, 195, 197, 198, 200, 202, 217, 218, 234, 237, 238, 249, 253, 254, 255, 266, 277, 279, 280, 301, 370, 422

레닌 115, 116, 218, 325
레싱 9, 83, 84, 85, 87, 104, 432
레오 13세 10, 104, 106, 107, 258, 339
르낭 8, 26, 27, 104
르와지 18, 343, 344, 345
리스먼 17, 326, 327, 328, 329, 330
리에고 혁명 9, 80
리츨 9, 18, 44, 87, 90, 91, 92, 104, 361, 362, 363, 364, 366, 368, 369, 381, 382
링컨 10, 126, 127, 128, 129, 153, 154, 155, 397

ㅁ

마르크스 8, 35, 37, 38, 39, 40, 41, 92, 301, 306, 314, 315, 334, 366, 396, 397, 433, 440, 441, 446
마이소르 왕국 504
막스 베버 17, 301, 303, 307, 308
맥그리디 11, 141
맬서스 9, 50, 51, 52
멕시코 504
모르몬교 11, 142, 143, 144, 145, 146, 148, 156, 486
모리스 블롱델 17, 340
모스크바 원정 9, 23, 24, 64, 70, 71, 74, 75
모파상 8, 27, 28
무디 12, 159, 160, 161, 162, 168, 180, 184, 478

미합중국 120, 122, 140, 152, 153

ㅂ

바티칸 시국 16, 256, 258, 259
밸푸어 선언 16, 254, 255
보어 전쟁 9
본회퍼 18, 398, 403, 404, 405, 406, 407, 408, 409, 410, 411, 412, 413, 414, 415, 419, 420, 431, 438
부슈넬 18, 358, 359, 360
북감리교 158, 213, 214, 243
북장로교 156, 157, 211, 212, 231, 243
불트만 18, 87, 312, 368, 375, 376, 377, 378, 379, 414, 423, 428, 429
브리함 영 11, 145
비오 9세 10, 104, 105, 106, 257, 258
비오 10세 10, 104, 107, 108, 109, 258

ㅅ

사르트르 17, 309, 310, 314, 315, 316, 333, 334, 335, 349, 350, 355
서남동 18, 438, 447, 449
세대주의 5, 12, 164, 176, 177, 180, 181, 182, 183, 184, 478, 482, 487
소비에트 연방 9, 64, 73, 75, 116
쇼펜하우어 8, 35, 36, 37, 44
슐라이어마허 9, 86, 87, 88, 89, 104
스미스 11, 120, 143, 144, 145, 146, 147, 148, 152, 325, 452

스탕달 8, 24
스톤 11, 141, 452
스펄전 10, 98, 99, 100, 101, 102, 103
시크 왕국 188

ㅇ

아편 전쟁 505
안병무 18, 447, 448, 449
안식교 11, 143, 149, 150, 151, 152, 243, 247, 357
알래스카 10, 133, 134
알바 맥클레인 19, 480
알타이저 18, 419, 420, 421, 422, 431
앨라배마주 479
야스퍼스 17, 284, 290, 307, 309, 310, 311, 312, 314, 375
에드워드 53, 101, 139
에리히 프롬 17, 316
여성신학 18, 446, 451, 455, 456, 457, 458, 459, 460
오가작통법 14, 202, 203
오웰 17, 321, 322, 323, 324, 325, 326
옥스퍼드 10, 92, 94, 95, 96, 97, 103, 339, 343, 370, 397, 487
요한 23세 348, 352
우치무라 간조 15, 238, 239
워싱턴 10, 57, 120, 150, 154, 212, 267, 453, 485, 489
위고 8, 25, 26
위르겐 몰트만 18, 431, 432
유럽 공동체 16, 23, 270
의화단 13, 74, 195, 196, 197, 198, 200, 218
인도 13, 14, 35, 36, 37, 48, 50, 54,

58, 60, 61, 63, 68, 80, 118, 147, 161, 163, 164, 180, 185, 186, 187, 188, 190, 191, 192, 193, 219, 220, 221, 222, 223, 224, 225, 227, 228, 229, 230, 245, 263, 322, 330, 456, 462, 464, 465, 480, 485, 503
일본 13, 15, 74, 75, 79, 130, 185, 193, 195, 197, 198, 199, 200, 201, 202, 206, 209, 210, 216, 217, 218, 221, 229, 231, 235, 236, 237, 238, 239, 240, 241, 242, 245, 260, 261, 263, 264, 265, 274, 275, 296, 297, 330, 394, 430, 447

ㅈ

정교 분리법 8, 29, 122
제1차 세계 대전 9, 13, 16, 43, 81, 109, 113, 114, 200, 252, 253, 255, 267, 292, 299, 302, 331, 381, 392, 423, 440, 487
제2차 세계 대전 13, 16, 22, 30, 42, 114, 201, 249, 252, 253, 260, 265, 266, 267, 270, 273, 278, 308, 313, 314, 333, 374, 407, 422, 423, 432, 500
제퍼슨 10, 57, 120, 121, 122, 123, 140
조선 개신교 15, 243
조선 천주교 15, 242
존 네비우스 14, 231
존 듀이 10, 17, 129, 130, 296, 297, 299, 300
존 헨리 17, 338
중국 13, 14, 48, 58, 60, 63, 74, 118,

120, 122, 130, 139, 140, 152, 153, 185, 189, 190, 191, 192, 193, 194, 195, 196, 197, 198, 199, 200, 207, 208, 210, 211, 216, 217, 227, 228, 229, 230, 231, 232, 233, 234, 235, 237, 241, 245, 261, 263, 267, 268, 277, 296, 297, 327, 330, 423
진주만 기습 263, 264

ㅊ

청 왕조 13, 193, 197, 198
청일전쟁 13, 14, 75, 195, 196, 199, 200, 206, 216

ㅋ

카뮈 17, 330, 331, 332, 333, 334, 335, 336, 337
칼 라너 18, 347, 463
칼 바르트 18, 351, 372, 380, 384, 406, 464
캐나다 장로교 215, 243
크림전쟁 60, 61, 63
클라우제비츠 17, 278, 279, 280, 281, 282, 283
키에르케고르 17, 283, 284, 285, 286, 287, 288, 289, 290, 307, 309, 310, 311, 314, 382, 387, 390, 395, 399

ㅌ

태극기 14, 208, 210
테넌트 11, 138

톨스토이 9, 61, 65, 68, 69, 71, 72, 73, 74, 76, 113
트뢸치 18, 368, 369, 370, 371, 372, 373, 463, 464
티럴 18, 345, 346, 347

ㅍ

폴 틸리히 18, 348, 391, 392, 394, 398, 464
프란체스코 14, 220, 221, 228, 229, 230, 235, 246
프랑스 8, 22, 23, 24, 26, 27, 28, 29, 30, 34, 35, 38, 39, 40, 41, 42, 43, 50, 57, 58, 59, 60, 66, 70, 75, 76, 77, 78, 79, 80, 81, 82, 84, 103, 104, 105, 107, 122, 123, 134, 135, 136, 140, 142, 163, 178, 187, 193, 194, 195, 197, 200, 202, 253, 254, 255, 256, 257, 259, 260, 261, 262, 268, 269, 270, 271, 279, 280, 302, 314, 315, 330, 331, 332, 333, 334, 335, 340, 343, 344, 346, 409, 479
프로이트 17, 48, 291, 292, 293, 294, 295, 316
프리드리히 17, 279, 280, 342
프린스턴 138, 139, 142, 156, 166, 167, 168, 169, 171, 172, 175, 236, 476, 477, 479
플로리다주 10, 124
플로베르 8, 24, 27

ㅎ

하르낙 18, 92, 344, 361, 363, 364,

365, 375, 380, 381, 405
하비 콕스 18, 414, 415, 416, 431
하이데거 17, 284, 290, 308, 309, 310,
　　312, 313, 314, 315, 347, 349, 393,
　　395, 428, 429
한스 큉 18, 350, 351, 352, 353, 355,
　　463
허드슨 테일러 14, 232
헤겔 8, 26, 32, 33, 34, 35, 36, 37, 38,
　　40, 90, 91, 310, 368, 392
헤세 8, 47, 48, 49
호주 장로교 243
휫필드 11, 139, 166
흑인 신학 455

겨자씨 문서선교회 이상

1. 올바른 신앙 뿌리 회복을 위한 과거 2천 년 교회의 역사서
2. 하나님께서 기뻐하시는 현재의 삶을 위한 신·구약 성경 강해서
3. 오늘과 미래의 그리스도 십자군 정병을 위한 핵심 교리서

위의 세 종류 문서로 주님 오심을 대비하게 한다.

[겨자씨 문서선교 정기후원자](가나다순)

1. 강효민 목사(새삶교회)
2. 계인철 목사(천북제일교회)
3. 김경석 목사(강서교회)
4. 김덕기 목사(서영희)
5. 김소망 형제(이정화)
6. 김정호 목사(새길교회)
7. 김종훈 목사(오산교회)
8. 문무철 목사(성남교회)
9. 박명숙 권사(조준환)
10. 박상준 목사(태능교회)
11. 박지은 자매(김영탁 강도사)
12. 배국순 목사(송탄중앙교회)
13. 백광용 장로(유명자)
14. 여우석 목사(새벽교회)
15. 여주봉 목사(포도나무교회)
16. 우치열 목사(늘푸른교회)
17. 윤승자 사모(이주일)
18. 이동수 목사(대구교회)
19. 이유경 자매(전수연)
20. 이재기 목사(사랑빛는교회)
21. 장광태 집사(이종희)
22. 정은희 자매(박용배 집사)
23. 정준희 목사(백민정)
24. 주승은 목사(독산동교회)
25. 지효숙 권사(이정복 장로)
26. 최성균 목사(동백지구촌교회)

윗분들의 정성 어린 후원으로 문서선교가 이루어지고 있습니다.
더 많은 문서선교 참여자가 이어지기를 기도합니다.

후원 계좌

농 협	356-0669-9227-93	정수영
우리은행	1002-246-769541	정수영
국민은행	229301-04-285676	정수영

Email: chungsy40@naver.com

신약교회 사관에 의한
현대 교회사

1판 1쇄 인쇄 _ 2023년 9월 15일
1판 1쇄 발행 _ 2023년 9월 25일

지은이 _ 정수영
펴낸이 _ 이형규
펴낸곳 _ 쿰란출판사

주소 _ 서울특별시 종로구 이화장길 6
편집부 _ 745-1007, 745-1301-2, 743-1300
영업부 _ 747-1004 FAX 745-8490
본사평생전화번호 _ 0502-756-1004
홈페이지 _ http://www.qumran.co.kr
E-mail _ qrbooks@daum.net / qrbooks@gmail.com
한글인터넷주소 _ 쿰란, 쿰란출판사
등록 _ 제1-670호(1988.2.27)
책임교열 _ 김영미·최진희

ⓒ 정수영 2023   ISBN 979-11-6143-870-2 94230
　　　　　　　　　　978-89-6562-368-7 (세트)

책값은 뒤표지에 있습니다.
이 출판물은 저작권법에 의해 보호를 받는 저작물이므로 무단 복제할 수 없습니다.
파본(破本)은 구입처에서 교환해 드립니다.